普通高等教育“十五”国家级规划教材
国家精品资源共享课配套教材　国家级一流本科专业配套教材
新编高等学校旅游管理专业精品教材

旅游经济学

（第二版）

田　里　主编

科学出版社
北　京

内 容 简 介

本书在充分吸收和借鉴旅游学科研究最新成果的基础上，运用多学科的知识与方法，较为全面系统地阐述旅游经济学的基本理论和方法。全书内容包括旅游经济学概述、旅游经济活动、旅游产品及开发、旅游需求与旅游供给、旅游市场及开拓、旅游价格及策略、旅游消费及效果、旅游收入与分配、旅游投资与决策、旅游企业与经营、旅游经济结构及优化、旅游经济效益与评价、旅游经济发展战略。

本书不仅可作为高等院校本科旅游管理类专业学生的教科书，也可作为大学专科、高等职业教育和自学考试的专业教材，而且对于从事旅游经济研究、旅游产业管理、旅游市场营销、旅游经济分析等方面工作的人员也具有重要的参考价值。

图书在版编目（CIP）数据

旅游经济学 / 田里主编. —2 版. —北京：科学出版社，2021.1
普通高等教育“十五”国家级规划教材
新编高等学校旅游管理专业精品教材
ISBN 978-7-03-067470-8

Ⅰ. ①旅…　Ⅱ. ①田…　Ⅲ. ①旅游经济学-高等学校-教材
Ⅳ. ①F590

中国版本图书馆 CIP 数据核字（2020）第 256051 号

责任编辑：王京苏 / 责任校对：王晓茜
责任印制：霍　兵 / 封面设计：蓝正设计

科学出版社出版
北京东黄城根北街 16 号
邮政编码：100717
http：//www.sciencep.com
北京市密东印刷有限公司印刷
科学出版社发行　各地新华书店经销
*
2004 年 8 月第　一　版　开本：787×1092　1/16
2021 年 1 月第　二　版　印张：20 3/4
2024 年11月第三十二次印刷　字数：492 000

定价：52.00 元

（如有印装质量问题，我社负责调换）

前　　言

《旅游经济学》自 2004 年出版以来，已作为高等院校教材在全国上百所院校中使用，并被评为普通高等教育“十五”国家级规划教材和普通高等教育“十一五”国家级规划教材。2021 年根据高校使用需求修订出版《旅游经济学》第二版。期间编者以本书为基础开发了国家精品视频公开课程“社会管理视角的旅游与旅游业”，编者单位的“旅游经济学”被评为国家级精品课程，编者主编的《旅游经济学》获得全国优秀教材奖，在旅游界和社会上产生了广泛的影响。在教材使用、课程建设期间，编者们陆续收到了许多教师和学生的反馈信息，并且在多次学术会议上与诸多学者讨论本书的内容和案例，教师和读者们对本书给予了许多宝贵的评价、批评和建议，反映出广大师生和读者对本书的关切与关注。在近 20 年的使用过程中，本书经受了时间和读者的检验，但随着时间的推移，也需要对本书的相关内容进行必要的修改和完善。

此次对本书的修订体现在三个方面：①根据党的二十大精神，突出“两个全面”（全面建设社会主义现代化国家、全面推进中华民族伟大复兴）这一新时代新征程党的奋斗目标，增补中国旅游经济发展成就与发展经验，体现旅游业作为我国改革开发前沿阵地的发展自信。②根据党的二十大精神，践行“推动构建人类命运共同体，携手开创人类更加美好的未来”理念，应用国内外各类组织机构如世界贸易组织、世界旅游组织、中华人民共和国文化和旅游部、国家统计局等统计公报、统计年鉴、报表等，对书中数据和资料进行了更新，体现旅游业参与人类命运共同体、开创人类美好未来的担当与作为。③根据党的二十大精神，为在新的历史起点上继续推动文化繁荣、建设文化强国、建设中华民族现代文明，各个章节全部采用中国本土案例，体现以中国实践、中国经验、中国理论为主体，构建中国自主知识体系的编写特色。

编　者

2024 年 1 月

目　　录

第一章

旅游经济学概述

任何一门学科的建立，都是人类社会发展到一定历史阶段的产物，是人们社会实践活动的概括和总结。旅游经济学是伴随着旅游经济的产生和发展而形成的一门新兴学科，是对旅游经济活动的理论概括和总结。本章作为旅游经济学概述，主要阐明旅游经济学的产生发展、学科关系、研究对象、研究内容和研究方法，从总体上介绍旅游经济学的理论体系和结构，分析旅游经济学与其他有关学科之间的相互关系。

第一节　旅游经济学的产生及发展

一、国外旅游经济学的产生及发展

对旅游现象进行研究是在旅游活动发展的基础上，随着旅游经济活动由国内向国外、由区域向世界范围的扩展而逐步深入的。在这一个半世纪的时间内，不少专家、学者、政府机构人士和有关国际组织从多个侧面对旅游活动进行了探索与研究，其中就包括从经济角度进行研究。

国外对旅游经济的研究起步较早，可分为两个时期：第一个时期是 19 世纪后期至第二次世界大战，第二个时期是第二次世界大战结束后至今。它与旅游经济活动发展的两个时期基本一致。

在第一个时期，由于旅游活动的发展主要限于西欧、北美一些国家，旅游活动的规模不是很大，旅游对社会经济的作用未完全显现出来，旅游需求与旅游供给的矛盾也还未完全显现。但一些专家和学者已敏锐地觉察到游客的这种流动对国家经济发展的重要性，并开始对其进行研究。1899 年，意大利国家统计局局长博迪奥发表了《关于在意大利的外国旅游者的流动及其花费》，揭开了旅游经济研究的序幕。此后，意大利的尼切福罗和贝尼尼分别于 1923 年与 1926 年发表了《在意大利的外国人流动情况》和《关于旅游者移动计算方法的改进》等论文，开始比较系统地对国际旅游问题进行全面的讨论。1927 年，意大利罗马大学的教授马里奥出版了《旅游经济》，1928 年，又出版了该书的续篇，对旅游经济进行了全面、系统的研究和阐述。1935 年，德国柏林商业大学旅游研究所所长格吕克斯曼出版了《一般旅游论》，该书不仅从经济学角度，还从社会学角度研究了旅游经济的发展。1942 年，瑞士的克拉蒲·芬扎伊卡也从经济学和社会学两个方面对旅游进行了研究。总之，在这个时期，人们对旅游经济的研究还未深入旅游经济活动的本质和规律。

在第二个时期，不仅有许多专家和学者参与研究工作，而且有不少旅游企业集团、旅游行业组织和政府有关部门分别从业务的发展与对工作的指导角度开展了研究。这个时期，旅游活动已由西欧、北美两个区域迅速扩展到全世界，大众旅游已成为时代的潮流，旅游经济活动已融入全国和全球的经济体系之中。因此，在这个时期，不仅旅游活动和旅游业的研究所涉及的领域被大大拓宽，而且有关旅游经济活动的本质和规律性的研究也取得了不少成果。

（一）关于旅游业的性质与旅游经济活动运行的特点

不少专家、学者论述了旅游业是一个新兴的产业，该产业主要由旅馆业、旅行社业和交通客运业组成；它的发展以旅游活动的发展为前提；旅游活动的发展会推动旅游业的繁荣；旅游业的发展不仅会刺激相关行业的发展，而且会对整个社会经济产生增值作用。研究旅游业发展的主要代表作有 1969 年美国迈克尔·彼得斯的《国际旅游业》、1974 年英国伯卡特的《旅游业的过去、现在和未来》、1980 年美国唐纳德·伦德伯格的《旅游业》、1984 年美国夏威夷大学教授朱卓任等的《旅游业》以及田中喜一等的《旅游事业论》。有些学者，如波纳德·布恩斯和玛丽·贝特纳，还进一步分析了旅游业的经济活动不同于制造业的特点，说明了旅游产品的生产与消费具有同时性。

（二）关于旅游供需关系与市场营销

这方面的代表性著作有罗伯特·门克因托希与夏希肯特·古普塔的《旅游的原理、实践与哲学》、布赖恩·阿切尔的《旅游需求预测》、彼德·格雷的《国际旅游贸易》以及瓦汉·克拉蓬与罗思菲尔德的《旅游市场营销》。他们分别论述了旅游需求与旅游供给原理，叙述了主要的旅游需求预测方法，探索了旅游市场营销的战略和策略、旅游产品的定价原则以及宣传推销的手段和方法。

（三）关于旅游业的经济效益

这方面的研究主要集中在旅游投资与收益的比较、旅游宏观经济效益与旅游微观经济效益，以及游客开支对旅游目的地国家或地区的经济和社会产生的作用问题上。研究旅游业经济效益的主要著作有 1955 年意大利特罗伊西的《旅游及旅游收入的经济理论》，1978 年南斯拉夫翁科维奇的《旅游经济学》和英国布赖恩·阿切尔的《发展中国家的旅游业：某些经济考虑》及《旅游增值：目前研究水平》，1974 年澳大利亚工业局的《澳大利亚旅游业的经济意义》，1983 年联合国亚洲及太平洋经济社会理事会（以下简称“亚太经济社会理事会”）政府间旅游发展会议文件中《亚太经济社会理事会地区旅游业的经济作用研究回顾》与《旅游经济作用分析：方法论》。

（四）旅游规划与资源开发

从事这方面研究的主要是政府有关部门。例如，美国商业部经济发展局 1981 年在调查研究的基础上形成的《通过发展旅游业创造经济增长与就业》的报告，全面论述了区域旅游业发展规划的内容、制定规划所需要的信息、对旅游资源的测量与评价以及规划的实施。亚太经济社会理事会在 1983 年政府间旅游发展会议文件中的《旅游工程建设中优先次序的确定》与《通过标准分析促进旅游工程建设与实施》，着重探讨了亚太地区国家旅游规划的内容和旅游工程建设项目优先顺序的选择与方法。也有一些学者与专家参与旅游规划和资源开发研究，代表著作有 1978 年凯泽 • 赫尔伯的《旅游规划与发展》，朱卓任的《度假地开发与管理》，新西兰坎特伯雷大学道格拉斯与皮斯的《旅游开发》，世界旅游组织（World Tourism Organization，UNWTO）特约顾问爱德华 • 因斯克普和马克 • 科伦伯格的《旅游度假区的综合开发模式》，加拿大滑铁卢大学教授斯蒂芬 • 史密斯的《旅游决策与分析方法》等。

二、中国旅游经济学的产生及发展

中国旅游经济的研究起步较晚。虽然早在 20 世纪 20 年代已有经济学者对旅游经济的性质、作用等问题进行过探讨，但由于当时中国旅游业发展水平的局限而无法做深入的研究。20 世纪 70 年代末期以后，中国实行的改革开放政策有力地推动了旅游经济的发展，并为旅游经济的研究提供了丰富的素材，学术界、教育界和政府有关部门对旅游经济问题的研究迅速开展，并取得了一定的研究成果。1980 年，沈杰飞、吴志宏合著的论文《建立适合我国实际的旅游经济学科》（载于《社会科学》1980 年第六期），在介绍国外旅游经济理论研究发展现状的基础上，从建立一门学科的逻辑始点出发，对旅游经济的研究对象、研究内容展开了深入的探讨。1982 年，王立纲、刘世杰合著出版了《中国旅游经济学》，1986 年，林南枝和陶汉军主编出版了《旅游经济学》，1990 年，黄辉实和张汝昌分别主编出版了《旅游经济学》，1994 年，罗明义主编出版了《现代旅游经济》，推动了中国旅游经济学教材的建设和发展。特别是 1987 年，著名经济学家孙尚清主持了《中国旅游发展战略研究》的重大课题，提出了中国旅游业要“适度超前发展”的战略，把中国旅游经济的研究从理论推向实践。1993 年，魏小安与冯宗苏主编的《中国旅游业：产业政策与协调发展》一书，从制定科学的旅游产业政策角度论述了我国旅游经济的诸方面结构；同年，云南大学旅游系主持了《云南旅游产业发展战略研究》课题，率先提出把旅游业作为经济支柱产业来培育和建设，进一步推动了区域旅游经济的研究和发展。20 世纪 90 年代中期以来，中国旅游经济的研究进入高潮，各种旅游经济学著作和论文如雨后春笋不断问世，为迅速发展的旅游教育和研究提供了丰富的参考资料，也为旅游经济学教材的完善提供了理论指导和实践参考，推动了旅游经济学这一学科的成熟和发展。

第二节 旅游经济学的学科关系

一、旅游经济学的学科特征

旅游经济学是现代经济学的一个分支。经济学是研究人类社会在各个发展阶段上各种经济活动、经济关系和经济规律的学科总称。而旅游经济学则是以经济学的一般理论为指导，研究旅游经济活动中各种经济现象、经济关系和经济规律的科学。因此，旅游经济同其他学科相比较，具有不同于其他学科的特点。

（一）旅游经济学是一门应用性学科

旅游经济学同经济学之间既有区别又有联系。经济学是把整个社会经济作为一个整体，从生产、交换、分配和消费诸环节的内在联系及其矛盾运动中，揭示整个社会经济发展的一般规律性，属于理论经济学的范畴。而旅游经济学则是以经济学的一般理论为指导，专门研究旅游经济活动中的特有现象及矛盾，揭示旅游经济发展的规律及其条件、范围和表现形式，从而指导旅游经济健康地发展，因而具有较强的应用性，属于应用经济学的范畴。

（二）旅游经济学是一门产业经济学

旅游经济学本质上属于产业经济学的范畴。产业经济学是针对某一产业或领域的经济活动进行研究，从而揭示该产业经济运行的内在规律及其外在形式的科学。旅游经济学作为一门产业经济学，是研究旅游经济活动过程中各种经济现象之间的内在联系，揭示旅游经济运行中的特殊矛盾及规律，并把经济学的一般原理用于指导旅游经济活动，以促进旅游业持续健康发展。

（三）旅游经济学是一门基础学科

旅游经济学是旅游专业性基础学科，但又不同于旅游学和旅游管理学。旅游学是以世界为整体，研究旅游活动产生、发展及其运行规律的科学，目的是揭示旅游活动的内在性质、特点及发展趋势；而旅游经济学则是在旅游学理论指导下，揭示旅游活动在经济领域中所发生的矛盾运动，以及经济关系的发展规律等；旅游管理学则是在旅游经济学的指导下，研究旅游经济活动的合理组织及科学管理，以提高旅游经济运行的效率和效益。因此，旅游管理学实质上是旅游经济学的延伸，是在旅游经济学揭示了旅游经济运行规律的前提下而进行的经济管理活动。

（四）旅游经济学是一门新兴的边缘科学

随着旅游经济学的形成和发展，它已经逐渐成为一门独立的学科，具有区别于其他学科的不同特点。但是，旅游经济活动具有综合性特点，同其他学科相比较，旅游经济学实际上是一门新兴的边缘科学。因为研究旅游经济不仅要以经济学、旅游学的理论为指导，还必须借助各种学科的理论及研究成果来丰富旅游经济学的研究内容。例如，应用心理学、地理学、资源学、社会学、统计学、市场学等学科的理论和方法，来综合考察旅游活动在经济领域中的各种反映，才能加深对旅游经济内在规律及其运行机制的认识，更好地掌握旅游经济的理论和方法。

二、旅游经济学与其他学科的关系

（一）旅游经济学与经济学的关系

旅游经济学是一门经济类的应用学科，经济学理论在旅游经济学中也是适用的。政治经济学和西方经济学理论，无疑是旅游经济活动分析的理论基础。但是，旅游经济又有不同的特点。例如，旅游产品不同于制造业产品，它是服务型产品，具有生产与消费同一性的特点，销售手段有其特殊的方面。旅游收入分配过程虽然也区分为初次分配与再分配过程，但其内容和表现形式有着自己的特色。旅游消费既显示着一种较高的消费档次，又具有独特的最大满足抉择的途径。旅游经济学的研究必须以政治经济学和经济学基本理论为基础。但在旅游经济领域，除了受经济活动中一些共同规律的作用以外，还有其运动的特殊规律和表现形式。因此，旅游经济规律和一般的经济规律是个性与共性的关系。

（二）旅游经济学与旅游学的关系

旅游经济学是旅游学的一部分，它与旅游学的关系是特殊与一般的关系。旅游活动是一种综合性的社会现象，旅游学研究的范围较广，涉及多种学科，如经济学、管理学、心理学、地理学、社会学等，其中每一种学科的理论同旅游的结合便形成了旅游史学、旅游文化学、旅游地理学、旅游经济学、旅游美学、旅游法学等。因此，旅游经济学是从经济这个角度研究旅游活动中反映的诸多关系中的经济关系，从经济学角度加深对旅游学的研究。

（三）旅游经济学与其他旅游学科的关系

旅游是一种综合性的社会经济现象，从不同侧面在理论上反映和概括这种现象的学科甚多，除上面提到的有关学科之外，还有旅游市场学、旅游地理学、旅游统计、旅游会计、旅游饭店管理、旅行社管理、旅游交通管理等。这些学科同旅游经济学的关系大致可分为两类。

第一类是与旅游经济学成平行关系的学科，如旅游心理学、旅游社会学、旅游法学、旅游地理学、旅游美学等，它们分别从旅游活动的不同侧面来探讨旅游与有关学科结合的特点和规律，属于旅游学的分支学科。它们同旅游学的关系与旅游经济学同旅游学的关系相同，都是特殊与一般的关系。因此，旅游经济学同这些分支学科是平行关系，旅游活动是它们相互联系的纽带。

第二类是与旅游经济学成纵向关系的学科，如旅游市场学、旅游管理学、旅游饭店管理、旅行社管理、旅游交通管理等。其中，旅游市场学、旅游管理学是旅游经济学的延伸，即以旅游经济学的原理为基础，从宏观和微观的角度出发，分别在旅游市场和旅游管理方面做进一步的分析与研究。旅游饭店管理、旅行社管理、旅游交通管理均属于旅游企业管理，它们以旅游经济学的基本原理做指导，仅从微观角度探讨旅游行业中这类企业经营与管理的思想、原则、方法和技术。因此，旅游经济学同这些学科的关系是抽象与具体的关系，它们都是旅游经济学的基本理论在各具体领域中的应用和具体化。

第三节 旅游经济学的结构内容

一、旅游经济学的研究对象

各门科学都有各自不同的矛盾规定性，从而决定了不同的科学有各自不同的研究对象。正如毛泽东所说："科学研究的区分，就是根据科学对象所具有的特殊的矛盾性。因此，对于某一现象的领域所特有的某一种矛盾的研究，就构成某一门科学的对象。"①不同的科学各有自己的研究对象，这是由各门科学不同的矛盾规定性决定的。

旅游经济学的研究对象是旅游经济活动中旅游产品的需求与供给的矛盾运动。这一矛盾贯穿于旅游经济活动过程的始终，它规定了旅游经济学的研究对象既不同于其他经济学，也不同于旅游学科中其他科学。旅游产品在其需求与供给的矛盾运动中必然产生种种经济现象，涉及多种经济关系，存在支配其矛盾运动的规律。因此，旅游经济学主要研究的是旅游经济活动的运行及其运行过程中所产生的经济现象、经济关系与经济规律。

旅游经济活动中旅游需求与旅游供给这一内在矛盾，其外在表现是旅游者、旅游产品经营者与旅游目的地国家或地区政府三者之间利益上的矛盾，即旅游者通过购买旅游产品要求获得身心上的最大享受和满足，旅游产品经营者通过销售旅游产品能得到最大利润，旅游目的地国家或地区政府通过支持旅游业的发展需要取得最大的经济和社会效益。三者的利益既相互制约又相互依存，如果三者的最大利益均能较好地实现，旅游业便会良性协调发展。任何一方的利益得不到实现或受到损害，旅游经济活动的运行就要出现不畅，旅游业就难以顺利且健康地发展。所以，旅游经济学在研究旅游经济活动运行的内在矛盾的同时，还要研究这一矛盾的外在表现形式。

二、旅游经济学的研究结构

旅游经济学研究的出发点是旅游产品，它是旅游者、旅游产品经营者与旅游目的地国家或地区政府之间发生经济联系的纽带，旅游经济活动就是围绕着旅游产品的需求与供给这一主要矛盾展开的。这一主要矛盾的产生、发展与缓解，必然伴随着一系列旅游

① 毛泽东. 矛盾论[M]// 毛泽东. 毛泽东选集：第一卷. 北京：人民出版社，1966.

经济领域内的矛盾和关系，旅游经济与其他部门经济的矛盾和关系，以及中国旅游经济与其他国家乃至整个世界经济的矛盾和关系。影响和调节这些经济矛盾与关系的主要经济手段有旅游产品价格、旅游市场营销、旅游投资数量与方向、旅游产业政策等。因此，旅游经济活动的内在联系与旅游经济的研究结构如图 1-1 所示。

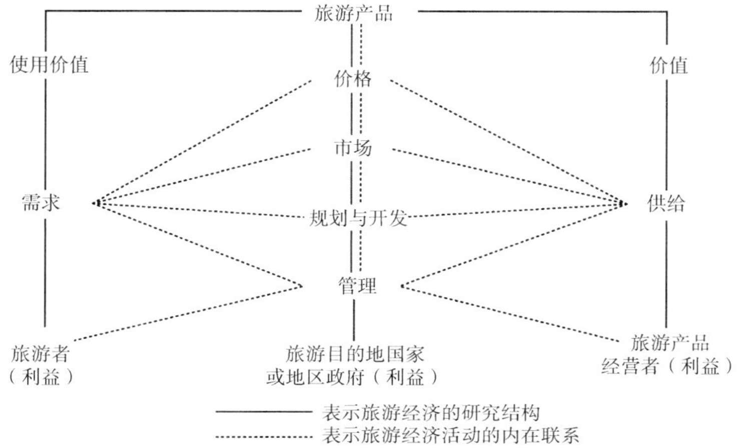

图 1-1 旅游经济活动的内在联系与旅游经济的研究结构

三、旅游经济学的研究任务

旅游经济学研究的目的是通过对旅游经济活动运行过程中各种经济现象、经济关系的研究，探索支配旅游经济活动运行的规律，更好地指导旅游实际工作，促进旅游业协调、稳定、持续地发展，获得更大的经济和社会效益。旅游经济学研究的主要任务有以下几项。

第一，揭示影响和作用于旅游经济活动的基本经济因素与经济关系。任何一种经济活动的产生和发展都是由一定的相互联系与相互作用而形成的经济关系变动的结果。影响和作用于旅游经济活动的因素很多，既有反映旅游目的地国家（或地区）和旅游客源国（或地区）总体经济发展水平的经济因素，如国民（内）生产总值、国民收入、经济增长率、人均国民（内）生产总值、人均国民收入等；也有反映旅游目的地国家（或地区）和旅游客源国（或地区）居民生活水平的经济因素，如家庭或个人消费品物价指数、消费结构等；还有反映旅游目的地国家（或地区）有关经济部门发展状况的因素，如交通运输业、建筑业、邮电通信业、农业、轻工业、商业所提供的产品或服务的数量、质量、价格等。这些众多的经济因素都会在不同程度上影响着旅游经济活动，其中有的起正向推动作用，有的起逆向制约作用。并且在旅游经济活动运行的不同时期、不同环节上，它们影响或作用的程度也会不同，有的起主导作用，有的只起一般作用。因此，旅游经济学研究的主要任务之一就是揭示影响和作用于旅游经济活动运行的基本经济因素与经济关系，并从中探索支配旅游经济活动的规律性。

第二，在研究旅游经济活动的基础上，寻觅和获取旅游业发展的最佳经济和社会效益的途径。在社会主义市场经济条件下，发展旅游业，无论是国际旅游业还是国内旅游业，既要重视经济效益，也要讲究社会效益，两者在社会主义根本利益一致的情况下是统一的，但是有时也存在着矛盾。经济效益包含着不同的层次，既有国家和地区的利益，也有旅游企业如饭店、旅行社、车船公司、商店等的利益，还有为旅游者提供服务的个人利益。三者之间也是统一与矛盾的关系。每一层次的经济利益都是由一定的经济因素相互作用而形成的。因此，如何调节诸多经济因素，协调和处理好各方面经济关系，从而使各方面获得最佳经济效益是旅游经济学研究的又一任务。

第三，为制定旅游业发展方针、政策和法规提供理论基础。旅游业发展的方针、政策和法规是指导一定时期内旅游业发展的基本准则，是协调和调节旅游业内部各方面关系的行为规范。然而，旅游业方针政策的制定，需要一定的经济理论做指导。旅游经济学是旅游经济运行规律的科学总结，它揭示了旅游经济活动运行过程中各种经济现象之间的内在联系及规律性，一方面对旅游业的经营起指导作用，另一方面也为旅游业发展方针、政策和法规的制定奠定了理论基础。

四、旅游经济学的研究内容

旅游经济学研究的内容概括地说，就是研究旅游经济活动运行的各个主要环节及其相互关系，具体内容主要包括如下几个方面。

（一）旅游经济的形成及产业标志

旅游经济是社会生产力发展到一定历史阶段的产物，是国民经济的有机组成部分。因此，研究旅游经济学首先应明确旅游经济的形成及发展特点，明确旅游经济产业的性质及主要标志，并从社会经济发展的角度把握旅游经济在国民经济中的重要地位，以及其对社会、文化和生态环境的作用与影响。

（二）旅游产品的开发及供求关系

旅游经济活动是以旅游产品的需求和供给为出发点的，但由于旅游产品具有不同于其他物质产品的属性和特点，因而必须研究旅游产品的科学含义与构成，把握旅游产品的特性，并根据旅游产品的市场供求、影响因素及生命周期，制定合理的旅游产品开发策略，实现旅游产品的供求平衡，等等。

（三）旅游产品的市场开拓及销售

旅游产品的供给和销售离不开旅游市场。因此，必须加强对旅游市场的研究，掌握不同分类市场的特点、竞争态势及细分方法，采取合适的市场开拓策略；遵循价值规律的要求，对旅游产品的价格进行合理的分类，掌握各种科学的定价方法和策略，促进旅游产品的销售。

（四）旅游产品的消费及合理化

旅游产品的消费是旅游经济活动的重要环节。旅游产品的特殊性，使旅游消费直接表现为旅游经济活动过程中的现实消费。因此，必须研究旅游者的消费倾向、消费行为和消费结构，探寻旅游消费效果的评价，以实现旅游者消费的最大满足。

（五）旅游产品的经营成本及效益

追求旅游经济效益是旅游经营者从事旅游经营活动的主要目标，也是旅游目的地国家发展旅游业的基本目标之一。因此，要研究旅游的经营投资与决策，研究旅游的收入及分配，研究旅游的效益指标体系，并通过对旅游经济宏观和微观的效益分析，对旅游经济效益的实现做出合理的评价。

（六）旅游经济结构及发展

旅游经济学不仅要研究旅游经济现象及其运行机制，还要研究旅游经济活动中的各种经济关系，它们会从不同方面对旅游经济的发展产生影响。因此，要研究旅游产品结构、产业结构、地区结构等，以寻求旅游经济结构的合理化；要研究旅游业管理体制及组织形式，以加强旅游业的行业管理；要研究旅游经济的发展模式和发展战略，以探寻促进中国旅游经济发展的最佳模式。

第四节 旅游经济学的研究方法

旅游经济学是一门综合性的学科，其研究的内容十分广泛，涉及多种学科的内容。因此，要使旅游经济学的研究成果具有科学性，并能对实际工作具有指导意义，就必须选用科学的研究方法。马克思辩证唯物主义和历史唯物主义是研究任何学科都必须遵循的根本指导思想与方法，也是研究旅游经济学必须遵循的基本指导思想与方法。具体讲，在研究旅游经济学的过程中，必须坚持以下几种方法。

一、理论与实际相结合的方法

理论与实际相结合是科学研究中的重要方法。理论带有普遍性，对实际具有指导意义；实际又是丰富多彩的，一方面需要理论的指导，另一方面在不同的时间、地点和条件下，又会呈现出许多新的情况和新的问题，需要进行科学的概括和总结，从而修正或丰富原有的理论。因此，在旅游经济的研究中，运用理论与实际相结合的方法包含着两层含义：其一是运用经济学的有关原理，去分析旅游经济活动中的经济现象和经济关系，解释旅游经济中的有关经济问题，说明经济学的有关原理在旅游经济中的运用，以及旅游经济的具体表现形式和特点；其二是在经济学有关原理指导下，根据旅游经济活动运行的实际，对有别于其他经济运行中的经济现象、经济关系及其变化进行科学的总结，并将其上升为理论，然后再回到实际中进行检验，用以指导实际工作。事实证明，运用理论与实际相结合的方法研究旅游经济十分必要，这是因为旅游经济学是一门新兴的学科，在许多方面还不成熟，还有待于在实践中不断总结、不断丰富和完善。并且，我国旅游业发展较晚，也迫切需要理论与实际相结合的旅游经济理论做指导。

二、定性分析与定量分析相结合的方法

任何事物都既有质的规定性，又有量的规定性，是质和量的统一。一定的质包含着一定的量，而量变发展到一定程度必然会引起质变。旅游经济活动中的各种经济现象也都是质和量的统一。一方面，旅游经济学中的许多范畴应具有质的规定性，才能区别各种不同的旅游经济现象；另一方面，旅游经济学中的许多范畴同时又具有量的规定性，因此，在旅游经济学的研究和学习中，必须把定量分析与定性分析有机结合起来，通过定量分析揭示各种旅游现象之间的变动关系及发展趋势，为定性分析提供科学的依据；通过定性分析，准确界定事物的本质和属性，为定量分析提供指导，从而达到事物的质和量的统一，促进旅游经济的持续发展。

三、静态分析与动态分析相结合的方法

对旅游经济活动的研究，首先要分析它的一般特征，也即在规定的理论前提下，运用抽象思维造就分析的纯粹条件，目的是揭示各变量本身的相互依存关系，这称为静态分析；动态分析是指纳入时间等变量，分析的结果随时间等变量的变化而变化的方法，也就是在发展运动中研究的方法。旅游经济的运行是静态结构与动态过程的统一。旅游经济现象内部各要素之间和旅游经济活动与其他社会活动之间存在相互依存、相互制约的关系，由此形成横向结构的状况，需要运用静态分析的方法对其进行结构研究；同时，旅游经济现象又是处于运动变化过程中的动态变化系统，旅游经济系统内部各要素的变化以及其他社会因素的变化，都会引起旅游经济系统的变化，因而需要运用动态分析的方法对其发展变化进行过程研究。

四、微观分析与宏观分析相结合的方法

微观分析即对旅游企业经营管理的分析，宏观分析即对旅游经济整体运行状况的分析。因为在对旅游经济内部各要素进行研究时，需要运用微观分析的方法，才能有利于我们把握其特点，才能进行有的放矢的具体决策研究。但是旅游经济研究也不能仅仅停留在微观研究的层次上，更重要的是从整体出发，去研究和分析旅游经济运行规律，这就需要我们重视运用宏观分析方法。所以，只有把宏观分析方法与微观分析方法结合起来运用，才能使我们正确地认识旅游经济发展变化和运行的规律性。

案例分析　拿什么迎接大众旅游时代

全国两会的帷幕刚刚落下，首次出现在政府工作报告中的“大众旅游”成为热议的

话题。2016 年的政府工作报告提出，要落实带薪休假制度，加强旅游交通、景区景点、自驾车营地等设施建设，规范旅游市场秩序，迎接正在兴起的大众旅游时代。“十三五”规划纲要中，共 15 处直接提及旅游。近年来旅游市场快速发展，旅游业的战略地位逐渐提升，同时存在的诸多问题也成为发展路上的制约因素。面对已经来临的大众旅游时代，我们是否做好了充分的准备?

一、大众旅游：平均每人每年旅游 3 次

【数据】据国家旅游局发布的信息，2015 年，我国旅游人数达到 41.2 亿人次，相当于全国人口每年旅游 3 次，其中国内旅游突破 40 亿人次，旅游收入超过 4 万亿元，出境旅游突破 1.2 亿人次。目前我国国内游和出境游人次、国内旅游消费、境外旅游消费均列世界第一。

自 20 世纪 80 年代以来，我国旅游业进入快速发展时期，旅游基础设施建设突飞猛进，一批优质景点的推出加快了旅游产业化的进程。

旅游业增速呈逐年递增趋势。2000 年，我国国内游人数为 7.44 亿人次，2010 年已经达到了 20.03 亿人次，随后短短 5 年时间就翻了一番，2015 年达到 40 亿人次。资本投资对旅游业的看好同样说明了问题——2014 年全国旅游直接投资 7053 亿元，同比增长 32%; 2015 年，我国旅游投资首次突破万亿元，同比增长 42%。

在过去很长一段时间里，旅游属于少数人的奢侈消费。如今，居民出游的普遍化、常态化成为旅游业最大的特色。北京旅游学会副秘书长刘思敏指出，随着全面小康社会的建成，旅游消费在国民消费中所占比重越来越大，已成为我国居民的重要生活方式之一，这只“旧时王谢堂前燕”，已经“飞入寻常百姓家”。

在当前经济转型发展的框架下，发展势头强劲的旅游业作为培育新兴产业的重要领域，逐渐上升到战略高度。2016 年是政府工作报告中提及旅游的第三年，将旅游单独完整提出则尚属首次。对比前两年政府工作报告的提法，不但篇幅增加，内容也更加全面具体。“十三五”规划纲要中，共 15 处直接提及旅游，其中包括“大力发展旅游业，深入实施旅游业提质增效工程，加快海南国际旅游岛建设，支持发展生态旅游、文化旅游、休闲旅游、山地旅游等”“大力发展绿色农产品加工、文化旅游等特色优势产业”“大力发展红色旅游”“适度开发公众休闲、旅游观光、生态康养服务和产品”等。

可以看出，大众旅游时代的到来为行业带来了不少新的变化，旅游产品的个性化和多样化是未来的趋势。从旅游消费方式来看，过去大部分旅游都属于景色观光式，以旅行社组织为主，少有文化型、体验型旅游。而随着青少年游学、文化旅游、生态养生旅游等产品和新兴热点不断涌现，越来越多的消费者更倾向将不同的旅游方式视为不同的生活体验。2015 年，游客通过旅行社进入景区的比例已经由 2010 年的 60%～70%下降至 20%～30%，以自驾等为主的自由行成为游客到达景区的主要方式，占景区接待游客总人数的 75%。

旅游业也带动了广阔的就业空间。国家旅游数据中心测算数据显示，我国旅游就业人数已占总就业人数的 10.2%。随着生态旅游和乡村旅游的不断升温，旅游也成为带动

乡村居民就业和脱贫的突破口。

二、告别“囧途”：让旅游服务走进人心

【现象】提起国内旅游市场秩序和服务品质，人们有诸多不满。每逢旅游旺季，各种“人在囧途”事件就见诸媒体：热门景点人多拥挤、管理缺位、不文明现象频发；从青岛“天价虾”到哈尔滨“天价鱼”，众多旅游地商户都将游客当作了“待宰肥羊”；不合理低价团、强迫和诱导购物等消费陷阱，严重破坏了旅游市场的形象。

在大众旅游时代，庞大的消费市场将行业存在的问题放大，数量与质量的巨大反差反映了发展过程中的诸多矛盾。国务院发展研究中心市场经济研究所服务业研究室副主任刘涛指出，诸多令游客不满意的情况说明旅游服务有效供给仍然不足，基础设施和相关配套设施不健全，低水平重复建设；低端、同质化的服务供给明显过剩；节假日制度安排不合理，更加剧了旅游供需时空错配。例如，从2016年春节、2015年“十一”黄金周等数据看，城市周边小镇游一直是热门路线，但去过多个小镇的游客往往发现，各地古镇、文化街区等都似曾相识，同质化严重。同样，旅游方式上也略显单一，“上车睡觉，下车拍照”“白天看庙，晚上无聊”仍是一些旅游线路的“标准配置”。

有业内人士指出，如今不少国内外游客认为我国国内游的性价比相对较低。一方面我国居民出游需求旺盛，另一方面旅游服务质量的提升速度跟不上消费者日益增长的需求。许多旅游经历中“鸡肋”的体验让不少消费者将目光转向了出境游。

2016年春节，我国居民出境旅游人数接近600万。据各大在线旅游企业的大数据统计，出境游占全部出游人数的近六成，占据了大部分市场。国内旅游市场的信任危机，自会让游客“用脚投票”，造成大量客流的流失。数据显示，2009年，我国旅游服务贸易首次出现逆差，规模超过20亿美元。仅5年后的2014年，这一数字达到1079亿美元，增长了50倍。2014年，旅游服务逆差占服务贸易逆差额的67.5%，成为我国服务贸易逆差的最大来源。

由于近年来旅游市场消费主体正在发生变化，过去旅行社推出的最常规的打包式、走马观花式的消费产品已很难满足大多数消费者的需求。同样，客流拥挤的热门景点也不再是他们唯一的选择。“消费者特别是新生代年轻人，不再一味追求低价，而对服务体验和质量提出了更高要求。”刘涛表示，“以80后、90后为代表的消费者更愿意将自己的收入花费在对品质和娱乐的追求上，他们的关注点不再是单纯的目的地，而是旅行过程带来一种什么样的感觉。”

大众旅游时代的到来把提高旅游服务品质提到更为关键的位置。一方面，一路飙高的数据显示出旅游业蓬勃发展的势头；另一方面，旅游服务的发展方式亟须从注重量的增长转变到注重质的提升。如何打造出具有中国特色的优质旅游品牌，考验着旅游从业者和监管者的智慧。

三、行者居者：改变景点内外“两重天”

【方向】2016年，国家旅游局提出，要推动中国旅游从“景点旅游”向“全域旅游”

转变。由于在“景点旅游”模式下，景点景区建设、经营往往封闭而孤立，与当地社会发展是割裂的，有的甚至是冲突的，造成了景点内外“两重天”。推动全域旅游就是要改变这样的格局。

全域旅游的提出意味着未来旅游业发展方向将从关注“点”转向关注“面”，通过促进游客融入体验当地居民的生活，改善因游客与当地社会的割裂和对立而产生的不合理现象。

“居民思维是全域旅游模式的发展要义。”德安杰环球顾问集团董事长、亚太旅游协会中国专家委员会秘书长贾云峰指出，只有当地居民喜爱的产品才是真正优质的产品，只有宜居的才是宜游的；全域旅游的核心是居民和游客互生互利，让生产、生活、生态，以及当地人和外地人和谐共处，改善行者和居者的关系。

针对旅游环境不佳、商品性价比失衡等诸多顽疾，改善服务品质、加强执法监管仍然是关键所在。刘涛认为，应从供给侧结构性改革入手，适应旅游消费需求变化，提升产品质量；同时，整合产业链条，打造旅游综合服务商，从而提升旅游业综合管理水平，将行业升级融入国家经济转型发展大潮。

有专家称，全域旅游是史无前例的旅游革命，对全行业都将产生深远影响，将对无边界的“旅游＋”带来无限的想象力。

由此看来，加快旅游与其他产业融合将是未来的重要发展思路。“十三五”规划纲要指出，推进文化业态创新，大力发展创意文化产业，促进文化与科技、信息、旅游、体育、金融等产业融合发展。2015 年 8 月，国务院办公厅印发的《关于进一步促进旅游投资和消费的若干意见》中，建议加快自驾车房车营地建设，推进邮轮旅游产业发展，培育发展游艇旅游大众消费市场，大力发展特色旅游城镇，大力开发休闲度假旅游产品，大力发展旅游装备制造业，积极发展“互联网＋旅游”。这些无疑都是未来旅游市场改革发展的命题所在。

推动文化和旅游的深度融合与互动发展、增加旅游产品文化内涵，也是提升旅游品质的重要抓手。在中国社会科学院旅游研究中心副主任戴学锋看来，我国地大物博，旅游资源得天独厚。海岛山川、草原大漠、温泉林海、冰河溶洞，历史文化、民族风情，自然人文资源皆备，可以开发出门类齐全的旅游产品。发展民族地区特色旅游，可以打造出具有吸引力和竞争力的个性化品牌。

新的发展趋势对于传统的旅游企业来说更是严峻的考验。刘涛指出，近年来，搭乘“互联网＋”快车，在线旅游企业快速发展，BAT（百度、阿里巴巴、腾讯）等互联网巨头纷纷布局旅游市场，信息查询、产品预订、服务评价等环节相继搬到线上，这给传统旅行社带来了不小的冲击，旅游业的发展格局正在发生变化。

这意味着，传统旅游企业，以及传统的旅游方式都需要一场变革。专家指出，新形势下更需要加强创新意识，适应行业市场的变化。例如，旅行社可以更多关注分众化市场，推出个性化定制旅游产品，通过与互联网以及其他产业融合完成转型升级，等等。通过全行业的共同努力，释放广阔的消费潜力空间。

资料来源：鲁元珍. 拿什么迎接大众旅游时代[N]. 光明日报，2016-03-31（14），有改动

复习与思考

一、重点概念

旅游经济学　经济学　旅游学

二、简答题

1. 旅游经济学是如何产生的？
2. 旅游经济学有何特征？
3. 旅游经济学的研究对象是什么？
4. 旅游经济的研究任务和内容包括哪些方面？
5. 旅游经济学的研究方法有哪些？

三、论述题

1. 阐述国内对旅游经济的研究状况。
2. 分析旅游经济学与其他学科的关系。

第二章 旅游经济活动

旅游经济是社会生产力发展到一定阶段的产物，是商品生产发展的结果，是国民经济的重要组成部门。本章从分析旅游经济的概念入手，阐述旅游经济运行环节和基本性质；分析旅游经济的形成发展过程和旅游经济产业化的标志；阐述了旅游服务贸易的内涵和特征；并从社会系统的角度阐述旅游经济在国民经济中的地位，以及旅游经济对社会、经济、政治、文化及环境的作用和影响。

第一节 旅游经济的运行与性质

一、旅游经济的概念

人类的旅游活动、旅游现象由来已久，而旅游经济现象却不是这样的，旅游经济现象是在商品经济充分发展的基础上，旅游活动采取了市场交换形式所形成的各种经济现象和经济关系的总和。

旅游经济现象包含许多矛盾，其中旅游需求和旅游供给的矛盾是主要矛盾，此外还有需求中旅游者的旅游欲望与支付能力的矛盾、旅游者之间争夺旅游“热线”和“热点”的矛盾、旅游企业之间争夺客源的矛盾、旅游企业收益与成本之间的矛盾等。旅游经济现象虽然纷繁复杂，但透过纷繁复杂的经济现象可以发现，旅游经济主要由三大要素所构成，即旅游者、旅游产品经营者、旅游目的地国家（地区）政府三方。这三个方面相互依存、相互制约，彼此的协调发展构成旅游经济的运行过程。三个方面要求同时满足，是一国（或地区）旅游业顺利发展的条件。因此，旅游经济活动是旅游供求矛盾所形成的经济现象、经济关系和经济规律。

对旅游经济概念的理解，还需要把握以下两点。

（一）旅游经济活动由旅游者和旅游产品经营者双方互动构成

旅游者代表旅游需求一方，旅游者的旅游欲望是潜在的旅游需求，如果得到充分的财力和闲暇时间的支持，就会成为现实的旅游需求。因此，它决定了旅游活动以及旅游经济现象的可能范围。旅游产品经营者或者旅游业则代表旅游供给一方，它们的生产能力、提供产品的品种和质量，决定了旅游者的经济需求能否得到满足，从而也就决定了旅游活动和旅游经济现象的实际范围。旅游需求与旅游供给之间形成辩证统一的关系：旅游需求的旺盛或者衰退，直接影响到旅游供给的数量和质量；而旅游供给的数量和质量又反过来制约着旅游需求的兴旺程度。

（二）旅游需求与旅游供给之间联系的焦点是旅游产品

旅游者为了满足自己的旅游需求，必须支付货币以购买旅游产品；旅游业为了自己的生存和发展，则必须售出旅游产品以收取货币。在现代市场经济条件下，一切旅游产品与服务均以商品形式出现，并随着需求和供给的变化而变化。旅游者既然支付了货币，就有权获得自己所满意的产品；旅游业各企业以及从业人员若想收取货币，则必须提供能够满足旅游者旅游需求的合格的旅游产品。如果某种旅游产品质量低劣，那必然会导致旅游者的需求欲望降低，又由于旅游产品属于非生活必需品，因而甚至会导致旅游购买欲望的完全消失。所以，切实保证旅游产品和服务的质量，是旅游业生存和发展的首要前提。

所以，基于旅游者的旅游活动而形成的，旅游者和旅游产品经营者之间针对旅游产品而展开的，旅游需求和旅游供给的错综复杂的矛盾运动表现，就是旅游经济现象。

二、旅游经济的运行

（一）旅游经济活动运行的基本环节

从上述关于旅游经济现象发生及旅游活动的构成要素的分析中，我们可以看出旅游活动的实现过程也就是旅游产品的交换过程，这一过程包括旅游产品的购买与旅游产品的销售两个方面，这是旅游经济活动运行的基本环节。

旅游产品购买环节的主体是旅游需求者，旅游产品销售环节的主体是旅游产品供给者，他们使旅游经济活动分成为对立的两方，其目的各不相同，经济运转的形式也不一样。旅游产品的销售是旅游产品供给者将产品转化为货币的过程，旅游产品的购买是旅游者将货币转化为旅游产品的过程，这两个过程的结合组成了旅游经济活动的运转，所以它们是旅游经济活动运转的两个基本环节。与其他产品的交换不同，旅游者在旅游产品购买中得到的不是具体的物，而是一种感觉、体验（experience）或享受，这种非具体物的商品的出现是市场经济条件下商品生产发展的结果。

（二）旅游经济活动运行的次环节

1. 旅游产品购买的次环节

在旅游产品购买方面，可进一步分为旅游产品购买发生与旅游产品购买方向两个次环节，前者指的是旅游者购买旅游产品条件的形成和购买时间，后者是指旅游者选择购买哪一种旅游产品（如度假旅游、娱乐旅游、观光旅游等），或选择购买哪一种旅游目的地的旅游产品（如本国的还是外国的），在本国和外国的旅游产品中，又选择哪一个地区或哪一个国家、城市的旅游产品。

2. 旅游产品销售的次环节

旅游产品销售包括旅游市场推销与提供旅游服务两个次环节，前者是旅游供给者通过对旅游市场的调查、预测进行的广告宣传与有关的推销活动，目的是最大限度地开发客源市场；后者是旅游经营者直接向购买旅游产品的旅游者提供的服务，即我们通常所说的吃、住、行、游、娱、购与其他方面的服务，如电信、洗衣、修理、货币兑换等。在这两个环节中，旅游市场推销是旅游产品销售的前提，旅游服务的提供则是旅游产品销售的基础，它们结合起来是旅游产品价值实现的主要内容。

3. 旅行社中间环节及两个次环节

我们说旅游产品购买与旅游产品销售是旅游经济活动的两个基本环节，是因为只要具备了这两个环节，旅游经济活动便可以进行。然而自旅行社出现以来，尤其是包价旅游的实施，在这两个基本环节之间，又介入一个环节，即旅行社的中介买卖。从前，旅游产品的购买和旅游产品的销售完全是在旅游者与旅游产品经营者之间直接进行，而现在旅游产品的购买与销售都要经过旅行社来完成。

在旅行社这个中间环节中，又分为旅游产品批发与旅游产品零售两个次环节，前者是旅游批发商或旅游承包商首先把从多个旅游供给者订购的各单项旅游产品，经过加工，组合成一个全新的产品，即一条旅游包价路线，然后交给旅游零售商出售；后者是旅游零售商把从旅游批发商处批发下来的旅游产品向游客进行的零星销售，这样旅游经济活动的实现过程便渗入了新的内容。旅行社的介入，虽然使旅游需求者与旅游供给者之间无须直接进行交换，然而却使旅游经济活动的层次增多了，使它的实现过程与社会的联系更为紧密、更为广泛。

三、旅游经济的性质

旅游活动发展成为旅游经济活动，并成为国民经济的重要组成部分，是现代科学技术进步、社会生产力提高和商品生产与交换长期发展的结果。因此，旅游经济是以旅游活动为前提，以商品经济为基础，依托科学技术手段，反映旅游活动过程中旅游者和旅游经营者之间，按照各自利益而发生经济交往所表现出来的各种经济活动和经济关系的总和。旅游经济作为社会经济的重要组成部分，具有以下主要性质。

（一）旅游经济是一种商品化的旅游活动

在自然经济条件下，旅游活动主要表现为旅游者依靠自己力量而满足自我需求的活动，因而一般不涉及旅游产品的生产和交换。而旅游经济是建立在商品经济基础之上的，是以旅游产品的生产和交换为主要特征的旅游活动，因而必然要产生经济活动中的供需双方和交换的对象。一方面，只有当市场上存在着旅游经济活动的需求主体——旅游者，才可能产生大量的旅游需求。而旅游需求的规模数量、消费水平、旅游目的、游览内容等，不仅决定着旅游经济活动能否有效地进行，而且对旅游经济发展的规模和水平具有决定性的影响与作用。另一方面，只有当市场上存在着旅游经济活动的供给主体——旅游经营者，才有可能为旅游者提供各种旅游产品，满足旅游者的各种需求。因此，旅游经营者既是旅游产品的生产者，又是旅游产品的经营者，是保证旅游产品价值得以实现，并促进旅游经济活动有效进行的重要前提和基础。

此外，现代商品生产和交换的发展，还为旅游活动的商品化提供了相应的媒介和手段。这样，旅游活动便完全建立在以旅游产品为对象、以旅游者和旅游经营者为主体、以货币为交换媒介的基础上，真正成为一种商品化的社会经济活动。

（二）旅游经济是一种综合性的服务活动

旅游活动虽然不是以经济活动为目的，但其整个活动过程是以经济活动为基础的。特别是在现代旅游活动中，旅游者要有效地实现其旅游需求是离不开食、住、行、游、购、娱等各种综合性服务的。因此，从供给角度看，旅游经济是一种以服务为主，并涉及众多企业和行业的经济活动。这种服务性经济活动，既可以借助物的形式提供，也可以通过劳动本身发挥作用来提供。正如马克思所强调的："服务无非是某种使用价值在发挥效用，而不管这种使用价值是商品还是劳动。"①

由于旅游经济是一种以服务为主的经济活动，因而不仅要为旅游者提供包括食、住、行、游、购、娱在内的各种直接旅游服务，而且要为旅游者提供汇兑、通信、医疗、保健、商务等多种辅助性服务。因此，旅游经济活动不仅涉及旅行社、旅游饭店、旅游餐馆、旅游交通等企业，还涉及金融、邮电、医院、公安、海关、商检等相关企业和部门。所以旅游经济实质上是以旅游为目的、以经济为基础、以服务为主的综合性经济活动。

（三）旅游经济是一个相对独立的经济产业

旅游经济在其长期的发展过程中，逐渐发展成为一个相对独立的经济产业。特别是第二次世界大战以后，旅游经济的发展速度之快，综合经济效益之高，产业带动力之强，吸收劳动力就业效应之大，以及其发展的光明前景，促使许多国家特别是发展中国家都把旅游业作为经济发展的重点产业，予以积极的扶持和发展；从而又进一步促进旅游产业规模的迅速扩大，产业结构体系的不断完善。产业范围的全球性扩展，使旅游业不仅成为现代经济发展中的"朝阳产业"；而且成为第三产业中的"龙头产业"，带动第三产业及相关物质生产部门的发展，在整个社会经济发展中具有十分重要的地位和作用。

第二节 旅游经济的形成与发展

一、旅游经济的形成过程

旅游业作为一个相对独立的经济产业，是伴随着社会生产力的发展和社会分工的深

---

① 马克思. 资本论：第一卷[M]. 北京：人民出版社，1975.

化，伴随着人民生活水平的不断提高，伴随着人们对旅游需求的不断增加，而逐步从商业中分化出来的，是第三产业中具有综合性带动效应的“龙头产业”。旅游经济的形成和发展过程，大致可以划分为以下三个阶段。

（一）旅游经济的萌芽阶段

旅游经济是在旅游活动有了一定的发展，并具备了一定物质条件的前提下才产生的一种社会经济活动。因此，旅游经济产生于旅游活动的发展，而旅游活动的起源可追溯到人类社会的初期。

原始社会时期，社会生产力水平低下，人们的生活条件极为艰苦，特别是各种自然环境变化所引起的各种灾害及民族部落之间的争斗，使人们不得不为了生存而发生经常性的空间迁徙活动。尽管这种为生存而进行的空间迁徙并不是旅游，甚至也不是旅行，但其事实上已蕴含着旅游活动最基本的雏形。从原始社会、奴隶社会到封建社会的长期发展过程中，人类社会经历了三次大规模的社会分工，促进了社会生产力水平的不断提高。社会生产力水平的提高又促进了生产发展和剩余产品的增加，产生了私有制、阶级和国家，促进了社会分工和商品经济的进一步发展，促进了市场空间的不断扩大和商品交换活动范围的拓展，于是围绕以商品生产、商品交换及各种商业活动为中心的旅游活动就产生了。

在漫长的古代历史中，旅游的发展与当时的社会政治、经济及文化发展相适应，出现了各种各样的形式。例如，摩西出埃及、耶稣周游列国传教、古希腊的朝拜和祭祀、马可·波罗的出游、阿拉伯民族的经商往来、孔子周游列国、玄奘西域取经、鉴真东渡日本、郑和七下西洋、徐霞客遍游中华大地等，都为旅游经济的产生打下了基础。但是，由于古代社会生产力尚不发达，社会经济的发展水平还不能促使旅游活动商品化，因而旅游活动最终没有成为一种商品化的社会活动，而仅是孕育了旅游经济的萌芽。

（二）旅游经济的形成阶段

旅游经济的形成是旅游活动向商品化发展的过程。从旅游经济的发展历史看，旅游经济的形成主要发端于 18 世纪的产业革命。18 世纪的产业革命，以机器工业代替了工场手工业，形成了以机器大工业为基础的社会化大生产，促使社会生产力得到了迅速提高，促进了资本主义商品生产和交换的迅速发展，从而为旅游经济的形成和发展提供了物质技术基础与经济条件。

（1）产业革命促进了生产手段尤其是交通运输工具的改善，不仅使社会化大生产的规模扩大、市场空间范围扩展，而且汽轮、火车的产生为人们有目的的大规模、远距离旅游活动提供了便利的物质技术条件。例如，美国于 1807 年开辟汽船内河定期客运航班，紧接着欧洲许多国家相继开设了蒸汽客轮经营服务，英国于 1830 年在利物浦到曼彻斯特之间开设了火车客运服务，到 1890 年，已吸引了近 20 万国内外旅游者。

（2）产业革命促进了资本主义制度的形成和发展，使资本主义社会生产力有了迅速的提高。随着商品经济的繁荣、兴旺，人们生活水平迅速提高，这就为旅游经济的产生和发展创造了大量的社会需求。于是，伴随着人们可支配收入的增加、交通运输条件的改善，以及工厂化制度的建立，旅游活动逐渐成为人们物质文化生活的组成部分，从而为旅游经济的形成提供了需求前提和经济条件。

（3）在产业革命为旅游经济的产生奠定物质技术基础、资本主义商品经济发展为旅游经济的形成创造大量需求的同时，各种专门从事旅游服务机构的建立，标志着旅游经济的产生和形成。特别是 1845 年，英国的托马斯·库克成立了第一家包括食、住、行、游等旅游活动在内的旅行社，开创了有组织地提供旅游活动的各种专门性服务，从而促进了旅游活动的商品化进程。以后，诸如旅行社、旅游饭店、旅游交通等各种以经营旅游业务为主的企业纷纷建立。各种旅游住宿、餐饮接待设施不断建设和完善，从而使旅游活动发展成为一种商品化的经济活动，逐渐成为社会经济活动的重要组成部分。于是，具有现代意义的旅游经济就正式形成了。

（三）旅游经济的发展阶段

旅游经济虽然形成于 19 世纪中叶，但直到 20 世纪 50 年代以后才进入一个快速发展时期。21 世纪，旅游业已成为世界经济中发展势头最为强劲的产业之一，旅游经济的产业化发展突出表现在以下几方面。

（1）从世界旅游业的发展规模和速度看，1950 年国际旅游者达 2500 万人次，1980 年达 2.78 亿人次，2000 年达 6.74 亿人次，2017 年达到 13.23 亿人次；1950 年国际旅游收入达 20 亿美元，1980 年达 1040 亿美元，2000 年达 4950 亿美元，2017 年达到 1.34 万亿美元，与 2016 年相比，国际旅游人次和国际旅游收入分别增长 6.8%、4.9%。

（2）从世界旅游业对国民经济的贡献看，2013 年，旅游业年新增价值已占到世界年新增价值总额的 9.3%。根据世界旅行及旅游理事会 2013 年研究报告，旅游业新增价值不仅高于高等教育业 3.4%、汽车制造业 8%、采矿业 8.7%、化工制造业 8.7%的比例，还与全球教育业、银行业所占比例基本持平。

（3）从世界旅游业吸纳就业人员看，全世界每年新增就业人员中，每 11 个人中就有 1 人进入旅游产业工作。2013 年，旅游业吸纳就业人数分别是汽车制造业的 5 倍，化工制造业的 5 倍，采矿业的 4 倍，银行业的 2 倍，邮政通信业的 2 倍。

（4）从世界旅游业的地位看，其在国民经济中是一个综合带动效应较强的产业，不仅可以直接创汇，吸收大量的劳动力，而且可以带动相关产业的发展，吸收更多的劳动力就业，增加更多的间接收入，并带动旅游目的地国家的对外开放和经济发展。

综上所述，由于旅游经济已发展成为一个高增值、高就业、高创汇、高效益的新兴产业，因而旅游业在世界经济及各国经济发展中占有越来越重要的地位。

二、旅游经济的发展特点

旅游经济形成于 19 世纪中叶，但一直到 20 世纪 50 年代以后才进入快速发展的时期。回顾第二次世界大战以来旅游经济的发展过程，具有以下几方面显著的特点。

（一）旅游经济活动的大众性

自 20 世纪 50 年代以来，旅游活动不再是以少数富有者为主的活动，而是一种面向人民群众的社会经济活动。特别是社会生产力的迅速提高，人们可支配收入的不断增加，以及工作时间的缩短，使许多人不仅具备了旅游消费的能力，而且也具备了外出旅游的时间条件和交通运输条件，从而推动了旅游活动的大众普及性。而旅游活动的大众化发展，创造了大量的旅游需求，又促进了旅游资源的开发和旅游接待设施的建设，为旅游者提供了更为方便的旅游条件和旅游服务，从而促使旅游经济活动又进一步向大众化普及和发展。

（二）旅游经济活动的全球性

旅游经济活动已经不再局限于国内旅游或近距离旅游，而是打破了地域、疆域的界限，发展成为一种全球性的社会经济活动。特别是20世纪50年代以来，科学技术的进步促进了通信技术和手段的现代化，促进了交通运输条件（尤其是民用航空）的极大改善，使人们可以在较短的时间内，以较少的经济支出周游世界各地，获得更高的旅游需求的满足。同时，旅游经济活动的全球化发展，又增进了世界各国政府、企业及人民之间的交流和联系，为推进全球化的旅游活动创造了更好的条件。

（三）旅游经济活动的规范性

旅游经济活动在其发展过程中，逐渐形成了一种有组织的规范化旅游模式。无论是国际旅游还是国内旅游，通常都是由旅行社作为主要的组织者，依托各类旅游企业和旅游风景区，按照预定的旅游线路、活动内容和时间，提供综合性的旅游服务，满足旅游者多方面的需求。而旅游者只需承担一定的费用就可以尽情地享受旅游的愉悦，不用再为旅游活动中的食、住、行等问题操心。正是旅游经济活动的规范性发展，才推动了旅游经济活动的大众化和全球化发展，才促使现代旅游业逐渐成为一个相对独立的经济产业，成为国民经济的组成部分。

（四）旅游经济发展的持续性

自20世纪50年代以来，整个世界旅游经济的发展盛况空前，始终保持着较高的增长率并经久不衰。虽然世界旅游业的增长率从20世纪50年代的12.6%下降到90年代初的8.1%，但同世界经济及世界工业的增长率比较，始终保持着一种高速发展的态势。同时，旅游经济的迅速发展，使其在国民经济中的地位和作用有了显著的提高，旅游活动成为人们生活中的一个重要组成部分，成为人们的一种经常性活动。此外，随着旅游经济活动的广泛开展，人们更加重视对生态环境的保护，更加重视对环境污染的治理，以谋求旅游与自然、文化与人类生存环境融为一个和谐的整体，促进社会经济的持续发展。

三、旅游经济产业化标志

通过以上对旅游经济的形成过程及发展特点的分析，可以看出旅游经济的形成和发展具有四个显著的特征：其一，旅游经济产业是派生的，是随着物质生产的发展和人民生活需要的扩大而逐渐从商业中派生出来的；其二，旅游经济产业是相对独立的，有相对集中的旅游需求和供给，并形成相对独立的市场结构和生产经营体系，具有独立的分工领域；其三，旅游经济产业是以服务为主的，即旅游产品的生产和消费是同时进行的，因而旅游经济属于第三产业的范畴；其四，旅游经济产业在长期的发展过程中已形成了自己的主体部门和产业结构体系，具备了成为一个经济产业的基础。

根据以上分析，旅游经济已发展成为相对独立的产业经济，旅游经济产业化的具体标志主要体现在以下几方面。

（一）旅游消费需求的集中化

根据现代经济理论分析，工业化的推进不仅使物质生产获得很大的发展，而且促使国民收入水平不断提高，促进人民群众的生活条件不断改善，并引起需求结构发生很大的变化。特别是随着人们从注重物质生活的需求向更加注重精神方面满足的转变，旅游活动越来越成为人们生活中必不可少的内容。据有关研究表明，当人均国民生产总值达到 300 美元时，人们即产生旅游需求；当人均国民生产总值达到 1000 美元时，人们即产生邻国旅游需求；当人均国民生产总值达到 3000 美元以上时，人们即产生远距离的国际旅游需求。可见，随着人们收入水平的不断提高和生活条件的改善，人们对于休闲、娱乐、观光、游览、度假等旅游需求日益增长，从而为旅游经济产业的发展提供了广泛的市场需求。

（二）旅游生产供给的专业化

伴随着旅游消费需求的不断增长，旅游业逐渐从商业服务业中分化出来，形成以旅游经济活动为中心，根据旅游者需求，把多个企业和行业集合起来，向旅游者提供食、住、行、游、购、娱等综合性服务的新兴产业。而这些专门经营旅游产品和服务的企业，尤其是旅行社、旅游饭店和旅游交通，不仅对旅游产业的形成和发展具有十分重要的作用，而且成为旅游经济的三大支柱，标志着旅游经济的成熟。

旅行社是指依法成立并具有法人资格，在旅游经济活动中从事招徕、接待旅游者，组织旅游活动，获取经济收入，实行独立核算、自负盈亏的旅游企业。旅行社在旅游业内部各行业部门中发挥着“龙头”作用，既是旅游产品的“生产者”，又是旅游产品的营销者，通过自己的活动把旅游者和旅游经营者连接起来，促使旅游经济活动的有效进行。

旅游饭店是为旅游者的活动提供旅游住宿、餐饮、娱乐和其他服务的旅游企业。旅游饭店是一个国家或地区发展旅游业必不可少的物质基础，也是衡量一个国家旅游业是否发达的标志。旅游饭店发展的数量、规模、档次和服务质量，在一定程度上决定和影响着一个国家旅游业的发展规模与水平。

旅游交通是旅游业的重要组成部分。没有发达的现代交通运输业，就不可能有发达的现代旅游业。因此，旅游交通和食、住、游、购、娱等共同构成综合性旅游产品，提供旅游者消费，并保证旅游经济活动的正常运行。

（三）旅游经济运行的规范化

在市场经济条件下，旅游经济的运行实质上就是旅游者和旅游经营者之间的旅游产品交换过程，它包括旅游产品的购买与销售两个对立统一的活动过程。一方面，旅游者通过支付一定的货币而购买旅游产品，以获得旅游活动中的各种体验和享受；另一方面，旅游经营者将旅游产品销售给旅游者，以获取一定的经济收入。由于旅游产品是一种以服务为主的产品，因而旅游产品的构成要素可以多次重复使用和提供，从而在旅游经济运行过程中，以旅行社为主的旅游经营者将各种旅游产品要素进行有机组合，提供给旅游者。而以旅行社为主的经营活动，就促进了旅游经济运行的规范化，促使旅游经济产业遵循客观经济规律而有效地进行，从而促进了旅游业作为一个独立经济产业的发育和成熟。

第三节 旅游服务贸易及其特征

一、旅游服务贸易的概念

旅游服务贸易是服务贸易的重要组成部分。因此，认识旅游服务贸易要从认识服务贸易开始。一般而言，服务贸易是指服务的国际贸易，即国家之间的服务输入或服务输出的贸易形式，而不包括国内服务贸易。简而言之，服务贸易就是以商业利益为目的的服务业的进口和出口。2005 年以来，服务贸易平均增长率超过货物贸易，服务贸易额占全球贸易额的比例不断提高。按照《服务贸易总协定》（*General Agreement on Trade in Service*，GATS）的规定，服务贸易的范围包括除政府当局实施政府职能提供的服务外的任何部门的任何服务。

旅游服务贸易，是指旅游服务在国家之间的有偿流动和交换过程，即国家之间相互为旅游者进行国际旅游活动所提供的各种旅游服务的交易过程。从现代服务贸易的角度，正确认识和理解旅游服务贸易的概念与内涵，必须正确掌握以下几点。

（1）旅游服务贸易是国家之间旅游服务的有偿交换活动。一般来讲，国际旅游是指人们为了特定目的而离开居住国，前往其他国家并做短暂停留（不超过一年）的旅游活动，主要目的不是从访问地获得经济收益，其既包括本国居民到其他国家的出境旅游，也包括其他国家居民到本国的入境旅游。因此，旅游服务贸易的对象是进行国际旅游活动的入境旅游者和出境旅游者，而本国对国内旅游者的服务一般不纳入旅游服务贸易的范畴。简而言之，旅游服务贸易是国家之间有偿提供旅游服务的交换活动。

（2）旅游服务贸易包括《服务贸易总协定》定义的范围和内容。由于旅游服务是一种综合性服务，涉及大量对旅游者提供的直接服务和相关服务，因此旅游服务贸易的范围涵盖了《服务贸易总协定》所定义的四种服务贸易形式，包括直接对旅游者进行国际旅游所提供的境外服务，以及按照跨境交付、商业存在和自然人流动形式而提供的各种旅游服务；旅游服务贸易的内容既包括旅游者进行旅游活动所必需的有关食、住、行、游、购、娱等方面的基本旅游服务，也包括食品供应、供水供电、邮电通信、金融汇兑等附加旅游服务，使旅游服务贸易的范围广泛而内容复杂。

（3）旅游服务贸易包括旅游服务的出口和进口。旅游服务贸易既然是国际服务贸易的组成内容，必然也包括旅游服务的出口和进口。根据世界旅游组织对旅游的定义，国际旅游一般包括出境旅游和入境旅游两方面。旅游服务出口，表现为向入境旅游者或在国外以其他形式提供的各种旅游服务并相应获得旅游服务出口收入；旅游服务进口，表现为本国旅游者出境旅游或在国内消费外国旅游经营者提供的旅游服务并相应发生的旅游支出。因此，旅游服务贸易也必然涉及进出口贸易平衡等问题。

（4）旅游服务贸易应遵循服务贸易的基本运行规则和惯例。旅游服务贸易作为一种国际服务贸易方式，其整个的服务贸易活动必须符合国际服务贸易的法律规定和运行规则，各国对旅游服务贸易的政策规定应该以《服务贸易总协定》和有关的协议文件为依据，同时整个国际旅游服务业务也必须符合国际服务贸易的规范和要求，并且与国际旅游服务的惯例相适应。

（5）旅游服务贸易的保护。旅游服务贸易作为国际贸易的一个组成部分，国际贸易中的各种贸易壁垒在旅游服务贸易中都有不同程度和形式的表现。这些贸易壁垒主要反映在以下几个方面：限制从业者的国籍身份和数量，实行外商投资营业保证金制度，限制外商投资比例、地域和数量，限制业务经营范围和消费人群，等等。总体上看，发达国家的旅游服务市场开放程度要高于发展中国家。

二、旅游服务贸易的形式

世界贸易组织在《服务贸易总协定》中，明确将服务贸易划分为跨境交付、境外消费、商业存在和自然人流动四种基本形式。因此，旅游服务贸易也是以这四种形式为基础来划分旅游服务贸易的形式和内容。

（1）跨境交付。跨境交付是指不涉及人员、资本和物资移动的以中间媒介方式提供的服务，强调服务提供者和消费者分别处于不同的国家，跨越国境和边界的只是服务本身。从旅游服务贸易看，跨境交付贸易主要体现为通过国际电信、计算机网络等方式，为境外旅游者提供各种旅游信息、旅游咨询、远程预订服务、旅行支票在境外的支付、国际电子商务和部分旅行社服务等。随着现代通信、计算机和网络技术的迅速发展，以跨境交付为形式的旅游服务贸易内容日益丰富，领域更加广泛，交易数量不断扩大，将成为旅游服务贸易的重要形式之一。

（2）境外消费。境外消费是指服务的提供者在一国的领土内向来自另一国的消费者提供服务，也就是一国消费者到其他国家境内购买服务。从旅游服务贸易看，所有的海外旅游者的入境旅游活动，所有本国公民的出境旅游活动，都属于这种服务贸易方式，因此为外国消费者提供各种旅游服务就成为旅游服务贸易的主要内容，其包括旅游交通服务、住宿餐饮服务、观光游览服务、娱乐休闲服务、旅游购物服务等多方面的内容。随着国际旅游的进一步发展，以境外消费方式为主的旅游服务贸易将不断扩大和发展。

（3）商业存在。商业存在是指一国的服务提供者在另一国的领土内设立商业机构或专业机构，直接为后者领土内（包括境外前往的消费者）的消费者提供服务，即服务提供者通过在外国建立商业机构为消费者服务，由于这种服务贸易往往与对外直接投资联系在一起，规模大、范围广、发展潜力大，因此是国际服务贸易中最敏感、最活跃、最主要的形式。从旅游服务贸易看，外国投资者到一国建立旅游饭店、旅行社和航空公司，开发旅游景区、景点等直接提供旅游服务，或设立银行、保险公司、律师事务所等间接提供旅游服务都属于这类旅游服务贸易内容。随着世界经济的全球化和区域一体化发展，以商业存在为基础的旅游服务贸易将进一步得到发展。

（4）自然人流动。自然人流动是指一国的服务提供者以自然人身份进入另一国的领土内提供服务，一般规模较小、时间有限。从旅游服务贸易看，自然人流动方式主要表现为外国的技术人员、管理人员到一国提供有关的旅游服务和管理，如国外从事旅游规划开发、旅游饭店管理、旅行社经营和导游服务人员，到一国的有关旅游机构向旅游者或其他消费者提供旅游服务等。目前，自然人流动仅限于技术和管理人员方面，由于自然人流动实质上是生产要素流动的主要内容之一，因此随着世界贸易组织成员方之间的谈判，发展中国家积极要求把各种旅游服务人员和劳工流动也纳入服务贸易的框架之中。

三、旅游服务贸易的基本特征

为了加深对旅游服务贸易的理解，还必须了解旅游服务贸易的基本特征。根据服务贸易和旅游服务贸易的概念，结合国际旅游发展的实际，旅游服务贸易的基本特征主要表现为以下几方面。

（1）旅游服务贸易的生产与消费同时发生。与货物商品的生产不同，旅游服务具有不可存储性，不能先生产、再销售。因此，旅游服务的产品和服务生产者是不能分离的。由于旅游服务产品的这个特点，旅游服务的消费者多数情况下需要直接到东道国消费。因此，旅游服务市场的对外开放也就包括了对境外消费方面的政策平等，如不得限定外国消费者必须在“涉外场所”消费，不得对国内外消费者实行两种价格。

（2）旅游服务贸易的国际性。国际旅游与国内旅游相比较，最大特点是旅游活动的跨国性，即不论是出境旅游还是入境旅游，其本质都必须是跨越国界的，否则就不能称为国际旅游。国际旅游的跨国性特点，决定了旅游服务贸易必然是国家之间相互提供的一种旅游服务，其不仅要求为国际旅游者提供食、住、行、游、购、娱等方面的旅游服务，而且必须提供相关的国际旅行手续方面的服务，如护照与签证、出入境手续、卫生检疫、货币兑换等。因此，旅游服务贸易不同于一般的国内旅游服务，具有内容丰富、手续复杂、程序较多等国际性特点。

（3）旅游服务贸易的不确定性。旅游服务贸易对于交易双方来讲，既存在许多利益上的一致性，又不排除双方之间存在利益冲突的可能性，从而要求旅游服务贸易的双方，即旅游服务的消费者和提供者之间必须相互信任与友好接触，才能保证旅游服务贸易的顺利实现。但是，在旅游服务贸易中存在着旅游需求的变化性和旅游供给的相对固定性，导致交易双方所处地位的不平等，即旅游消费者通常是按照自身的消费偏好主动选择旅游服务提供者，而旅游服务提供者则是被动地向旅游消费者提供服务，从而使旅游服务贸易存在着明显的不确定性，要求旅游服务人员必须努力提高旅游服务的质量和水平，并主动针对不同的旅游消费需求及变化，始终保持将优质的“服务产品”提供给旅游消费者。

（4）旅游服务贸易的高效益性。由于国际旅游与国内旅游相比，通常出游距离较远，在旅游目的地停留时间较长，加上要办理各种国际旅行手续，因而其用于旅游活动的交通、住宿、餐饮等消费支出一般要比国内旅游高得多。因此，对于旅游服务出口的国家来讲，积极发展国际入境旅游，吸引大量的国际旅游者，不仅能增加大量的外汇收入，获得更多的旅游经济效益；而且通过向国际旅游者提供旅游服务出口，还能促进国内劳动力就业，带动相关产业的发展，从而带来良好的社会经济效益。

（5）旅游服务贸易的财富转移性。通常，在不考虑旅游对其他产业的带动效应情况下，国内旅游消费对一个国家而言一般并不增加经济的总量，只是促使国内财富的再分配。但是，国际旅游则存在着根本的不同。从旅游接待国方面看，入境国际旅游者的消费支出构成外来经济的“注入”，从而必然促进旅游接待国的经济总量增长；从旅游客源国方面看，出境国际旅游者的消费支出会引起旅游客源国经济的“漏出”，从而引起旅游客源国经济总量的减少。因此，旅游服务贸易必然造成国家之间的财富转移。

第四节　旅游经济的地位与作用

一、旅游经济在国民经济中的地位

旅游经济作为一个经济性产业，是国民经济的重要组成部分。国民经济作为一个有机整体，要求各部门之间保持一定的比例关系，而每一个经济部门在整个国民经济中的地位，则取决于其本身的性质、规模和运行状况。因此，旅游经济在国民经济中的地位如何，主要取决于旅游业的性质、发展规模及运行状况。

从旅游业的性质看，旅游业是一个以提供服务为主的综合性服务行业。通过为人们提供食、住、行、游、购、娱等各种服务，旅游业不仅为物质资料生产部门的简单再生产和扩大再生产提供了实现的途径与方式，即满足人们对基本生活和精神生活的需求，而且也是社会总产品实现的重要环节，促使社会产品和社会劳动进行合理分配，并不断创造新的需求。

从旅游业的发展规模看，随着社会生产力的提高和社会经济的发展，旅游业在国民经济中日益占据重要地位。因为，人们的消费水平是随社会经济发展而不断提高的。随着人们经济收入的增多，用于精神需求、满足享乐方面的开支就相对增加，从而促进以满足人们精神、享乐需求为主的旅游业的迅速发展，规模也不断扩大，进而在国民经济中占据重要的地位。

从旅游业的运行状况看，旅游业符合当今世界经济发展的总潮流，与发展“绿色产业”相适应，而且旅游业还是一种“朝阳产业”，正展现着良好的发展势头。从现代旅游经济发展的实证分析，当今世界上经济发达国家，同时也是旅游经济发达的国家，即经济越发达，旅游业在国民经济中的地位就越高。

二、旅游经济在国民经济中的作用

旅游经济不仅在国民经济中占有重要地位，而且对促进国民经济的发展、对相关产业的带动、对经济结构的改善等都具有十分重要的作用，具体表现在以下几方面。

（一）增加外汇收入

任何国家要扩大对外经济合作关系，就必须扩大外汇收入。而扩大外汇收入，一是通过对外贸易获得贸易外汇收入，二是通过非贸易途径获得非贸易外汇收入。在当今世界贸易竞争激烈、关税壁垒林立的背景下，旅游业作为非贸易外汇收入的来源渠道，作用是非常突出的。因为，旅游业是一个开放性的国际性产业，通过旅游经济的发展，不仅能吸引国际闲置资金的投入，参与国际市场竞争，改善对外经济关系，而且通过发展旅游业，吸引国外大量旅游者入境旅游，能增加非贸易外汇收入，因此人们通常把旅游创汇称为“无形出口”收入。特别是由于旅游业创汇能力强，换汇成本低，又不受各国税制限制，其已成为各国创汇的重要手段。

（二）加快货币回笼

积极发展国内旅游业，不仅能够满足国内广大人民群众对旅游的需求，而且能够大量回笼货币，促进市场的稳定和繁荣。特别是随着人们收入增多，生活水平提高，人们的消费结构必然会改善，从而有更多的可支配收入用于旅游活动。因此，大力发展旅游经济，激发人们的旅游动机，促进各种旅游活动的开展，就能扩大旅游消费，加速货币回笼；同时还能减少人们持币待购而造成的市场压力和风险，促进市场的稳定和繁荣。

（三）扩大就业机会

旅游业是一个综合性服务行业，能为社会提供大量的就业机会。因为旅游业本身就是包含多种服务内容的产业，并且许多服务项目不是用现代技术手段就能取代人力的，因而旅游业所需的就业人数相对于其他产业要高得多。再加上旅游业的带动力较强，除了自身迅速发展外，还能带动相关产业的发展，增加相关产业的就业，从而为社会提供较多的就业机会。

（四）带动相关产业

旅游业虽然是一个非物质生产部门，但它的关联带动功能很强，不仅能带动物质生产部门的发展，而且能带动第三产业的迅速发展。一方面，旅游业的发展必须建立在物质资料生产的基础之上，没有一定水平的物质生产条件，就不可能为旅游业发展提供基础，因此要发展旅游业，必然要促进各种物质产品生产的发展；另一方面，旅游业作为国民经济中的一个相对独立的综合性产业，其生存和发展与其他行业密切相关，能够直接或间接地带动交通运输、商业服务、建筑业、邮电、金融、地产、外贸、轻纺工业等相关产业的发展，从而促进整个国民经济的发展。

（五）积累建设资金

任何经济产业的发展都离不开资金的投入，但相对于传统产业而言，旅游业的发展主要是依靠自身的经济效益，并且还为其他产业发展积累资金。从中国旅游业看，“十一五”期间旅游业总投资为 17 836 亿元人民币，而国际国内旅游总收入则达到 34 473 亿元人民币，投入产出比为 1∶1.9。这说明旅游业是一个高投入、高产出的产业，其经济效益的增长，不仅为自身发展创造了良好的条件，同时也为整个国民经济及社会发展积累了资金。

（六）促进贫困地区脱贫

贫困问题是全人类面临的巨大难题，世界许多国家都十分关注并提出许多解决问题的对策及措施。在中国，贫困地区很多是少数民族地区和偏远边境地区，但同时也多是旅游资源富集的地区。因此，通过开发贫困地区旅游资源，大力发展旅游业，不仅有利于充分发挥贫困地区旅游资源富集的优势，开发特色鲜明、品位较高的旅游产品，而且能够带动贫困地区人民群众脱贫致富，加快贫困地区的综合开发和社会经济的发展。

三、旅游经济的其他作用和影响

旅游经济的发展不仅对一个国家或地区的经济产生作用和影响，而且对一个国家或地区的社会、文化和环境也具有相应的作用与影响。

（一）旅游经济对社会的作用及影响

旅游经济发展对社会的影响，主要表现在以下几方面。

（1）推动社会文化的交流。大规模的旅游经济活动，使社会信息得到充分的交流，从而传播了现代文明，促进了各种社会关系的协调及进步。即使是一些非常落后的国家，也会因旅游经济发展的影响而不得不打破陈腐的观念及限制，实行对外开放的政策，接受现代文明的洗礼。

（2）引发价值观念的变化。外国旅游者进入旅游接待国，会引起旅游接待国价值观念和道德准则的变化，如对生活方式的看法、对人生价值标准的转变等。

（3）引起社会结构的转变。大规模的旅游经济活动会引起旅游接待国社会结构的变化，特别是旅游业收入较高、女性就业率较高等特点，使旅游接待国的就业结构发生相应变化。

（4）促使社会环境的改善。例如，在交通条件、住宿设施、餐饮特色，乃至个人安全等方面，旅游接待国必须加以改善，才能满足国际旅游者的需求。

但是，旅游经济的发展对旅游接待国也会产生一些消极的社会影响。例如，旅游业把过多的基础设施和良好的旅游条件提供给国外旅游者消费，会使国内人民产生不平等的社会心理，而国外旅游者的挥霍消费，把富裕展现于贫穷之中，造成人们价值准则的失衡和心理压力的加大；国外一些不健康的思想、行为的渗入，会引发一些不良的社会行为；等等。总之，旅游经济发展对旅游接待国的社会影响是多方面的，有些是可见的、显在的，但有些则是潜移默化的，有些是积极的，也有些是消极的。因此，要注意分析和研究，制定正确的对策措施，促使旅游业健康地发展。

（二）旅游经济对文化的作用及影响

文化是人类在社会发展过程中所创造的全部物质财富和精神财富的总和。文化作为一种社会现象，是以一定的物质基础为前提的，其内容随社会物质生产的发展而发展，具有很强的延展性，以致有人认为，人类社会的发展实质上是一种文化的变迁。因此，旅游经济的发展必然与文化产生密切的关联。一方面，旅游经济活动中的各个过程及内容，无一不是与文化的接触，以致有旅游就必然有文化，文化是旅游的灵魂；另一方面，旅游经济活动是一种文化与另一种文化的交流过程，旅游者的流动，为不同的社会群体及民族文化的接触和交流创造了良好的条件，因而旅游是文化的载体。旅游经济对文化的积极作用主要表现在以下几方面。

（1）唤起民族文化自豪感。旅游经济的发展促使各民族优秀的传统文化得到发掘、振兴和光大。在旅游经济活动中，旅游者向往的是各民族独特的文化，它是各国发展旅游业必须珍惜并充分利用的旅游资源。许多趋向于衰退和消失的优秀民族文化，只有在旅游的发展中才能重新复活并振兴和发展。

（2）强化传统文化保护。旅游经济的发展促使民族文化的个性更加突出。现代文明的发展，促进了世界各民族文化的交流，在文化交流中必然有选择和淘汰。旅游经济活动是推动世界各民族文化交流中最广泛、最深刻的方式。在旅游中，通过各种物质文化、非物质文化及语言的广泛交流，使民族文化的精华得到锤炼、保留及发扬，而落后的东西则将逐步被淘汰，从而使各民族文化的个性更加突出，增强了民族文化特色对旅游者的吸引力。

（3）推动国际文化交流。旅游经济的发展促进了人类不同文化之间的交流。通过旅游交往来了解其他国家和人民，是文化交流的重要途径。旅游经济活动促使各国人民具有了国际观念和开放意识，增强了人们对经济、改革与发展的紧迫感，加深了各国人民之间的相互了解及友谊，促进了国家之间科技、文化的交流，等等，从而促进了整个世界文明的进步。

但是，旅游经济发展对文化也有一定的消极影响。一方面，大量外国旅游者的到来和外来文化的冲击，可能使优秀珍贵的民族文化发生蜕变甚至消退，可能带来一些腐朽的生活方式，等等，从而使民族文化的健康发展受到冲击；另一方面，适应旅游经济发展的要求，会使许多优秀的民族文化内容变成一种商业性的娱乐内容，从而失去其原有文化蕴含的特色，并促使一些优秀民族文化的实质发生改变。因此，在发展旅游经济的同时，必须对民族文化进行保护，以促使民族文化的特色及精华能随旅游经济的发展而发展。

（三）旅游经济对环境的作用及影响

旅游经济的发展促进了国民经济的发展，使世界上许多国家竞相大力发展旅游业，并促使各国重视对旅游资源及生态环境的保护，以实现可持续旅游发展。例如，国际、国内进行的各种世界遗产的保护、自然保护区、风景名胜区、历史文物的评级和保护，既保护了人类社会的生存环境和优秀文化遗产，又为旅游经济的发展提供了丰富的内容。但是，旅游业的发展也引发了一系列生态破坏、环境恶化的情况。例如，泰国著名旅游风景区帕塔亚海滩，曾是诗一般的秀丽，而今到处充斥着游客丢下的各种垃圾，大量的排泄物使海水也受到污染；世界登山胜地喜马拉雅山，由于大量登山者的光顾，而失去昔日“纯洁”的形象；埃及的金字塔及狮身人面像，在许多游客的不文明行为下正经受着侵蚀性的破坏；中国的故宫由于数以万计的游客参观和游览，宫墙受损，各种走道、门槛变得坑坑洼洼；一些原始森林因旅游开发而遭到破坏……总之，随着旅游业的发展，它对环境造成的破坏性影响也是十分严重的。

因此，发展旅游经济必须同保护环境协调起来，树立和践行绿水青山就是金山银山的理念。通过对环境的保护，为发展旅游业创造更好的条件；通过发展旅游业，改善环境，提高环境的美感，从而把发展旅游经济和保护旅游资源、旅游环境有机地统一起来，达到既发展旅游经济又保护环境的目的，真正实现旅游业的可持续发展。

案例分析　立体交通提速贵州全域旅游

2018 年端午小长假，1817 万人游贵州，旅游入账 87 亿元。

三天假日，贵州旅游交通客运再创新高：累计进出港航班 1267 架次、进出港旅客 16.4 万人次；铁路共发送旅客 68.7 万人次。其中，高铁发送旅客 46.9 万人次；高速公路累计进向车流量为 392.7 万辆，累计出向车流量 382.5 万辆。

贵州省旅游发展委员会负责人表示，正是县县通高速、高铁时代到来，航空客运崛起，水路航运兴起而形成的立体化交通优势，让我省千山万水皆成坦途。全域化、精准化、特色化旅游产品供给，较好地适应了城郊游、古镇游、乡村游、温泉游、生态游、修学游、养生游、避暑游等旅游休闲需求。

大交通助力大旅游，曾经千山阻隔、天堑难越，如今一路坦途，让天下游客会聚多彩贵州轻松赏景。

一、高铁时代，千里之外不再远

“坐上高铁两小时，就能享受贵州清凉，感觉太爽了!”

6 月 15 日，重庆游客王伟已经受不了高温高热的家乡，下班后迫不及待地坐上前往贵阳的高铁，两小时后与贵阳朋友相聚，开怀畅饮享受清凉。

“几年前，贵州美景并不如现在这么叫好，交通制约了人们的黔行旅程。”贵州黄果树智慧旅游股份有限公司职员张天璟说，以前广州地区的部分游客前往贵阳旅游避暑，从广州到贵阳坐火车需 20 小时，往返时间太长阻断了外地游客入黔旅游。

2014 年 12 月，贵州省内第一条高铁——贵广高铁建成通车，青山绿水间，高铁列车第一次呼啸驶来……从此，贵州旅游发展开启了“高铁时代”。

贵广高铁开通，缩短了黔桂粤三省区的时空距离，贵阳到都匀 1 小时，贵阳到桂林 2 个半小时，贵阳到广州 4 小时，不仅改变了山与海之间的距离，更开启了贵州与泛珠区域新一轮交流合作的"提速之旅"，畅通了两地之间的资金流、物流，促进了产业合作，让贵州成为粤港澳的后花园。

贵广高铁沿线途经贵州省 11 个县级行政区，覆盖我省黄果树、荔波、西江千户苗寨、榕江古榕名胜、黎平肇兴侗寨等重点景区。

黎平肇兴侗寨，在贵广高铁通车后一年比一年热闹。2017 年，旅游接待人数 452 万人次，同比增长 38%，实现旅游综合收入 38 亿元，同比增长 54%。

随着沪昆、渝黔等高铁线路开通，贵州步入高铁时代，高铁交通优势越发明显，旅游胜地通行能力全面提升。像肇兴侗寨一样因旅游发生的变化，在西江苗寨、天龙屯堡、青岩古镇、郎德苗寨等多地上演……

目前，我省已经形成以贵阳为中心，到桂林、昆明、重庆等城市 2 小时高铁交通圈，以及到广州、成都、长沙、南宁等城市的 5 小时高铁交通圈和到上海、杭州等城市的 7.5 小时高铁交通圈。

高铁时代促进贵州旅游市场格局发生变化。省内外各大旅行社纷纷依托贵州高铁交通优势，开通了广州到贵州、昆明、长沙、武汉、上海等地的避暑游、民俗游、休闲游、养生游等旅游线路。

此外，各地还重点打造高铁站到城区、景区的快速交通线。凯里南站到西江苗寨、遵义站到习水土城景区等，有了景区直通车；贵阳北站到全省多个市、州和县（市、区）则开通了旅游班车，游客下高铁出站后便可乘车前往，缩短了旅途周转时间。

便捷的交通，配套的优质服务，吸引越来越多游客，领略"多彩贵州"的风采。

二、县县通高速，旅行说走就走

"合马羊肉果然名不虚传，太好吃了!"

6 月 15 日，赤水河畔的仁怀市合马镇，来自浙江杭州的游客，骑行在赤水河谷旅游公路，品尝地道的美食。

合马镇古称"罐子口"，是"川盐走贵州、秦商聚茅台"的必经之路和重要栈道。多年来，受制于交通不便，有着丰富旅游资源的小镇，在赤水河畔不温不火。

转机出现在 2015 年，赤水河谷旅游公路正式建成通车，小镇立马成为旅游公路驿站。节假日，前来小镇的游客络绎不绝，人气不断攀升。合马镇如今是赤水河谷国家级旅游度假区和赤水河流域中心区域的重要景区，成了一颗镶嵌在赤水河畔的明珠。

事实上，这只是贵州千百个镇、村庄依托交通大发展，走上全域旅游发展之路的缩影。

2015 年底，贵州全省高速公路通车里程 5128 千米，全省 88 个县市区全部贯通高速公路，成为我国西部地区第一个实现"县县通高速"的省份。

逢山开路，遇水架桥，天堑变通途。贵州高速公路四通八达，昔日千山阻隔路难行的日子一去不复返。

交通大发展，推动旅游井喷。

贵州旅游日益火爆，许多景区在假日期间都达到了最大游客量。

"看到了有彩虹的大瀑布，真的是太壮美了!"6 月 10 日，站在黄果树大瀑布下的游客户彩玲激动万分。他们一行100多人自驾着60余辆私家车，从山西省朔州市出发抵达黄果树景区，开启这一趟贵州自驾之旅，感受贵州优质便捷的交通条件和无与伦比的美景。

贯通全省88个县市区的高速公路，将贵州山水美景紧密连接，大大促进旅游井喷式发展。2018年清明小长假，全省自驾游客达241.2万人次，其中有45家景区自驾游客占比达70%以上。

各地通过智慧旅游平台，提供及时发布交通路况、景区人流量、天气预报等贴心服务，提高了游客的旅游幸福感和满意度。

公路交通大发展，景区、景点完备的设施和优质的服务，成就了一次次说走就走的旅行。

三、航空崛起，八方宾朋入黔来

6月18日，茅台机场，银鹰降落。

“茅台，我来了!一定要好好品尝一下茅台美酒……”上海游客王强一行8人与100多名乘客一起，兴致勃勃地走下飞机，坐上机场大巴，在宽阔的公路上急驰半小时之后就到达了向往已久的神秘茅台。

机场所在地仁怀茅台坐落在美丽的赤水河畔，红色文化浓厚，国酒文化厚重，历史文化悠久，声名远扬海内外。正是贵州航空的强势崛起，让全球关注和向往贵州的各国游客有了更多快捷快速进入的通道。

茅台机场自从2017年10月31日建成通航以来，正式开通成都、西安、福州、郑州、三亚、海口、上海、长沙等航班，逐步形成通达全国省会城市、覆盖重要旅游城市的航线网络布局。通航半年多来，实现游客吞吐量超过37万人次，成为西部支线机场中人流量增长最快的机场之一。

贵阳龙洞堡国际机场作为中国西南地区重要的航空枢纽，共开通国内航线90条、国际及地区航线16条。2017年，贵阳龙洞堡国际机场旅客吞吐量1810万人次，起降架次14.9万架次。

4月23日，我省同时开通了贵阳—旧金山、贵阳—洛杉矶两条航线，实现了至北美洲际航线零的突破；6月12日，俄罗斯世界杯开幕前夕，贵州首条至欧洲的直航航线贵阳—莫斯科顺利开通。

目前，贵州已经形成了以干线机场贵阳龙洞堡机场为核心，民航运输机场9个地市（州）全覆盖的大航空格局，各地游客进入贵州旅游有了重要快捷通道，更促进了贵州旅游业发展布局，盘活了贵州旅游资源。

空中航线强势兴起发展，水路航运同样可喜。2016年，贵州水运建设三年会战完美收官，构筑起了“北上长江、南下乌江”水上交通网，缩小了与外界的时空距离。并建成了贵州第一条旅游航道工程——湄江旅游航运建设工程，做出了“航运＋旅游”产业的有效探索。

正是县县通高速、全面高铁时代和航空网全覆盖等立体交通体系，高速公路、高铁、机场和水运码头到城区、车站、酒店和景区的快速交通，以及高速服务区等硬软件建设都在飞速提升，增强了贵州对海内外游客的吸引力，让黔山秀水不再遥远。

资料来源：赵林. 贵州：立体交通提速全域旅游[N]. 贵州日报，2018-06-25，有改动

复习与思考

一、重点概念

旅游经济　旅行社　旅游饭店　旅游交通　旅游服务贸易

二、简答题

1. 怎样理解旅游经济的概念？
2. 旅游经济的运行包括哪些环节？
3. 旅游经济具有哪些性质特征？
4. 旅游经济发展有何特征？
5. 怎样理解旅游服务贸易的概念？
6. 旅游服务贸易有何特征？
7. 旅游经济的产业化有哪些标志？
8. 旅游经济与文化有何联系和影响？
9. 旅游经济对环境有何作用和影响？

三、论述题

1. 论述旅游经济形成的条件及过程。
2. 论述旅游经济在国民经济中的地位和作用。

第三章

旅游产品及开发

旅游产品是旅游经济的基本“细胞”，现代旅游活动之所以具有经济性，就在于旅游需求与旅游供给双方要交换旅游产品。因此，本章从分析旅游产品含义开始，阐述旅游产品的概念、价值构成和主要特征；在分析旅游产品构成基础上，阐明旅游产品构成中的内外部关系；对旅游开发内容及原则进行了系统介绍；阐述了旅游产品生命周期理论及其延长旅游产品生命周期的策略。

第一节　旅游产品的含义

一、旅游产品的概念

旅游产品是指旅游市场上，由旅游经营者向旅游者提供的，满足其一次旅游活动所需的各种物品和服务的总和。该定义从量的方面规定了旅游者每一次活动所消费的各种物品和服务就是一单位的旅游产品；该定义还从质的方面明确了旅游产品是旅游活动中所消费的各种物质产品和服务的总和，它由旅游资源、旅游设施、旅游纪念品、旅游服务等多种要素构成。这些要素可以是有形的，也可以是无形的；可以是物质的，也可以是非物质的。旅游产品的概念表明，旅游经营者凭借旅游资源、旅游交通设施、宾馆、饭店等有形的物质载体，向旅游者提供游览、交通、住宿、娱乐等非物质形态的服务。事实上，在整个旅游过程中，旅游者消耗的实物部分较少，接受的无形服务较多；凭借这些大量的接待服务和导游服务，旅游者可以在离开惯常居住地直至旅游结束归来的全过程中，充分感受所接触到的事物和事件，获得一次深刻的旅游体验。从这个角度上来说，旅游产品也可以视为旅游者花费一定的时间、费用和精力所获得的一次完整的旅游经历。旅游产品从本质上来说是旅游者购买的以服务形式表现的无形产品。

旅游产品由于在市场交换中存在的方式不同，具体又可以区分为不同的形态，形成一个不同层次的旅游产品概念体系。

其一是单项旅游产品。它是指旅游者在旅游活动中向不同的旅游经营者多次购买的，有关食、宿、行、游等某一方面或几方面的物品或服务。例如，飞机上的一个座位、酒店里的一间客房、景区里的一个旅游纪念品、景点的一次导游讲解都属于单项旅游产品。单项旅游产品的经营部门和企业可以是不同的景区、景点、航空公司、宾馆、旅行社，它们围绕各自特定的目标开展独立的经营活动，提供特定的旅游服务，而旅游者可以根据自己的特殊需要随机购买。

其二是组合旅游产品。它是指旅行社根据旅游市场的需求，把多个单项旅游产品组合起来提供给旅游者，以满足其在食、宿、行、游、购、娱等多个方面的需要。组合旅游产品又称旅游线路产品，如旅行社所提供的综合包价旅游，是团体旅游者经常购买和消费的旅游产品形式。

其三是整体旅游产品。它是指“某一旅游目的地能够提供并满足旅游者需求的全部物质产品和服务，又称为旅游目的地产品”①。整体旅游产品作为一个区域性的概念，它包含着该地区旅游经营者可以提供的全部单项旅游产品，还包含着该地区旅行社能够提供的各种旅游线路产品。在旅游市场上，与旅游者发生交换关系的主要是旅游目的地整体旅游产品中的单项部分和线路部分，而不是整体旅游产品本身。整体旅游产品，可以分为观光旅游产品、度假旅游产品、会议旅游产品、特种旅游产品等多种产品类型，区分整体旅游产品及其种类可以正确地把握旅游目的地的特色和优势，做好旅游目的地的宣传和促销。

旅游产品既不同于工农业生产的物质产品，也不同于一般服务行业所提供的服务性产品，它是一种特殊的产品，其特殊性主要表现在以下几方面。

（一）旅游产品是一种整体性产品

现代旅游活动是一种综合性的社会、经济、文化活动，它要满足旅游者物质、精神等多方面的需要，因而要求旅游产品的内涵也必须是丰富多样的。因此，旅游产品是由食、住、行、游、购、娱等多种要素组合而成的综合产品。例如，一间客房、一顿美餐、一次游览活动都是整体旅游产品的一个组成部分，亦称单项旅游产品，只有通过旅行社将它们组合起来，才能形成组合旅游产品。通常，团队旅游者多数由旅行社安排参加包价旅游，即购买组合旅游产品；而散客旅游者或团队中个别旅游者，则根据自己的特殊需要购买单项旅游产品。

（二）旅游产品是一种动态性产品

从旅游者的角度来看，旅游产品是指旅游者花费一定时间、精力和费用所获得的一段旅游经历。这段经历包括旅游者从离开常住地开始到旅游结束归来的全部过程中，对所接触的各种事物和所接受的服务的综合感受。由于人的需要是不断变化的，因此旅游产品不同于一般物质产品具有稳定的形态，而是随着旅游需求的变化，在内容、组合结构、服务质量上存在差异性。旅游产品的动态性一方面体现了其满足旅游者需求的灵活性，另一方面也增加了旅游产品和服务的难度。因而旅游产品的动态性特征要求旅游产品在各种单项产品和产品质量上应该是配套的，保证整个旅游活动过程各个环节的衔接

---

① 罗明义. 旅游经济分析：理论•方法•案例[M]. 昆明：云南大学出版社，2001.

和配合，才能使旅游者获得良好的旅游感受。

（三）旅游产品是一种服务性产品

旅游者的旅游活动，主要是一种心理上的感受和精神上的满足，因此旅游经营者所提供的旅游产品是以服务为主的产品，即指旅游经营者凭借一定的旅游资源和旅游设施，向旅游者提供各式各样的劳务以满足旅游者的需求。旅游服务是与有一定使用价值的有形物质结合在一起的服务，一方面旅游服务的使用价值不是以物的形式来体现其效用，而是通过人的活动，即通过提供劳务发挥其有用性；另一方面旅游服务又必须借助一定的旅游资源、旅游设施和设备，有时甚至消耗一定的原材料才能得以实现，这就是旅游产品与一般服务产品的最大区别。

二、旅游产品的价值

旅游产品同其他劳动产品一样，都可以在市场上供买卖双方进行交换，因此旅游产品也是一种商品，具有商品的一般属性，即使用价值和价值。

（一）旅游产品的使用价值

商品的使用价值是指其具有满足人们某种需要的效用。旅游产品的使用价值既有一般产品的这种属性，能够满足旅游者在旅游活动过程中的各种需要，同时，它还具有自身的一些特殊品质，具体表现在以下几个方面。

1. 旅游产品的使用价值可以分为基本部分和附属部分

基本部分是指旅游产品可以满足旅游者最根本需求的那部分效用，它是旅游产品使用价值构成中必不可少的部分。例如，一次旅行过程中，旅游产品能够提供的“食”的部分、“游”的部分、“宿”的部分等。附属部分是旅游产品使用价值构成中可有可无的部分，并不是在每一次旅行中对每一位游客都一定要体现出来。例如，旅游者在游览的过程中发现钱包不慎丢失，导游人员及时帮助寻找并提供了报警服务，这些“帮助”和服务就属于旅游产品使用价值中的附属部分，与导游人员的景点讲解不同，不是在每一次游览过程中都要发生并体现出来，具有较大的随机性。

2. 旅游产品的使用价值具有综合性和多效用性

一般产品的使用价值只能满足人们某一方面的主要需求。例如，一台洗衣机，它的使用价值主要是代替人工清洗衣物；一部电话，它的使用价值主要在于传递声音和交流信息。人们购买它们是为了满足这一方面或那一方面的需要。而旅游产品却不同，旅游产品是综合性的劳务产品，其使用价值也是综合性的，能满足旅游者从物质到精神方面的多种需要。其中，旅游产品在满足旅游者物质生活需求方面所发挥的效用，是旅游产品使用价值的基础性内涵[①]，可以解决旅游者在旅游活动中基本的吃、住、行等物质生

① 王大悟，魏小安. 新编旅游经济学[M]. 修订本. 上海：上海人民出版社，2000.

活问题。此外，旅游产品在满足旅游者精神需求方面所体现出来的效用，是旅游产品使用价值的发展性内涵。在食、宿无忧的基础上，旅游者外出旅游，更主要的还是参观景点、探访奇风异俗、体验旅游目的地的传统文化，达到开阔视野、增长见识、调节身心、促进交流的目的，从精神上得到更高层次的满足。因此，与满足基本的生理需要相比，满足精神文化层面上的需求，才是旅游者对旅游产品使用价值的更高追求。

3. 旅游产品的使用价值对游客来说具有暂时性

一般商品发生交换时，购买者通过支付货币给售卖者，获得商品的所有权和使用权，售卖者就失去了商品的使用价值而取得货币，商品发生转移。而旅游产品的交换却表现出明显的不同。例如，当旅游者支付一定的货币从酒店购得一个床位后，旅游者可以暂时地、一次性地使用它，旅游者不拥有床位的所有权，在离开时，也不能将其带走。又如黄山风景名胜区，旅游经营者可以在同一时期内，重复地将其使用价值卖给不同的旅游者，旅游者可以进山游览，和其他游客共同分享旅游产品的使用权，游览结束，使用权限就结束。因此，在旅游产品的交换中（除旅游购物品外），旅游者只能通过支付货币获得产品暂时的使用权，旅游产品的使用价值不能被长期地独占和享受，旅游产品的所有权也不发生转移。

（二）旅游产品价值的含义

价值是商品的社会属性，是凝结在商品中的一般人类劳动。旅游产品是人类劳动的结晶，同任何其他产品一样，也具有价值。旅游产品的价值是指凝结在旅游产品中的无差别的、人类的一般劳动。与一般产品相比，旅游产品在价值构成、价值量等方面又具有自身的特殊性。

1. 旅游产品的价值构成

旅游产品的价值具体由以下三部分构成。

（1）旅游服务所凭借的基础设施、接待设施的折旧，向游客提供饮食和一切用品的原材料成本，旅游企业因自身经营管理和服务需要而消耗的各种物资与用品。

（2）支付旅游从业人员用以维持劳动力再生产所需消耗资料的价值。

（3）旅游从业人员创造的新价值。

2. 旅游产品的价值量

商品所含价值量的大小取决于生产这一商品的社会必要劳动时间，马克思主义政治经济学的这一商品价值原理，同样适用于旅游产品。但是，由于旅游产品使用价值的特殊性，在其价值量的确定上也有一定的特殊性，具体表现在以下几个方面。

（1）旅游服务价值量的确定。旅游服务是由旅游从业人员的体力消耗和脑力消耗产生出来的，它们的价值不是以物化劳动的形式存在，而是以活劳动的方式体现在服务的整个过程当中，服务过程结束，劳动消耗即告终止。由于旅游服务是旅游产品的核心，服务质量的好坏会直接影响到旅游产品价值的实现。在服务设施和服务条件相同的情况下，高质量的服务反映旅游产品的价值高，价值量大；低质量的服务反映旅游产品的价值低，价值量小。服务质量的优劣虽然与投入劳动量的多少有一定关系，但两者并不总成正比，更重要的是与旅游从业人员的文化素质、性格修养、职业道德水平密切相关，这些素质和修养决定了旅游从业人员会以什么样的态度、方式和技巧服务于游客，使游客产生不同的满意度，从而影响到游客对旅游产品价值高低的评判。

（2）旅游资源价值量的确定。旅游资源是旅游产品的重要构成部分，可以分为野生生物、温泉、湖泊、古建筑、园林、民族风情等若干类型，具有各自鲜明的个性特征，在价值量的计算上差异也很大。例如，野生生物和温泉等纯自然因子，它们并非人类劳动所创造出来的，没有人类劳动的投入，因而没有价值。这些纯自然因子如果要作为旅游产品提供给游客，则必须经过人类的开发，投入人类体力劳动和脑力劳动，从而也就具有了价值；民族风情、社会习俗、传统生活方式等纯社会现象，是经过漫长的社会发展演进而来的，蕴藏着人类的智慧与辛劳，是人类脑力劳动和体力劳动的结晶，具有不可替代的社会价值和历史价值，在价格上表现为垄断；又如古建筑、园林等人文旅游资源，它们的产生，前人付出了大量的劳动，它们能保存至今，历代后人又不断投入艰辛的努力，其价值难以用消耗多少劳动量去衡量。这种价值的无可估量性反映在价格上，同样也呈现为垄断性，使旅游产品的价格受供需关系影响较大。

（3）旅游设施价值量的确定。旅游设施，如就餐时的一个座位，是旅游产品中的有形部分，同一般商品一样，有其确定的投资成本，对其所包含的价值也有一定的估算依据。但是，由于这些设施受到旅游经济运行特点的影响，在组合为旅游产品的过程中，其价值量会发生改变而产生新的附加值。例如，就餐时的一个座位，如果把它从一个普通的餐厅移到三、四星级的饭店，提供给旅游者使用，座位的使用价值没有发生改变，但使用这些功能的环境条件和服务内容却要比原先优越得多，而这些环境条件和服务内容都是由旅游从业人员用劳动创造出来的，因而设施的价值和价格自然也就会相应提高。

三、旅游产品的特征

旅游产品是能够满足旅游活动多样需要的服务性产品。服务是一种行为，是一种可以被用以交换的无形产品，因此，旅游产品除了具有一般有形产品的基本属性——价值和使用价值外，还具有自身特征。

（一）旅游产品的综合性

旅游产品的综合性首先表现在旅游产品的构成上。旅游产品由旅游资源、设施、服务等多种成分组合而成，其中既有有形的部分，也有无形的部分；既有物质产品，又有精神产品，可以满足旅游者在食、宿、行、游、购、娱等多方面的物质需要和精神需要。

其次，旅游产品的综合性还表现在，旅游产品的生产和经营涉及多个部门和行业。其中有直接面向旅游者的旅行社、饭店、交通运输业和景区、景点，也有间接面向旅游者的工业、农业、建筑业和纺织、金融、保险等。这些部门和行业有的是以物质生产为主，有的是以非物质生产为主；既要涉及经济类部门，又要涉及非经济类的政府部门和非行业性的组织。

针对旅游产品的这一综合性特征，旅游经营者在组合旅游产品时必须全面规划、通盘考虑、综合安排，确保提供的产品能够满足旅游者的整体需要。

（二）旅游产品的无形性

旅游产品无形性的特征，可以从旅游产品购买之前、购买之中和购买以后的具体情况中反映出来。

旅游产品在购买以前只是旅游者心目中的一种印象。一般有形商品的交换，购买者在决定购买之前，可以看见实物或明确得到商品的有关尺寸、大小、几何形状、物理特征、技术参数等。而旅游产品却不同，旅游者在选择旅游目的地时见不到旅游产品的形体，也无法对旅游产品的质量做出评价，旅游产品只是通过旅行社、报纸、杂志、电视、互联网等宣传媒体留给旅游者的一种印象，是无形的。

此外，旅游产品在购买时主要是以服务的形式表现出来。服务作为一种活动、一种行为，无法被人们触摸，也无法用数量来衡量，因而无形性成为服务性产品的普遍特点。对旅游者而言，旅游者只有到达旅游目的地，并在旅游活动中享受到交通、住宿、餐饮、游览、娱乐的服务时，旅游产品的使用价值才会体现出来，旅游产品的价值也才能得以实现。

最后，从旅游产品被购买以后的情况来看，旅游者购买所得的不是一件有形物品（除旅游购物品外），而主要是从离家到返回居住地的一次完整的经历和一次美好的体验。

综上所述，旅游产品具有无形性的显著特征。针对这一特征，旅游目的地和旅游企业应树立起自身与产品的信誉，加强旅游产品的宣传促销，以优质的服务和良好的形象换取旅游消费者的认可。

（三）旅游产品的不可转移性

旅游产品与物质产品、一般服务产品的明显区别在于它的不可转移性。旅游产品的不可转移性表现在以下两个方面。

一方面，旅游产品和旅游服务所凭借的旅游资源与设施是相对固定的。旅游消费不是把旅游产品如长城运送给旅游者消费，而是把旅游者输送到旅游目的地进行消费，即发生运动的是旅游者，而不是旅游产品。在这里，即便是旅游产品发生了什么流动，那也只是旅游产品信息，而非旅游产品本身。

另一方面，旅游产品在交换时，产品的所有权并不发生转移。其他物质产品的交换，产品被消费者购买后，其所有权便发生转移，转移到消费者手中，消费者可以随意将其带走；而旅游产品被购买后，旅游者拥有的只是对产品暂时的、特定时间和地点上的使用权，旅游产品的所有权在任何时候都属于旅游目的地和旅游经营企业。

旅游产品的这一特性告诉我们，旅游经营企业要在竞争中取胜，尽快实现旅游产品的价值，就必须拓宽旅游产品信息流通渠道，尽量缩短旅游产品的信息传递时间和销售周期。同时，旅游者只能购得旅游产品的暂时使用权，而不能对其长期拥有，这就使旅游经营者必须对旅游产品的服务质量，提出比一般产品更高的要求。

（四）旅游产品生产、交换与消费的同一性

旅游产品生产、交换与消费的同一性表现在两个方面：一是空间上同时并存，二是时间上同时进行。旅游产品是以服务为主要内容的产品，旅游产品的生产表现为旅游服务的提供。只有旅游者到达旅游目的地，旅游服务的提供才会发生，旅游产品才开始生产；也只有当旅游者接受旅游服务时，旅游消费才开始发生，生产与消费都在旅游目的地进行，不存在异地交换和异地消费的问题。在此之前，旅游者虽然可以对旅游产品进行预订，但对服务性行业而言，预订并不意味着真正的购买行为发生，也不意味着旅游产品生产的真正开始。

此外，旅游产品的生产、交换与消费在时间上是同时发生、同时结束的。旅游者到达旅游目的地，旅游产品不断地生产出来，旅游消费也不断地发生，产品不需要也不能进行储存。待旅游者离开旅游目的地后，旅游活动与旅游消费全部结束，旅游产品的生产也立即终止。这与一般物质产品总是首先经过生产过程的生产，然后进入流通领域进行消费，生产与消费处于先后出现的两个环节显然是大不相同的。

（五）旅游产品的依赖性

旅游产品对社会公共物品具有较强的依赖性。首先是旅游产品构成中的旅游吸引物，如自然景观和人文景观，它们大多属于公共物品，具有一定程度的消费非竞争性。其次是旅游产品构成中的基础设施，如飞机和轮船，它们的存在主要是为了服务于社会各行各业，旅游产品在组合过程中可以将其暂时地、部分地加以利用，但不能抹杀它们作为社会公共物品的属性。另外，这些公共物品虽然不完全属于旅游产品，但是没有它们提供的便利，旅游产品的生产和供给就会十分困难。因而，旅游产品对社会公共物品具有较强的依赖性。

（六）旅游产品的脆弱性

旅游产品是一种风险成本较高的产品，容易受到很多因素的影响，造成价格波动，影响其价值和使用价值的实现。旅游产品的脆弱性主要与下列影响因素有关。

（1）旅游产品的内部因素，首先是构成旅游产品各部分之间的比例关系。旅游产品是综合性很强的产品，涉及食、宿、游、娱等多个产品要素。这些产品要素或产品构成部分之间存在着一定的比例关系，一旦比例关系失调，就会导致旅游产品组合的失败，影响旅游产品功能的发挥。此外，旅游产品构成中的某些吸引物，特别是原始森林、野生动物类生物景观，它们本身有很强的时令性，会直接造成旅游产品销售的淡旺季，影响旅游产品价值的实现。

（2）旅游产品的外部因素，涉及旅游客源地和旅游目的地的经济、政治、社会、自然环境等方方面面。例如，经济要素中的世界性经济危机、汇率变动、贸易摩擦、通货膨胀，政治要素中的国际恐怖活动、地区军事冲突、战争，社会、自然环境要素中的地震、瘟疫、环境污染、社会治安等都会引起旅游需求的较大波动，对旅游产品的生产和销售造成困难。

第二节 旅游产品的构成

旅游产品包含着十分丰富的内容，为了方便对旅游经济活动的分析和研究，保证旅游产品各部分按比例供应，保障旅游活动的顺利实施，有必要对旅游产品的构成进行分析。分析的角度可以从旅游产品消费形式出发，也可以从旅游产品劳动表现形式出发，本节将重点讨论从市场营销、旅游需求和旅游供给分析入手的旅游产品构成。

一、旅游产品的一般构成

现代市场营销理论认为，一切产品都是围绕消费者需求中心发展而来的整体概念，都是由核心部分、形式部分和延伸部分所组成的。核心部分是指产品满足消费者需求的基本效用和价值，是消费者购买和消费的主体部分；形式部分是指构成产品的实体和外形，包括产品的形状、式样、品牌、质量等，是保证产品的效用和价值得以实现的载体；延伸部分是指随着产品的销售和使用而给消费者带来的方便性与附加利益，如包装装潢、售后服务等。根据对现代产品构成的分析，旅游产品的一般构成也可以分为三部分，即旅游产品的核心部分、旅游产品的形式部分和旅游产品的延伸部分。

（一）旅游产品的核心部分

旅游产品的核心部分涉及旅游资源和旅游服务，它们可以满足旅游者外出旅游的最主要的需求，是旅游产品形成的基础和最具竞争力的部分。

旅游资源是指自然界和人类社会凡是能对旅游者产生吸引力，可以为旅游业开发利用，并可产生经济效益、社会效益和环境效益的各种事物与因素。它们可以是物质的，也可以是非物质的；可以是自然的，也可以是人文的。

旅游服务是旅游从业人员依托旅游资源和旅游接待设施向游客提供的各种劳务。根据旅游经营活动的不同阶段，它又可划分为售前服务、售中服务和售后服务三部分。售前服务即旅游活动前的准备性服务，包括旅游线路编排、旅游咨询、签证、货币兑换、保险服务等；售中服务是在旅游活动过程中向旅游者提供的食、宿、行、游、购、娱及其他服务；售后服务是旅游者结束旅游后离开目的地时的服务，包括办理离境手续、送机、托运行李、旅客委托代办服务及旅游者返家以后的跟踪服务等。

（二）旅游产品的形式部分

旅游产品的形式部分主要与旅游产品的物质载体、形象、品牌、特色、声誉及组合方式等有关。旅游产品的物质载体是以物化形式反映出来的实体部分，如反映着典型传统文化特征的一个民族村寨，用于景区内部的特色交通工具以及原始森林中的一个观鸟点，等等。这些载体既可以是各种旅游景区、景点，也可以是各种旅游接待设施和旅游购物品。

旅游产品的形象、品牌、特色和声誉，是产品依托旅游资源、旅游设施而反映出来的外在价值，是激发旅游者旅游动机、引导和强化旅游消费行为的具体形式。不同旅游产品，由于旅游资源和旅游接待设施等方面的不同，其品位、形象、特色、声誉会有所不同，产生产品差异性。

各种功能和类型互异的旅游产品有各自特殊的组合方式，但组合的目的都是把产品要素有机地组织起来，形成不同的旅游线路和旅游活动，满足旅游者多样化和个性化的需求。因此，旅游产品的组合方式也是旅游产品的形式部分之一。

（三）旅游产品的延伸部分

旅游产品的延伸部分是指旅游者在购买和消费旅游产品时获得的各种优惠条件与其他附加利益。例如，团队游客在购买团体票时所得到的价格优惠，消费者乘坐游船观光所获赠的一件小礼品。延伸部分虽然不是旅游产品的主要构成部分，但对旅游产品的生产和经营也具有举足轻重的作用。因为旅游者购买的是整个的旅游产品，在旅游产品的核心部分和形式部分存在较强替代性的情况下，延伸部分往往成为旅游者对旅游产品进行选择和决策的重要因素，是有效的竞争手段之一。因此，在旅游经济活动的分析和研究中，要对旅游产品的延伸部分给予足够的重视。

二、旅游产品的需求构成

旅游产品由食、宿、行、游等多个产品要素组成，但不同旅游者对产品构成中每一部分的需求是因人而异的，根据旅游者需求程度的不同，可将旅游产品区分为两部分，即基本旅游产品和非基本旅游产品。

（一）基本旅游产品

基本旅游产品是指旅游者在旅游活动中必须购买的、需求弹性较小的旅游产品，如游览、餐饮、住宿和交通等。它们在旅游者的任何一次外出旅游中都是必不可少的。其中，游览能够提供旅游活动的中心内容；餐饮和住宿能够满足旅游者最基本的生活需要；交通能使旅游者在居住地和旅游目的地，或者在旅游目的地的景区、景点之间，实现来回的空间位移。由于它们的需求弹性较小，因此是旅游经济收益来源中较为稳定的一部分。但从消费的角度来看，餐饮、住宿和交通存在一定的消费极限，必须通过提高饮食质量、增加服务内容、丰富经营档次来扩大旅游产品收益。

（二）非基本旅游产品

非基本旅游产品是指旅游者在旅游活动中不一定购买的、需求弹性较大的旅游产品，如旅游购物、医疗保健服务、修理服务、通信服务、美容服务等。非基本旅游产品在某种特定的情况下，可能会转换为基本旅游产品。例如，香港有“购物天堂”的美誉，不少国家和地区都有专门为此开展的香港购物旅游。在这里，旅游的主要目的和内容是购物，旅游购物在旅游活动中必不可少，因此，旅游购物就成了基本旅游产品。

区分非基本旅游产品，有助于旅游经营者根据它们需求弹性较大的特点，提供有针对性的服务，满足不同旅游者的多样化需求；也有助于旅游者在选择、购买旅游产品的过程中，有计划地制定、调整自己的需求结构和消费结构，提高旅游活动的舒适度和满意度。

三、旅游产品的供给构成

从旅游经营者的角度看，一个完整的旅游产品应包括旅游资源、旅游服务、旅游设施、旅游购物品和旅游通达性五方面的要素。

（一）旅游资源

旅游资源是旅游活动的客体，自然界和人类社会中凡是能吸引旅游者进行旅游活动、能给旅游业带来各种综合效益的事物都可称旅游资源。旅游资源按其本身的属性和组成要素可分为自然旅游资源和人文旅游资源两大类。其中自然旅游资源又包括地文景观类（如名山、洞穴、典型地质构造、奇特与象形山石等）、水域风光类（如风景河段、漂流河段、湖泊、瀑布、泉等）、生物景观类（如森林、草原、野生动物栖息地等）、气象气候类（如雾凇、雨凇、佛光、蜃景等）；人文旅游资源又包括古迹和建筑类（如长城、宫殿、楼阁、塔、桥、人类文化遗址等）、消闲求知健身类（如民俗风情、节日庆典、园林等）、购物类（如地方土特产品、地方风味、庙会、著名店铺等）。

与其他资源相比，旅游资源最显著的特征是具有吸引功能，能从不同层面来激发、满足旅游者审美、休闲、娱乐、探险、考察等的需要，促使旅游行为的发生。发挥旅游资源的吸引功能，就要求旅游目的地国家和地区根据自身旅游资源的状况，如旅游资源的类型、密度、丰度、品位、知名度等，遵循一定的原则，把旅游资源开发、组合成为特色鲜明、功能互补的旅游景点、景区。此外，由于旅游资源是旅游业赖以存在和发展的基础，对旅游资源的开发利用必须合理和适度，应将旅游者的人数控制在资源和环境可以承受的范围，确保旅游资源永续利用，促进旅游业健康、可持续地发展。

（二）旅游服务

旅游服务是旅游产品的核心。旅游者购买的旅游产品，除了少部分的膳食和旅游纪念品外，大量的是无形的旅游服务。这些旅游服务主要包括导游服务、酒店服务、交通服务和商品服务。

（1）导游服务。导游服务是旅行社或旅游接待单位为旅游者提供的专项服务。当旅游者满怀好奇来到异地他乡，如何更好地进行旅游活动，了解当地的风土人情、名胜古迹，如何安排食宿，如何增强与当地居民的交流等问题，都要依靠导游才能更好地解决。为此，旅游从业人员（导游员）应该熟悉不同旅游者的文化背景，观察他们在不同旅游阶段的心理特征，因人、因时、因地而异，灵活机动地为旅游者提供更好的服务。

（2）酒店服务。酒店服务是酒店向旅游者提供的住宿、饮食、通信、贸易、洽谈等方面的综合性服务。酒店作为旅游者的“家外之家”，是旅游者恢复体力、休息放松的主要基地，能够保障旅游者其他活动的顺利进行。提供面对面的亲切服务是酒店业的行业特点，也是旅游服务的重点所在。要做到这点，旅游从业人员必须充分考虑旅游者在安全、环境、权利和尊重等各方面的需要。

（3）交通服务。旅游者在旅游过程中有很大一部分时间是在各种交通工具及机场、车站、码头和港口度过的。旅游者对旅游产品价值高低的评价，在很大程度上也与其所乘的交通工具和所接受的交通服务有关。因此，舒适的交通工具和热情的交通服务至关重要。在交通工具不能完全满足旅游业发展需要的情况下，旅游从业人员提供的优质服务，则可以在一定程度上化解旅游者心中的不满情绪。

（4）商品服务。商品服务是旅游者购买旅游商品时，旅游从业人员提供的信息咨询、包装、委托代办等服务。周到的旅游商品服务能够激发旅游者的购买动机，取得较好的经济效益。但旅游从业人员不能只顾经济效益，一味地对旅游者进行诱导、误导，甚至威胁、恐吓，对旅游目的地整体旅游产品的生产和销售造成不良影响。

总的来说，旅游服务不管其内容如何变化，服务质量的高低都取决于服务的观念、态度、技巧和服务的价格。质价相符，旅游者满意；质低价高，旅游者不满意；质高价低，旅游产品竞争力强。

（三）旅游设施

旅游设施是直接或间接向旅游者提供服务所凭借的物质条件。旅游设施一般分为旅游接待设施和旅游基础设施两大类。

（1）旅游接待设施。旅游接待设施是旅游经营者用来直接服务于旅游者的凭借物，主要包括住宿、餐饮、交通及游览设施。住宿设施通常有宾馆、饭店、度假村、别墅等，各种设施在规模、档次、功能和设备上存在一定的差别；餐饮设施通常有大排档、各型餐馆、冷饮店、茶室、酒吧、咖啡厅等；交通设施包括观光游船、景区索道、滑竿、游览汽车等；游览设施是由旅游景区规划、建设，供人们登临、游览、休憩的各种设施、设备，如凉亭、扶杆、栈道、指示牌等。

（2）旅游基础设施。旅游基础设施是指旅游目的地城镇建设的公共设施，包括旅游目的地的道路系统，水、热、电、气供应系统，废水、废气、废物排污处理系统，邮电通信系统，环境卫生系统，安全保卫系统，城镇标识系统，绿化系统，等等。这些基础设施是为城镇居民的生产生活服务的，不是为旅游者专门建设。但如果没有这些基础设施提供便利，旅游接待设施的功能就难以有效发挥，旅游活动也无法顺利进行。

（四）旅游购物品

旅游购物品是旅游者在异地购买并在旅途中使用、消费或携回使用、送礼、收藏的物品，对旅游者具有实用性、纪念性、礼品性和收藏性价值。旅游者在旅途中购买的商品，除少部分作为生活必需品被消耗之外，大多数被旅游者带回家中，留作美好的回忆，或者帮助旅游者更好地了解旅游目的地的文化、艺术和传统。旅游购物种类繁多，大致可分为实用品、工艺品和艺术品三个大类。其中，实用品又分为土特产品（如茶叶、名酒、中药材、中成药等）、旅游食品（如风味菜、民族菜、点心）和旅游用品（如地图、导游图、旅游指南等）。工艺品包括陶瓷品、丝织刺绣品、漆器、金属工艺品、玉石木竹雕刻、文房四宝等。艺术品包括书法绘画、文物仿制品等。它们大多数价格较高，消费潜力较大，只要为旅游者所喜爱，他们就可以反复花钱购买。因此，旅游购物品是旅游创汇的重要来源，在旅游产品的设计、生产中不可缺少。而且作为礼品馈赠给亲友的旅游购物品，在一定程度上可以对旅游目的地起到宣传促销的作用。

（五）旅游通达性

旅游通达性是指旅游者在旅游目的地之间来回移动的方便、快捷、通畅的程度，具体表现为进出旅游目的地的难易程度和时效标准。旅游通达性主要可从下述几个方面加以考察：是否有完善、发达的交通网络；是否有方便、快捷的信息通信；出入境签证办理，出入境通关程序、服务效率和信息咨询等是否便利。旅游目的地的通达性对旅游产品的成本、质量、吸引力等有较大的影响作用，因此也是旅游产品构成的重要内涵。

四、旅游产品的构成关系

旅游产品的构成关系是指旅游产品各组成成分之间的相互关系。旅游产品之间的相互关系主要是互补关系和互代关系。

（一）互补关系

互补关系是指旅游产品功能不相同的组成成分之间相互依存、相互促进、共同发展的关系。这种关系体现在两个方面：其一，各个功能不同的组成成分，如食、住、行、游、购、娱等几个部分，每一部分的发展都是以其他部分的生存和发展为前提，各部分按比例协调发展。例如，没有旅游资源，就难以吸引大量的游客，其他各部分就难以生存。其二，各个功能不同的组成成分之间在经营成果上相互影响。一个部分收入的增加带来其他部分收入的增加，一个部分收入的减少促使其他部分的收入也在减少；一个部分（如交通）成为旅游发展的“瓶颈”，那么其他部分的收入和接待游客的数量就大为减少。

旅游产品内部的互补关系，是由旅游需求的综合性决定的，它要求旅游产品能够满足旅游者各个方面的需求，要求旅游产品是一个综合性的产品。从互补关系上可以看到，旅游产品的各个组成部分必须齐备，共同组成一个完整的产品；也要求提供各单项旅游产品的行业、部门和企业按比例协调发展，除了搞好本行业、本企业的经营，还要与其他行业和企业相互配合、互通信息，共同营造一个良好的旅游产品形象，增强旅游产品的招徕能力和竞争力。

（二）互代关系

互代关系是指旅游产品中功能相同或相近的组成成分间相互替代的关系。例如，提供交通服务的有汽车、火车、飞机、轮船等交通工具，其经营企业之间就存在着互代关系，高速公路、快速火车以及高速轮船的发展更加深了这种关系；提供住宿服务的各种星级的旅馆、招待所、度假村等也存在互代关系，尤其是设施的档次、规模、服务水平及价格差不多的时候，这种互代关系表现得非常明显。对于同一个旅游者来说，在同一时间、同一地点对同一种功能的单项产品的需求是唯一的。例如，一个游客住宿甲饭店不可以同时住宿乙饭店，乘坐火车就不能同时坐汽车或飞机。凡此种种，表现的都是互代关系。

互代关系在提供相同服务的企业之间表现为竞争性。这就要求各企业不能盲目追求建设与别的企业雷同的设施、提供相同的单项旅游服务，如都去投资建设高档旅馆，而应当提供功能不同的、档次各异的服务，或者说要求旅游产品数量上、质量上、档次上有计划按比例协调发展，力求旅游产品结构的合理性。同时也要求各旅游企业重视经营管理工作，改进服务质量，提高企业信誉和形象，提供有特色的旅游服务，避免过度的竞争。

（三）互补关系和互代关系的转化

旅游产品内部的各组成成分之间的互补关系和互代关系并不是绝对的、一成不变的。旅游经营者可以根据旅游需求发展变化和自身条件，促使两种关系互相转化。

1. 互补关系向互代关系转化

这种转化是由旅游者需求多样和旅游企业经营的多样化促成的。在市场经济条件下，旅游企业为了获得竞争优势，必须不断地调整自己的经营范围，为旅游者提供方便、快捷、经济的服务。当旅游企业向旅游者提供多样化的一条龙服务，互补关系就会变成互代关系。例如，甲企业提供住宿服务，乙企业提供交通服务，它们之间是互补关系；现在甲企业经营范围扩大了，也提供接待游客的交通服务，那么当一个旅游者在甲企业住宿时，也会利用它的交通服务。这样甲、乙企业之间的关系就成了互代关系。若乙企业扩大经营范围，提供住宿服务，同样也可产生互代关系。在实际情况中，这种转化的例子是很多的，如旅馆有自己的旅游车队、购物场所、旅行社等；风景区和主题公园自备车辆接送游客；航空公司有自己的饭店；等等，都是促成互代关系产生的因素。因此，旅游企业的多种经营和集团化经营是互补关系向互代关系转化的主要途径。

2. 互代关系向互补关系转化

这种转化表现在以下几个方面。

（1）当供给小于需求时，提供相同单项旅游产品的旅游企业之间可以互相帮助，解决燃眉之急。例如，某两个企业都是提供住宿的企业，当其中一个企业的客房供不应求时，可以把客人介绍给另一个企业；当其中一个企业在经营过程中发生某些原材料不足时，也可以向另一个企业借到，这时，两者的关系就成了互补关系。

（2）提供相同服务功能的单项旅游产品一般都有高、中、低等多档次，满足旅游者的不同需求。多档次和多服务方式可以形成互补关系。例如，同为提供交通服务，飞机和火车需要汽车作为补充工具，这时它们就成了互补关系；同为提供饮食服务，甲、乙餐馆的风味特色不同，旅游者这次在甲餐馆用餐，下次就到乙餐馆就餐，它们之间也就有了互补关系。

（3）提供相同服务的各企业相互联合，优势互补，共同促销，共创旅游产品的形象，增强产品的竞争力。例如，甲、乙、丙、丁四家企业都把企业的优势部分组合起来，就形成了一个更具吸引力的单项产品。

(4)处在一条旅游线上的各个目的地的单项旅游产品之间有明显的互补关系。例如，甲地和乙地处在一条旅游线上，则甲地和乙地的提供相同产品的企业（假若都是旅馆）之间是互补关系。

旅游产品的互代关系向互补关系转化表明各企业提供的旅游服务都是旅游产品的有机组成部分，它们在数量上、质量上和档次上共同组成了旅游产品的结构，是旅游中不可缺少的部分，共同形成了旅游产品的对外形象。

第三节 旅游产品的开发

一、旅游产品的类型划分

旅游产品构成丰富，内容涉及面广，是一种综合性很强的产品，但它往往也以单项产品的形式存在。因此，可按不同的标准划分出不同的旅游产品类型。

（一）按旅游者的参与程度划分

按旅游者的参与程度，旅游产品可分为观光型旅游产品、主题型旅游产品、参与型旅游产品和体验型旅游产品等。

1. 观光型旅游产品

观光型旅游产品是旅游业发展初期成长起来的一种产品，旅游方式以参观为主，旅游者在游览过程中主要是被动地“饱眼福”，旅游者对经营者提供的旅游产品没有更多的个性化要求，旅游的目的主要是观景，旅游的对象主要是旅游目的地中知名度较高的自然或文化景观，如北京的长城、故宫、天坛、香山，杭州的西湖、断桥、雷峰塔，等等。旅游者消费这些旅游产品时共同的特征是“走马观花”，旅游活动中参与性的内容较少。

2. 主题型旅游产品

这一类旅游产品的旅游方式仍然带有较多参观的成分，但参观的内容和范畴与观光旅游相比显然已经有所分化。旅游者仍然倾向到旅游目的地级别较高的景点和景区旅游，但这些景点和景区之间需要存在某些历史、文化或其他方面的联系，如“丝路旅游”和“三国旅游”。旅游者的旅游行为有了明确的指向性，不再是泛泛地满足一般的好奇心，旅游产品的历史和文化内涵较高，附加价值较高，旅游方式已由单向参观逐渐过渡到双方参与。

3. 参与型旅游产品

旅游产品和项目的设计是要尽量调动旅游者的积极性，使旅游方式由被动地接受转为主动的参与。在旅游产品生产和消费的过程中，旅游者同旅游经营者以及旅游目的地居民之间的关系是互动的。旅游者通过身心的调动得到愉悦的感受，参与活动的兴趣更加被激发出来；旅游经营者和当地居民在轻松融洽的气氛中提供服务，服务的质量更有保障。例如，“乡村旅游”“烹饪旅游”和傣族的“泼水节狂欢”。这一类型的旅游产品，对旅游目的地及其景观的知名度没有很高的要求，旅游产品组合的关键在于必要的旅游设施、特定的主题和必要的行为示范。

4. 体验型旅游产品

体验型旅游有探险旅游、登山旅游、攀岩旅游等。旅游者对旅游产品的选择和购买具有强烈的主观意愿且较少受到外界的干扰。在旅游活动的过程中，旅游者全身心投入，对旅游产品的价值和使用价值体验深刻，并能从中得到满足。这一产品类型的旅游者通常愿意花较多的钱去购买产品，进行专业化的组合是旅游产品获得成功的重要手段。随着人们旅游需求的日渐多元化和细分化，体验型旅游产品会被越来越多的旅游者认可和接受，因此，体验型旅游产品可以挖掘的市场空间还会更大。

（二）按旅游产品的功能划分

按旅游产品的功能，旅游产品可分为享受旅游产品、康体旅游产品、探险旅游产品和特种旅游产品。

1. 享受旅游产品

享受旅游产品是目前许多国家积极发展的新兴旅游产品。享受旅游产品的特点是旅游设施豪华、旅游服务专业、娱乐项目多，旅游活动自由度大、旅游价格高。典型的如豪华游轮巡游，游轮上的游泳池、健身房等各种豪华设施，使一些高收入的旅游者认为海上旅行比其他旅游方式更能使人放松。在筋疲力尽的游玩以后，旅游者可以舒适地躺在船上，慢慢向目的地靠近。海上巡游市场因其具有的高度享受性，目前已经吸引了较多的中年人和青年人。

2. 康体旅游产品

康体旅游产品拥有较多的旅游消费群体，其突出的特点是运动性强，需要特定的场所和一定的设备器材。典型的康体旅游产品如体育旅游和保健旅游，体育旅游有高山滑雪、漂流、滑草、冲浪、潜水等，保健旅游有温泉疗养、森林浴、沙疗等。

3. 探险旅游产品

探险旅游产品的消费者数量不多，但相对稳定，旅游者对个体自我价值的实现有着强烈的要求，对挑战极限怀有强烈的兴趣，喜欢冒险，喜欢新鲜事物。产品的突出特点是危险性较高，要求具备特殊的消费场所和一定的专门知识。优点是惊险、刺激，能充分满足旅游者的好奇心，令旅游者时刻处于高度紧张和兴奋的状态，给旅游者留下深刻的记忆。典型的探险旅游产品有原始森林探秘、海底旅游、火山旅游等。

4. 特种旅游产品

特种旅游产品主要是满足旅游者某一方面的特殊需要，是一种积极的旅游活动。特种旅游产品突出的特点是：较强的业务性和较强的教育功能。典型的特种旅游产品如森林观鸟旅游、修学旅游、工业旅游、园艺旅游、考古旅游、生态旅游等。由于旅游的内容大多是与专业有联系的活动，因而通过轻松、直观的旅游学习，旅游者可以增长知识、开阔视野、启迪智慧，求知欲得到较大的满足。

（三）按旅游产品的开发程度划分

按旅游产品的开发程度，旅游产品可分为改进型旅游产品、换代型旅游产品、创新型旅游产品和仿制型旅游产品。

1. 改进型旅游产品

改进型旅游产品是指在原来旅游产品的基础上，对产品构成要素中的某些部分加以改进，以此来增加旅游活动内容，提高旅游服务质量，增强旅游产品吸引力，巩固和拓展客源市场。例如，西安市大雁塔，景区原有的范围较小，游览内容较单一，为了适应不断变化的市场，景区新建了部分仿古建筑，增加了一些佛教造像和壁画、浮雕，对延长旅游者的逗留时间起到了一定作用。

2. 换代型旅游产品

换代型旅游产品是指对现有旅游产品进行较大规模改造后的旅游产品。例如，宾馆、饭店对原有的硬件设施进行更换，扩建新楼，增加服务内容，提高饭店档次。又如旅行社重新编排原来的旅游线路，把一日游改为两日游、三日游，丰富了活动的内容。

3. 创新型旅游产品

创新型旅游产品是指旅游经营者为了满足旅游者的新需要，运用新技术、新方法、新手段设计、生产出来的旅游产品。创新型旅游产品包括新的酒店、新的景点、新的旅游线路、新的旅游项目和新的娱乐设施等，如美国的“迪士尼乐园”和深圳的“锦绣中华”。创新型旅游产品研制开发时间较长，对资金和技术的要求较高，因此开发的风险较大。

4. 仿制型旅游产品

仿制型旅游产品是指模仿市场上已有旅游产品的基本原理和结构设计、生产出来的旅游产品。最常见的仿制型旅游产品是人造景观、微缩景观等。

二、旅游产品的开发原则

旅游产品的开发是一项系统工程。为此，需要对旅游市场需求、旅游市场环境、投资风险、宏观政策、旅游基础设施、劳动力素质等进行深入分析，制定出符合旅游目的地实际的旅游产品开发、设计的最优方案。旅游产品开发中必须遵循以下原则。

（一）市场导向原则

旅游产品的开发以旅游资源的分析、评价为基础，但开发什么、如何开发、开发到什么程度必须以市场为导向、以市场需求为旅游产品开发的出发点。以市场为导向的原则具体包括两层含义：一是旅游市场定位，二是目标市场需求状况分析。首先，任何旅游产品的开发不可能迎合所有旅游者的需求，因此，对产品开发者而言，结合当地的社会经济发展情况和当前旅游业的发展趋势，确定当地的主要客源市场是十分必要的，这样可以使旅游产品的开发具有较强的针对性。其次，在目标市场被确定的基础上，产品开发者还需要进一步掌握目标市场的需求内容、规模档次、水平及发展趋势，从而形成适销对路的旅游产品，取得预期的经济效益。由于旅游市场和旅游环境总是处在不断的发展变化当中，在旅游业发展的不同阶段，旅游地的目标市场也要随之发生变化。这就要求旅游产品的开发者应具有发展和战略的眼光，保证旅游产品的开发重点突出、有序进行。

（二）综合效益原则

追求经济利益最大化是资本的天性。旅游产品的开发要投入大量的资金，所以，在开发过程中要始终把提高经济效益放在很重要的位置。但是，由于旅游产品不是一般的物质产品，具有文化属性，因此，在保证旅游企业获得较好经济效益的同时，还要强调旅游产品开发所带来的社会效益和生态效益，努力提高旅游地的综合效益。

（三）可持续发展原则

可持续发展强调人类需要，也强调资源限制和代际公平。因此，旅游产品的开发要充分考虑旅游资源和环境的承受能力，确定合理的旅游资源和环境容量，使开发对生态环境的破坏减少到最小，确保旅游资源永续利用。具体来说，就是要利用先进的环保技术进行保护性开发，使旅游宾馆、饭店、厕所、餐饮点等的建设符合保护的要求，节约能源，改变传统的消费方式，努力提高旅游产品的生命力，并延长其生命周期。

三、旅游产品开发的内容

旅游产品是一个综合性的产品，旅游产品开发要根据市场需求状况，对旅游资源、旅游设施、旅游人力资源及旅游商品等进行规划、设计、开发和组合，它主要可以落实到两个方面：一是对旅游地的规划与开发，二是对旅游线路的设计与组合。

（一）旅游地的规划与开发

旅游地是旅游产品的地域载体，旅游者对旅游产品满意与否，主要取决于旅游者在旅游地所能参加的一系列旅游活动，以及能够得到的一切旅游服务。这些都需要对旅游地景区景点的建设、接待设施的完善、人力资源的培养、环保措施的制定等做出统一的安排和部署。由于开发历史和开发程度的不同，旅游地在开发的重点和方向上也不相同。

1. 全新旅游地的开发

对一个新兴旅游地来说，明确自己在竞争中所处的地位是十分重要的。为此，旅游地首先要了解自己的旅游资源基础，查明旅游资源的总量、种类、密度、丰度、品位等，对资源基础的优劣做出判断。其次，要分析潜在的竞争对手，并根据当前旅游市场竞争的状况，确定合适的旅游目标市场，制订出明确的旅游发展目标。之后，再具体考虑建设哪些景区、景点，开发哪些旅游项目，挖掘哪些旅游商品，增加多少旅游车船、宾馆、饭店等。最后，还要对旅游从业人员的需求总量做出预测，加强职业培训，培养、引进高层次人才，使人力资源的增长与旅游业发展的速度相匹配。值得注意的是，无论是什么类型的旅游产品或旅游地开发，都要有切实可行的旅游环境保护措施，保证旅游地的开发是科学的、可持续的。

2. 发展中旅游地的开发

对于发展中旅游目的地，旅游产品的开发已有一定的基础，开发的重点是利用原有旅游产品的声誉和开发优势，进一步扩大和增加新的旅游活动、新的旅游项目，突出旅游产品特色，加大旅游市场营销，进一步提高旅游产品的吸引力。

3. 发达旅游地的开发

这主要是继续巩固和提升旅游地的市场形象，不断提高旅游地的管理水平和服务水平，积极创新，充分运用现代科学技术所取得的一切成就，改造和改进原有的老产品，提高原有产品的科学含量。通过精心的构思和设计，创新出一批对市场有引导作用的旅游项目。

（二）旅游线路的设计与组合

从旅行社的角度来看，旅游产品的销售最终要落实到具体的线路上，旅行社销售线路的情况，是旅游产品开发成功与否的晴雨表。在旅游市场上，如果旅游线路的设计与组合能够满足旅游者的心理预期，与旅游者的消费水平相适应，旅游线路就受到欢迎，销路好。反之，旅游线路则不被旅游者接受，成为滞销品。因此，旅游线路销售的成败同旅游线路设计水平高低密切相关。

旅游线路的开发必须要考虑五个方面的因素：旅游资源、旅游基础设施、旅游专门设施、旅游成本因子（费用、时间和距离）和旅游服务，它的开发实质上是综合旅游产品开发。旅游线路的设计与组合大致可以分为四个阶段：第一阶段是分析目标市场的旅游成本，确定旅游线路的性质和类型；第二阶段是根据旅游市场需求组织相关的旅游资源，确定旅游资源的基本空间格局；第三阶段是结合上述背景材料，分析相关的旅游设施，设计出若干可供选择的线路；第四阶段是选择最优的旅游线路（可以有几条）。

旅游线路的开发、设计有若干类型。

（1）按使用对象的不同性质，旅游线路可分为团体旅游线路和散客旅游线路。团体旅游线路的设计主要是面向包价旅游的整体设计。散客旅游线路又可细分为拼合选择式线路和跳跃式线路。前者是指整个旅程设计有几种分段组合线路，旅游者可以自己选择和拼合，并且在旅程中可以改变原有的选择；后者是指旅行社只提供整个旅游中的几小段线路或几段服务，其余皆由旅游者自己设计。

（2）按跨越的空间尺度，旅游线路可分为跨区域的旅游长线，如长江三峡旅游线路，其贯穿了江苏、湖北、湖南、重庆、四川四省一市；省际的中程旅游线路和省区内的中短旅游线路。至于小尺度的景区游览线路，它主要与旅游地的开发规划有关。

（3）按旅游者的行为和意愿特性，旅游线路可分为周游型旅游线路和逗留型旅游线路。周游型旅游线路的游客，其旅游活动以观光为主，线路中包含的旅游目的地数量相对较多。逗留型旅游线路，其包含的旅游目的地数量相对较少，旅游者的活动主要不是为了观赏风景，而是重复地使用一些资源和设施。

此外，旅游线路还可以根据旅程的不同天数划分为一日游旅游线路与多日游旅游线路；按旅游者使用的交通工具划分为不同的交通工具旅游线路。

四、旅游产品开发策略

为了有效地利用旅游资源和设施，最大限度地满足旅游者的消费需求，必须制定正确的旅游产品开发规划策略，指导旅游产品的合理设计与开发。常用的旅游产品开发策略有以下两种。

（一）旅游地的规划与开发策略

旅游地产品是一种整体性的旅游产品，不同旅游地其开发程度不一样，甚至旅游地内所包含的单项旅游产品，如旅行社、旅游饭店、旅游交通，它们的发展水平也各不相同。针对这一实际，旅游地的规划与开发应当注意以下几个策略。

（1）主导产品的策略。旅游者到旅游目的地旅游，他们的需求是多种多样的，他们的消费水平有高有低，旅游目的地要尽量提供品种丰富、类型齐全的产品，最大限度地满足旅游者。但是，这并不意味着旅游地无须拥有自身的特色及主导旅游产品。主导旅游产品是资源优势与客源市场双向驱动的产物，在旅游业发展的初期，有助于旅游者对目的地的尽快认知和熟悉；在旅游业发展的中、后期，可以通过主导产品树立旅游地的独特形象。

（2）保护性开发的策略。特别是罕见或出色的自然景观及人文景观，要求完整地、绝对地进行保护或维护性开发，有些景观因特殊的位置而不允许直接靠近开发，它们就只能作为观赏物远远地欣赏。对这类旅游地的开发，其要求就是绝对地保护或维持原貌。例如，自然保护区的核心区，它对维护当地的生态系统平衡和进行典型性科学研究具有极其重要的意义，因此，即使是在自然保护区开展保护性特征很突出的生态旅游，也一定要慎之又慎，绝对不能干扰它。

（3）有序开发的策略。旅游地的产品开发，既要考虑产品的时效性，也要考虑产品的可更新性，兼顾短期效益和长期效益，保证旅游地长期、稳定、持续地发展。为此，旅游地在建设景区、景点、修筑道路、购进旅游车辆时，都要有时间上的考虑，审时度势、不失时机地推出新的产品。

（4）高低结合的策略。高低结合的策略是指高档产品与低档产品相结合，以满足不同消费层次的需要。例如，旅游目的地的酒店，四星级、五星级的高档酒店可为高收入旅游者提供豪华、舒适的享受；而中低收入旅游者追求的是经济、实用，三星级、二星级甚至更低一些的酒店才是他们的首选。

（二）旅游线路的设计与组合策略

旅游线路开发以最有效地利用旅游资源、最大限度地满足旅游者需求、最有利于企业竞争为指导。遵循旅游产品开发的原则，可以制定出以下几种旅游线路产品的组合策略。

（1）市场型组合策略。市场型组合策略的要义是市场细分，向某一特定的旅游市场提供专门的旅游产品。例如，旅行社专门以青年市场为目标开发的新婚旅游、探险旅游、修学旅游等。使用这一策略的优点是有利于集中企业的力量一举制胜，不足在于目标市场单一，规模有限。

（2）产品型组合策略。产品型组合策略的要义是向不同的目标市场提供同一类型的旅游产品，满足他们在某一方面的共同需要。如果某旅行社只开发一种观光型的产品，采用这一策略，它可以让观光产品的内容不断地充实和完善，服务质量不断地提高。但不足在于旅游企业的产品类型单一，增大了旅游企业的经营风险。

（3）全面型组合策略。全面型组合策略的要义是旅游企业经营多种产品线，推向多个不同的旅游市场。这是一些大的旅行商经常采用的策略。优点是可以满足不同的市场需要，占据较高的市场份额。条件是企业必须具备较强的经济实力，承担较高的经营成本。

第四节　旅游产品的周期

一、旅游产品生命周期阶段

产品生命周期是指一个产品从它进入市场开始到最后撤出市场的全部过程，这个过程大体要经历推出、成长、成熟、衰退的周期性变化。旅游产品亦是如此，也有其推出期、成长期、成熟期、衰退期四个阶段的生命周期变化（图 3-1）。一条旅游路线、一个旅游活动项目、一个旅游景点、一个旅游地开发等，都将经历这一由兴至衰的过程。旅游产品生命周期的各个阶段通常是以销售额和所获利润的变化来衡量的；同时，处于不同生命周期阶段的旅游产品也有着不同的特点。

（一）旅游产品的推出期

在推出期，旅游新产品正式推向旅游市场，具体表现为新的旅游景点、旅游饭店、旅游娱乐设施建成，新的旅游路线开通，新的旅游项目、旅游服务推出。在这一阶段，产品尚未被旅游者了解和接受，销售量增长缓慢而无规律；旅游企业的接待量很少，投入费用较大，经营单位成本高；企业为了使旅游者了解和认识产品，需要做大量的广告和促销工作，产品的销售费用较大。在这个阶段内，旅游者的购买很多是试验性的，几乎没有重复购买，企业通常也采用试销态度，因而企业往往销售水平低，利润极小，甚至亏损。但处于这个阶段，市场上一般还没有同行竞争。

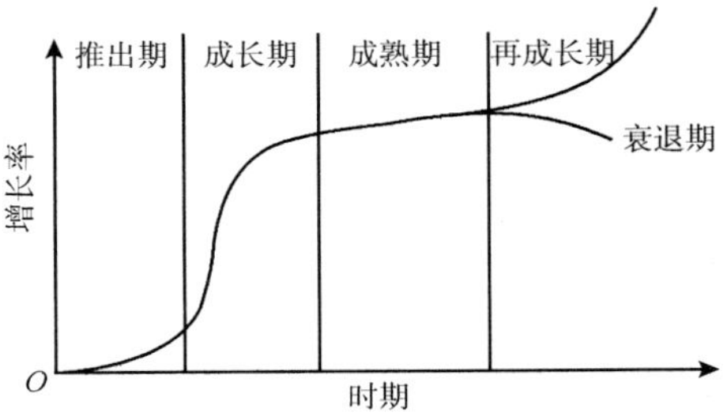

图 3-1 旅游产品生命周期

（二）旅游产品的成长期

在这一阶段，旅游景点、旅游地开发初具规模，旅游设施、旅游服务逐步配套，旅游产品基本定型并形成一定的特色，前期宣传促销开始体现效果。这时，旅游产品在市场上拥有一定知名度，产品销售量迅速增长；旅游者对产品有所熟悉，越来越多的人试验使用这一产品，重复购买的选用者也逐步增多；企业的广告费用相对减少，销售成本大幅度下降，利润迅速上升。处于这一阶段，其他旅游企业看到产品销售很好，就有可能组合相同的产品进入，市场上开始出现竞争。

（三）旅游产品的成熟期

在产品的成熟期内，潜在顾客逐步减少，大多属于重复购买的市场。旅游产品的市场需求量已达到饱和状态，销售量达到最高点；在前期销售量可能继续增加，中期处于不增不减的平稳状态，后期的销售增长率趋于零，甚至会出现负增长。利润增长也将达到最高点，并有逐渐下降趋势。很多同类旅游产品和仿制品都已进入市场，扩大了旅游者对旅游产品的选择范围，市场竞争十分激烈，而且有来自更新产品的替代性竞争，差异化成为竞争的核心。

（四）旅游产品的衰退期

旅游产品所处的衰退期一般是指产品的更新换代阶段。在这一阶段，新的旅游产品已进入市场，正在逐渐代替老产品。旅游者或丧失了对老产品的兴趣，或对更新产品产生兴趣。原来的产品中，除少数名牌产品外，市场销售量日益下降。市场竞争突出地表现为价格竞争，价格被迫不断下跌，利润迅速减少，甚至出现亏损。

根据对以上旅游产品生命周期的规律性分析，其具有以下几点意义：①任何旅游产品都有一个有限的生命，大部分旅游产品都经过一个类似 S 形的生命周期；②每个产品生命周期阶段的时间长短因旅游产品不同而不同；③旅游产品在不同生命周期阶段中，利润高低不同；④对处于不同生命周期阶段的旅游产品，需采取不同营销组合策略；⑤针对市场需求及时进行旅游产品的更新换代，适时撤退或改造过时旅游产品以免遭受不应有的损失。

二、旅游产品生命周期的变异

一般旅游产品都会经历推出、成长、成熟、衰退的生命周期，但也有很多的旅游产品会产生变异形态。其中有两种主要的变异形态较为典型，即时尚旅游产品的生命周期和延伸旅游产品的生命周期。

（一）时尚旅游产品的生命周期

时尚旅游产品的生命周期只有两个阶段：一个是快速增长阶段，另一个是显著暴跌阶段。时尚旅游产品一般具有以下特点。

（1）一般传播媒介可能愿意用大量时间或空间对时尚旅游产品加以宣传，如目前的生态旅游、漂流旅游、探险旅游等，许多电视、杂志、报纸等会主动加以宣传，而不需要旅游企业付费做广告。

（2）时尚旅游产品常常随着产品推出前的大量宣传而到来，因此生命周期中没有明显的缓慢增长的推出阶段，往往一开始就呈现出高速的增长。

（3）在时尚旅游产品的目标市场中，没有明显的选择行为，如早期选用者、中期选用者、晚期的大多数消费者等，整个市场的选择同是在产品推出后的短时期内发生。

（4）时尚旅游产品营销组合的目标在于快速的市场进入，同时产品常常被一个分界很清楚的市场所选取，这一市场通常是一个特殊的年龄群体。

（5）大多数时尚旅游产品是非基本旅游产品，其消费者常常自以为与其他人相比有显著的差异性或特殊性。

（二）延伸旅游产品的生命周期

这类产品有一个延伸的成熟阶段，这一延伸的成熟阶段，也称饱和阶段。在饱和阶段中，高度的重复购买，形成一个稳定的销售额。最后可能会在市场的全部购买中找到一个持久销售地位。很多旅游产品都呈现出延伸产品的生命周期的形态。其中主要有以下几种。

（1）大众旅游产品。大众旅游产品是指那些为人民群众经常使用的旅游产品，在某种程度上已成为必需品，如欧美人把度假就视为必需品。

（2）风行旅游产品。风行旅游产品是指那些在市场上影响广泛且吸引力较大的产品，如中国的长城、兵马俑观赏游览等，就风行于市场而经久不衰。

（3）功能性旅游产品。功能性旅游产品是指那些具有普遍功能的产品，如饭店的餐厅，就能满足多方面的需求而具有较高的重复购买率。

（4）多效用旅游产品。多效用旅游产品是指那些具有多种用途而能满足多方面或多层次需求的产品，如旅游饭店等，就具有持久的重复购买率。

（三）影响旅游产品生命周期变异的因素

旅游产品的生命周期之所以会发生变异，是因为受到多方面因素的影响，这些因素归纳起来主要有外部因素和内部因素两大类。外部因素是指影响旅游产品在市场上发展状况的外部条件，具体包括政治、经济、社会、竞争及一些偶发因素，甚至旅游接待国或某一旅游客源国发生诸如地震、火灾、水灾等自然灾害或爆发战争，都会冲击旅游产品的供给与需求，从而影响旅游产品的生命周期的变异。内部因素是指旅游业内部的可控因素，主要包括资源特点、设施与服务因素、管理因素等。例如，新建的饭店、新开发的资源、管理不善、设备损坏严重、秩序杂乱无章、服务质量下降，都会对旅游者产生排斥作用，影响旅游产品的销售及旅游产品生命周期的延伸，从而导致旅游产品过早进入衰退期。

三、延长旅游产品生命周期的经营策略

由于旅游产品也存在着生命周期，因此旅游企业通过对产品生命周期客观规律的认识，运用各种经营策略，延长旅游产品的成熟期，使企业获得最佳效益。延长旅游产品生命周期的策略概括起来有以下几种。

（一）旅游产品改进策略

旅游产品改进策略，是通过对成熟期的旅游产品做某些改进以吸引新老旅游者。产品改进可以从旅游产品的质量、功能、形态等几个方面进行，如提高服务质量、改进旅游设施和设备、增设新的旅游服务项目、开辟新的旅游景观等。每进行一个方面的产品改进，相当于刺激一个新的旅游需求热点，从而使旅游产品的成熟期阶段得以延长，如西班牙首都马德里市区游，过去主要靠著名的“东方宫”和几个广场等名胜古迹吸引旅游者，后来新增添了“星期日娱乐”项目，每逢星期日上午，在市内六个古董市场出售古董、古玩，供游客观赏和选购，下午则观看斗牛、赛马、足球赛等，使马德里市区对旅游者具有极大的吸引力而经久不衰。

（二）旅游市场开拓策略

旅游市场开拓策略，就是为成熟期的旅游产品寻找新的顾客，开发新的市场。具体做法有两种：一是发展旅游产品的新用途，即在原产品功能的基础上开发新的旅游功能用途，使老产品焕发新的生命力。例如，某度假区在原接待度假游客的基础上，开辟健康、娱乐等旅游项目，使其具备新的功能作用而吸引了更多的旅游者。二是开辟新市场，即为原有旅游产品寻找新的使用者，使产品进入新的细分市场。例如，中国的重点观光旅游产品在欧美主要传统市场上已无大的潜力，保持这一产品生命力的有效途径之一是为观光旅游产品寻找新的市场，通过开发新加坡、泰国、韩国、马来西亚等市场，使中国观光旅游再度掀起热潮。

（三）旅游市场营销组合策略

旅游市场营销组合策略，是对产品、促销、流通渠道和定价这四个因素的组合加以

合理地改进与重组，以刺激销售量的回升。例如，提供更多的服务项目，改变分销渠道，增加直销，增加广告，或在价格上加以调整，等等，以刺激销售量，吸引更多的旅游者。

（四）旅游产品升级换代策略

延长旅游产品生命周期的一项根本途径是使产品根据市场上不断出现的新需求，不断实现旅游产品的升级换代，做好旅游产品开发工作。例如，对于中国观光旅游产品来说，理想的情况是，当第一代观光产品，即以七大旅游城市为中心，散布于部分重点旅游城市的观光产品进入成长期后，就有第二代产品逐步进入开发建设阶段，如增加参与性活动在内的娱乐、观光型产品的出现。这样第一代观光产品进入成熟期后，第二代观光产品就进入了成长期，以此类推，使观光产品的生命周期得以延长。

案例分析　中国旅游新业态

淡旺季客流落差明显、高峰期旅游供给质量难保障……这一次，文化和旅游部开始向我国大多数景区普遍面临的部分时期供需错位问题出手了。根据文化和旅游部发布的《文化和旅游部关于提升假日及高峰期旅游供给品质的指导意见》（以下简称《意见》），我国将加强对假日及高峰期旅游消费的调控引导，完善供给体系，并“点名”了将着力开发 11 种旅游新业态。在业内看来，这也是文化和旅游部从政策端指明了下一步国家层面鼓励企业投资旅游的 11 个新风口。

一、圈定 11 大旅游新业态

知名景区、传统旅游目的地一到假期，就有大量游客蜂拥而至，甚至出现摩肩接踵、寸步难移的现象，而这已成为我国旅游行业的一个常态。

因此，《意见》提出，我国将着力缓解传统观光景区压力，拓展丰富全域旅游产品供给。密切与线上线下旅游企业、主要客源地等机构和地区对接，开展游客流量分析预测，提前制定旅游调控预案。注重旅游消费引领，及时推出新线路、新产品，发布旅游消费指南，拓宽旅游活动空间，避免旅游消费冷热不均、结构失衡。

具体来说，《意见》提出了要重点开发的 11 种旅游新业态，包括文化体验游、乡村民宿游、休闲度假游、生态和谐游、城市购物游、工业遗产游、研学知识游、红色教育游、康养体育游、邮轮游艇游、自驾车房车游。

而且《意见》明确，要采取多种融资方式，创新商业模式，制定奖励激励政策，积极引导社会资本参与旅游公共服务设施建设。要推动旅游经营单位加大对假日及高峰期旅游服务设备设施的储备。

值得注意的是，《意见》提出了强化弹性供给的方向。例如，各地要在人流密集度高的地段设置数量充足的移动厕所，科学合理配置男女厕位，提供厕所导航服务；在机场码头、旅游集散中心、景区换乘站等重点地区加开临时交通，加密运营网络，推进共享交通体系建设，有效提升运力，快速疏解疏导，等等。

二、破除淡旺季落差

根据携程发布的数据显示，距离2019年的春节假期还有两个月，相关旅游产品预订就已全面进入高峰期。据统计，截至2019年12月，携程App、网站以及线下门店都已经有大量游客报名预订各种旅游产品，进入12月报名人数更是环比增加了五成。

然而，节假日期间及高峰期过后，我国旅游市场的落差却也在与日俱增。与2018年春节价格相比，节后国内游、出境游报价平均降幅在30%左右，部分甚至缩水一半。根据机构数据统计，2018年2月海南团期产品价格只有春节期间价格的三成左右。

除了海南外，丽江、厦门的错峰游价格也大幅下降，部分折扣在5折左右。“国内酒店价格从大年初六开始有所回落，并将在元宵节后回归到平日水平。与春节黄金周相比，2018年3月上旬，三亚、天津、厦门、广州、长白山等地的酒店价格普遍下降三成甚至更多。”据业内人士透露。

对此，北京联合大学副教授杨彦锋表示，节后本身就是出游的低谷期，由于旅游产品具备“淡旺季”的特点，旅游企业也会相应推出优惠折扣来促进错峰出游。“不过，价格阶梯式下滑反映出我们的休假制度还存在完善的空间。客流在长假过度集中，既容易引起旅游目的地的价格上涨，同时对旅游设施的压力也比较大。但是平日又没有客流，造成了很多空置资源的浪费，反而不利于大家更好地利用假期去自主地安排休闲活动。”

三、新供给=新风口

实际上，在文化和旅游部本次提及的11种新业态中，有不少已经站上投资风口。其中，乡村民宿、康养度假、自驾车房车出行等已经成为近两年我国旅游业发展的新热点。以乡村民宿为例，2018年以来，众多平台开始下沉至乡村民宿跑马圈地。11月6日，爱彼迎宣布在桂林龙胜改造的6间现代化民宿正式上线；7月25日，小猪短租与海南省旅游发展委员会合作，就推介海南美丽乡村、打造海南民宿乡村聚落品牌与扶贫示范建设点、设立民宿行业机构等方面开展深度合作。

与此同时，随着人们对健康生活的重视以及老龄人旅游比例持续上升，多个拥有丰富自然资源的省市瞄准健康市场蓝海，打造康养旅游目的地。目前海南省正在重点布局医疗旅游以及康养服务业；云南丽江开启“康养+旅游”模式，拟打造100个康养结合示范点。据了解，预计2020年，中国60岁以上的老龄人口将达到2.2亿人，占总人口的17.8%；2020年康养市场规模将达1000亿元左右。

中国旅游研究院副研究员吴丽云指出，我国旅游业正在从原本的观光旅游向休闲体验游转变。此次文化和旅游部提出旅游新业态建设，是对行业供给的一种完善。文化体验游、休闲度假游、生态和谐游、城市购物游等属于综合性、较为宽泛的旅游领域；而像研学知识游、红色教育游、康养体育游、工业遗产游等属于由产业融合而生、相对专业的旅游领域，这两类旅游业态之后都会有比较好的发展。“近两年，文化和旅游部针对旅游业业态的文件非常多，足见国家对此非常重视。此次提出重点发展11种旅游新业态释放出一种信号，政府将在相对应的旅游领域提供优先政策支持以及投资方向引导。上述旅游新业态的市场消费和行业发展前景都非常值得期待。”吴丽云表示。

资料来源：蒋梦惟，武媛媛. 文旅部“钦点”11大旅游新业态站上风口[N]. 北京商报，2018-12-05（4）. 题目有调整，有改动

复习与思考

一、重点概念

旅游产品　旅游服务　旅游资源　旅游设施　旅游购物品　旅游产品生命周期

二、简答题

1. 怎样理解旅游产品的概念？
2. 旅游产品的供给构成包含哪些内容？
3. 旅游产品的类型有哪些，怎么划分？
4. 旅游产品开发的内容是什么，应当遵循哪些基本原则？
5. 旅游产品生命周期包括哪些阶段？

三、论述题

1. 试述什么是旅游产品的价值和使用价值，怎样认识它们与一般物质产品价值和使用价值的不同？
2. 结合实际，试述如何进行旅游产品开发。
3. 试述延长旅游产品生命周期的策略。

第四章

旅游需求与旅游供给

旅游需求与旅游供给是旅游经济活动中两个最基本的因素，它们之间的关系既对立又统一，它们之间的矛盾运动构成了旅游经济活动的主要内容。本章从阐述旅游需求与旅游供给的概念入手，分析可能使旅游需求与旅游供给发生改变的影响因素，揭示了旅游需求与旅游供给的内在规律及弹性，并进一步对旅游需求与旅游供给的矛盾运动与均衡机制进行了探讨，以便为解决旅游市场上的供求矛盾问题提供理论指导。

第一节 旅游需求分析

一、旅游需求的概念

需求，是人们在一定条件下对某种事物渴求满足的欲望，是人类产生一切行为的原动力。当人们对外出旅行、观光、游览、探险、度假等充满渴望时，意味着人们即将产生旅游需求。因此，从经济学的角度来看，旅游需求就是指具有一定支付能力的人们为了满足其对旅游活动的欲望，愿意在一定时间和价格条件下所购买的旅游产品数量。简单地说，旅游需求就是人们对旅游产品的需求。正确理解这一概念，必须掌握以下几点。

（一）旅游需求表现为旅游者对旅游产品的购买欲望

旅游需求作为旅游者的一种主观愿望，表现为旅游者对旅游活动渴求满足的一种欲望，即对旅游产品的购买欲望，是激发旅游者的旅游动机及行为的内在动因。但旅游需求并不是旅游者实际购买旅游产品的数量，它只表现为对旅游产品的购买欲望，而这种欲望能否实现，则取决于旅游者的支付能力及旅游经营者提供旅游产品的数量。

（二）旅游需求表现为旅游者对旅游产品的购买能力

购买能力是指人们在其收入中用于旅游消费支出的能力，即旅游者的经济条件。旅游者的经济条件，通常是用个人可支配收入来衡量。在其他条件不变的情况下，个人可支配收入越多，则人们对旅游产品的需求就越大。此外，一定的旅游产品价格也是影响旅游者购买能力的重要因素。因为，旅游者对旅游产品的购买能力，不仅表现为旅游者消费旅游产品的能力及水平，而且是旅游者的购买欲望转化为有效需求的重要前提条件。

（三）旅游需求表现为旅游市场中的一种有效需求

在旅游市场中，有效的旅游需求是指既有购买欲望，又有支付能力的需求，它反映了旅游市场的现实需求状况，因而是分析旅游市场变化和预测旅游需求趋势的重要依据，也是旅游者制订经营计划和营销策略的出发点。凡是只有旅游欲望而无支付能力，或者只有支付能力而无旅游欲望的需求，均称为潜在需求。前一种潜在需求只能随社会生产力发展和人们收入水平提高，才能逐渐转换为有效需求；后一种潜在需求则是旅游经营者应开发的重点，即通过有效的市场营销策略，如广告、宣传、人员促销等，使其能够转换为有效的旅游需求。

二、旅游需求的产生

旅游需求是怎样产生的，或者说产生旅游需求需要具备哪些条件，这是一个涉及面很广的复杂问题，需要从社会、经济、心理等多个角度进行分析。归纳起来主要与两个方面有关：一是旅游需求产生的主观条件，二是旅游需求产生的客观条件。

（一）旅游需求产生的主观条件

旅游动机是旅游需求产生的主观条件。人类在自身的生存和发展当中产生了各种各样的需要，其中也包括旅游的需要。从心理学的角度来看，人们在旅游需要的驱使下会进一步产生旅游动机，进而产生旅游的具体行为。从经济学的角度来看，人们首先也要有旅游的需要，然后才进一步产生购买旅游产品的意愿，进而发生购买旅游产品的行为。因此，无论从哪一个角度看，任何与旅游相关行为的发生，都必须以旅游需要的存在为前提，也可以说，没有对旅游活动的需要这一心理动力，旅游需求是不可能产生和实现的。旅游需要一旦被人们意识到，便会以动机的形式表现出来。因此，从这个意义上来说，旅游动机是旅游需求产生的主观条件。图 4-1 所示为旅游需求产生过程。

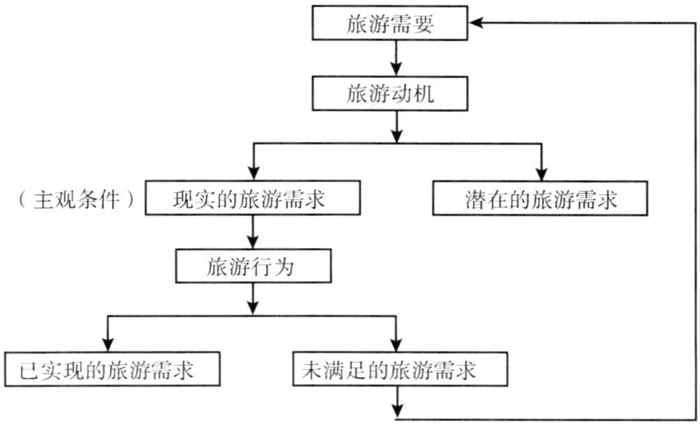

图 4-1　旅游需求产生过程

（二）旅游需求产生的客观条件

人们可支配收入的提高、人们闲暇时间的增多以及现代交通运输的发展是产生旅游需求的三个重要的客观条件。

1. 人们可支配收入的提高是产生旅游需求的首要条件

人们可支配收入，是指人们从事社会经济活动而得到的个人收入扣除所得税后的余额，是人们可以任意决定其用途的收入。人们可支配收入，其用途可分为三大块：一是用于衣、食、住、行等的生活消费开支；二是用于教育、医疗、保险等的社会必要消费开支；三是余下的其他消费开支。人们可以根据实际的需要或者把它存入银行，或者用于美容，或者用于旅游。一般来说，在人们可支配收入一定的条件下，人们用于衣、食、住、行及其他方面的支出比例基本保持不变。但是，随着人们可支配收入的增加，人们用于衣、食、住、行等生活消费方面的支出就会相对减少，而用于其他方面的消费支出则会相对增加，其中也包括旅游消费支出。因此人们可支配收入的提高是产生旅游需求的经济前提，它不仅会影响旅游需求量的大小，而且对旅游需求的内容也具有一定的规定性。

2. 人们闲暇时间的增多是产生旅游需求的必要条件

旅游产品是异地消费的产品，具有地域固定性，决定了旅游者对旅游产品的消费必须以一段历时较长的连续性闲暇时间为前提，此前提得不到保证，人们的旅游需求便得不到满足，甚至不可能产生。随着现代社会的发展，劳动生产率不断提高，人们用于工作的时间相对减少，用于休息、锻炼、享受等的时间则相对增多。有的国家和地区年休假日高达 140 天，超过全年三分之一的时间，极大地推动了旅游需求的产生。人们不但有时间到郊区度假，享受周末，而且有时间到世界各地观光、游览、探新求异，远程旅游和国际旅游的比例逐渐增加，旅游的方式和内容也日趋多样。1999 年以来，我国推行“五一”“十一”黄金周节假制（2008 年起“五一”黄金周被取消），再加上传统春节长假的刺激，不仅国内旅游需求不断增长，旅游出游人次大幅攀升；而且出境旅游市场也呈现出快速增长的势头，出行范围已由泰国、日本、新加坡、韩国等地扩大到东南亚和东北亚以外的国家与地区。

3. 现代交通运输的发展是产生旅游需求的保障条件

任何活动的空间位移都要依赖于一定的交通运输条件，旅游活动也不例外，旅游者不管出于何种动机而外出旅游，都不愿意把宝贵的时间花在漫长的旅途中，中远程旅游者更是如此。因此，交通运输条件在旅游需求的产生和旅游业的发展中发挥着越来越重要的作用。交通运输条件刺激旅游需求增加的作用主要体现在两方面：一方面，现代科学技术的进步为人类提供了大型民航飞机、高铁动车、游轮快艇等现代化的交通运输工具，使旅游者在旅游活动中的空间移动更加快捷、方便、安全和舒适，有效地刺激了旅游需求的产生，使新的旅游者不断增加到旅游的队伍中来；另一方面，由于旅程的时间和空间距离相对缩短，旅游者在旅途中的劳累及单调感大量减少，旅游者有了足够的时间和精力去享受旅游活动所带来的乐趣，这样，旅游者中的一部分又会因此而产生重游的念头，或者考虑制订新的旅游计划，促使新的旅游需求不断产生。

三、旅游需求的特征

旅游需求是人类需求的重要组成部分，它既有人类需求的一般特征，又有不同于人类一般需求的特殊性。由于旅游需求是人们消费需求中的一种高层次需求，因而旅游需求具有区别于人们其他需求的以下主要特征。

（一）旅游需求是一种高层次的需求

美国心理学家马斯洛认为，人们的兴趣爱好及所处环境的差异，使人们产生各种各样的旅游需求。他分析了人们的需求有生理需求、安全需求、社交需求、自尊需求和自我实现需求五个层次，五个层次的需求总是由低级向高级逐渐得到满足的。随着低层次需求得到一定满足，人们就会追求更高层次的需求，而为了满足高层次社交、自尊及自我实现的需求，人们就会产生旅游需求。例如，探亲访友、考察学习、疗养度假、旅行观光、览胜探奇等。因此，旅游需求是一种高层次需求，表现为人们追求更好的物质享受和精神方面的满足。

（二）旅游需求是一种多样性的需求

旅游活动是指人们为了满足需求，而暂时外出以改变生活方式和生活场所的一种形式。由于人们的需求是多样的，因而旅游需求也表现为一种多样性的需求。例如，人们可能为了好奇、学习而旅游；可能为了身体健康、治疗疾病而旅游；可能为了公务、经商、洽谈业务而旅游；可能为了躲避工作的压力而旅游；也可能为了满足冒险、刺激、浪漫生活而旅游；等等。总之，人们的个性差异、生活条件的不同、经济收入的差别以及所处社会环境的影响，使人们往往因人而异，产生各种各样的旅游需求。

（三）旅游需求是一种主导性的需求

旅游需求是在外部刺激影响下，经过人的内在心理作用而产生的，是人类各种行为发生的内在动力。旅游需求的产生虽然受旅游产品的吸引力作用，受经济、社会、政治、文化及环境等各种因素的影响，但最根本的还是由人的心理所决定的。人们的价值观、生活方式、生活习惯、消费特点等都会直接决定和影响旅游需求的产生，因而旅游需求是一种主导性的需求。特别是随着人们收入的增加、生活水平的提高和对生活质量的讲究，旅游需求已成为人们积极主动追求的一种消费需求。

（四）旅游需求是一种复杂性的需求

旅游需求不仅是一种多样性的需求，而且是一种复杂性的需求。旅游需求的复杂性，一方面是受人的心理活动的复杂性所影响，即人们购买和消费旅游产品的认知、态度、情绪、偏好及学习过程是复杂的，如有的旅游者喜欢高级宾馆，而有的旅游者更喜欢民居式住宿；有的旅游者喜欢刺激、冒险的旅游活动，而有的旅游者更喜欢安全性高的旅游项目。另一方面是受旅游环境的复杂性所影响，通常旅游者的旅游活动是不断运动和变化的，随着旅游活动的进行和旅游环境的变化，旅游者的心理和行为必然会受影响，从而导致旅游需求也处于动态的变化之中，并表现出复杂性的特点。

四、影响旅游需求的因素

旅游需求除了受到旅游者自身的旅游动机、收入水平、闲暇时间及交通条件的直接作用外，还是在政治、经济、文化、法律、自然、社会等各种因素的综合影响下形成的一种社会经济现象。因此，全面地掌握和了解旅游需求，还必须对影响旅游需求的各种因素进行分析。通常，影响旅游需求的主要因素有人口因素、经济因素、社会文化因素、政治法律因素和旅游供给因素等。

（一）人口因素

旅游是人的一种行为活动，人口状况是影响旅游需求的重要因素之一。从人口的统计特征来看，人口的数量、结构、分布状况等对旅游需求的产生有明显的影响作用。

1. 总人口数

这里所说的总人口数是指客源国或地区的总人口数。目前，虽然没有数据表明，人口总数大的国家，旅游者人次一定就多。但是一个国家或地区产生旅游者的绝对数量必然要受到该国人口总数的限制。一般来说，人口基数大的国家在出游率不高的情况下出游的人数依然可能较多。而且，从长远的角度来看，总人口数大的国家或地区，其潜在的旅游需求也大，在客观条件具备的情况下，转化为现实旅游需求的数量也会比较大。因此，总人口数对一个国家或地区的旅游需求规模有很大影响。

2. 人口结构

人口结构是指人口的年龄、性别和职业等的构成情况。

（1）年龄构成。从人口年龄构成上看，不同年龄段的人其经济收入、兴趣爱好、身体健康状况、消费需求等各不相同。一般的年轻人精力充沛，好奇心强，渴望外出旅游，但往往受到经济收入不多的限制；中年人年富力强，收入稳定，带薪节假日多，出游的比率较高；老年人有经济的积累，又很少有子女的负担，旅游时间也比较充裕，但容易受到健康条件的约束，即使出游，旅游活动也常常受到限制。

（2）性别构成。性别构成对旅游需求的影响主要表现为，男性旅游者比女性旅游者人数要多。原因与一些国家或地区的传统观念、社会分工、家庭角色等有关。但随着社会的发展、家务劳动的社会化以及妇女地位的不断提高，女性旅游市场也有了较大的发展。性别不同，在旅游方式、旅游项目和旅游价格等方面的选择上也会有所差异。

（3）职业构成。不同职业、不同工作性质意味着不同的收入、不同的文化程度、不同的闲暇时间和不同的消费需求等。一般来说，企业家、商人、医生、律师等收入水平较高，产生旅游需求的可能性较高，参加远距离旅游或国际旅游的可能性较大，对食宿和旅游设施的要求也较高。商务人员、公务人员、管理人员出差的机会比较多，通常在公务旅行中兼顾旅游，旅游消费比较高。科技工作者、教师、研究人员进行学术交流的机会较多，会议旅游是他们常见的旅游方式。一般的个体户、产业工人和农民经济收入较低，闲暇时间较少，外出旅游的强度不高，旅游的时间相对固定和集中，旅游消费水平也较低。此外，职业不同，人们受教育的程度也存在差异。受教育程度高、文化程度高的人对外部世界的了解较多，求知欲强，容易产生旅游需求；受教育程度低、文化程度低的人，往往知足常乐，不容易产生旅游需求，或者旅游需求层次不高。

3. 人口分布状况

人口分布状况是指人口的城乡分布状况。就目前的旅游市场情况而言，城市居民要求外出旅游的数量远比农村居民要高。这是因为城市居民的收入普遍比农村居民要高，具有产生旅游需求的经济基础；同时，城市人口稠密、工作紧张、工作压力大，迫使人们外出旅游调节生活、缓解压力。此外，城市发达的交通条件、灵敏的信息及服务、文化、教育等条件，也使城市居民的出游比例远远高于农村居民。

（二）经济因素

旅游需求是一种建立在生存需求层次之上的高层次需求，以发展自我和精神享受为主要特征，没有丰富的物质基础和良好的经济条件做保障，旅游需求是不可能产生的。经济因素中一个国家或地区的国民经济发展水平、人们的收入状况、旅游产品价格、通货膨胀与货币汇率等都直接或间接地影响着旅游需求的规模和结构。

1. 国民生产总值

国民生产总值是指一个国家或地区在一定时期内所生产的最终产品和提供的劳务总量的货币表现。它反映了一个国家或地区在一定时期内整个社会物质财富的增长状况，是衡量经济发展水平的重要指标。国民生产总值的高低决定着人们收入水平的多少。在旅游客源国或旅游客源地，国民生产总值越高，人们可自由支配的收入也就越高，产生的旅游需求也就越多，旅游的规模和结构就会相应越高。在旅游接待国或旅游接待地，国民生产总值越高，人们收入水平越高，用于改善生活、提高生活质量的投入就越多，旅游设施及接待条件就相应越好，从而可以吸引更多的旅游者。因此，国民生产总值的规模对旅游需求的总量和结构具有决定作用。

2. 货币汇率

汇率又称汇价或外汇行市，货币兑换率表示的是两个不同国家货币之间的比价。在国际旅游市场上，旅游客源国与旅游接待国之间的货币汇率发生变动时，其实质是旅游价格的变动。如果旅游接待国同旅游客源国之间的汇率下跌，旅游接待国的货币贬值，旅游产品的实际价格就会下降，前往该国的旅游需求就会增加；相反，如果旅游接待国同旅游客源国之间的汇率上升，旅游接待国的货币升值，旅游产品的实际价格就会上涨，前往该国的旅游需求就会减少，旅游者就会倾向选择其他的接待国家或地区进行旅游，在那里旅游者支付相同的货币，却可以买到更多的旅游产品。因此，在其他情况不变的条件下，汇率的变化不一定会引起国际旅游需求总量的变化，但是会引起国际旅游需求总量在不同汇率国家之间的重新分配。

（三）社会文化因素

可能对旅游需求产生影响的社会文化因素包括国籍、种族、语言、文字、风俗习惯、宗教信仰、审美观、价值观等，它们对旅游需求的影响较为复杂。从旅游者的心理来看，旅游者大多渴望到特色鲜明、社会文化差异大的国家或地区旅游，以便更好地满足自己的好奇心和求知欲。但是，从旅游者的行为来看，多数旅游者的旅游行为首先还是发生在相邻的国家或地区，以近距离流动为主。究其原因，既与价格、收入等经济因素有关，也与社会文化的差异有关。社会文化的差异对旅游者虽然能形成吸引力，但陌生的环境、陌生的语言和陌生的事物，也容易使旅游者产生不安全感，制约着他们将旅游愿望付诸行动。因此，在旅游接待中，必须注意分析不同旅游者的文化背景和文化特征，研究旅游者的消费习惯和需求心理，尽量消除旅游者因陌生环境所引起的不信任感和抵触情绪，投其所好，避其所忌，促使旅游需求持续、稳定地增长。

（四）政治法律因素

政治法律因素对旅游需求市场的影响表现在：政府对发展旅游业的政策和措施，政府及领导者对国际旅游业的影响，两国之间的外交关系对客源互流的影响，国家内部及国家间的政治冲突、战争、恐怖主义活动及任何形式的不稳定因素，等等。一个国家，如果政局稳定，政策有利，对该国旅游产品的需求量就会增加；相反，如果政治环境不稳定，旅游者要承担的人身安全、财产安全等各种风险加大，就会造成旅游者的心理压力而使旅游需求下降。2008～2009 年，受国内政局动荡影响，泰国旅游业受到严重冲击，通常每年 10 月为泰国旅游旺季，但 2008 年 10～11 月酒店入住率同比下降 10%～15%，清迈、清莱、芭堤雅等旅游景区酒店入住率均低于 50%。2009 年泰国泼水节期间，曼谷街头发生了“红衫军”与政府对峙局面，至少造成 2 人在冲突中丧生、100 多人受伤，多国发出针对泰国的旅游警告，当年泰国接待国际旅游者 1415 万人次，与 2008 年相比减少 3%，国际旅游收入 156.63 亿美元，同比减少 13.8%。可见，政治环境会影响旅游需求，有时，这种影响甚至会扩大到邻近的国家和地区，导致整个旅游区域旅游需求的普遍下降。

（五）旅游供给因素

旅游接待国或接待地的旅游供给决定着旅游需求被实现和满足的程度。在旅游供给中，首要的因素便是旅游资源，旅游资源是保证旅游需求能够得以实现的根本基础。旅游供给者一方面要利用现有的旅游资源，充分挖掘其特色，形成有竞争力的旅游产品；另一方面也要重视对新的旅游资源的调查和发现，积极引导市场，刺激人们产生新的旅游需求。此外，在旅游供给要素中，旅游设施条件、旅游服务水平以及当地居民的好客态度等，都可以增加或削弱一个国家或地区对游客的吸引力。

五、旅游需求规律

旅游需求的产生和变化受多种因素的制约与影响，但对旅游需求量具有决定性影响的因素主要是旅游产品价格、人们的收入状况和闲暇时间。因此，旅游需求量变化的规律性主要反映为旅游需求与价格、收入和闲暇时间的相关性与变动关系。

旅游需求规律的基本内容是：在其他因素不变的情况下，人们对某一旅游产品的需求随该产品的价格变动呈反方向变化，随人们可支配收入和闲暇时间的变动呈同方向变化。旅游需求规律可以用下列函数式来表示：

$$D=f(P,\ I,\ T,\ \cdots)$$

式中：D 指某种旅游需求；P 指某种旅游产品价格；I 指旅游者的可支配收入；T 指旅游者的闲暇时间。下面是对旅游需求规律的具体讨论。

（一）旅游需求量与旅游产品的价格呈反向变化

旅游产品价格是影响旅游需求的基本因素，在其他因素不变的情况下，旅游需求量会随着旅游产品价格的变化发生相应的变化。当旅游产品的价格上升时，人们对旅游产品的需求量就减少；当旅游产品的价格下跌时，人们对该旅游产品的需求量就会上升。旅游需求量与旅游产品价格之间的关系，反映在坐标图上就形成了旅游需求价格曲线（图 4-2）。

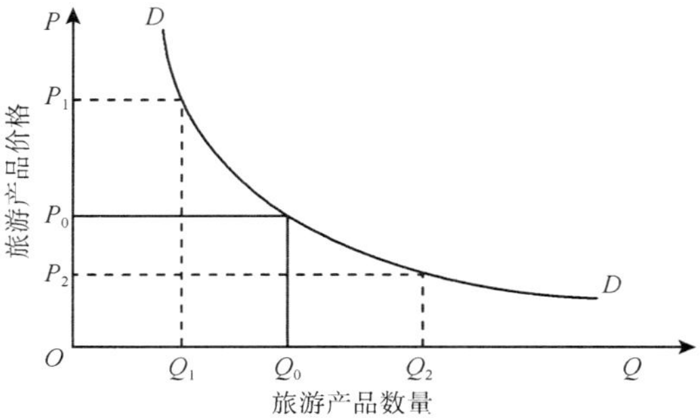

图 4-2 旅游需求价格曲线

图 4-2 中，曲线 D-D 为旅游需求价格曲线，P_0、P_1、P_2 代表不同的旅游产品价格，Q_0、Q_1、Q_2 代表不同的旅游需求量。当某一旅游产品的价格为 P_0 时，人们对该旅游产品的需求量为 Q_0；当旅游产品的价格上升到 P_1 时，对该产品的需求量就会减少到 Q_1；当旅游产品的价格下降到 P_2 时，对该产品的需求量则会增加到 Q_2。因而旅游需求价格曲线 D-D 是一条自左上向右下倾斜的曲线，表示旅游需求量与旅游产品价格呈反向变化的关系。此关系用函数式可以表示为

$$D=f(P)$$

式中：D 表示一定时间内的需求量；P 表示该时期内旅游产品的价格；f 表示两者之间的函数关系。

（二）旅游需求量与人们的可支配收入呈同方向变化

人们的可支配收入与旅游需求也有着密切的联系。因为没有一定的支付能力，人们的旅游欲望就不可能成为现实的有效的旅游需求。在其他因素不变的情况下，人们可支配的收入越多，对旅游产品的需求量就越大；人们可支配的收入越少，对旅游产品的需求量就越小。根据可支配收入与旅游需求量的关系，可以在坐标图上形成旅游需求收入曲线（图 4-3）。

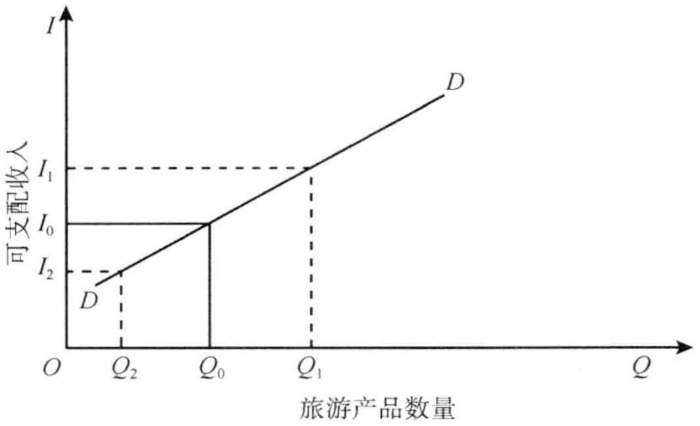

图 4-3　旅游需求收入曲线

在图 4-3 中，曲线 D-D 为旅游需求收入曲线，I_0、I_1、I_2 代表不同的可支配收入，Q_0、Q_1、Q_2 代表不同的旅游需求量。当人们的可支配收入为 I_0 时，人们的旅游需求量为 Q_0；当可支配收入上升到 I_1 时，旅游需求量就会上升到 Q_1；当可支配收入下降到 I_2 时，旅游需求量则会下降到 Q_2。因而旅游需求收入曲线 D-D 是一条自左下方向右上方倾斜的曲线，表示旅游需求量与人们的可支配收入呈同方向变化的关系。此关系用函数式可以表示为

$$I = f(D)$$

式中：I 表示可支配收入；D 表示一定时期内的旅游需求量；f 表示两者之间的函数关系。

（三）旅游需求量与人们的闲暇时间呈同方向变化

闲暇时间是旅游需求产生的必要条件，同时，它也是旅游消费活动的重要组成部分，因此，闲暇时间尽管不属于经济的范畴，但它同旅游需求也具有密切的联系，会直接影响到旅游需求量的变化。当人们的闲暇时间增多时，人们对旅游产品的需求量会相应增加；当人们的闲暇时间减少时，人们对旅游产品的需求量则相应减少；当人们完全没有闲暇时间时，人们对旅游产品的实际需求等于零。旅游需求量与人们的闲暇时间基本上呈同方向变化的关系。

上述讨论是在假定其他相关因素不变的情况下，分析旅游需求量与某一影响因素之间的对应变动关系。如果这些相关因素发生改变，需求曲线 D-D 在坐标图上的位置就要发生移动，但需求曲线 D-D 本身不会发生变化，也就是说，当其他相关因素发生变化时，

旅游需求量与价格、旅游需求量与可支配收入或者旅游需求量与闲暇时间之间的关系依然成立。以旅游需求量与旅游产品价格为例，这种曲线的变动如图 4-4 所示。

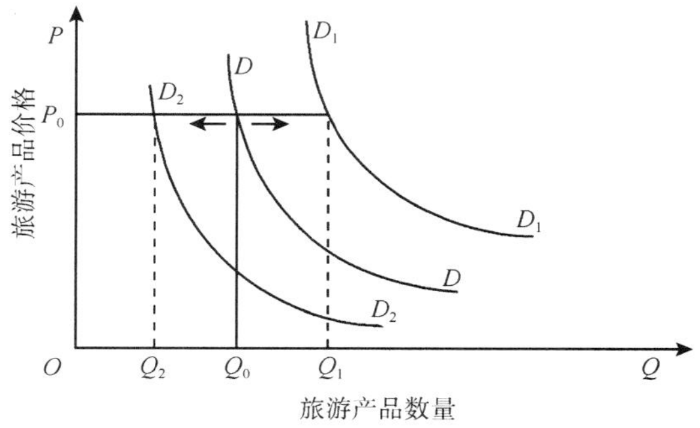

图 4-4 旅游需求曲线的变动

图 4-4 中，在旅游产品价格 P_0 不变的情况下，当人们的可支配收入增加时，人们就会增加对旅游产品的需求量，引起需求曲线 D-D 向右移动到 D_1-D_1，并使旅游产品的需求量从 Q_0 增加到 Q_1；相反，在旅游产品价格 P_0 不变的情况下，当人们的可支配收入减少时，人们则会减少对旅游产品的需求量，引起需求曲线 D-D 向左移动到 D_2-D_2，并使旅游产品的需求量从 Q_0 下降到 Q_2。

六、旅游需求指标体系

旅游需求指标是衡量旅游需求发展情况的尺度，主要有旅游者人数指标、旅游者停留天数指标、旅游者消费指标等。

（一）旅游者人数指标

旅游者人数指标反映的是旅游目的地国家或地区在一定时期内接待国内外旅游者的数量状况，其又可分为两个以下指标。

（1）旅游者人数。旅游者人数是指旅游目的地国家或地区在一定时期内所接待的旅游者总人数，其主要用来衡量旅游者对旅游产品的需求总量状况。

（2）旅游者人次。旅游者人次是指一定时期内到某一旅游目的地国家或地区的旅游者人数与平均旅游次数的乘积。因为同一旅游者有可能多次到同一旅游目的地访问，因此统计出来的旅游者人次往往会高于旅游者人数。

（二）旅游者停留天数指标

旅游者停留天数指标具体又可以分为旅游者停留总天数和旅游者人均停留天数两个指标。

（1）旅游者停留总天数。旅游者停留总天数是指一定时期内旅游者人次与人均过夜天数的乘积。这一指标从时间的角度反映了旅游者对旅游目的地国家或地区的产品需求状况，同时也体现了该目的地旅游产品吸引力的大小。

（2）旅游者人均停留天数。旅游者人均停留天数是指一定时期内旅游者停留天数与旅游者人次的商数。它从平均数的角度反映了旅游需求的现状，便于揭示旅游需求的变化趋势。

（三）旅游者消费指标

旅游者消费指标具体又可以分为旅游者消费总额、旅游者人均消费额和旅游消费率三个指标。

（1）旅游者消费总额。旅游者消费总额是指一定时期内旅游者在旅游目的地国家或地区的全部货币支出。例如，旅游者在旅游过程中支出的餐饮费、住宿费、交通费等。一般而言，国际旅游者往返于旅游客源地与旅游接待地之间的国际交通费用，并不计入国际旅游者的消费总额。

（2）旅游者人均消费额。旅游者人均消费额是指一定时期内旅游者消费总额与旅游者人次之比。它从平均数的角度以价值形态反映了某一时期的旅游需求状况。对于了解旅游者的消费水平，确定相应的旅游目标市场和旅游营销策略，具有重要的参考作用。

（3）旅游消费率。旅游消费率是指一定时期内一个国家或地区的出国旅游消费总额与该国或该地区的居民消费总额或国民收入的比值。它从价值的角度反映了一定时期内某一国家或地区的居民对出国旅游的需求强度。

（四）其他旅游指标

1. 旅游出游率

这一指标可以具体区分为旅游总出游率和旅游净出游率。

（1）旅游总出游率。旅游总出游率是指一定时期内一个国家或地区出国旅游的人次与其总人口的比率。用公式表示为

$$\text{旅游总出游率}=\frac{\text{出国旅游人次}}{\text{该国总人口数}}\times 100\%$$

（2）旅游净出游率。旅游净出游率是指一定时期内一个国家或地区出国旅游的人数与其总人口的比率。用公式表示为

$$\text{旅游净出游率}=\frac{\text{出国旅游人数}}{\text{该国总人口数}}\times 100\%$$

以上两指标反映的是一定时期内一个国家或地区居民对出国旅游的需求状况。

2. 旅游重游率

旅游重游率是指一定时期内一个国家或地区的出国旅游人次与该国或该地区的出国旅游人数之比。用公式表示为

$$\text{旅游重游率}=\frac{\text{出国旅游人次}}{\text{出国旅游人数}}\times 100\%$$

该指标反映的是一定时期内，一个国家或地区居民出国旅游的频率。

第二节 旅游供给分析

一、旅游供给的概念

经济学中的供给是指卖方的行为。这种行为表现为对于每一个价格水平，卖者提供的产品数量。在旅游经济活动中，旅游供给是指在一定时期和一定价格水平下，旅游经营者愿意并且能够向旅游市场提供的旅游产品的数量。这里，旅游产品包括旅游资源、旅游设施、旅游服务以及一切间接地为旅游者服务的其他设施。关于旅游供给的概念，还需要从以下几点加以把握。

（一）旅游供给的目的是满足旅游需求

旅游供给与旅游需求是互相对应的一组概念。其中，旅游供给的存在是为了保证旅游需求得以满足，因此，旅游需求是旅游供给的客观依据和前提条件，旅游生产经营单位必须围绕旅游者的需求内容和需求层次等，安排具体的生产经营活动，使旅游供给的内容能够真正符合旅游者的实际需要。在现代旅游经济活动中，由于旅游市场的不断拓展，旅游供给也在不断地增加，旅游生产经营者在提供旅游产品的时候，必须对旅游需求的动向、内容、数量、层次等进行分析和预测，建立起一整套适应旅游活动需要的供给体系，以便提供旅游活动所需的全部内容。

（二）旅游供给必须是有效的供给

旅游供给必须是有效的供给，即必须是旅游经营者愿意并可能提供的旅游产品。在市场上，旅游需求虽然是旅游供给的基本前提，规定着旅游供给的方向和内容，但这并不意味着旅游者就可以真正得到想要的供给，旅游需求能否得到满足，还要取决于旅游经营者愿意并能提供什么样的旅游产品。在这里，愿意是相对于旅游产品的价格而言的，即在某一特定的价格下，会有多少旅游产品供给量与之相对应。有时候旅游产品的供应者虽然具备生产的能力，了解市场的需求，但是如果价格太低，生产者就不会把产品提供出来。有时候，可能价格很合适，旅游生产者也愿意提供产品，但是由于生产手段和生产技术的限制，旅游产品暂时还是不能被生产出来。因此，为了更好地满足旅游市场需求，旅游供给必须是旅游生产的意愿与可能性相结合的供给，即有效的供给。

（三）旅游供给由基本旅游供给与辅助旅游供给两大类组成

基本旅游供给，是指一切直接与旅游者发生联系，能让旅游者在旅游过程中亲自接触和感受的旅游产品。基本旅游供给包括旅游资源、旅游设施和旅游服务等，是旅游供给的主要内容，其特点是直接针对旅游者。辅助旅游供给是指旅游目的地的基础设施，包括旅游目的地的供水、供电、排污、道路系统、银行、医院、治安管理机构等，其特点是主要面向当地居民。旅游者在旅行期间，由于不可避免地需要使用这些基础设施，因此，这类设施也是旅游供给的必要组成部分。

二、旅游供给的特征

旅游产品是一种特殊的综合性产品，决定了旅游供给也是一种特殊的供给。与一般产品的市场供给相比，其特殊性主要表现在以下几方面。

（一）旅游供给的计量差别性

一般产品的供给，其供给量可以用每一单位的累加来计算。但旅游产品的供给却不同，是用旅游供给的服务对象——旅游者作为旅游供给的计量单位。旅游产品是一种综合性很强的产品，其构成部分中既有山岳、河流、建筑、交通工具等有形的物质实体，也有民风民俗、导游服务等无形的非物质部分，各种构成要素之间具有典型的异质性特点。此外，在旅游产品的每一次生产组合中，因为旅游者需求的不同，组合进来的产品要素也可能不相同。因此，旅游产品的供给不能用各种要素的累加来反映，也无法用综合旅游产品数量的累加来测度，只能用旅游者人数来表征，即用可能接待旅游者的人数来反映旅游供给的数量及生产能力。

（二）旅游供给的产地消费性

地域固定性是旅游产品的一大特点，因此，旅游供给在地域上是不可移动的，只能是在固定空间上的产品供给。而旅游者要消费这些旅游产品，就只能通过流通环节，到旅游供给的产地进行消费。这使旅游产品的生产、供给规划与一般的产品存在很大的区别。一般产品的供给，物流环节是规划要重点考虑的内容；而旅游产品的供给，景点、景区的环境容量和承载力却是规划首先要明确的问题，它规定着未来旅游供给的数量和水平。

（三）旅游供给的持续性

一般的物质产品，当它被生产出来并提供给消费者之后，产品就从生产者手中发生了转移，当该类产品再次被需要时，生产者必须重新生产才能进行供给。而旅游产品的供给却不同，旅游产品即使被旅游者使用过，产品也不发生转移。因此，产品中的一些组成部分，如风景名胜区、宾馆、饭店等，一旦被生产出来就能在较长一段时间内持续供给，有的甚至可以永续利用。

（四）旅游供给的关联性

由于旅游需求是一种综合要求，旅游者在旅游过程中的食、住、行、游、娱、购等方面的需求，单靠某一个旅游企业的供给是无法满足的，必须由各行各业的多个部门协同完成。因此，旅游供给与社会各行业、各部门之间有着广泛的关联性。据统计，旅游每完成一次供给要直接涉及的行业有十几个，间接涉及的行业有 70 个左右，关联度之高居现有各产业部门之首。

（五）旅游供给的多样性

旅游供给的存在是以需求为前提的，旅游者的市场需求千差万别，决定了旅游供给必然具有多样性的特点。旅游供给者在旅游产品的生产和供给过程中，要充分注意到旅游者在物质方面和精神方面的需求，把所有相应的物品和服务都纳入经营的范畴，在大力发展传统性大众旅游产品的同时，针对特殊旅游者的特殊需求，积极开发个性化的旅游产品和供给。

三、旅游供给的影响因素

影响旅游供给的因素主要有以下几个方面。

（一）旅游资源因素

资源状况会给旅游供给造成两个方面的影响：一是旅游供给的方向和内容，二是旅游供给的数量和规模。旅游资源是旅游产品的主要内容，一个国家或地区可以提供什么样的旅游产品，首先是由这个国家和地区可供开发的旅游资源状况决定的。有了旅游资源的开发，才能为旅游产品的其他构成成分提供发展的空间。因此，一个国家或地区旅游资源的种类、品位和特色等，决定了这一个国家或地区旅游供给的主要内容。

此外，由于旅游资源是在一定的自然和社会条件下形成的，具有一定的空间容量，即一定的环境容量，因此，旅游资源的开发利用并不是无限的。对旅游资源的合理利用，必须把旅游者的活动控制在旅游资源和环境能够承载的范围内。从这点上来看，旅游资源的环境容量决定了旅游供给的规模和数量。旅游需求过量、旅游环境超载，不仅会损坏资源和设施，还会引起当地居民的不满，影响旅游供给的质量，甚至给旅游地带来众多的社会问题，削弱旅游产品的吸引力。

（二）旅游价格因素

旅游价格因素对旅游供给的影响涉及两个方面：一方面是旅游综合产品的价格，另一方面是旅游产品生产要素的价格。

旅游综合产品的价格，直接影响着旅游供给者愿意提供产品的数量。旅游市场上，旅游经营者提供产品是为了盈利。因此，当旅游产品的价格上升，旅游经营者感到有利可图时，就会增加旅游供给的数量；而当旅游产品的价格下跌，旅游经营者没有盈利或盈利不多时，就会减少旅游供给的数量。

另外，旅游产品价格的高低，与旅游产品生产要素的价格有直接的关系，因此，旅游产品生产要素的价格也会影响到旅游供给数量的多少。旅游产品生产要素包括食、宿、行、游、购、娱等多个方面，当每一个生产要素的价格提高时，必然使旅游产品的成本增加；如果旅游产品的价格不变，旅游经营者的利润就要减少，旅游供给就会缩减。相反，如果各种要素价格降低，旅游产品成本减少，旅游供给则会增加。

（三）社会经济因素

旅游业不仅是一项综合性经济产业，也是一项依赖性很强的产业。旅游供给的很多内容都依赖于社会经济的发展所能提供的物质条件。如果国家和地区的社会经济发展水平高，经济实力雄厚，科学技术发达，该国和该地区旅游业的综合接待能力就强，旅游产品供给就充足；如果国家和地区的社会经济发展水平低，基础设施薄弱，生产手段落后，能够提供的服务和设施就很有限，就会制约着旅游产品供给的数量和质量。另外，一个国家和地区，社会经济的发展还会影响旅游经营者的心理预期，如果社会总体经济运行良好，旅游经营者就会增加供给，如果他们对整个地区的经济前景不看好，他们就会相应地减少供给。

（四）政府的政策因素

旅游目的地国家或地区的政府，它们对旅游业的认识、观念以及所制定的各项有关政策和措施，对发展旅游业有重要的影响作用。这些政策和措施包括税收政策、投资政策、信贷政策、价格政策等。不同的国家在发展旅游业的历程当中，都采取过相应的政策和措施来刺激或减少旅游供给。它们的实践表明，政府的旅游方针和政策，不仅会对一个国家和地区旅游供给的总量有宏观的调控作用，而且会直接影响旅游供给的方向、品种和质量。

四、旅游供给规律

旅游供给规律的基本内容是：在其他条件不变的情况下，某旅游产品供给量与该旅游产品价格呈同方向的变化，即在其他条件不变的情况下，旅游产品价格提高，旅游供给量就会增多；旅游产品价格降低，旅游供给量就会减少。这种关系可用图 4-5 来表示。

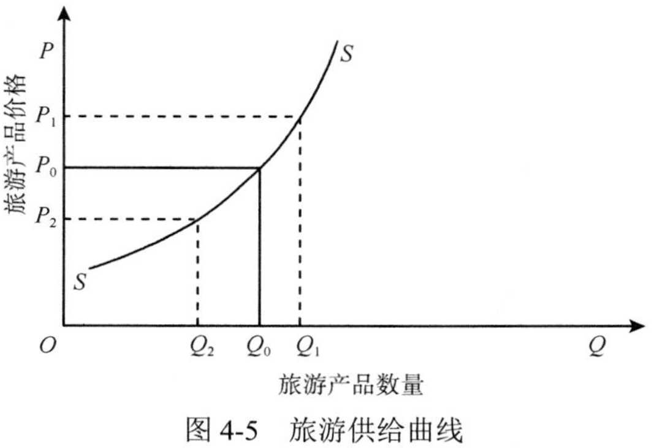

图 4-5　旅游供给曲线

在图 4-5 中，曲线 S-S 是旅游供给曲线，P_0、P_1、P_2 代表不同的旅游产品价格，Q_0、Q_1、Q_2 代表不同的旅游供给量。当旅游产品价格为 P_0 时，旅游供给量为 Q_0；当旅游产品价格上涨到 P_1 时，旅游供给量也增加到 Q_1；当旅游产品价格下跌到 P_2 时，旅游供给量就减少到 Q_2。因此，旅游供给曲线 S-S 是一条自左下向右上倾斜的曲线，表示旅游供给量与旅游产品价格呈正比关系。

关于旅游供给量与旅游产品价格之间的关系，还有以下两方面要注意的内容。

（一）旅游供给量在一定条件下的相对稳定性

旅游供给量与旅游产品价格的同方向变化并不是无限制的，也就是说，旅游供给能力在一定条件下是既定的。在旅游供给能力的制约下，旅游供给量不能随着旅游产品价格的变动无限变动。例如，某一旅游景区，其空间容量是一定的，一旦达到旅游供给能力的极限，即便旅游门票的价格再高，旅游供给量也不可能会再增加。这种关系如图 4-6 所示。

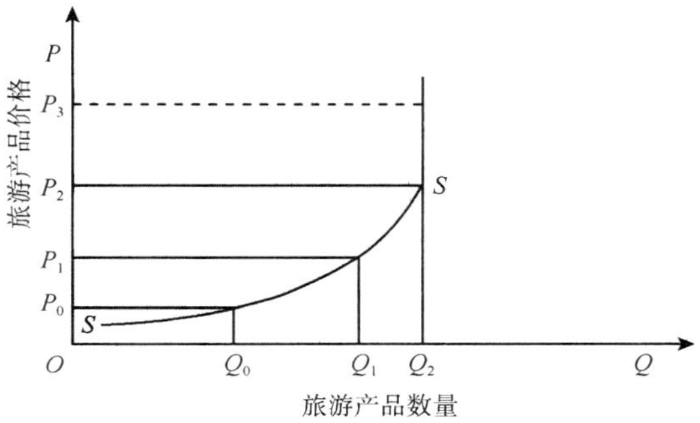

图 4-6　限定的旅游供给曲线

在图 4-6 中，当旅游供给量小于 Q_2 时，旅游供给量将随旅游产品价格的变化呈同方向变化；当旅游供给量达到 Q_2 以后，受旅游供给能力的限制，即使旅游产品价格从 P_2 提高到 P_3，旅游供给量也不会发生变化。

（二）旅游供给曲线会受其他影响因素的作用发生变动

旅游供给变化不仅受到旅游产品价格的影响，也受其他各种因素的影响。如果其他因素不变，旅游产品价格变化将导致旅游供给量沿着供给曲线 *S-S* 发生移动。在价格既定的条件下，如果其他因素发生变化，则会导致供给曲线 *S-S* 向左或向右的水平移动。这种曲线的变动如图 4-7 所示。

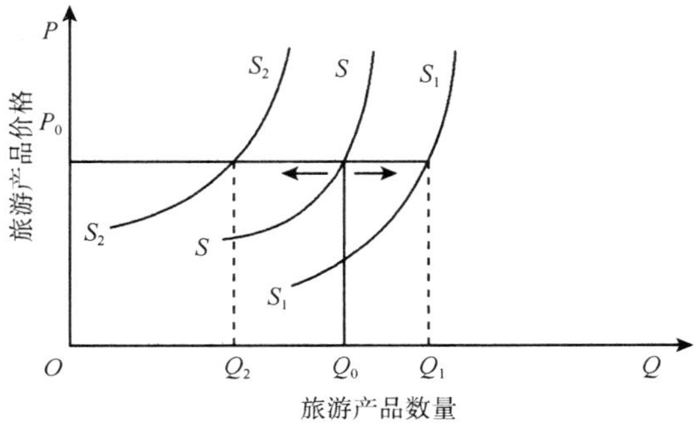

图 4-7　旅游供给曲线的变动

图 4-7 中，曲线 *S-S* 为原供给曲线，在保持旅游产品价格 P_0 不变的情况下，如果旅

游产品的生产成本降低，整个供给曲线 S-S 便会向右移到 S_1-S_1，而旅游供给量也增加到 Q_1；如果旅游产品的生产成本提高，整个供给曲线 S-S 便会向左移到 S_2-S_2，而旅游供给量也减少到 Q_2。

第三节 旅游供求弹性

一、弹性的一般概念

弹性，在经济学中主要用来表明两个经济变量变化的相关关系。具体来说，当两个经济变量之间存在函数关系时，作为自变量的经济变量 X 的任何变化，都会引起作为因变量的经济变量 Y 的变化。而弹性就是指作为因变量的经济变量 Y 相对变化对于作为自变量的经济变量 X 的相对变化的程度。用公式可表示为

$$E=\frac{\frac{\Delta Y}{Y}}{\frac{\Delta X}{X}} \tag{4-1}$$

式中：E 表示弹性；Y 表示因变量；X 表示自变量；ΔY 表示因变量的增量；ΔX 表示自变量的增量。

弹性一般又分为点弹性和弧弹性。点弹性是指当自变量变化很小时所引起的因变量的相对变化。它主要用来描述因变量相对于自变量某一点上的变化程度，其计算公式如式（4-1）所示。弧弹性是指自变量变化较大时，所引起的因变量的相对变化。它主要用来描述因变量相对于自变量某一区间上的变化程度，其计算公式如式（4-2）所示。

$$E\text{a}=\frac{\frac{Y_1-Y_0}{\frac{Y_1+Y_0}{2}}}{\frac{X_1-X_0}{\frac{X_1+X_0}{2}}} \tag{4-2}$$

式中：Ea 表示弧弹性；X_0，X_1 表示变化前后的自变量；Y_0，Y_1 表示变化前后的因变量。

二、旅游需求弹性

根据弹性的概念，旅游需求弹性可以理解为，是旅游需求对于各种影响因素的变动反应程度。其中，旅游需求量对于价格的变动反应程度称为旅游需求价格弹性，对于人们可支配收入的变动反应程度称为旅游需求收入弹性。

（一）旅游需求价格弹性

我们已经知道，旅游需求价格弹性是指旅游需求量相对于旅游产品价格的变动反应程度，为了对这种变动反应程度进行测量，就必须计算出旅游需求价格弹性系数。旅游需求价格弹性系数是指旅游产品价格变化的百分数与旅游需求量变化的百分数的比值。由于旅游需求量与旅游产品价格的变化方向相反，所以旅游需求价格弹性系数总是表现为负值，通常用绝对值来表示。计算公式如下：

点弹性：

$$|E_{\mathrm{dp}}|=\frac{\dfrac{Q_1-Q_0}{Q_0}}{\dfrac{P_1-P_0}{P_0}} \tag{4-3}$$

弧弹性：

$$|E_{\mathrm{dp}}|=\frac{\dfrac{Q_1-Q_0}{\dfrac{Q_1+Q_0}{2}}}{\dfrac{P_1-P_0}{\dfrac{P_1+P_0}{2}}} \tag{4-4}$$

式中：E_{dp} 表示旅游需求价格弹性系数；P_0，P_1 表示变化前后的旅游产品价格；Q_0，Q_1 表示变化前后的旅游需求量。

旅游需求价格弹性系数可以区分为以下三种情况。

（1）当$|E_{\mathrm{dp}}|>1$ 时，表明旅游需求富于弹性，需求曲线上的斜率较大。此时，旅游产品价格的微小变动，便会引起旅游需求的大幅增减。此种情况下，提高旅游产品价格，会引起旅游需求的锐减，导致旅游总收益减少；相反，降低旅游产品价格，则会引起旅游需求的剧增，增加旅游总收入。

（2）当$|E_{\mathrm{dp}}|<1$ 时，表明旅游需求缺乏弹性，需求曲线上的斜率较小。此时，旅游产品价格发生变化，只会引起旅游需求较小幅度的增减。此种情况下，适当地提高旅游产品价格，可以使旅游总收益增加；降低旅游产品价格，反而会在一定程度上减少旅游总收益。

（3）当$|E_{\mathrm{dp}}|=1$ 时，表明旅游需求量与旅游产品价格的变化程度相一致，称为单位弹性。此时，旅游产品价格的变化对旅游总收益影响不大。

（二）旅游需求收入弹性

旅游需求收入弹性反映的是旅游需求量对人们可支配收入的变动反应程度，对这种变动反应程度进行测量的指标是旅游需求收入弹性系数。它是指人们可支配收入变化的百分数与旅游需求量变化的百分数的比值。由于旅游需求量与人们可支配收入的变化方向相同，所以旅游需求收入弹性系数总表现为正值，其计算公式如下：

$$E_{di}=\frac{\frac{Q_1-Q_0}{Q_0}}{\frac{I_1-I_0}{I_0}} \tag{4-5}$$

式中：E_{di}表示旅游需求收入弹性系数；Q_0，Q_1表示变化前后的旅游需求量；I_0，I_1表示变化前后的人们可支配收入量。

旅游需求收入弹性也可以区分三种情况。

（1）当$E_{di}>1$时，表明旅游需求对收入变化的敏感性大，人们可支配收入的较小变化，会引起旅游需求的大幅增减。

（2）当$E_{di}<1$时，表明旅游需求对收入变化的敏感性小，人们可支配收入的变化，只会引起旅游需求较小幅度的增减。

（3）当$E_{di}=1$时，表明旅游需求与收入变化的程度相一致，旅游需求收入弹性为单位弹性。

国际旅游组织的有关研究表明，目前，旅游产品尚属于高级消费品，旅游需求收入弹性较高，有些国家甚至高达3.0以上。只有随着社会的发展和人们生活水平的提高，旅游成为人们日常生活必不可少的内容，旅游需求收入弹性系数才会逐渐降低。

三、旅游供给弹性

旅游供给弹性是指旅游供给对各种影响因素的变动反应程度。这些影响因素包括旅游产品价格、生产要素成本、旅游资源和环境容量等。这里重点要讨论的是旅游供给价格弹性。

旅游供给价格弹性是指旅游供给量对旅游产品价格的变动反应程度，而测量这一变动反应程度的尺度是旅游供给价格弹性系数，具体是指旅游供给量变化的百分数与旅游产品价格变化的百分数之比。由于旅游供给量与旅游产品价格的变化方向相同，所以旅游供给价格弹性系数始终表现为正值，其计算公式如下：

点弹性：

$$E_{sp}=\frac{\frac{Q_1-Q_0}{Q_0}}{\frac{P_1-P_0}{P_0}} \tag{4-6}$$

弧弹性：

$$E_{sp}=\frac{\frac{Q_1-Q_0}{\frac{Q_1+Q_0}{2}}}{\frac{P_1-P_0}{\frac{P_1+P_0}{2}}} \tag{4-7}$$

式中：E_{sp}表示旅游供给价格弹性系数；P_0，P_1表示变化前后的旅游产品价格；Q_0，Q_1

表示变化前后的旅游供给量。

根据旅游供给价格弹性系数 E_{sp} 值的大小，可以区分为以下五种情况。

（1）当 $E_{sp}>1$ 时，表明旅游供给富有弹性。此时，旅游产品价格的微小变化，便会引起旅游供给的大幅增减，而旅游供给曲线则显得较为平坦。

（2）当 $E_{sp}<1$ 时，表明旅游供给缺乏弹性。此时，旅游产品价格的变化，只会引起旅游需求较小幅度的增减，而旅游供给曲线则显得较为陡峭。

（3）当 $E_{sp}=1$ 时，表明旅游供给量与旅游产品价格的变化程度相一致，旅游供给具有单位弹性，而旅游供给曲线表现为一条正双曲线。

（4）当 $E_{sp}=0$ 时，表明旅游供给完全缺乏弹性，旅游供线曲线是垂直于横轴的一条直线。此时，无论旅游产品价格怎样变动，旅游供给都不发生变化。

（5）当 $E_{sp}=\infty$时，表明旅游供给完全富有弹性，旅游供给曲线是平行于横轴的一条直线。此时，在既定的旅游产品条件下，旅游供给量可以任意变化。

上述几种情况可以通过图4-8表现出来。

图 4-8 中，AB 弧上的 $E_{sp}>1$，BC 弧上的 $E_{sp}<1$，B 点上的 $E_{sp}=1$，垂直于横坐标的直线 $E_{sp}=0$，平行于横坐标的直线 $E_{sp}=\infty$。

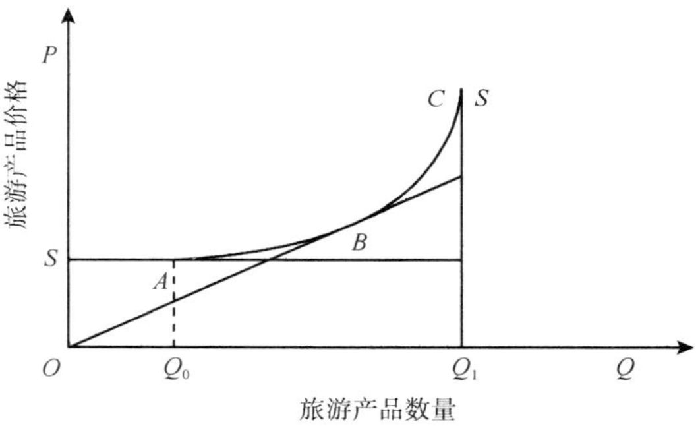

图 4-8　旅游供给价格弹性变化

关于旅游供给弹性还应当说明的是：在短时期内，由于旅游供给量的增加比较困难，因此旅游供给弹性总的来说比较小。造成旅游供给增加困难的原因主要有三个方面：一是旅游供给包含着一定的生产过程，需要时间；二是旅游供给的增加要有关联部门的共同配合；三是旅游供给量要受到资源、技术、设施等多种条件的制约，很难通过有效的方式迅速增加，因而旅游供给弹性通常较小。但是，在较长时期内，如果旅游价格保持上涨，旅游经营者就能够稳定增加旅游基本设施，扩大旅游产品的供给基础，引起旅游供给量较大幅度的增长，因而旅游供给弹性往往较大。

第四节　旅游供求平衡

一、旅游供给与旅游需求的矛盾运动

旅游供给与旅游需求是旅游经济活动的两个主要环节，分别代表着旅游市场上的买卖双方。它们之间既互相依存，又互相对立，既要相互适应，又必然相互矛盾，它们之间的对立统一关系构成了旅游经济活动的基本内容。

一方面，旅游供给和旅游需求各自以对方的存在作为自身存在与实现的前提条件。供给的规模和数量取决于需求，而需求的满足又依赖于供给，供给与需求都要求双方彼此适应。另一方面，旅游供求双方利益的不同，决定了旅游供给与旅游需求必然又是矛盾的。旅游供给者总是力图以较高的价格把旅游产品卖出去，而旅游购买者总是希望以较低的价格购得旅游产品。买卖双方由于自身利益的需要，导致旅游需求并不总能得到与之相适应的旅游供给，旅游供给也并不总能得到有支付能力的旅游需求，于是，供给与需求就产生了矛盾。供求矛盾在旅游发展的不同阶段，双方的主导地位也不一样。一般来说，旅游供给源自旅游需求，因需求而产生、存在，但旅游业发展到一定程度后，旅游供给反过来又能刺激新的旅游需求的产生，使旅游需求的数量和层次不断得到扩大与提升。

总而言之，旅游市场上供求矛盾的本质就是，供给与需求能否相互适应、相互协调的矛盾。如果供需之间大体上能够适应，矛盾不突出，可以称为供求平衡；如果供需之间根本不能适应，矛盾突出，则被称为供求失衡。在旅游市场上，平衡是相对的、有条件的；不平衡是绝对的、无条件的。旅游供给与旅游需求彼此之间要求互相适应，并表现出供求从不平衡到平衡，再由平衡到不平衡的循环往复变化过程，称为旅游供求矛盾运动规律。

二、旅游供求矛盾的表现形式

旅游市场上，旅游供给与旅游需求的矛盾错综复杂，但总体上看，矛盾主要表现在数量、质量、结构、时间和空间方面。

（一）旅游供给与需求数量方面的矛盾

旅游供给与需求数量方面的矛盾，主要表现在旅游供给或旅游接待能力与旅游总人次上的矛盾。旅游市场上，旅游需求是一个多变量，人们的收入水平、消费水平、时间、气候、社会环境、宣传舆论等的改变，都会使旅游需求产生较大的波动，使旅游总人次很快地增加或减少。但旅游供给却不同，一段时期内建设形成的旅游供给能力，相对而言是有限的、稳定的，不可能会快速地提高或降低。旅游供给的这种既定性与旅游需求自身的多变性，必然使供给与需求难以适应，出现旅游供给总量与接待旅游者总人次上的不平衡。要么供不应求，景区、景点人满为患；要么供过于求，宾馆、饭店冷冷清清。

（二）旅游供给与需求质量方面的矛盾

旅游供给与需求质量方面的矛盾，主要表现为旅游者的心理预期与实际旅游供给之间的差距。旅游市场上的产品是一种无形的产品，主要是以旅游服务的形式表现出来。旅游者对产品质量的判定不能像一般商品那样，可以用具体的尺度和指标去求证。因此，旅游供给质量的高低主要是取决于旅游者自身的感受。由于这种感受带有很强的主观性，因此会使旅游者对旅游产品的心理预期与实际的旅游供给产生一定的差距。差距小，旅游者就认为旅游产品供给的质量高；差距大，旅游者就认为旅游产品供给的质量低。因此，旅游经营者在提供旅游产品时，一定要充分考虑不同旅游者的心理特征和行为方式，了解他们的特殊需要，开展有针对性的个性化服务，提高服务水平，加快旅游设施建设和更新，尽量缓解旅游供需在质量方面的矛盾。

（三）旅游供给与需求结构方面的矛盾

旅游供给与需求结构方面的矛盾是指旅游供求在构成上不适应。这种不适应是多方面的，集中表现在：旅游供给的内容和项目与旅游需求不相适应，旅游供给的档次和级别与旅游需求不相适应，旅游供给的方式与旅游需求不相适应。造成不适应的原因在于，旅游供给在一定时期内是稳定的、固定的；而旅游需求却是复杂的、多样的。在旅游市场上供需结构矛盾所产生的直接影响就是，同一时期内某一旅游产品供不应求，另一旅游产品则供过于求。实际中，旅游热点地区与冷点地区的形成，某一地区宾馆档次偏高或偏低的现象，都与供需的结构矛盾有关。

（四）旅游供给与需求时间方面的矛盾

市场上的旅游需求是多变的、不稳定的，但在产生的时间上还是具有一定的指向性。在客源国或客源地区的节假日，旅游需求产生得多；在旅游资源特别是自然旅游资源表现最好的季节，旅游需求也产生得多。旅游需求在时间上的指向性和集中性与旅游设施的常年性和均衡性形成了很大的反差，造成某一地区的旅游产品在一段时间内供不应求，而在另一段时间内则供过于求，形成所谓的旅游旺季和旅游淡季。

（五）旅游供给与需求空间方面的矛盾

旅游供给与需求空间方面的矛盾，主要表现为旅游供求在地域空间上分布失衡，即有的旅游地供大于求，游人稀少，有的旅游地供不应求，游人如织，形成旅游的冷点、热点和温点地区。旅游供求在空间上产生矛盾主要与两方面有关：一方面是旅游地旅游资源的类型、数量和质量等状况，决定了不同旅游地的旅游供给有先天性的差别。旅游资源品位高、名气大的地区，旅游吸引力强，旅游供给压力大。另一方面是旅游地旅游设施的完善程度不同，导致了不同旅游地的旅游供给能力在后天上的差别。旅游基础设施差、旅游综合接待能力弱、可进入性不强的地区，旅游者望而却步，旅游供给无从实现。

三、旅游供给与旅游需求的均衡

前面，我们已经讨论了旅游供求的矛盾运动及其主要表现形式。在市场经济条件下，旅游供求矛盾主要是依靠价值规律的作用进行调节，即通过价格机制的作用，促进供求矛盾不断地转化，推动旅游市场的供给与需求不断趋于均衡。

（一）旅游供求在价格机制下的均衡

在旅游市场上，当某种旅游产品供不应求时，旅游产品价格就会上升，使旅游需求量减少，旅游供给量增加，直至供求大体相当；如果该种产品供过于求，旅游产品价格就会下跌，使旅游需求量增加，旅游供给量减少，直至供求大体相当。当旅游供给量与旅游需求量相等时，旅游供求就达到了均衡，此时的价格称为均衡价格。上述情况可用图 4-9 表示。

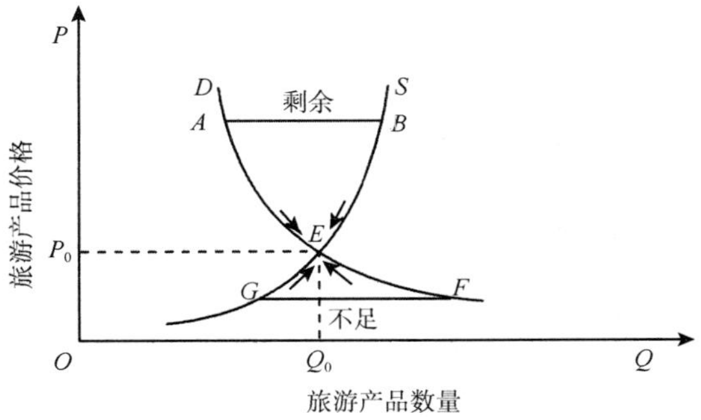

图 4-9 旅游供给和旅游需求的均衡

图 4-9 中，S 为供给曲线，D 为需求曲线。当供给曲线 S 与需求曲线 D 相交于 E 点时，所对应的供给量和需求量都为 Q_0，说明供求均衡，此时的旅游产品价格 P_0 即为均衡价格。

当旅游产品价格高于 P_0，旅游供给曲线在 B 点，旅游需求曲线在 A 点时，市场上出现旅游产品供大于求的现象，价格会趋于下降；如果价格降至旅游供给曲线在 G 点，旅游需求曲线在 F 点时，市场上又会出现旅游产品供不应求的现象，使价格趋于上升，直到旅游供给曲线与旅游需求曲线相交于 E 点，旅游供给量和旅游需求量相等为止。

（二）旅游供求均衡的变动

旅游供求均衡是动态的均衡，旅游供给或旅游需求的变化会影响到均衡价格的变动，供给与需求两者同时变化也会影响均衡价格的变动。在变动的过程中，原有的均衡会消失，在新的供求关系中又会产生新的均衡点。我们分别分析如下。

1. 旅游需求变化引起的供求均衡变动

在人们的社会生活中，随着经济的发展、消费意识的改变，人们的生活结构会发生调整，明显的变化就是工作日减少而休假日增加。这种情况会引起图 4-10 中旅游需求曲线 D-D 水平右移到 D'-D'，在旅游产品供给水平不变的情况下，原来的供求均衡点 E_0 则会移到 E_1，使旅游供给量增加，使均衡产量由 Q_0 增加到 Q_1，均衡价格也由 P_0 上升到 P_1。

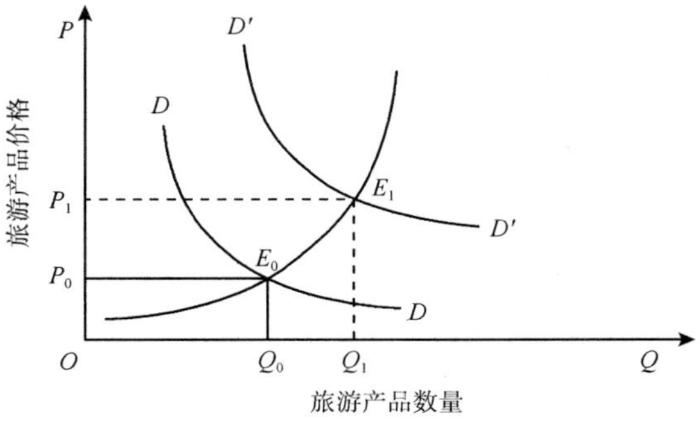

图 4-10 旅游需求变动引起的动态均衡

2. 旅游供给变化引起的供求均衡变动

某一地区，如果社会稳定，经济繁荣，旅游业发展前景看好，就会有大量资金投入旅游业，造成旅游供给数量剧增。在这种情况下，图 4-11 中的旅游供给曲线 *S*-*S* 便会向右移动到 *S'*-*S'*。在旅游需求水平不变的情况下，原来的供求均衡点 E_0 便会移动到 E_1，使旅游需求量增加，使均衡产量由 Q_0 增加到 Q_1，均衡价格则由 P_0 下降到 P_1。

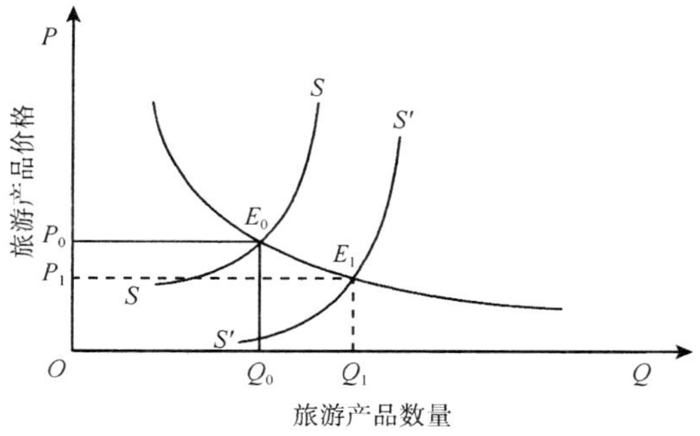

图 4-11　旅游供给变动引起的动态均衡

3. 旅游供给与旅游需求同时变化引起的供求均衡变动

许多情况的发生都会导致旅游供给与旅游需求同时发生变化，它们变化的方向可以是相同的，也可以是相反的；变化的比例可以是相同的，也可以是不相同的。以两者的同时减少为例，在图 4-12 中，供给曲线 *S*-*S* 和需求曲线 *D*-*D*，会同时向下移动到 *S'*-*S'* 和 *D'*-*D'*，使供求均衡点由 E_0 下降到 E_1，并在均衡产量 Q_0 不变的情况下，使均衡价格由 P_0 下降为 P_1。

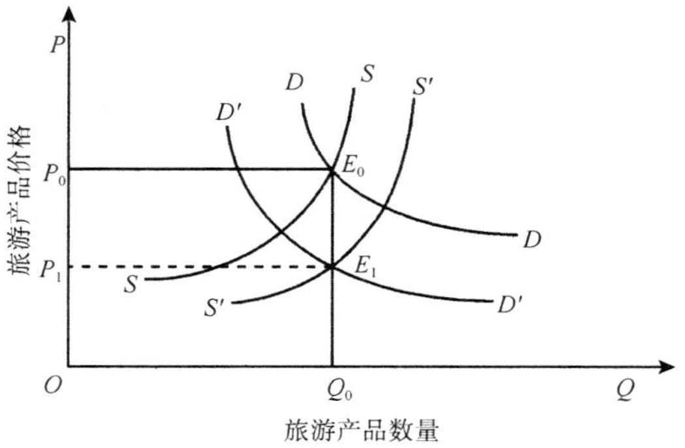

图 4-12　旅游供需变动引起的动态均衡

在关于旅游供给与旅游需求均衡的论述中，值得注意的是：供求均衡的一个关键是均衡价格。事实上，均衡价格的形成需要若干的限定条件，如每个交易者都能够及时获得准确、完整的信息；价格的升降是完全自由、灵活、迅速的；在达到均衡价格之前不进行交易；等等。因此，严格来说，均衡价格只是一种理论上的推断，交易价格才是实际存在的，只有在理想的市场条件下，均衡价格才会等于交易价格。

四、旅游供求均衡的调控

上述旅游供求均衡的研究为我们提供了一种理论方法，帮助我们理解如何利用价值规律和旅游供求规律，对旅游供求量的矛盾进行协调。实际情况中，旅游供求除了存在量上的矛盾外，也存在其他方面的矛盾，如旅游供求构成方面的矛盾、时间方面的矛盾、空间方面的矛盾等。而供求矛盾的均衡，除了价格机制在起作用外，其他各种因素也会产生一定的影响作用。应该在全面分析的基础上，综合采取多种措施，控制供给和影响需求以达到调节供求矛盾的目的。常见的调控措施和手段主要有以下几种。

（一）技术性措施的调控

对旅游供求均衡进行调控的技术性措施主要包括两种：一是制定科学的旅游规划，二是进行有针对性的旅游促销。

旅游规划是一种通过调节旅游供给来实现供求均衡的调控方式，是一种前馈控制。旅游规划的内容包括旅游市场调查、旅游需求预测、旅游资源开发、旅游设施布局、旅游人力资源开发等。旅游规划是一种长期性的调节手段，对旅游供给的发展规模和发展速度具有较强的控制作用。

旅游促销是一种通过影响旅游需求实现供求均衡的调控手段。旅游目的地的供给一旦形成之后，使用周期较长，即使发生供过于求的状况，除了劳务部分容易转产外，物质设施在短期内却很难拆除。旅游供给者通常会采取有效的促销手段，刺激旅游需求增长，缓解旅游供求矛盾。旅游促销由于方法直观、见效较快，因此，常常成为各旅游目的地解决旅游供求矛盾的重要手段。

（二）经济手段的调控

经济手段是国家用于调节旅游经济活动的各种与价值形式有关的经济杠杆，主要有财政、税收、价格、信贷、利率和工资等，其中较为重要的是税收政策和价格政策。

调节旅游供求的税收政策涉及几个方面：第一，是直接面向旅游企业的税收政策，第二，是面向旅游者的税收政策，第三，是面向具体的旅游地区。在第一种情况中，如果旅游供给不足，旅游地政府可以通过对旅游企业减免征税的办法，刺激对旅游业的投资，扩大旅游供给，反之，则提高课税，控制旅游供给继续增长。在第二种情况中，如果旅游地需求过剩，人满为患，那么直接向来访旅游者征税可以有效减少需求。第三种情况是指国家向旅游热点地区和旅游冷点地区征收税率不同的所得税，缓解这些地区因先天或后天因素不同所形成的“级差”问题。

旅游价格政策主要是指旅游地的政府在价值规律自发作用的基础上，采取不同的价格政策，达到对旅游供求均衡进行调控的目的。政府可以通过各种价格策略的实施，或者迫使旅游产品价格下降，减少旅游供给；或者促使旅游产品价格上涨，扩大旅游供给。以便提高旅游供给随旅游需求而动态均衡的主动性。常见的价格策略有地区差价、季节差价、优惠价、上下限价等。

另外，在经济手段中，国家通过财政拨款、建立旅游发展基金、信贷、利率等经济杠杆，也可以调节旅游供给的规模和结构，促进旅游业在各地区间的均衡发展。

（三）法律手段的调控

国家的法律手段对旅游业的发展、旅游供求的平衡有宏观的影响作用，其作用表现在以下几个方面。

首先，一个国家的法律手段虽然不能决定旅游目的地会产生多少旅游需求，提供多少旅游产品，但是，它从法律上规定了旅游市场上，哪些供给行为是法律允许的，哪些需求行为是法律禁止的，以此来规范旅游市场，保证旅游产品生产、经营、消费的顺利进行，为旅游供给与旅游需求解决自身的矛盾问题提供良好的市场环境。

其次，法律手段是其他各种手段和措施得以发挥其供求均衡调控作用的基础。旅游目的地的旅游发展战略和规划要落到实处，各种旅游经济政策、经济措施、经济合同要能够贯彻执行，都离不开法律手段的支持，它对旅游供给与旅游需求的彼此适应具有间接的影响作用。

再次，法律手段中的一些相关条例和法规对稳定旅游供给有积极的促进作用，如《中华人民共和国文物保护法》《风景名胜区条例》《中华人民共和国森林法》和《中华人民共和国食品卫生法》等。这些法令法规的出台有利于保护旅游资源，逐步扩大旅游供给。

最后，法律手段中一些相关的法律法规对稳定和刺激旅游需求增长，也有明显的促进作用，如《中华人民共和国旅游法》《中华人民共和国公民出境入境管理法》《中华人民共和国消费者权益保护法》等。它们通过立法的形式，规定了旅游需求行为主体所享有的各项权利，并对旅游供给过程中的各种侵权行为予以制裁，使旅游需求主体能够放心消费，一定程度上也有助于调节旅游市场上的供求关系。

案例分析　面对新需求 我们如何应对

诗与远方，既要有情怀、有温度，还得有实力、有耐力。志合者，不以山海为远；心恒者，不以经年为久……2019 年文旅融合新征程开启，每一个领域和板块都需要以匠心经营，才能为美好赋能。让我们共同抵达“诗和远方”，让远方更有诗意，让诗更有远景。

改革开放 40 多年来，中国旅游行业持续发展，正在进入大众旅游新时代、品质旅游新阶段，我国已经成为世界最大的国内旅游市场和世界第一大出境旅游消费市场。从宏观来看，中国经济正由高速增长阶段转向高质量发展阶段，经济换挡期恰恰是旅游发展由量到质的发展关键期，旅游业也将从依赖投入转向依赖创新、效率提升以及产业运行质量提升。

面对新的时代背景和市场需求，旅游行业升级赋能迫在眉睫。而升级赋能的关键则在于用系统化的理念对旅游发展进行整体升级，做好文旅融合，用匠心运营来提质增效，不仅要用钱、用力，更要打动人心。

一、追本溯源，市场到底需要什么

旅游行业的发展不能浮于表面，浮躁与快进只能形成粗放式的旅游产品。只有沉下心的长远运营，才会成就流芳百世的精品。

市场需求是文旅融合发展的推进器，消费诉求的快速变化需要我们追本溯源，明确市场到底需要什么，从而做好应对。

过去美景所代表的有看头、好看是主要出游动机，如今美食、美宿、美购所代表的有吃头、有住头、有买头等越来越成为更重要的出游动机，旅游越来越注重风景之上生活化的本质需求，旅游即生活，生活即旅游。对此，旅游业是否做好了应对?面对老年银发群体的品质康养需求，旅游业是否做好了应对?面对女性消费群体的亲子、研学旅游需求，旅游业是否做好了应对?

从走马观花到下马赏花再到养马种花，品质化、个性化、定制化、分层化、享受化、体验化的新时代市场需求，让我们必须以用户思维直面市场，而不是自说自话地闭门造车。针对如此多样且变化迅速的市场，刚性供给体系如何进行规模扩张，产业链条如何进行整合以及如何开展弹性化、柔性化、快速化的变革，这些都是重大挑战。

二、打动人心，从游客需求出发

我们要从游客需求出发，要从业态经营创新出发，做能够吸引流量的产品，做能够流量转化的、打动人心的产品。

旅游业是一个资本密集型、资源密集型、文化密集型、人力密集型以及创意密集型的“五密”产业，是一个综合性、复杂性、季节性、创意性超强的行业，与消费者的食、住、行、游、购、娱、康、养、学等需求紧密关联，与健康、体育、研学、娱乐、金融、农业、林业、通航、房地产、商业等产业也密切相关。

旅游产业的结构性供给短缺、旅游企业的素质能力整体不高、旅游人才供给不足、人民群众快速增长的旅游消费需求难以满足等问题并没有得到有效解决。同时，旅游自身运营也是一个庞杂的体系，这意味着旅游发展需要整合多元化的诉求，积聚多方面的能力，实现系统的综合运营，并在此基础上持续创新。

用传统思维和单向力量都很难把文旅融合做好，“宜融则融、能融尽融、以文促旅、以旅彰文”的文旅融合工作思路需要业界去好好地理解和感悟。

旅游业进入门槛低，但内涵外延广，做精做优做强特别不易，它是一个需要情怀和温度的产业，更是一个需要实力、耐力和内力的产业，是一个需要系统升级、匠心运营的产业。欢乐谷、广州长隆、浙江乌镇、陕西袁家村、浙江杭州的《宋城千古情》、海南的呀诺达等，都是匠心打造的典范。

在笔者看来，旅游行业升级赋能，必须要把握好四点：做好科学的顶层引领，做好对路的、“打动人心”的旅游产品，做好专业的运营支持，做好精益且走心的管理服务。

因此，有什么样的初心，有什么样的价值追求，是旅游业发展的一个首要问题。文旅融合发展，就是要让生活变得更美好。对于消费者来说，其追求的不仅仅是消费文旅产品，还是让收获变得更加多元、精彩和美好，旅游企业也需要秉承这样的初心和价值追求。我们要贯彻落实好以人为本、以人民为中心的发展理念，从游客需求和业态经营创新出发，遵循游客至上、服务至诚的旅游业核心价值观，以同理心来持续提高游客的获得感。

三、走心用情做好创新

所谓的概念太多、所谓的创新太多、所谓的IP（interllectual property，直译为知识产权，此处是指旅游产品的独特性和个性）太多……旅游行业目前还缺乏沉下心来、十年如一日、打磨精品、匠心铸造经典的精神。

科学的策划规划，是旅游发展的第一步。没有好的策划规划，就难有好的发展。业界目前更需要做落地导向、营销导向、投资导向和运营导向的规划，要从“规划规划，纸上画画，墙上挂挂”向“画得好才能建得好”转变，要从“教科书”式的规划转向“操作手册”式的规划。

这时，规划再也不能是提一个口号、做一个文本、讲一套概念，而是真正解决旅游发展所存在的问题。当前，新型城镇化、乡村振兴、资源型城市转型、生态文明建设、全域旅游等都为旅游发展提供了政策新动能，更需要以文旅融合为引领的、多规合一的科学顶层设计。

首先，文旅融合发展，离不开打动人心的产品。文旅融合拓展了旅游和文化发展的边界与形式，很多传统的景区、乡村、特色小镇、主题公园中产生了更多有生命力的IP。通过创意、科技、美学、生态、时尚等的植入与联动，打造不一样的创新产品，不仅能够引爆流量，也能够激活流量。重庆洪崖洞、北京故宫、青海“天空之境”茶卡盐湖等正是这方面的流量代表。

其中，文化的主题化正是创新的核心，要充分发掘本地化的人文、地景、产业、节庆等，提炼具有市场需求的文化主题，并将主题情境化。然后，通过全媒体营销方式，强化IP，做亮品牌形象，做火节庆事件，利用新媒体传播渠道做足分享营销，让产品人人尽知，皆可体验。

围绕文化主题，所有空间皆为场景，所有业态皆为剧情，要围绕主题图腾，进行情感设计、仪式设计、氛围设计、活动设计，做好感官营造、角色塑造、实景演艺、虚拟再现、情境演艺、主题沉浸等多种场景体验方式，做好有看头、有玩头、有住头、有吃头、有买头、有说头、有拜头、有疗头、有行头、有学头、有享头、有回头这“十二头”业态消费内容，最终形成个性化的情境消费承载空间。

四、有故事可讲，有温度可感

做运营要用心、用情，造个壳是远远不够的，得下苦功夫、细功夫、慢工夫。

其次，文旅融合发展，需要专业运营来提质，匠心运营、做到极致。然而，国内很多传统景区一直以资源为依托，以门票为盈利，故步自封，不考虑游客感受的需求，不考虑如何在新时代下创新发展模式。殊不知，景区要保持可持续发展的活力，需要大力提升运营管理的专业化程度。

跳出门票经济，做好产业经济，围绕游客的需求，整合各方赋能内容和产品，实现共生共赢，是这些景区首先要做的事。同时，景区行业多年的粗放发展需要得到规范和提升，需要深化标准化、智能化的管理，这恰恰是中国90%以上景区的短板。覆盖游客体验全流程的IT（information technology，信息技术）信息化管理、智能导览、专项小程序等也需要得到深度应用和普及，提升游客满意度和景区管理效率。

在此基础上，景区还需要精准、精彩的营销，从线上线下营销、品牌设计和品牌推广到围绕全程对客服务建构一套营销体系，这是非常重要的。景区可以有主打的四季节庆活动，可以有啤酒节、鲜花节、电音节、体育节、乡村节等，活动既有引爆式的，也有常规式的组合，如果再和品牌设计、业态体系及对客服务等有机结合起来，还会有更好的效果。

最后，文旅融合发展，还需要精益、走心的服务。在遵循行业标准和规范、做好标准化的精益管理、提升效率的同时，还要做好服务的品质化，结合消费者的需求做精、做深，内外兼修，软硬兼顾。要做好情感的个性化，即使是最简单的服务也有故事可讲，有温度可感，要从游客心理出发，关注细节，创造感动。

资料来源：刘峰. 面对新需求 我们如何应对[N]. 中国文化报，2019-03-23（5），有改动

复习与思考

一、重点概念

旅游需求　旅游需求规律　旅游需求弹性　旅游供给　旅游供给规律　旅游供给弹性　旅游供求平衡

二、简答题

1. 旅游需求的影响因素有哪些？
2. 旅游供给有哪些特点？
3. 旅游供求之间存在哪些矛盾？
4. 怎样理解旅游需求弹性？
5. 研究旅游需求弹性有何意义？
6. 如何调节旅游市场上的供求矛盾？

三、论述题

1. 结合实际，谈谈旅游供求矛盾的活动。
2. 试述旅游供求之间的矛盾及实现旅游供求平衡的途径。

第五章

旅游市场及开拓

旅游市场的主要功能是提供实现产品交易的条件，协调旅游的需求与供给的基本矛盾。本章通过分析旅游市场的概念和特点，阐述旅游市场在旅游经济活动中的功能；并在此基础上，对旅游市场进行了分类；对旅游市场竞争的类型、内容及策略做了分析；探讨了旅游市场细分、目标市场选择策略；并对旅游市场调查和预测的内容、程序和方法及旅游市场开拓进行了分析。

第一节　旅游市场的含义

一、旅游市场的概念

早期的旅游活动并不是以商品形式出现的，而是一种社会现象。随着生产力的发展、社会分工的深化，商品生产和商品交换得到了发展，旅游活动逐渐商品化。一方面社会中出现旅游活动的购买者；另一方面形成了专门为旅游者提供服务的行业，于是出现了以旅游者为一方的旅游需求和以旅游经营者为一方的旅游供给，两者间的经济联系就构成了旅游产品交换，随着旅游产品交换的发展，旅游市场产生并扩大。旅游市场概念有广义和狭义之分。

（一）广义的旅游市场

广义的旅游市场是指在旅游产品交换过程中所反映的各种经济行为和经济关系的总和。

旅游市场是社会分工进一步深化、商品生产发展到一定阶段的产物。旅游活动商品化的历史告诉我们，在资本主义生产关系确立之后，商品生产和商品交换获得了历史上从未有过的迅速发展，在这种情况下，旅游活动也商品化了。一方面，社会中出现了一批可称为旅游活动购买者的人；另一方面，一些从前为旅游活动提供便利条件的私人家庭、小旅店、骡马车店进一步扩大，形成了经营型的企业，共同组成了专门为旅游提供服务的行业。这样，便出现了以旅游者为一方面的旅游需求和以旅游活动经营者为另一方面的旅游供给，他们双方互相对立、相互依存，通过市场的纽带紧密地联系在一起。旅游经营者通过市场销售自己生产的产品，旅游者通过市场购买自己需要的产品。这种通过市场交换所反映的关系，实质上是人与人之间的经济关系。

旅游市场经历了一个发展过程。它首先是在一国范围内形成的，这是因为绝大多数旅游活动最先是在国内不同地区之间进行的。近代旅游业的开拓者——托马斯·库克从事旅游业的时代，正是旅游市场兴起的时期。随着对外贸易的发展，邻近国家之间来往增多，旅游活动逐渐由国内推向国外，从而形成了邻近国家之间的区域旅游市场，这时，旅游需求与旅游供给的范围扩大了，连接旅游需求者与旅游供给者的旅行社的作用更加显著。最早的区域旅游市场，产生在西欧、地中海地区以及北美之间。第二次世界大战后，区域旅游市场进一步发展为世界性旅游市场或现代旅游市场。自此，旅游活动便以全世界为活动舞台，旅游需求的选择便以世界各国的旅游产品为对象，反过来，旅游供给则面向世界各国的旅游者。这就是现代旅游市场，即一个统一的世界旅游市场的主要特征。在这个市场上，任何一个国家或地区的旅游产品都只是世界旅游产品总体的一部分。

（二）狭义的旅游市场

狭义的旅游市场，是指一定时期内，某一地区中存在的对旅游产品具有支付能力的现实和潜在的购买者。简言之，狭义的旅游市场就是指旅游客源市场。

根据狭义的旅游市场定义可知，旅游市场的形成必须具备四个要素，即旅游者、旅游购买力、旅游购买欲望和旅游购买权利。缺少其中任何一个要素都无法形成一个旅游市场。

1. 旅游者

旅游产品的消费者数量是构成旅游市场主体的基本要素，因而旅游市场规模大小主要取决于该市场上旅游者数量的多少。通常，如果一个国家或地区总人口多，则产生的旅游者就多，需要旅游产品的基数就大；相反，如果一个国家或地区总人口少，则产生的旅游者也少，需要旅游产品的基数就小。因此，一个国家或地区的总人口数量决定了旅游者的数量，而旅游者数量多少又反映了旅游市场规模的大小。

2. 旅游购买力

旅游市场大小不仅取决于人口数量，还取决于旅游购买力。所谓旅游购买力，就是指人们在其可随意支配收入中用于购买旅游产品的能力。通常，旅游购买力是由人们的收入水平所决定的，随着人们收入水平的提高，用于购买旅游产品的支出也会相应提高。如果没有较高的收入水平和足够强的支付能力，旅游者的旅游活动便无法进行，旅游市场也只是一种潜在市场。

3. 旅游购买欲望

旅游购买欲望是反映旅游者购买旅游产品的主观愿望和需求，是把旅游者潜在购买力变成现实购买力的重要条件。若没有旅游购买欲望，即使有旅游购买力，也不可能形成现实的旅游市场；同时，旅游者也不可能主动地选择各种旅游产品。因此，只有当旅游者既有旅游购买力，又有旅游购买欲望，才能形成现实的旅游市场。

4. 旅游购买权利

购买权利是指消费者可以购买某种产品的权利。例如，在法律上或社会习惯上，青少年都不能喝烈性酒，因此，即使一个青少年有钱、有喝酒的愿望，他也没有喝酒的权利，制酒厂家和卖酒商店都不能把青少年市场作为它们的市场。对旅游市场而言，尤其是国际旅游，往往由于国际烦琐的关系，或旅游目的国或旅游客源国一方面的政策限制，如不发给旅游签证或限制出境等，使旅游购买权利受阻，那么，即使人们有旅游愿望、有钱、有外汇，也无法形成国际旅游市场。

（三）影响旅游市场的因素

影响旅游市场的因素多种多样，主要有旅游市场经营要素和旅游市场环境要素两个方面。

1. 旅游市场经营要素

旅游市场经营要素，是指旅游企业自身可以控制的各种经营手段。旅游企业可控制的经营手段是多种多样的，但归纳起来可分为四个基本因素，即产品（product）、价格（price）、分销渠道（place）、促销（promotion）。由于这四个基本要素英文名词的第一个字母都是“P”，所以又简称“4P”理论。旅游企业为实现其经营目标，必须对上述四个基本要素做出决策，使市场经营要素组合最佳。

（1）旅游产品决策。旅游产品决策是指根据目标市场的需要，开发出适销对路的旅游产品。旅游产品决策的内容包括旅游资源、旅游项目的规划和开发、旅游产品生命周期各个阶段的经营决策、旅游服务质量的标准及其保证等。

（2）旅游价格决策。旅游价格决策是指根据目标市场上旅游者和竞争对手的状况，制定出具有竞争力的价格。旅游产品的价格一般包括成本、税金和利润。其中成本是定价的基础，但在市场经济条件下还要考虑市场需求和市场竞争状况，制定出旅游者和旅游经营者间能接受的价格。此外还要对中间商佣金、折扣、优惠条件、付款期限、付款条件、付款方式、拖欠款处理和定价策略等方面做出决策。

（3）旅游产品分销渠道决策。旅游产品分销渠道决策是指选择旅游产品进入市场的最佳渠道，保证旅游产品顺利地销售。旅游产品分销渠道决策的内容包括市场地点选择、旅游中间商的选择、市场销售网络的建立、各销售渠道的管理与协调以及对旅游中间商的评估、激励等。

（4）旅游市场促销决策。旅游市场促销决策是指向目标顾客提供各种信息，进行沟通，树立企业形象，使之正确认识旅游目的地及其产品的价值，进而促进产品顺利销售。

2. 旅游市场环境要素

旅游市场环境包括宏观环境和微观环境。宏观环境因素主要有政治法律因素、社会文化因素、经济因素、人口因素、科学技术因素和自然生态环境等因素。微观环境因素主要包括企业的资源供应者、顾客、中间商、竞争者以及社会公众等。这些市场环境因素，都是企业外部的、难以控制的因素。特别是宏观环境因素，对旅游企业而言，其影响力更大，更难以控制。因此旅游企业要使自己的市场经营计划取得成功，就必须适应市场环境，根据市场环境的状况及其变化趋势，有针对性地制订和调整市场经营组合计划。应当积极主动地、创造性地去适应市场环境，并通过企业有计划、有目的的行为，积极地参与竞争，积极地对某些环境因素（主要是指微观环境因素）施加影响，以争取对本企业更加有利的外部环境。

二、旅游市场的分类

世界旅游市场是一个整体，在世界旅游市场中，任何一个旅游产品的供给者，都不能占领整个旅游市场，满足所有旅游者的需要。因此，要从不同角度对旅游市场做进一步分类，以便更全面深入地反映其历史、现状和趋势，把握旅游市场变化的规律。

（一）按地域划分旅游市场

这是以现有及潜在客源的发生地为基础，根据旅游者来源地区或国家的不同而划分旅游市场。世界旅游组织根据全球地区在地理、经济、文化、交通以及旅游者流向、流量等方面的联系，将整个世界旅游市场划分成五个大的区域，即欧洲市场、美洲市场、亚洲及太平洋地区市场、中东市场和非洲市场，这是一种传统的、重要的市场划分。世界旅游组织每年均按此划分口径公布每个区域市场的统计数字，这对于了解各地区旅游业发展情况，把握世界旅游市场的动态具有重要价值。它反映了当今世界旅游市场的基本格局。表 5-1 和表 5-2 分别反映了 2012～2016 年五大旅游市场在国际旅游者人数和国际旅游收入方面所占有市场份额的变化情况。

表 5-1 各地区国际旅游者人数所占份额（单位：%）

年份	全世界	欧洲	美洲	亚太	非洲	中东
2012	100	51.62	15.72	22.56	5.11	4.99
2013	100	52.13	15.42	22.99	5.01	4.45
2014	100	51.16	16.04	23.30	4.88	4.62
2015	100	50.76	16.20	23.88	4.49	4.67
2016	100	49.98	16.19	24.69	4.65	4.49

资料来源：世界旅游组织旅游亮点报告，2018

表 5-2 各地区国际旅游收入所占份额（单位：%）

年份	全世界	欧洲	美洲	亚太	非洲	中东
2012	100	42.12	19.75	30.54	3.18	4.41
2013	100	41.07	22.07	30.13	2.96	3.77
2014	100	39.22	22.00	32.08	2.76	3.94
2015	100	37.61	25.56	29.22	2.74	4.87
2016	100	37.61	25.20	29.79	2.65	4.74

资料来源：世界旅游组织旅游亮点报告，2018

（二）按国境划分旅游市场

按国境划分，旅游市场一般分为国内旅游市场和国际旅游市场。国内旅游市场是指接待本国居民在国境线范围内之间旅游的市场。国际旅游市场是指旅游活动超出国境范围的市场。国际旅游市场又可进一步区分为出境旅游市场和入境旅游市场。出境旅游市场是指组织本国居民赴境外旅游的市场。入境旅游市场是指接待境外旅游者前来本国旅游的市场。国内旅游市场、出境旅游市场和入境旅游市场对于一个国家或地区的经济具有不同的意义。国内旅游市场作为一个消费市场（包括产品和服务的消费），在满足居民物质生活和精神生活需要、促进国内商品流通和货币回笼方面起着日益重要的作用，居民生活水平越高，这方面的作用就越明显。出境旅游会导致客源产生国外汇的流出。而入境旅游则会增加一个国家和地区的外汇收入，增强其国际支付能力。

（三）按消费水平划分旅游市场

根据旅游者的实际消费水平，可将旅游市场划分为高档旅游市场、中档旅游市场和经济档旅游市场。在现实生活中，由于人们的收入、职业、年龄和社会地位等多种因素的影响，人们的旅游需求和旅游消费水平会呈现出很大差别。通常，高档旅游市场的主体是少数社会上层人士，他们有丰厚的收入，价格不是他们消费所考虑的主要因素，在满足他们旅游目的的同时也处处希望显示出与众不同的身份和地位，所以尽管高档旅游市场的规模有限，但其高额消费支出对经营者具有很大的吸引力。中档旅游市场和经济档旅游市场主要是由广大中产阶级、固定收入者以及青年学生等方面人士所组成的。虽然他们每个人的消费能力不及社会上层人士，但这个市场的规模和潜力是巨大的，立足于这个市场仍是大有可为的。

（四）按旅游目的划分旅游市场

根据旅游目的和内容的不同，可以划分出各种专项旅游市场。旅游形式和内容的多样化是当代旅游业的一大特点。在 20 世纪 50 年代以前的传统旅游市场中，根据旅游目的可将旅游市场划分为观光旅游市场、度假旅游市场、宗教旅游市场等。自 20 世纪 50 年代以来，除了以上传统旅游市场外，又出现了一些新兴的旅游市场，如满足旅游者健康需求的体育旅游市场、疗养保健旅游市场和狩猎旅游市场等；满足旅游者业务发展需求的修学旅游市场、学艺旅游市场等；满足旅游者享受需求的豪华（游船、火车、汽车）旅游市场、美食旅游市场等；满足旅游者寻求刺激心理需求的探险旅游市场、秘境旅游市场、惊险游艺旅游市场等。

（五）按旅游组织形式划分旅游市场

根据旅游组织形式的不同，可将旅游市场划分为团体旅游市场和散客旅游（full independent tour，FIT）市场。团体旅游和散客旅游是两种基本的旅游组织形式。团体旅游也叫团体包价旅游，其特点是旅游者在出发前参加一个旅游团体，并向当地旅行社交付该次旅游所需费用，然后由旅游目的地旅行社负责安排旅游团的全部活动。团体旅游的最大好处是，操作简单易行，节省时间，安全系数大，语言障碍少。然而，团体旅游的最大缺陷是不能很好满足旅游者个人的特殊兴趣和爱好。散客旅游是指单个或自愿结伴的旅游者，按照其兴趣、爱好自主进行的旅游活动。散客旅游的最大优点是高度自由灵活，能最大限度地满足旅游者个人的兴趣与爱好，其最大问题是散客旅游所购买的各单项服务的价格较高。

当然，划分旅游市场的方法还有很多。例如，根据国别划分的日本旅游市场、美国旅游市场、德国旅游市场等；根据年龄划分的老年旅游市场、成年旅游市场、青少年旅游市场；根据旅行距离划分的远程旅游市场、中程旅游市场和近程旅游市场。还可以同时以两个或两个以上的因素来划分旅游市场，如日本女青年旅游市场。总之，划分旅游市场本身不是主要目的，主要目的是掌握不同旅游市场的特点，然后根据需要，有针对性地开发旅游产品，开展市场经营，提高市场占有率。

三、旅游市场的特点

旅游市场不同于一般产品市场和服务市场，具有异地性、多样性、波动性、全球性和季节性等特点。

（一）旅游市场的异地性

旅游市场通常远离旅游产品的生产地（旅游目的地），旅游产品的购买者主要是非当地居民。其他行业的产品是可以做到当地生产、当地销售、当地消费的，即使要在异地开辟市场，也主要是通过产品的移动来实现。旅游活动的特点决定了旅游市场与旅游生产地、消费地必须在空间上分开，旅游活动是通过旅游者由客源地向目的地的移动，而不是通过旅游产品的移动实现的。旅游市场异地性的特点，必然要求旅游经营者随时监测旅游市场的变化，掌握旅游市场的发展动态和变化趋势，因而增加了旅游经营者掌握市场信息、适应市场环境、开展市场营销的难度。

（二）旅游市场的多样性

旅游市场的主体是旅游者，而旅游者的需求是多种多样的，从而形成旅游市场的多样性。这种多样性主要表现在以下三方面。

（1）表现为旅游产品种类的多样性，即不同国家、地区的自然风光和人文景观的不同，必然形成不同的旅游产品，从而使旅游者从中获得的经历与感受也不同。

（2）表现为旅游购买形式的多样性，即包价旅游、零价旅游、包价与零价旅游相结合的旅游购买方式等。

（3）表现为交换关系的多样性，即旅游者可以直接购买单项旅游产品，也可以通过旅行社购买旅游线路产品，还可以通过国际旅行社购买综合性旅游产品。

总之，旅游市场的多样性不仅反映了旅游市场发展变化的特点，而且在很大程度上决定着旅游经营的成败。

（三）旅游市场的波动性

从总体上看，整个世界旅游市场将保持持续发展的趋势，但这种发展不是直线形的，而是在波动中前进的。旅游是人们的一种高层次需求，而影响旅游者需求的因素又是多种多样的，从而使旅游市场具有较强的波动性，任何一个因素的变化都会引起旅游市场的变动。诸如工资、物价、通货膨胀、汇率、国际局势、重大节假日或社会活动以及旅游者自身心态的变化等，都会导致游客构成、旅游流向、旅游价格变化，甚至旅游者总人数的变化。旅游市场的这一特点，要求旅游经营者随时关注影响旅游市场变化的因素，科学评估其影响，并根据旅游市场的动态、变化，适时调整经营策略，以保持旅游市场的稳定。

（四）旅游市场的全球性

当今旅游市场是一个全球性的统一市场。自第二次世界大战以来，随着生产力的提高、交通条件的改善和社会经济的发展，旅游市场经历了一个由国内向国外的发展过程，旅游活动由一个国家扩展到多个国家，区域性旅游市场发展成为世界性旅游市场，促进了全球性旅游市场的形成。旅游市场的全球性主要表现在两个方面：一是旅游者的活动范围遍布世界各地，不仅人类居住的五大洲早已成为各国旅游者的目的地，就连无人居住的南极和北极也留下了旅游者的足迹；二是世界各国或各地区都积极发展旅游业，把旅游业作为经营对象，面向其他国家或地区的居民生产或销售旅游产品。旅游市场的全球性，使人们可以以较少的时间、较少的支出而获得更多的旅游需求的满足，使旅游者的足迹遍布世界各个地区和大部分国家，促进了世界各国旅游的发展，丰富了人们的旅游活动。

（五）旅游市场的季节性

旅游目的地国家或地区自然条件、气候条件的差异和旅游者闲暇时间分布的不均衡，造成旅游具有突出的季节性特点。例如，某些与气候有关的旅游资源会因季节不同而产生淡旺季的差别；某些利用带薪假日出游的旅游者，也是造成旅游淡旺季的主要原因；某些旅游目的地直接受气候影响，而具有明显的季节差异性，如海滨旅游、漂流旅游等。因此，旅游目的地国家或地区应根据旅游市场“淡旺季”的不同特点做出合理安排，努力开发淡季旅游市场的需求，把大量的潜在旅游需求转化为现实的旅游需求；合理组织好旺季旅游市场的供给，以减少或消除季节性的影响，使旅游市场向淡旺季均衡化方面发展。

四、旅游市场的功能

旅游市场是社会经济高度发展的产物，是旅游业赖以生存和发展的条件，对旅游经济活动的有效运行起着十分重要的作用。就旅游市场的功能而言，主要表现在以下几个方面。

（一）旅游产品的交换功能

旅游市场是实现旅游产品的价值和使用价值，保证旅游经济正常运行的重要环节。通常，旅游市场上总是存在着许多不同的旅游产品的供给者和需求者。旅游产品开发出来之后，必须经过市场才能销售，使旅游产品的价值得以实现，旅游者的需求得以满足，旅游企业的再生产才得以继续维持和扩大。而旅游产品需求者则通过市场选择并购买自己感兴趣的旅游产品，旅游市场把旅游产品供给者和旅游产品需求者衔接起来，解决了供求之间的矛盾。旅游市场是联结旅游产品供给者和旅游产品需求者的纽带，承担着旅游产品交换和价值实现的任务。

（二）旅游资源的配置功能

资源配置是指在社会经济活动中，如何把社会经济资源（人、财、物等要素）进行有效分配，以充分利用稀缺资源生产出更多、更好的产品。因此，通过旅游市场的资源配置功能作用，可以促进整个旅游业中的食、住、行、游、购、娱按比例地发展，实现社会经济资源的优化配置，并通过市场机制使旅游企业按照市场供求状况，及时调整自己经营的旅游产品结构、投资结构，以适应旅游者需求和旅游市场的变化，不断提高旅游经济效益。

（三）旅游信息的反馈功能

在市场经济条件下，旅游市场的动态变化是旅游供求动态变化最直观的反映。一方面，旅游企业可通过市场将产品信息传递给旅游者，以引导、调节旅游需求的变化；另一方面，通过旅游市场，可以收集大量信息，了解竞争者的动态，掌握旅游者的需求，使本国、本企业的旅游产品开发和经营适应旅游者的需要，适应世界旅游市场发展变化趋势。因此，旅游市场通过信息传导和反馈功能，成为旅游活动的“晴雨表”，综合地反映了旅游市场的供求变化和旅游经济的发展状况。

（四）旅游经济的调节功能

旅游市场是调节旅游经济活动和旅游供求平衡的重要杠杆。在旅游市场上，当旅游供求双方出现矛盾时，就会引起旅游市场竞争加剧和价格波动，影响到旅游经济活动的顺利进行。于是就需要通过市场机制和价格机制的作用，调节旅游产品的生产和销售，使旅游供求重新趋于平衡。同时，还可以通过旅游市场检验旅游企业的服务水平和经营管理状况，不断改善旅游企业的服务质量，提高经营管理水平，提供旅游者易于接受、乐于消费的旅游产品。

第二节 旅游市场的竞争

一、旅游市场竞争的必然性

旅游市场是实现旅游经济活动不可缺少的条件，旅游供给和旅游需求正是通过市场连接起来的。只要存在市场，就会存在竞争。旅游市场竞争是旅游经济运行得以实现的内在机制，是与旅游经济存在联系的外部强制形式。旅游市场竞争的存在具有客观必然性。这种客观必然性既来自市场经济运行一般规律的要求，也体现了旅游经济运行特殊规律的要求。

（一）竞争是价值规律的客观要求和必然结果

价值规律是商品生产的基本经济规律，它要求商品的价值由生产该商品所耗费的社会必要劳动时间决定，商品交换以价值为基础，实行等价交换。在价值规律的作用下，各企业为了争取实现自己生产的商品价值的有利条件，必然会积极采用新技术，改善经营管理，提高工作效率和产品质量，降低成本，使商品的个别劳动低于社会劳动，从而争取更有利的竞争地位，促进商品价值尽快地顺利实现。可见，在市场经济条件下，只有通过市场竞争，价值规律的要求才能得到实现，市场竞争是价值规律实现的形式，是市场经济的内在机制的外部化。这是不以人的主观愿望为转移的，具有其客观必然性。正如马克思指出的："他们不承认任何别的权威，只承认竞争的权威，只承认他们相互利益的压力加在他们身上的强制。"[①]

（二）旅游市场的特性必然导致旅游企业之间的激烈竞争

旅游市场一般是一个供大于求的买方市场，旅游者在市场上占据主导地位，而且作为一种消费行为，旅游需求的变化性、可替代性是很高的。这些特性，使得旅游企业在把握旅游市场的动态、更好地适应旅游者的需求方面，面临着巨大挑战。谁对旅游市场行情看得准，谁能更好满足旅游者需要，谁就能争取到更多的市场份额，因此，这必然加剧旅游企业之间的竞争。另外，旅游产品的无形性和不可储存性等特点，使得旅游企业对市场的依赖性比其他行业更强，而这个市场又是比较脆弱的、易波动的，因此，企业必然要为抓住稍纵即逝的机会而展开激烈的竞争。

（三）各国旅游业的发展必然加剧国际旅游市场的竞争

当今世界大多数国家或地区，都在为尽可能地吸引国外游客而展开竞争。国际旅游市场的竞争主要表现在两个方面：一是国内各旅游企业之间在国际市场上为招徕客源而

---

① 中共中央马克思恩格斯列宁斯大林著作编译局. 马克思恩格斯全集：第23卷[M]. 北京：人民出版社，2001.

展开竞争，各旅游企业在旅游产品、目标市场、服务质量、价格水平等各方面具有更大的相似或共同点，它们之间是现实的、直接的竞争对手关系；二是与我国旅游企业拥有同一目标市场的其他国家或地区的旅游企业展开竞争，这些国家或地区的旅游企业虽然提供的旅游产品与我国不同，但可能选择的是同一个目标市场，为吸引更多客源，彼此间必然开展激烈竞争。这种竞争导致客源市场的重新分配。而旅游者在选择目的地方面的自主性和不确定性，使这种竞争更加激烈。

二、旅游市场竞争类型

与其他市场一样，可以根据参与竞争的厂商的多寡、产品差异、市场进入条件等因素，将旅游市场竞争分成四种类型，即完全竞争（perfect competition）、完全垄断（complete monopoly）、垄断竞争（monopolistic competition）和寡头垄断（oligopoly）。在不同类型的市场上，竞争的激烈程度和竞争行为、竞争方式都会存在一定差异。

（一）完全竞争

完全竞争又称纯粹竞争（pure competition），它是指不受任何阻碍和干扰的市场竞争情况。完全竞争的条件是：第一，在市场上存在许多产品供给者和产品需求者，他们都是各自独立的，他们购买或销售的产品各自只占产品总量的一小部分，以致任何个人或企业都不能支配整个市场的交换；第二，每个产品供给者的产品都是同质的、无差别的，因而买者不会对任何一个卖者产生偏好，从而排除了卖者的任何垄断因素；第三，各种生产要素可以在各行业间完全自由地流动；第四，产品生产者和产品消费者对不同的市场有充分的认识与了解，市场信息是畅通的；第五，产品生产者和产品消费者可以随时自由地进入或离开市场，尤其是产品消费者在进入任何一个地区时都不受其他非经济因素的影响。只有具备以上条件，才能称为完全竞争。然而，在现实生活中，它并不多见，仅具有理论意义。

（二）完全垄断

完全垄断是指一家厂商单独生产一种或数种物品，市场上不存在任何可以替代的其他物品，因而完全垄断厂商对其产品的价格和产量具有很大的控制权。完全垄断并不多见，只见于某些国家特许的独占企业，如公用事业、邮政业等。在旅游经济中，某些旅游区域景点具有垄断性，从而形成完全垄断。例如，中国的长城、埃及的金字塔、法国的凯旋门等都具有世界上独一无二的特色。

（三）垄断竞争

垄断竞争是一种不完全竞争，是介于完全竞争和完全垄断之间的市场状况，它既包含竞争因素，也包括垄断因素。垄断竞争存在于商品经济发展的高级阶段，其条件是：第一，市场存在较多的厂商，但它们对价格、数量的影响有限，彼此之间竞争激烈；第二，市场进入比较方便；第三，不同厂商的产品存在着一定的差异，即同类产品在质量、服务、包装、商标、销售方式等方面独具特色，拥有稳定的偏好群体，厂商以产量和价格对这些群体的需求施加影响，从而产生有限的垄断。

（四）寡头垄断

寡头垄断是指某些物品的市场为几家大企业所垄断，它们对价格、产量有很大影响。因此，新厂商要进入该市场参与竞争是不容易的。

从旅游市场的发展总体看，旅游市场属于不完全竞争，即垄断竞争市场。它既包含垄断因素，又包含竞争因素，其主要表现是：第一，旅游产品差别较大，每个国家或地区的旅游资源不可能是完全相同的，而是各有其个性和特点，如中国的长城、埃及的金字塔，都具有不可替代的属性，能构成卖方垄断；第二，政府的某些政策限制形成一定的垄断，如政府对外资参与当地旅游业经营的限制等；第三，旅游市场开放度较高，新的竞争者能够随时加入竞争行列；第四，大多数旅游产品（如客房、餐饮、健身娱乐场所），质的差异不大，其产品有一定的可替代性，这必然导致旅游经营者之间的激烈竞争。

三、旅游市场竞争内容

在买方市场条件下，旅游市场的竞争主要体现在旅游产品供应者之间的竞争。无论是国内旅游企业之间的竞争，还是不同国家旅游企业之间的国际竞争，都是围绕着扩大旅游产品销售、争取更多的游客、提高市场占有率这一中心而展开的。旅游市场竞争的主要内容包括争夺旅游者、争夺旅游中间商和提高旅游市场占有率三个方面。

（一）争夺旅游者

旅游产品的消费对象是旅游者，客源就是财源。一个国家、一个地区、一个企业所吸引的游客数量的多少及其游客消费能力，决定着该国、该地区和该企业的收入与利润，即决定着旅游经营的成败。因此，争夺旅游者就成为旅游市场竞争的实质。

（二）争夺旅游中间商

旅游中间商是代理旅游目的地国家或地区以及大企业旅游产品销售的组织机构与个人，其中以旅行社为主，它们是旅游产品得以销售的中间渠道。在现代旅游活动中，经过旅游中间商销售的旅游产品占有相当的比重，从这个意义上说，争夺旅游中间商是争夺旅游者的一种方式。因为争夺旅游中间商，最终是为了争取更多的旅游者，争夺到的旅游中间商越多，争取到的支持越大，也就意味着该产品赢得的市场越大，旅游产品销量就越多。因此，必须重视对旅游中间商的争夺，特别要重视与较大的、较有实力的旅游中间商合作。

（三）提高旅游市场占有率

旅游市场占有率，指的是旅游接待方在一定范围内的旅游市场上所处的地位或它在所处旅游市场产品总量中所占的比重。旅游市场占有率分为旅游市场绝对占有率和旅游市场相对占有率。旅游市场绝对占有率指的是旅游接待方（可以是一个企业或一个旅游点，也可以是一个地区或一个国家）在同一时间内所接待旅游者人数占一定范围内（地

区、国家或整个世界）旅游市场所接待旅游者总人数的百分比。用公式表示为

$$旅游市场绝对占有率=\frac{一定时期某旅游接待方所接待旅游者人数}{同期该方所处一定范围内旅游市场所接待旅游者总人数}\times 100\%$$

旅游市场相对占有率指的是一定时期内、一定范围内某一旅游接待方市场绝对占有率与同期、同范围内旅游市场占有率较高的其他旅游接待方市场绝对占有率的百分比。用公式表示为

$$旅游市场相对占有率=\frac{一定时期内、一定范围内某一旅游接待方市场绝对占有率}{同期、同范围内旅游市场占有率较高的其他旅游接待方市场绝对占有率}\times 100\%$$

通过旅游市场绝对占有率指标，可以清楚地了解本企业、本地区在旅游市场中所处的地位，了解自己所拥有的实力。通过旅游市场相对占有率指标，可以了解到本企业或本地区的旅游接待人数同其他企业、地区的旅游接待人数之间的相对关系。若旅游市场相对占有率大于 1，则表明本企业或本地区在市场竞争中处于优势地位；若旅游市场相对占有率等于 1 或小于 1，则表明本企业或本地区等于或小于其他企业或地区的市场占有率。

提高市场占有率是争夺旅游者的另一种形式。市场占有率的大小，决定了一个国家或地区的旅游业发达与否，维持和扩大市场占有率是旅游竞争的重要内容之一。

四、旅游市场竞争手段

市场竞争包括供方之间、需方之间和供需双方之间以不同手段进行的竞争，这里主要讨论供方之间的竞争。旅游企业竞争的主要内容是争夺客源，提高经营利润，因而竞争手段可以分为两大类：一是价格竞争措施，二是非价格竞争措施。

（一）价格竞争措施

根据旅游产品的需求价格弹性大小，结合行业竞争的状况，通常可采用以下价格竞争策略。

（1）低价策略。这种策略是尽可能给产品定低价，以图迅速占领市场，吸引更多的游客，并有效排斥竞争对手于目标市场之外。

（2）高价策略。这种策略是尽可能给产品定高价，以期在短期内取得高额利润，尽快收回投资。通常，只要提价幅度能为旅游者所接受，不仅能保持一定的市场份额，而且可以增加企业的利润。

（3）同价策略。这种策略是使自己的产品定价尽可能与竞争对手保持同一水平。

除采取上述价格策略外，经营者还可采用成本价、门市价、批发价、季节优惠价、试营业期间的特殊价等手段。

（二）非价格竞争措施

1. 高质量策略

通过改进产品质量，提高服务水平，并通过信息沟通，使目标顾客了解到本企业产

品质量要高于竞争者产品质量。始终维持旅游产品的高质量，这是积极参与旅游市场竞争的有效手段。

2. 新产品策略

任何企业要想在激烈的市场竞争中站稳脚跟，必须适时地、有针对性地开发新产品，以扩大市场占有率。因为旅游者的需求是不断变化的，而产品又有一定的生命周期，因此，企业应根据市场变化推出新产品，以开拓新市场。

3. 专营化策略

专营化策略是指企业只选择一个或少数几个细分市场作为目标市场，以特殊的产品和服务满足目标顾客的需求，即企业利用产品差别化和低成本优势吸引旅游者，有效地阻止竞争者进入市场，进而扩大市场占有率。

五、旅游市场竞争与价格的关系

旅游市场竞争的结果，必然会引起旅游产品价格的变化，即旅游市场的竞争与价格具有十分密切的关系。价格作为竞争的重要手段之一，对企业自身、对旅游者、对竞争对手、对相关企业产品都会产生影响。因此，企业不能只从自身情况出发考虑价格问题，必须十分注意和关心竞争对手的产品价格的制定与产品价格的变化对自己旅游产品的影响，还要注意和关心对自己产品有影响的相关产品的价格变化。这种关系可用旅游需求的交叉弹性加以说明。所谓旅游需求的交叉弹性，就是指一种旅游产品价格的变化对另一种旅游产品的需求变化所产生的影响。衡量这种影响程度的尺度，称为旅游需求交叉弹性系数。计算公式如下：

$$E_{xy}=\frac{\dfrac{Q_{y2}-Q_{y1}}{Q_{y1}}}{\dfrac{P_{x2}-P_{x1}}{P_{x1}}}=\frac{\dfrac{\Delta Q_y}{Q_{y1}}}{\dfrac{\Delta P_x}{P_{x1}}}$$

式中：E_{xy}代表旅游需求交叉弹性系数；Q_{y1}代表前期 Y 种（国）旅游产品的需求量；Q_{y2}代表本期 Y 种（国）旅游产品的需求量；ΔQ_y代表该旅游需求量的变化；P_{x1}代表前期 X 种（国）旅游产品价格；P_{x2}代表本期 X 种（国）旅游产品价格；ΔP_x代表该种旅游产品价格的变化。

旅游市场上有许多旅游产品，它们之间或为互代关系或为互补关系，旅游需求交叉弹性系数因旅游市场的竞争关系不同，而呈现出不同的情况。

第一种情况：当旅游市场上两种相关的旅游产品为互代关系时，则旅游需求交叉弹性系数为正数。因为在其他条件不变时，如果 X 种旅游产品价格提高若干，对该旅游产品的市场需求就会下降，一部分旅游者就会转而寻找和购买可以替代的旅游产品，即市场上对可代用的其他旅游产品（以 Y 表示）的需求就会增加。同理，如果 X 种旅游产品价格下降，一部分旅游者就会被吸引来，从而对 X 种旅游产品的需求就会上升，则市场上对可代用的其他旅游产品（以 Y 表示）的需求就会减少。在这种情况下，其旅游需求交叉弹性系数均为正数。例如，A、B 两家五星级饭店，它们的产品互代性很强，都以欧美商务客人为目标顾客。这时 A 饭店降低价格，则会把原来属于 B 饭店的一部分客户吸引过来，在其他条件不变时，会导致 B 饭店的旅游需求下降。

第二种情况：当旅游市场上两种相关的旅游产品为互补关系时，则旅游需求交叉弹性系数为负数。由于旅游产品的综合性很强，它们彼此之间存在着互相依存、互相补充的关系。例如，国际旅游市场旅游产品供给国同外国旅行社与国际交通部门的关系是一种互补关系，外国旅行社招揽的顾客越多，它们向航空公司预订的机票就越多，向旅游供给国输送的旅游者也就越多，一个环节的收入将随着其他环节收入的增多而增多；反之，一个环节的收入将随着其他环节收入的减少而减少，即在其他条件不变时，如果 X 种旅游产品价格下降，市场上对与此成补充关系的其他旅游产品（以 Y 表示）的需求就会增加；同理，如果 X 种旅游产品价格提高，则市场上对与之成补充关系的其他旅游产品（以 Y 表示）的需求就会减少。在这种情况下，旅游需求交叉弹性系数为负数。

从以上分析可以看出，一个国家、地区或旅游企业，要制定出具有竞争力的价格，除了要考虑其自身因素外，还要考虑旅游市场上其他旅游产品的价格的变动情况，研究它们的价格变动会对自己旅游产品的销售带来什么影响，带来多大的影响，使价格成为旅游市场竞争中的一个有效手段。

第三节 旅游市场的细分

一、旅游市场细分的作用

旅游市场细分是一个以市场调研与预测为基础的分析和判断过程，是旅游目的地和旅游企业深入分析不同类型旅游者的特点，从而确定并满足其需要的经营手段。旅游市场细分是指根据旅游者的需求、偏好、购买行为和购买习惯等方面的差异性，把一个整体旅游市场划分为若干个消费者群的市场分类过程，所划分出来的每一个消费者群就是一个细分市场。例如，旅游经营者可根据旅游者外出旅游的不同目的，将整个旅游市场划分为度假型、商务型、观光型和探亲访友型等多种细分市场，在每一细分市场内部还可再进一步细分。通过市场细分，可以明显看出在每种细分市场上，旅游者对某一产品均具有比较相似的需求和偏好，而各细分市场之间，则具有明显的差异性。

市场细分对于制定正确的市场营销策略和营销组合乃至对整个营销系统均具有重要的意义。

（1）市场细分有利于旅游企业分析、发掘新的旅游市场营销机会，形成新的、富有吸引力的目标市场。通过市场细分，企业可以有效地分析和了解各个消费者的需求满足程度与市场竞争状况，发现哪类消费需求已满足，哪类消费需求满足不够，哪类消费需求尚无适销产品去满足；发现哪些细分市场竞争激烈，哪些细分市场竞争较少，哪些细分市场尚待开发。消费需求满足水平低的市场部分，通常存在着极好的市场机会，结合企业目前实力，比较市场竞争状况，抓住那些需求潜力大、竞争少并且可以利用本企业优势迅速占领的细分市场作为本企业的目标市场，并以此为出发点设计出适宜的营销战略，迅速取得市场优势地位，提高市场占有率。例如，韩国旅游经销商通过对日本客源市场进行细分，发现日本的青少年学生海外修学市场具有很大的开发潜力，故针对这一市场设计了相应产品，抢先占领了这一市场。

（2）市场细分有利于旅游企业提高竞争能力，取得投入较少、产出较高的经济效益。这是因为：①市场细分能增强企业的适应能力和应变能力。在较小的细分市场上开展营销活动，增强了市场调研的针对性，市场信息反馈较快，企业易于掌握消费需求的特点和变化，有利于及时、正确地规划和调整产品结构、产品价格、销售渠道与促销活动，使其产品适销对路，并迅速送达目标市场，扩大销售。②建立在市场细分基础上的企业营销可以将企业的人、财、物集中在几个细分市场上，增强了企业的竞争能力，避免了在整体市场上分散使用力量，从而使企业可以有的放矢地开展有针对性的经营活动。③进行市场细分易于看清楚每一个细分市场上各个竞争者的优势与劣势，有利于企业确立自己的目标市场，从而增强竞争能力，提高经济效益。

（3）市场细分有助于企业有针对性地制定旅游市场营销组合策略，更好地满足不断变化的目标细分市场的需求。市场细分后，更多的企业能够针对各自的目标市场，向满足需求的多样性和深层次性发展，从而使顾客能在市场上购买到自己称心如意的产品，企业的经济和社会效益也因此得以不断提高。

二、旅游市场细分的原则

（一）可衡量性

可衡量性是指通过市场细分后的各细分市场需具有明显的差异性，对每一细分市场的规模、购买力等均可以做出明确的估计，从质和量两个方面为制定营销决策提供可靠依据。否则，所划分出来的细分市场便没有实际意义。例如，人们往往难以判断旅游团有哪些旅游者首先考虑旅游价格问题，有多少人主要关心旅游纪念品的质量问题，等等。因此，确定划分市场特征时，必须考虑其可衡量性。

（二）可营利性

可营利性是指细分市场的容量能够保证企业从中获得足够的经济效益。它一方面要求细分市场具有一定的规模和稳定性，有足够的潜在购买者，并且他们又有充足的货币支付能力，使企业能补偿成本，并获得利润；另一方面还要求该细分市场具有一定的潜力，企业不仅在短期内可以盈利，而且通过努力可以扩大市场，使其保证长久效益。例如，某饭店发现市场中高级商务客人逐渐增多，在对套间需求有增加的趋势时，充分预测该细分市场的规模、潜力和持续时间及企业投入与产出的结果之后，才可决定是否进行改建或扩建。

（三）可进入性

可进入性是指细分出的市场要能使旅游产品有条件进入并占有一定市场份额。市场细分的目的是找出可进入并能够占领某市场的机会，如果市场的调查结果表明该市场竞争十分激烈，或竞争不太激烈但本企业不具备占领该细分市场的能力和条件，则这种细分是无效的。例如，一个接待背包旅游者的普通饭店，欲招徕国际会议旅游者是不具备条件的，因为这两类客人的需求相差太大，该饭店提供的设备无法满足后者的需求。

（四）稳定性

严格的市场细分是一项复杂而又细致的工作，因此要求细分后的市场具有相对稳定性。例如，目标市场变化太快、太大，会使制定的营销策略很快失败，造成营销资源重新调整的损失，并形成企业市场营销活动的前后脱节和被动的局面。

（五）合法性

市场细分还必须在法律和道德允许范围内进行。有些市场需求如赌博、毒品、色情旅游和不健康活动等，虽有厚利可图，但为法律或道德所不允许，也不可作为细分市场的依据，不得选为目标市场。

三、旅游市场细分的方法

市场细分的依据是客观需求的差异性，旅游市场也是如此，但旅游需求的差异性很大，究竟按哪些标准进行细分没有一个绝对化的方法或固定不变的模式。各部门、各企业可采取不同的方法、标准或变数来细分。根据市场营销学的一般原理，可从地理区域、旅游者社会经济状况、消费者购买行为和消费者心理因素四个方面，对消费者市场进行细分。旅游市场细分也可用这四个方面因素作为标准。

（一）按地理区域细分旅游市场

地理区域细分是指营销人员按照消费者所在的地理位置来细分市场。地理区域细分因素包括地区、国家、城市、乡村、气候、人口密度、空间距离等，根据上述细分因素，可将旅游市场分为不同的细分市场。从地域的角度细分旅游市场并研究细分市场特征是一种传统的细分方法，对于企业制定宏观营销战略与微观营销战略有十分重要的作用。

1. 按世界上的主要地区细分市场

据此可将国际旅游市场划分为五大区域：①欧洲区；②美洲区；③亚洲及太平洋区；④非洲区；⑤中东区。根据世界旅游组织统计，21 世纪前 10 年，世界国际旅游收入占比最多的是欧洲，其次是亚太，再依次是美洲、中东、非洲。在世界国际旅游接待人数这一指标中，占比最多的仍是欧洲，其次是亚太，再依次是美洲、非洲、中东。欧洲在国际旅游市场中的绝对优势仍未改变，依然是世界上最大的旅游目的地。但近 10 年旅游业发展态势最强的则是亚洲及太平洋地区。通过这种地理划分，能够弄清世界旅游市场的区域分割、各区域市场在总体中的比重、旅游发展速度、市场潜力、旅游者流向和流量等，这有助于制定相应的营销战略。

2. 按接待国与客源国距离远近细分市场

据此可划分为近程旅游市场和远程旅游市场。近程旅游市场泛指旅游接待国所在洲内或地区内的国际客源市场。在全世界国际旅游中近距离出国旅游，特别是前往邻国的国际旅游，一直占据绝大比重。远程旅游市场泛指旅游接待国所在洲或地区以外的国际客源市场。远程旅游市场，消费水平高，逗留时间长，文化差异大，影响因素多，变化较大。近程旅游市场，文化差异小，时间短，重复使用率高，消费相对低一些，而且行动方便，易于接近。因此在制定营销策略时，要考虑这一细分因素予以区别对待。

国内旅游也有远、近程旅游市场之分。离旅游客源近的旅游景点，其旅游业往往容易发展，反之，远程旅游人数相对较少。我国的苏杭、无锡等地，距上海市较近，这一带的游客较多。河北的秦皇岛、北戴河、承德等地距北京较近，首都成为这些地区的主要客源市场。近年来，随着国内旅游的迅猛发展，跨省区的旅游逐渐增多，远程旅游表现出较大的发展趋势。

3. 按人口密度、城市及气候细分市场

世界各国人口密度悬殊，即使同一国家或地区人口密度也不均匀。一般来说，人口众多、空间狭小、人口密度大的地区出外旅游的可能性要大得多。按城乡差别可细分为城市旅游市场和乡村旅游市场。城市居民要求旅游的人数比乡村多，占旅游者总人数的比例也比乡村多，主要原因有：第一，城市居民收入水平高，出游经济条件好；第二，城市交通发达，信息灵通；第三，城市环境质量差，迫使人们外出愉悦身心。例如，日本旅游者集中的地区主要在东京和大阪，这两个城市是日本人口集中的城市。但近年来日本的名古屋和福冈出国旅游都有较大的增长，也是不可忽视的地区。另外，日本九州距我国较近，这一地区的旅游市场发展趋势尤其应当引起重视。

气候因素也可以构成有利的细分市场。凡气候寒冷、缺少阳光地区的游客如北欧各国旅游者一般趋向于温暖、阳光充足的地区旅游，因此，地中海、加勒比海、西班牙等便成了这部分游客的主要目的地。但近年来随着东亚及太平洋地区旅游的崛起，以及地中海、加勒比海地区由于长期被利用而受到了一定程度的污染，一些旅游者已逐步向亚洲海滩转移。与此同时，在热带地区长期居住的人，愿意到冰天雪地去领略大自然的壮丽景色，像我国东北、俄罗斯等地，冬季寒冷，可办冰雪节招徕游客。

（二）按旅游者社会经济状况细分旅游市场

影响人们进行旅游活动的社会经济因素比较多，它包括年龄、家庭年龄结构、生命周期、性别、种族、宗教、收入、国籍、职业、社会阶层、文化程度、文化与血缘关系等，俗称顾客“档案”。这些“档案”，旅游企业可以从客人登记卡上查到，也可以从官方统计资料上查到，它们对旅游业来说是十分重要的细分依据。因为，大部分指标均与旅游者的需求、爱好等直接相关。下面择其主要部分进一步探讨。

1. 年龄及家庭年龄结构

旅游者年龄及家庭年龄结构对旅游有直接影响，特别是国际旅游，年龄因素尤为突出。按旅游市场学的市场细分标准之一的年龄因素，可把旅游市场划分为青少年旅游市场、成年人旅游市场、中年人旅游市场和老年人旅游市场。从整体上考察其各部分在整体中的比例以区分主体市场，根据其历年各部分比例变化来考察其趋势，分别深入各年龄组内部考察各年龄段的旅游者旅游消费特点等，是旅游市场营销进行年龄细分化研究的主要内容。通过这些研究可使服务于不同对象的旅游企业更有针对性地开发产品，制定营销策略。

不同年龄阶段细分的旅游市场表现出不同的特点。

（1）青少年旅游市场是一个不可忽视的潜在旅游市场。青少年精力充沛，进取心、好奇心强，虽然消费水平不如成年人，但市场潜力很大。近年来适合青少年的旅游产品不断涌现，如探险、滑雪、狩猎、骑马、武术、乡间生活等很受青少年欢迎。与此同时，修学旅游等发展迅速，这反映出青少年旅游的特点。例如，日本海外修学比例不断增加，从社会效益、政治影响及长远战略观点出发，青少年旅游市场的发展前景是极其乐观的。

（2）成年人旅游市场是一个正在发展中的旅游市场。对国内旅游来说，它又是一个为数相当大的旅游市场。20 岁以上的人可谓进入成年，有的在大学上学，有的在工作，这一阶段的人多数好动，喜欢探险，寻求刺激性娱乐活动。在日本，大学毕业生出国旅游正日益增多。

（3）中年人旅游市场是当今旅游市场特别是国际旅游市场的主体。这一年龄段的人外出旅游的最多，既有度假旅游，又有商务会议旅游，这部分人多已结婚成家，对这部分人来说，有无小孩、孩子年龄大小，对旅游消费需求影响很大，因此，要特别注意将其家庭结构与年龄结合起来进行考察。

（4）老年人旅游市场是一个长期稳定的市场。随着世界人口老龄化趋势的发展，老年人国际旅游客源市场不断增大，老年人旅游市场将会有很大发展。老年人收入稳定，是拥有可自由支配收入和余暇时间最多的阶层之一。老年人外出旅游的目的多是休息、消遣、探亲、访友和参观历史古迹，较之一般旅游者，他们有特殊要求：旅游景点附近道路要方便行走，导游讲解声音要大、要有耐心，关键词要重复。他们旅游的特点是：行程较远，能在旅游淡季出游，可弥补因季节波动给客源造成的影响，在外停留时间较长，更多依赖旅行商和旅行代理人的安排。

美国曾把旅游者的年龄和家庭两个因素结合在一起，把成年人家庭的寿命周期分成六个阶段：第一，年轻的单身汉；第二，年轻夫妇，没有小孩；第三，年轻夫妇，有小孩；第四，中年夫妇，有小孩在家；第五，中年夫妇，有小孩但不在家；第六，老年夫妇。上述六个阶段中，年轻的单身汉没有家庭负担，有爱玩的倾向，也有空闲时间，他们喜好旅游，但经济不甚富裕；无小孩的新婚夫妇，他们有较高购买力，有空闲时间可以外出旅游；有小孩的夫妇，家庭有负担，空闲时间少，外出旅游受到一定限制。子女年龄超过 16 岁的夫妇，外出旅游的概率比子女年龄低于 16 岁的夫妇要高。

2. 性别

旅游需求的性别差异是很明显的。一般来说，男性游客独立性较强，更倾向知识性、运动性、刺激性较强的旅游活动，公务、体育旅游者较多；而女性游客更注意旅游目的地的选择，注意财产安全因素，喜好购物，对价格较敏感。近年来，女性旅游市场有了较大发展，随着女性就业及个人收入水平的提高，女性公务旅游、观光旅游，尤其是未婚女青年和独身女子的旅游呈上升趋势。另外，在对旅游产品的需求上，也出现了新特点，一些酒店专门为独身、单身女游客设置专门楼层，并设置保卫及专项服务等。甚至还出现了不接受男性参加的妇女旅行团、提供女性陪同等。可见，女性旅游这一细分市场的开发，也值得旅游企业重视。

3. 社会阶层及文化程度

旅游是较高层次的消费需求活动，本身就要求消费者具有一定的社会地位、经济收入和文化水平。现代旅游已进入普及阶段，成为人们生活的一种必然需要，但由于旅游者的社会经济地位、收入不同，受教育程度及职业不同，仍可按社会经济地位和职业对旅游市场进行细分，并提供不同档次的产品和服务。例如，豪华旅游是为高收入人士提供的高消费旅游，经济旅游则为满足一般职工旅游需求服务。根据各种需求，可以划分为各阶层旅游市场，如职工旅游市场、科技旅游市场等。

4. 职业与收入也是划分市场的参考因素

年薪在 3 万美元以上的商人、律师、医生、管理人员收入水平较高，出国旅行机会要多于从事体力劳动、制造业等年薪收入低的人员，因此，在进行宣传促销时，要充分考虑这些因素，选取合适的媒介对目标市场加以影响，方可收到预期效果。《2017 年入境旅游抽样调查》显示，入境游客中，政府工作人员占 4.0%，专业技术人员占 14.6%，职员占 22.7%，技工/工人占 4.0%，商贸人员占 15.2%，服务员/推销员占 4.3%，退休人员占 8.9%，家庭妇女占 7.0%，军人占 0.3%，学生占 11.7%，其他占 7.3%。

（三）按消费者购买行为细分旅游市场

按消费者购买行为细分旅游市场，包括消费者的购买目的与时机、追求的利益、购买状况、消费水平、购买频率、对品牌的信赖程度、价格、服务及广告敏感程度等。由于购买行为体现了消费者对旅游营销活动的反应及态度，因此被认为是消费市场细分的最佳依据。下面选择重点项目加以分析。

1. 按消费者购买目的与时机细分市场

旅游者由于旅游动机不同，可能被不同的旅游项目所吸引。就一般旅游者外出旅游的目的来划分，大致包括以下几种主要类型的细分市场。

（1）休闲、娱乐、度假旅游：这一类旅游包括观光旅游、度假旅游、娱乐旅游等，此类旅游主要是为了放松。游客往往与家庭成员或单位组织的成员在一起，把旅游作为与其职业无关的活动。

（2）探亲访友旅游：探亲访友旅游是一种以到旅游目的地走访亲友为主要目的的旅游类别，这是一个活跃的细分市场。探亲访友旅游市场的特点是对价格比较敏感，他们常停留时间较长，目的地较为单一，其中一部分人不会使用旅馆的客房和餐厅，因为住在亲友家中的占有一定比例，因此人均旅游支出较少。从购买时机看，往往逢年过节时会出现购买高峰。另外，重复购买的频率比较高。

（3）商务、专业访问活动：这类活动包括在惯常环境以外的所有商务和专业访问活动，如商务旅游、公务旅游、会议旅游、奖励旅游、学习旅游和专项旅游等。这些旅游的共同特点是游客同个人职业或所在单位的经济活动有关。

（4）健康医疗旅游：健康医疗旅游是指在惯常环境以外的以健康、医疗为主要目的的旅游，主要包括体育旅游、保健旅游和生态旅游。

（5）宗教朝拜旅游：宗教朝拜旅游是指一种以朝拜、传经布道为目的的旅游活动。

（6）其他：包括上述各类未列入的其他目的的旅游，如过境旅游等。

上述每一类细分市场，因旅游目的不同，均体现出不同的旅游需求特点。旅游企业要根据旅游者的不同需求，提供不同的产品，满足不同的需求。

2. 按消费者追求的利益细分市场

按消费者追求的利益细分市场，是指根据旅游者所追求的利益不同而细分市场。运用利益细分法，首先要找准顾客购买产品时到底是要追求什么利益。一般而言，消费者在选择某种产品时，都是在追求某种特殊的利益。市场按消费者追求的利益可细分为以下几种类别。

（1）地位追求者：这批人购买某种牌号的旅游产品时，非常重视这种品牌能否提高自己的声望。

（2）时髦人物：这批人力图在一切活动中追求时髦。

（3）保守者：这批人偏爱大型的、有名望的企业及其所提供的产品。

（4）理性者：这批人购买产品时追求经济、价值等方面的实惠，他们讲究效用，关心所购产品是否合算，即物有所值。

（5）不随俗者：这批人特别关心自我形象。

（6）享乐主义者：这批人主要考虑感官上的享受。

运用这种方法不是要把各种利益孤立开来，而是要把消费者所追求的各种利益看成一个整体，然后对其进行分解与分析，研究各种利益对各类消费者的重要程度。虽然各类消费者对各种利益的重要性会有不同的看法，某种利益对某一细分市场有特殊的吸引力，另一种利益对另一细分市场则更有吸引力。但显而易见的是，消费者总是希望获得尽可能多的利益。

采用消费者追求的利益作为细分市场标准的旅游企业，既需要研究消费者追求什么利益，要满足哪些需要，还需要了解他们希望避免哪些问题。例如，新婚蜜月旅游者，希望有轻松愉快的气氛，在旅游中获得难忘的体验，因而应尽量避免安排他们到接待许多儿童或参加会议者的旅馆去住宿。因此，采用这种标准细分市场，企业的市场调研和产品研究工作必须与经营工作、产品和服务工作密切地联系起来，做到有的放矢。

3. 按消费者消费水平、购买频率及对品牌的信赖程度细分市场

（1）消费水平：按消费者购买某种旅游产品数量，可以将市场分为大量购买者市场、中量购买者市场和少量购买者市场。大量购买者的人数在旅游市场总人数中所占比重也许很少，但往往他们的旅游消费支出却占很大比重，重复购买的机会很多，如旅游产品和服务的大量购买者是指那些经常进行公务旅游的从事营销、推销和技术服务的人员，他们具有中等收入或高收入，消费水平较高。很显然，任何一个企业都希望能吸引大量购买者这一细分市场。

（2）购买频率：是指消费者购买某种产品或服务的次数。购买频率和使用量之间常有一定的联系，一般来说，大量使用者购买的次数也较多，企业对购买频率较高的旅游者都会给予一定的奖励，以鼓励他们多消费。

（3）对品牌的信赖程度：是指消费者对某种品牌的产品或服务的喜爱程度。在市场上，不同消费者对某种品牌产品的爱好，有很大差异。消费者对产品品牌很信赖，意味着产品在消费者心目中具有良好的形象，这也是消费者重复购买产品的保证。发现并稳住这类顾客是十分重要的，不少大企业、航空公司纷纷推出各种奖励制度、项目吸收那些多次购买本企业产品并忠实于本企业产品的顾客为会员，按程度予以不同的奖励，以增加客源的稳定性。细分市场的目的就是要寻找那些忠诚于本企业产品、消费较高并且购买频率和规模程度都很高的顾客为本企业的目标市场。

（四）按消费者心理因素细分旅游市场

心理因素细分比较复杂，而且多属于动态的。按消费者心理因素细分旅游市场主要从旅游者的生活方式和性格特征进行细分。

1. 生活方式

生活方式是指一个人或集团对于消费、工作和娱乐活动的特定习惯与倾向性方式。人们追求的生活方式不同，因而对产品的需求也不同。把追求某种生活方式的旅游者群体作为旅游企业的经营目标市场，专项设计符合于这些旅游者需求的产品，对提高旅游经济效益极为重要。一般生活方式与旅游者的社会经济地位、文化程度等关系较密切。

生活方式往往还与年龄、性别、居住地区及平时生活习惯等密切相关。老年人喜欢安静、低频率的活动；年轻人好动，喜欢快节奏；长期居住在城市的人们要通过旅游变换一下生活情趣；国外人们对夜生活是习以为常的；习惯于“现代生活”的人们喜欢跳迪斯科、坐酒吧谈天、玩保龄球等。诸如此类生活方式的差异、生活习惯的不同，都可以使经营者不仅了解哪些市场是本企业的目标市场，而且可以了解顾客购买本企业产品的心理原因，企业便可从顾客的需求入手，从而更好地占领市场。

2. 性格特征

性格是决定一个人生活方式的基础性因素，也是影响旅游动机的主要因素之一，在

研究性格与旅游需求关系模式中，较有代表性的是斯坦得•帕洛格的旅游者心理类型模式。他从旅游者性格特征的角度来探索旅游目的地吸引力的变化。他认为，目的地区域名望的兴衰随着占支配地位的性格特征团体的兴衰而变化，目的地开发的不同阶段对不同性格特征的团体产生吸引力。此模式把性格特征划分为五种类型，即自我中心型、近自我中心型、中间型、近多中心型、多中心型。可依此类标准来细分旅游市场。一个新的奇特的旅游目的地首先吸引的是“多中心型”的旅游者，这些人是旅游市场的创新者，他们非常自信，酷爱旅游，喜欢新奇，好冒险，不愿随大流，追求游人少而独特的目的地。一旦这个目的地广泛宣传开来，知名度提高，游人增加，它就开始失去对多中心型的旅游者的吸引力，他们将被中间型的旅游者取而代之。当旅游目的地吸引的主要对象为中间型的旅游者时，即处于吸引大众市场的阶段，该目的地进入鼎盛时期。中间型性格特征的旅游者，他们在旅游过程中不愿过多地冒险，但也不排斥新的体验，只要能保证安全而不特别难以忍受即可，这是发达旅游目的地的中坚力量。随着时间的推移，目的地对中间型旅游者也失去了吸引力，只能吸引自我中心型旅游者，这些旅游者的心理特征是谨小慎微，不爱冒险，贪图安逸，喜欢轻松，追求自己熟悉的环境和氛围，一旦目的地主体客源成为自我中心型的旅游者，该旅游目的地便开始衰竭。近多中心型旅游者和近自我中心型旅游者是分别介于多中心型和中间型、自我中心型和中间型之间的过渡类型。旅游企业或旅游目的地应根据旅游者的不同需求和愿望，不断推出新的产品，满足他们的需求。

四、旅游目标市场的选择

市场细分的目的是选择准确的目标市场，进而有针对性地满足目标游客的需求。在选择目标市场过程中，可采用以下三种策略：无差异性市场策略、差异性市场策略和密集性市场策略。

（一）无差异性市场策略

无差异性市场策略又称整体化市场营销策略，是指旅游企业以旅游市场整体为服务对象，采用单一的市场营销组合满足整个市场需求。

优点：①单一的生产线可以大批量地生产和销售，能够降低成本；②企业不必细分市场，从而可以相应减少市场调研和广告宣传费用；③可以大规模销售，简化分销渠道，形成规模效益。

缺点：①不能满足不同旅游者的差异性需求，因而对大多数企业是不适用的；②采用这一策略的企业，必然要设法在整个市场上占有最大份额，因而会形成对整体市场的激烈竞争；③小的细分市场被忽视，旅游者的多种需求得不到满足，销售受到限制，不利于吸引旅游者。

（二）差异性市场策略

差异性市场策略又称细分化市场策略，是指在细分市场的基础上，旅游企业针对不同细分市场的需求，设计不同的旅游产品，采取不同的营销组合手段，分别满足各类游客需求的市场营销策略。也就是说，旅游企业把整体旅游市场划分为若干细分市场，并针对这些细分市场开展市场营销活动。

优点：①更能适应旅游者的需要，从而增加旅游企业总销售量；②企业同时在几个细分市场占有优势，就会大大提高旅游者对企业的信任感，从而扩大企业声誉，提高经济效益；③有利于降低企业经营风险。

缺点：①采用差异性市场策略，势必增加企业的产品品种，要求同时具有多种销售渠道、多种销售方法和多种广告宣传，从而增加企业成本；②产品品种多，数量少，使得大批量销售受到一定限制，在产品经营中难以实现规模经济效益；③投资大，成本高，经营范围广，给企业管理带来困难。

（三）密集性市场策略

密集性市场策略是指旅游企业在市场细分的基础上，只选择某一个或少量细分市场作为其目标市场，集中企业的人、财、物实行专业化生产和经营的策略。这一策略所追求的不是在整体市场上占有较小份额，而是力图在较小的细分市场上占有较大的市场份额。采用这种策略的多是资源能力有限的中小型企业，它很难在整体市场上与大企业竞争，因而寻求在较小的细分市场上争取拥有较高的市场占有率。这样做，比较容易在某一特定市场上取得有利地位，还可以节省市场营销费用，提高产品与企业知名度，并可迅速扩大市场获得较高的经济效益。例如，美国汽车旅馆主要接待乘小汽车旅游的游客，这种旅馆为汽车游客这一细分市场提供有针对性的服务，市场占有率较高。

优点：①由于企业的全部营销活动都集中于某类细分市场，便于企业了解细分市场需要，获得较好信誉，并占有较大市场份额，从而增加企业营业收入和利润；②经营范围针对性强，容易形成产品与经营特色；③有利于提高资源利用率。

缺点：主要是企业有一定的风险。因为目标市场比较狭窄、集中，一旦市场情况发生突变，或出现较大的竞争者，整个企业就可能陷入困境。不过若能较好地利用这一策略的优点，设法克服缺点，便会取得很好的效果。

上述三种目标市场策略，各有其优缺点，一个旅游企业究竟采取哪一种策略，需要根据具体情况来决定。

第四节 旅游市场的开拓

一、旅游市场开拓的意义

旅游市场开拓是指为了实现旅游企业的战略目标、扩大旅游产品销售、实现旅游产品价值、提高市场占有率而进行的一系列经营活动。旅游市场开拓包括两个方面：一方面是充分挖掘现有市场的潜力，提高现有市场的占有率；另一方面是开发新的旅游市场。

旅游业自身的特点和旅游产品的特性，决定了旅游业对市场具有较强的依赖性。离开了市场的支撑，旅游业的生存和发展就失去了基本的条件。

（1）旅游产品的特性决定了必须要不断开拓市场。旅游业是一个服务行业，旅游产品具有不可转移性和不可储存性的特点，因此，它比其他行业对市场有更强的依赖性，市场对于旅游业是时刻不可缺少的。

（2）提高市场份额是确保旅游企业生存和发展的条件。对于旅游企业而言，无非面对两种市场，即现有市场和潜在市场。现有市场是企业已经进入和占领的市场，企业要生存，至少要维持现有市场的规模，但这仅仅解决了维持生存的问题，解决不了发展的问题。企业不能安于现状，在激烈竞争的旅游市场上，企业若不积极进取，努力寻求开拓新的市场，而只是消极防御，不仅发展问题解决不了，而且现有市场也难以维持。因此，企业必须积极挖掘市场潜力，扩大市场销售，提高市场占有率。

（3）市场开拓能力是企业经营能力的重要标志。旅游市场是竞争激烈的买方市场，在这个市场上，旅游者的需求在不断变化，竞争对手在不断变化，旅游企业由于自身的发展也在不断变化。面对这个动态的市场，企业只有不断开发新产品，开拓新市场，才能满足旅游者的需要。僵化、保守、故步自封必然要被激烈的市场竞争所淘汰。同时，正因为旅游市场处在不断变化之中，从而为旅游市场开拓提供了机会和可能。

二、旅游市场调查和预测

旅游市场的开拓，必须以大量准确、齐全的市场信息为基础。因此，运用科学的方法和手段，加强旅游市场的调查和预测，是旅游市场开拓的有机组成部分和前提条件。

（一）旅游市场调查的类型

市场调查是指运用科学的方法和手段，系统而有目的地对旅游需求、旅游供给和旅游环境等信息进行收集、分析、研究的活动。

1. 按调查的范围划分

按调查的范围，旅游市场调查可分为宏观旅游市场调查和微观旅游市场调查。

（1）宏观旅游市场调查。宏观旅游市场调查主要是为旅游目的地国家或地区制定旅游业发展战略，确定旅游市场开拓策略提供科学的依据。宏观旅游市场调查的主要调查内容包括旅游市场总需求、旅游市场总供给以及影响旅游市场供求变化的经济、政治、社会、文化教育等状况。

（2）微观旅游市场调查。微观旅游市场调查是为旅游企业不断开拓客源市场，制定正确的市场营销战略提供依据而进行的特定调查。微观旅游市场调查的主要调查内容包括旅游者需求调查、旅游市场营销状况调查和旅游市场竞争调查等。

2. 按调查的不同内容、方法和目的划分

按调查的不同内容、方法和目的，旅游市场调查可分为探索性调查、描述性调查和因果性调查。

（1）探索性调查。探索性调查主要用来收集资料。通常在两种情况下较多采用：一种情况是市场现象较为复杂，实质性问题难以确认，为了确定调查的方向和重点，首先采用探索性调查，帮助明确和寻找实质性问题。例如，某产品销售量下降，是价格原因、产品质量原因、市场服务原因或是其他原因，企业一时无法做出判断，这时，可先运用探索性调查寻求基本原因。另一种情况是当企业提出某些新的设想和构思时，可借助于探索性调查帮助企业进一步确认这些设想和构思是否可行。

（2）描述性调查。描述性调查是对市场的客观情况（包括历史情况和现状）进行如实的记录和反映。描述性调查首先需要大量收集有关市场信息，其中应当包括各种有关数据，然后对调查资料进行分类、分析、整理，形成调查报告。描述性调查一定要客观、公正、实事求是，并且一定要有定量分析。

（3）因果性调查。因果性调查主要是为了掌握有关市场现象之间的因果关系。它既可以用于了解已经发生的市场现象之间的因果关系，也可以用于某项市场试验。例如，为了试验广告效果，可以先有计划地改变广告内容、广告频率和广告时间，然后收集有关销售额、品牌知名度、市场占有率等资料，从而掌握广告对促销的影响。在使用因果性调查时，应当注意防止片面性。因为同一种现象或结果，可能是由多种因素的变化引起的，在这些多种因素中，又有主要因素、次要因素、真实因素、虚假因素等，调查人员要注意分析和鉴别。

（二）旅游市场调查的方法

旅游市场调查，就是要收集、分析、研究市场信息。市场调查所面临的信息有两种，即原始资料和二手资料。原始资料是指需由调查人员为本次调查目的而直接从调查对象处收集的信息资料；二手资料是指为另一目的，由他人所收集、整理并存放于某处的信息资料。

1. 原始资料的收集

原始资料的收集方法主要有以下四种。

（1）观察法。它是由调查人员在现场观察有关参与者及其环境以达到调查目的，观察的对象可以是产品、顾客、竞争对手、环境因素等。观察得到的第一手资料比较生动、直观、可靠。但此方法也有一定局限性，它一般只能看到表层现象，很难对深层因素进行分析，如顾客的职业、文化水平、心理动机等就很难通过观察法去了解。

（2）会议法。它是通过召集调查会的形式收集原始资料。采用会议法应注意：会议的准备必须充分，与会者的水平和素质是开好会议的基本保证；对会议内容的认真记录核实是取得可靠资料的依据。

（3）调查法。这是运用最多、适应面最广的市场调查方法，它可以用来收集各种市场信息资料。例如，顾客的行为、动机、态度、意见、竞争对手的动态、市场的热点问题、企业的广告效果、各销售渠道的状况等。调查法最适合于描述性调查，具体的方法又有三种。

第一，电话访问。此法获得信息最迅速、最及时，反应率较高，可以及时澄清疑难问题。但此法也有局限：一是谈话时间有限，不能提太多问题；二是访问对象仅限于有电话的人士。

第二，发放问卷。发放问卷包括邮寄问卷、街头发放、上门发放三种形式。此法送达率高，成本较低，比较容易被调查对象所接受。但此法的最大局限在于反应率无切实保障。

第三，人员访问。人员访问包括预约访问和街头采访。由于采用面谈方式，因此，此法最灵活，内容可多可少，可以深入交谈，可以察言观色，随时调整访问内容。但此法成本最高，最费时间和人力。

（4）试验法。它是将选定的刺激因素引入被控制的环境中进而系统地改变刺激程度，以收集和测量调查对象的反应。有时可以根据需要，将调查对象分成若干小组，然后分别给予不同程度的外部刺激变数以便进行分析对比。特别是当对同一现象存在不同解释时，运用试验法可以找出真实的原因。因此，试验法适合于因果性调查。

2. 二手资料的收集

二手资料的主要来源有以下几个方面。

（1）内部来源。内部来源包括各种会计、统计报表，企业内部的有关记录、凭证、各种经营指标以及以前的研究报告。

（2）政府来源。政府来源包括政府发布的有关信息、文件、统计公报等。

（3）报刊书籍。报刊书籍包括各种有关的报纸、杂志、手册、年鉴、书籍、企业名录以及有关机构公布的资料。

（4）商业资料。商业资料包括企业发布的信息资料，企业咨询机构出售的信息资料和研究报告。

二手资料具有一定局限性，往往不能直接原封不动地加以利用，因此，对二手资料进行评估时，应掌握三条原则。

第一，公正性。资料应客观公正，不带偏见和恶意。发布资料的机构越权威，其资料一般就越客观公正。

第二，时效性。应当注意考察资料是否过时，统计口径是否可比。

第三，可靠性。大多数统计资料是采用抽样调查的方法得到的。因此，抽取的样本是否具有典型性、代表性，抽取样本的数量是否充足，都对资料的可靠性有影响。

通常，市场调查首先从收集二手资料入手。只有当二手资料不能满足调查目的需要时，才需要着手收集原始资料。这样做的好处是：收集资料所需时间短，收集资料需要经费少，有助于更精确、更有针对性地收集原始资料。

（三）旅游市场的预测

旅游市场预测，是指对旅游市场的变化及旅游需求趋势做出分析和推断。旅游市场预测的有效性在于选择正确的预测方法及建立有效的预测模型。常用的旅游市场预测方法有旅游市场定性分析与旅游市场定量分析两种。

1. 旅游市场定性分析

定性分析法是通过逻辑分析、演绎归纳等对旅游预测目标的性质及可能估计到的发展趋势做出分析。定性分析法是较早运用于旅游市场预测的基本方法，一般包括购买者意向调查法、营销人员综合意见法和专家意见法（又称德尔菲法）。

（1）购买者意向调查法：通过对旅游者进行调查或征询，来进行旅游市场预测的一种方法。购买者意向调查法的具体做法有当面询问、电话询问、写信、要求填写调查表、设意见簿、召开座谈会等。

（2）营销人员综合意见法：由旅游企业内外的营销人员对市场做出预测。使用这种方法的旅游企业，要求每个营销员对今后的销售做出估计，营销经理再与各个营销员一起复审估计数字，并逐级上报预测数字和总汇。

（3）专家意见法：由旅游企业聘请社会上或企业内部的专家进行市场预测。首先邀请来自不同领域的有关专家若干名，通常不应少于5名。然后由各位专家对所预测的问题独立提出自己的估计和假设，以量化指标书面提交主持人。经主持人审查、汇总之后，将每位专家的意见发回到所有专家手中。这时，专家们根据上一轮预测的结果，可以修改自己的意见，也可以坚持自己的意见，又进行新一轮预测。如此往复，直到各位专家不再修改自己的意见为止。这时，就以最后一轮预测的中位数作为预测结果。

2. 旅游市场定量分析

定量分析法是运用数学和统计等方法，对较系统和完整的资料与数据进行分析，从而对旅游市场及其变化做出评估和推断的方法。用定量分析法预测旅游市场需求，一般使用统计方法和计量经济学方法，其中常用的方法有时间序列分析法和回归分析法。时间序列分析法又包括简单平均法、移动平均法、指数平滑法、变动趋势预测法；回归分析法包括一元线性回归分析法和二元线性回归分析法等。

三、旅游市场的开拓策略

通过旅游市场调查和预测，旅游企业会获得大量市场信息，在分析各种影响因素的基础上，需要对旅游市场进行细分，选择适当的目标市场，并在一定时期内，有计划地综合运用各种可能的市场营销策略和手段，进行旅游市场的扩展。为了确保一定时期内旅游市场目标的实现，需要制定一套与之协调的旅游市场营销策略。旅游市场营销策略主要包括旅游产品策略、旅游价格策略、旅游产品销售渠道策略和旅游促销策略。

（一）旅游产品策略

旅游产品是吸引旅游者、开拓旅游市场的基础。在制定旅游产品策略时，首先必须准确把握市场需求，根据市场需求有针对性地开发旅游产品。其次，要大力开发具有民族特色、地方特色的旅游产品。中国具有丰富的旅游资源，这为我国开发特色旅游产品提供了有利条件，应当充分利用这个有利条件，开发更多、更有吸引力的旅游产品。最后，旅游产品的形式要丰富多样。当今世界旅游市场上，各种形式的旅游产品不断涌现，已经不再局限于团体包价形式、以观光为主的旅游产品。从我国目前的情况看，以团体包价形式出现的观光型旅游产品仍占主导地位。我国应当在继续经营团体包价旅游的同时，大力发展散客旅游、半包价旅游；在继续经营观光旅游的同时，大力开发度假旅游、会议旅游、商务旅游以及专项旅游，加大旅游产品开发的深度。

（二）旅游价格策略

旅游价格制定得是否合理，直接关系到旅游产品的竞争力，影响到旅游市场开拓的效果。在制定旅游价格时，首先要明确定价目标，即根据旅游市场开拓的任务，根据旅游目标市场顾客群的实际情况以及竞争对手的价格，有针对性地确定自己的旅游价格，避免定价的盲目性，避免不顾市场情况的定价倾向。其次，根据定价目标选择适当的定价方法和灵活的定价形式。要注意降低直观价格，尤其要注意价有所值，确保质量兑现。最后，要注意保持价格的相对稳定，频繁的价格变动将使市场无所适从，也不利于市场稳定。

（三）旅游产品销售渠道策略

旅游产品必须通过一定的销售渠道才能实现交换。在旅游产品交换过程中，旅行社、饭店以及其他旅游企业均面临销售渠道的选择问题。毫无疑问，旅行社仍然是销售渠道的主体，旅游产品的销售，主要是通过旅行社来实现的。就销售职能而言，可将旅行社分成两类，即旅游批发商和旅游零售商。旅游批发商的业务涉及旅游产品的重新组合、定价、促销和配售等。旅游零售商的主要业务是直接向旅游者销售旅游产品。旅游产品销售渠道选择是否合适，直接影响着旅游产品的销售。中国现阶段以发展入境旅游为主，我国的客源市场在相当程度上要借助于国外旅游批发商和零售商的支持来发展。我们应当选择那些与我国的目标顾客群的要求相适应的旅行商，特别要注意发展与国外大型的、信誉较高的旅行商的业务关系，在价格、促销等方面给予对方必要的支持与合作，以发展和壮大我们的销售渠道网络。

（四）旅游促销策略

旅游促销是促进旅游产品销售的多种手段的综合运用，如广告、宣传、公关、参加或举办各种旅游博览会等。促销已成为各国、各企业参与旅游市场竞争的重要手段，也是我国进一步开拓国际旅游市场亟待加强的战略重点。第一，要增加促销经费。促销经费不足是目前制约我国旅游市场竞争力的一个重要因素。第二，要加强促销的针对性，提高促销效果。要针对主要客源市场加强促销，促销内容要有的放矢。第三，促销形式要多样化，突出中国的民族特色。第四，在继续加强统一的形象宣传的同时，还要进一步加强产品促销。这方面，必须进一步调动各地方、各企业的积极性，动员和组织各地方与企业参加促销。第五，要加强促销的计划性和稳定性，保持一定的促销力度。

案例分析 “研学旅行”成亲子游热点

还没到暑假，身在新疆的等等妈就开始查阅各大旅行机构的旅游产品了。8 岁的等等已经去过上海迪士尼，今年可能还要再去一趟。“孩子就喜欢冰雪奇缘，对看风景没什么兴趣。”等等妈说。

“我希望她能玩得有意义，不要只是疯跑。最好是迪士尼这样的地方，能跟她平时看的书和动画片结合起来。”等等妈记得女儿看到米奇和白雪公主时，很激动，还会跟着小朋友一起合唱米奇妙妙屋的歌，“比她坐邮轮出国玩开心多了”。

在旅游业界，暑期亲子游是必争之地。此前亲子游的产品相对单一，除了动物园、海滩戏水等活动，就是去各个名校参观。迪士尼如此火爆，主要得益于它是少数适合孩子的主题游线路。在旅游市场，也有企业专门做游学、夏令营、社会实践，只是一直没有成为主流。在 2017 年这个夏天，它们所代表的“研学旅行”突然成为亲子游的关键词。

一、旅行期望在升级

变化的直接原因是一份文件。2016 年底，教育部等 11 部委联合印发《关于推进中小学生研学旅行的意见》，提出各中小学要结合当地实际，把研学旅行纳入学校教学计划，并且要求把中小学组织学生参加研学旅行的情况和成效作为学校综合考评体系的重要内容。

不少业内人士都把这份意见称为天上掉馅饼，砸火了一个至少有 1 亿中小学生的研学旅行市场。

世纪明德董事长、青青部落创始人王学辉就是其中之一。“很难估计研学旅行的市场潜力到底有多大。游学、研学、营地教育、社会综合实践无法准确定义，我倾向按照领军企业的市场集中度来倒推行业规模。”王学辉算过，在国际游学领域，龙头新东方国际游学年销售额为四五亿元，按照龙头企业市场份额占 1%～3%的规律，倒推国际游学市场为二三百亿元。国内游学龙头是世纪明德，年销售额也是 4 亿元，因此国内游学市场规模也是二三百亿元，加起来就是 400 亿元至 600 亿元。

此前，由于安全责任重的缘故，王学辉和同事们只在全国“生磕”下 3000 多所愿意组织学生出游的学校，这些学校只占全国中小学的 5%左右。

“文件出台后，研学旅行变成了学校的刚需，肯定有利于拓展市场。”王学辉也坦言，每年教育部出台的文件一大摞，学校不可能每份文件都积极落实，尤其在涉及学生人身安全的出游方面更趋于保守。他估计，文件会鼓励一部分原本就不排斥组织学生行万里路的学校勇敢实施，这部分学校的比例估计在 20%～30%。

除潜在客户的增加，11 部委意见还为研学旅行创造了一块盈利区间。作为社会综合实践课，研学旅行可以在学期中开展，这就打破了过去亲子游 99%只能在暑期开展的惯例。不用与传统的旅游人群争抢，车、房、票、辅导员资源都比较充裕，企业可以拥有更高盈利点。

11 部委意见是行业爆发的外因，根本原因是家长对研学旅行的需求。“现在的家长都是‘80 后’‘90 后’，他们的教育观念在改变，心态更加开放，愿意通过考试、课堂之外的形式来丰富孩子的成长经历。”对旅游，家长也不再满足于看山、看水、看景点，而是希望孩子能够将读万卷书、行万里路结合起来，在行程中收获更多。

王学辉认为，内因和外因催生了千亿元市场。“意见发布之后，各种投资机构纷纷涌现出来。”密集接触资本后，他判断研学旅行市场会超千亿元规模，未来 10 年至 20 年都将是朝阳产业。

二、安全性能是刚需

在低价游屡禁不止的旅游界，亲子游是块难得的肥肉——复购率高，对价格不敏感，这在中国当下的旅游群体中非常罕见。对此，等等妈谈了自己的想法：“带孩子出门，安全第一，能玩得好就行，便宜的团我还不敢报呢。”从 3 岁开始，等等每年夏天都要跟父母一起出门旅游。因为机票昂贵，一家三口每次花费基本在 2 万元左右。

这还是普通的景区游。如果参加国内营地体验，一个孩子 2 周的花费就要 2 万元左右；如果出国参加夏令营，报价就要翻几倍，普遍在 4 万元至 6 万元，有时还会更高。王学辉发现，只要行程设计得有意义，安全有保障，再配上“专业”“国际”“双语”“团队协作”等标签，家长有很大概率刷卡报名。

随着进入者越来越多，大家也意识到，想要从这个诱人的市场里真正分到一杯羹，并不容易。

刚刚宣布成立“同程好妈妈”、进军亲子游的同程旅游就吃过亏。早在 2015 年，同程旅游就赞助了湖南卫视特别火爆的节目《爸爸去哪儿》，还紧跟节目将星爸星娃们去过的地方变成旅行线路，放在网上售卖。出乎意料，有些线路的销售状况并不理想。

“比如节目中的陕西窑洞，家长怕孩子会吃苦受累，就放弃了。”同程旅游创始人、同程国旅（集团）总裁吴剑说，“这件事情让我们意识到，研学旅行、亲子旅游的行程设计需要在保证安全的基础上，找到优质内容做支撑。这个内容可能是一本故事书，比如根据《童话大王》做童话大王小镇旅行，也可能是一场科学实验，比如做环保卫士。总之，没有产品创新，就无法满足中国家长升级的消费需求。”

在内容支撑的基础上，更高标准的研学旅行需要把教育功能镶嵌在旅途中的每一个环节。同程安亲教育首席教育官黄泰山举例：每次参加夏令营研学或者游学，家长都会给零花钱，大部分在 300 元至 500 元之间。因此在活动中，辅导老师会要求孩子们写理财日记。

前几年，有一个叫李磊的学生，他带着家长给的 200 元零花钱参加夏令营研学。在最后一天，他给两个辅导老师、讲解老师、司机师傅 4 个人各买了一瓶冰红茶，花了 12 元；车上有两名学生钱丢了，他给每个学生捐了 5 元，花了 10 元；他在长城脚下给爷爷买了一份礼物，花了 20 元；自己 1 分钱没花。后来，他在南京大学参加新加坡国际留学全额奖学金面试时，讲了自己最难忘的这次夏令营日记。最终，虽然他英语只考了 C，不符合学校对英语 A 级的要求，他还是被破格录取了。

“理财日记只是一个小点。”黄泰山认为，成功的研学旅行设计，如果有 100 个细节，那么每个细节都应该有教育功能。同时，还要成本低，虽然家长对价格不敏感，但是高得太离谱也不行；要容易操作，普通老师经过培训就能辅导完成。这些因素都做到了，最终的效果才能让家长和学生认为花费不多，收获很大。

三、配套服务需跟上

在全国的旅游城市中，浙江绍兴可能是最早开始研学旅行实践的。早在 2006 年，当地就策划了“跟着课本游绍兴”品牌线路，并注册了“课本游”的商标。

“绍兴选择课本游很自然，因为绍兴在中小学课本里的分量实在太重了，”绍兴市文化旅游集团副总经理仲丽华数了数，“大禹三过家门而不入，保留完好的大禹陵在绍兴；中学读兰亭序，绍兴兰亭景区每年都要举行兰亭书法节，还有中国书法的最高奖项兰亭奖；大家吟诵陆游《钗头凤》，这首诗还保留在绍兴沈园景区；《从百草园到三味书屋》，景区还会在春节还原鲁迅笔下的《社戏》。”

针对学生，绍兴对研学产品做了专门设计。例如，“三味早读”会让学生穿着长衫上私塾课，把《从百草园到三味书屋》制作成钢笔字帖；兰亭雅集设计了曲水流觞、书法描红制作纸扇、拓碑等活动，孩子们在活动中就复习了王羲之跟鹅的故事。

更关键的是，站在旅游管理部门的角度，绍兴将整个古城打造成一个研学旅行的大景区，以鲁迅故里为核心，辐射到兰亭、大禹陵、名人故居、沈园等，适合各年龄段学生。这让“跟着课本游绍兴”很快打出了知名度。2016 年，绍兴被国家旅游局评为中国研学旅游目的地，鲁迅故里也成为全国研学旅游示范基地。

“去年，我们总共接待了 65.71 万人次的学生，经常有各地学校的高中生到绍兴研学旅行，”仲丽华认为这也得益于绍兴的低价政策，“鲁迅故里景区向全国免费开放，参加研学体验活动收费也比较低，所以全国各地学生来得比较多。”

研学旅行的意见下发后，越来越多的城市、景区醒悟过来，纷纷到学生们最熟悉的书本里寻找证据，支持自己成为研学目的地。

“在全国通行的各种版本教材中，扬州出现超过 100 次，”这是扬州市旅游局局长、原扬州市广陵区教育局局长张贵联的最新发现，“扬州天然就适合研学游。”

要把书本里的扬州变成孩子们喜欢的扬州，当地同样在费用优惠和活动设计方面下了一番工夫。2017 年，扬州制定了“3 号文件”，对瘦西湖、大明寺、个园、何园四大景点实行阶段性优惠。例如，在 6 月至 8 月，瘦西湖平日门票的学生票只要 15 元。此前，瘦西湖平日门票为 90 元，节假日高达 150 元，学生票半价也不便宜。

从 2011 年起，张贵联就开始研究“跟着书本看世界”的理念，几年下来，得出的结论是一个好的亲子游景区要对孩子友好，还要让父母参与其中，“亲子游是一家三口的活动，除了关注孩子，也不要忘记一同参与的爸爸妈妈。能让一家三口都‘尖叫’的产品，才是最好的产品。”

资料来源：佘颖．“研学旅行”：玩出深沉来[N]．经济日报，2017-06-21（14），有改动

复习与思考

一、重点概念

旅游市场　旅游市场竞争　旅游市场细分　旅游市场开拓　旅游市场调查　旅游市场预测

二、简答题

1. 什么是旅游市场？
2. 旅游市场的构成要素有哪些？
3. 旅游市场有哪些特点？
4. 如何理解旅游市场的功能？
5. 旅游市场有哪些类型？
6. 如何理解旅游市场竞争的必要性？
7. 旅游市场竞争的主要内容是什么？
8. 旅游市场竞争有哪些主要手段？

三、论述题

1. 论述旅游市场在旅游经济发展中的特点和功能。
2. 论述旅游市场细分的方法。
3. 试述旅游目标市场的选择。
4. 试述旅游市场的开拓策略。

第六章 旅游价格及策略

旅游市场上，旅游消费者购买旅游产品，满足旅游需求，需要支付一定的货币；旅游经营者卖出旅游产品，实现自身利益，则需要有合适的产品价格。在旅游消费者和旅游经营者的交换关系中，合理的价格是保证交换能够顺利进行的前提条件。由于价格还是旅游宏观调控的一个重要手段，因此价格也是旅游经济运行的指示器和调节器。本章主要研究旅游价格的概念、构成和分类；在此基础上进一步研究旅游定价的问题，分析了制定旅游价格的依据及要达到的目标；结合旅游经济发展的实际，对旅游价格的制定方法和策略做了探讨；对旅游价格管理的作用、形式和监督做了系统分析。

第一节 旅游价格的构成和分类

一、旅游价格的构成

旅游价格是旅游者为了满足旅游活动的需要所购买的旅游产品的价格，是旅游产品价值的货币表现形式，它是旅游产品价值、旅游市场的供求和一个国家或地区的币值三者变化的综合反映。在市场经济中，一方面，旅游活动的商品化是必然结果，旅游者食、住、行、游、购、娱等需求必须通过交换活动，通过支付一定的货币量才能获得满足；另一方面，旅游经营者在向旅游者提供旅游产品时，必然要求得到相应的价格补偿，于是在旅游者与旅游经营者之间围绕着旅游产品的交换而产生了一定货币量的收支，这就是旅游价格。从旅游经营者的角度看，旅游价格又表现为向旅游者提供各种产品和服务的收费标准。

研究旅游产品的价格构成，首先要区分旅游产品的存在形式。在现实的旅游市场交换中，用于交换的旅游产品主要是以两种形式存在的：一种是单项旅游产品的价格构成，另一种是线路旅游产品的价格构成。

（一）单项旅游产品的价格构成

单项旅游产品只是旅游者在旅游活动中所要涉及的住宿、餐饮、交通、娱乐、购物等其中的某一项，无论哪一种单项旅游产品，其价格都是由成本和盈利两部分构成的。

1. 成本

成本是生产单位产品所需费用的总和。旅游产品的生产成本包括三部分内容：第一部分是提供旅游服务所凭借的旅游接待设施设备、交通运输工具、建筑物以及各种原材料、燃料、能源等的成本；第二部分是旅游企业从业人员的工资，它们是旅游企业从业人员提供劳务的价值补偿，是活劳动的耗费部分；第三部分是旅游企业的经营管理费用，是企业在生产经营活动中必须支付的一定费用。需要指出的是，旅游产品价格中的生产成本，是指生产同类型旅游产品的社会平均成本。生产同种类型旅游产品的众多企业中，由于各种原因，它们所生产产品的个别劳动耗费是不一样的，导致旅游产品的价值有高有低，但在市场上，价格中的生产成本只是该产品一定时期内的社会平均成本。

2. 盈利

盈利是旅游产品价格扣除成本的剩余部分，是旅游企业从业人员为社会劳动所新创造的价值部分。它包括向政府缴纳的税金、贷款利息、保险费用和旅游产品经营者的利润。税金是纳税人依法向国家纳税的金额，利润则是企业获得的收入中扣除成本、税金、贷款利息及保险费后的余额。一般情况下，利润与价格是呈正相关的，价格水平越高，企业所获得的利润就越多。

（二）线路旅游产品的价格构成

线路旅游产品或组合旅游产品是旅游经营者特别是旅行社把多个单项旅游产品组合在一起提供给旅游者的。线路旅游产品的价格是由购进成本加上旅行社的自身经营成本和利润构成的。其中，旅行社在组合旅游产品时，用于购买各项旅游产品的费用之和，称为旅行社的购进成本或代办费。由于这些交通费、餐饮费或住宿费是由旅行社批量代办的，所以旅行社的购进费用总是要比旅游者分别、多次购买后的总费用低。

无论是单项旅游产品，还是线路旅游产品，其价格构成本质上基本一致，都是成本与盈利的相加，只是统计口径和计量部分上有所差别，这种差别在不同类型的旅游价格中也普遍存在。

二、旅游价格的分类

由于旅游产品价格的构成综合复杂，因而按不同的划分标准，旅游价格可分为不同的类型。

（一）按旅游者购买旅游产品的方式划分

按旅游者购买旅游产品的方式，旅游价格可分为统包价格、小包价格和单项价格。

（1）统包价格和小包价格。统包价格是指旅游者根据自己的需要，一次性购买旅行社推出的某条旅游线路的价格。小包价格是指旅游者通过旅行社购买旅游线路，但旅游者只一次性支付线路产品中的某一部分或几部分，其余部分由旅游者以零星购买的方式支付。在国际旅游中，越来越多的游客趋向选择只含机票和饭店的包价，而游览的门票、导游翻译费等则由旅游者自己视具体情况而定。旅游统包价格和小包价格是旅游者在购买旅游线路产品时发生的价格，反映的主要是旅游者与旅行社之间的一次性交换活动，其价格由三部分构成：各单项旅游产品的价格总和、旅行社的盈利和管理费。旅游统包价格和小包价格的特点首先是方便，避免了多次购买的烦琐，其次是优惠，可以享受批量购买带来的折扣，不足之处在于不能完全适合旅游者的需要。

（2）单项价格。单项价格是旅游者不通过任何中介机构，以零星购买方式所购买的旅游产品的价格。旅游者每次购买的只是旅游活动诸多环节中的某一项或几项单项旅游产品，如旅游者单独购买的车票的价格、客房的价格、景点门票的价格等。单项价格由旅游产品经营者的成本和盈利构成。采用单项价格的优点在于灵活，旅游者可以根据自己的喜好和时间安排所要购买的内容，不足之处在于手续烦琐，价位较高。

（二）按旅游者活动所涉及的范围划分

按旅游者活动所涉及的范围，旅游价格可分为国内旅游价格和国际旅游价格。

（1）国内旅游价格。国内旅游价格是指旅游者在本国国内旅游的价格。国内旅游价格具体还可细分为国内旅游包价和国内旅游单价。

（2）国际旅游价格。国际旅游价格包括出境旅游价格和入境旅游价格。无论是出境旅游价格还是入境旅游价格，其价格一般包含三部分：国际交通费用、旅游目的地国家或地区旅游产品的价格和客源国的旅游服务费。

在我国，国际旅游价格的标准是针对国际旅游者制定的，国内旅游价格标准是针对国内居民制定的。目前，无论是在国内机票、火车票、景点门票，还是在饭店的入住支出上，国际旅游价格与国内旅游价格都有很大的差别，其原因与我国现阶段的经济发展水平和旅游发展状况有关，我国目前还属于发展中国家，旅游的发展也是先发展入境旅游业、后发展国内旅游业，而后才是发展出境旅游业。因此，国内居民的可支配收入没有海外旅游者高，旅游的意识也普遍没有海外旅游者强，决定了我国国内旅游价格暂时要低于国际旅游价格。以后，随着我国经济水平的提高、旅游业国际化进程的加快，这种二元现象会逐渐得到控制和消除。

（三）按旅游者对旅游产品的需求程度划分

按旅游者对旅游产品的需求程度，旅游价格可分为基本旅游价格和非基本旅游价格。

（1）基本旅游价格。基本旅游价格是旅游者在活动过程中必不可少的旅游需求部分的价格，主要包括住宿价格、餐饮价格、交通价格、游览价格等，是旅游者必须要进行消费支出的价格。

（2）非基本旅游价格。非基本旅游价格是指旅游者在活动过程中可发生也可不发生的旅游需求部分的价格，如向旅游者提供的日用品价格、医疗美容价格、旅游纪念品价格等，旅游者支付与否、支付多少，都不会影响旅游活动的顺利进行。

划分基本旅游价格和非基本旅游价格，对旅行社具有实际的操作意义，可以帮助旅行社在组合线路产品、编排具体游览行程时，明确哪些项目应当包括在内，并计算其价格；哪些项目可以由旅游者自由决定，不必计算其价格，也不纳入线路旅游产品的价格构成当中。

（四）按旅游企业的营销角度划分

按旅游企业的营销角度，旅游价格可分为旅游差价和旅游优惠价。

1. 旅游差价

旅游差价是指同种旅游产品，由于在时间、地点、质量、销售环节等方面的差异而引起的价格差额。同其他商品差价一样，旅游差价是产品价值的实现形式，是价值规律作用于价格的具体表现。旅游差价主要又有旅游批零差价、旅游地区差价、季节差价和质量差价四种形式。

（1）旅游批零差价。旅游批零差价是指同种旅游产品批发价格与零售价格之间的差额。任何产品在销售时，每经过一个中间环节都要耗费一定量的劳动，旅游产品也不例外。旅游产品的批零差价一般是发生在旅游批发商和旅游零售商之间。在旅游经济活动中，旅游批发商主要负责推出旅游产品，即设计和编排旅游线路；而旅游零售商则从旅游批发商手中购进旅游产品，再将旅游产品销售给旅游者。在这个过程当中，旅游零售商需要耗费一定的劳动，支出一定的费用，获得一定的利润，缴纳一定的税金，这些都必须计算到旅游产品的零售价中，由此形成了批发与零售之间的差额。该差额就是旅游零售商卖给旅游者的旅游产品价格，高于旅游零售商从旅游批发商处购得旅游产品价格的部分。

（2）旅游地区差价。旅游地区差价是指同种旅游产品在不同地区销售所形成的价格差额。旅游地区差价的形成主要与不同地区的旅游需求有关，不同地区的旅游需求又与该地的旅游资源状况密切相关。在旅游热点地区，旅游资源一般组合较好、特色鲜明、数量丰富，旅游设施齐全，旅游综合接待能力强，对旅游者具有较大的吸引力，由此导致了旅游产品价格较高；而在旅游冷点地区，其整体旅游产品总是存在这样或那样的问题，或者是旅游资源缺乏，或者是交通条件不具备，再或者是旅游环境恶劣，如此种种，致使旅游地吸引能力弱，有效需求少，旅游价格也相对较低，因而产生了旅游产品的地区差价。合理地应用旅游地区差价，能够从一定程度上缓解热点地区和冷点地区的供求矛盾。在旅游热点地区实行高价，可以控制进入该区的人数，在旅游冷点地区实行低价，可以吸引更多的旅游者前往消费，从而改变客源国或客源地区的旅游流向，促进各地区旅游业的均衡发展。

（3）季节差价。季节差价是指同种旅游产品在不同的季节销售所形成的价格差额。旅游者的旅游活动受季节影响大，是旅游季节差价产生的主要原因，这使旅游产品的销售有了淡季和旺季之分。世界上不同的国家和地区，其气候条件和自然条件并不都很相似，因而出现旅游淡旺季的时间也不一定相同。但是，不管旅游淡旺季的时间出现在什么时候，旅游经营者都要善于应用旅游季节差价，有效地调节旅游供求关系，使淡季不"淡"，旺季也不至于太过拥挤，促进旅游企业经营活动的正常进行。

（4）质量差价。质量差价是指同类旅游产品由于质量不同而产生的价格差额。市场上的旅游产品，无论是有形的物质部分，还是无形的劳务部分，由于它们耗费的劳动量不同，满足旅游者需求的程度不同，从而它们的质量也不相同。反映在价格上，就是旅游质量差价。质优价高、质低价低、按质论价是实行旅游质量差价必须遵循的原则。只有如此，才能维护旅游者的权益，保障旅游生产者和旅游经营者的利益。

2. 旅游优惠价

旅游优惠价是指旅游产品供给者在明码公布的价格基础上，给予产品购买者一定比例折扣或优惠的价格。旅游优惠价主要有以下几种形式。

（1）销量优惠。销量优惠是根据消费者购买旅游产品数量的多少而实行的优惠，具体又可分为累计折扣优惠和非累计折扣优惠。累计折扣优惠是指同一旅游者在规定时间内购买的产品超过确定的基数后，旅游产品的生产者或经营者给予的一定的折扣优惠。非累计折扣优惠是消费者一次性购买量达到规定的要求后即刻给予的价格折扣。两种形式的优惠，目的都在于建立和巩固旅游企业与客户之间长期的买卖与合作关系，鼓励和刺激旅游者扩大购买量，增加企业利润。

（2）同业优惠。同业优惠是指对同行消费者给予一定的价格优惠，如航空公司对旅行社、饭店人员的优惠，旅行社对饭店、航空公司人员的优惠，饭店集团人员入住联号饭店的优惠，等等。优惠的程度或比例，既可自行规定，也可互相商定，目的都是互利互惠，促进合作，保证相关企业之间业务活动的顺利进行。

（3）老客户优惠。老客户优惠是指旅游企业对经常有业务联系的单位及老顾客给予一定的价格折扣。对老客户实行优惠，是旅游企业稳定客源、扩大销售的重要手段。

（4）现金优惠。现金优惠是指旅游企业为了鼓励消费者以现金方式付款，而给予旅游消费者一定的价格折扣。目的是杜绝旅游经营活动中的拖欠款现象，加快资金周转，减少资金的占用成本。

三、旅游价格的特点

旅游价格是旅游产品价值的货币表现，旅游产品的特殊性决定了旅游价格具有与一般商品不同的突出特征，主要表现在以下几个方面。

（一）旅游价格的综合性

旅游价格的综合性是由旅游产品的综合性所决定的。旅游产品由旅游资源、旅游设施、旅游服务等多种要素综合构成，可以满足旅游者在旅游活动中食、宿、行、游、购、娱等多方面的物质需要和精神需要，旅游者每用到其中的某一产品要素，或是满足了某一方面的物质或精神需要，都要以一定的货币与有关的旅游经营企业发生交换。这种交换一般不会单独发生，一种交换的产生必然要引起一系列交换的发生，因而，决定了旅游产品的价格也必然是由各种单项价格所构成的综合性价格。只是，旅游者在支付旅游产品的价格时，支付的方式可以是一次性完成的，也可以分多次进行。

（二）旅游价格的复杂性

旅游价格的复杂性是由旅游产品的多种生产经营部门所决定的。旅游产品的生产和经营涉及饭店、宾馆、旅行社、航空、景区、景点等多个部门和行业。这些部门和行业都有特定的经营范围，都可以根据自身的实力和市场的供求状况，对企业的成本和利润进行独立核算；而且，不同部门和行业其旅游产品价格的计量单位也各不相同，交通部门以公路或铁路的里程数来计价，宾馆、饭店以时间来计价，而旅游景区、景点则是以次数来计算。因而，旅游产品价格在构成上是相对复杂的。复杂性的另一面还表现在，由于旅游产品同时也是一种无形的产品，主要是以劳务的形式表现出来，因此，在旅游价格的构成当中，服务所占的比重较大，而服务价值量的确定不完全是以投入劳动量的多少来估算，更多的是取决于服务的态度、技巧、方法等非劳动消耗。因此，旅游价格的确定以及旅游者对产品价格水平的判断都是比较复杂的。

（三）旅游价格的波动性

与一般商品的价格相比，旅游产品价格具有较大的波动性。造成旅游价格波动的原因主要集中在三个方面。

第一，旅游产品及旅游活动具有较强的时令性和季节性。淡季，旅游者人数减少，旅游产品供过于求，旅游价格趋于下降；旺季，旅游者人数增多，旅游产品供不应求，旅游价格就会上升。由于特定时期游客数量的增减而导致的供求关系失衡，必然会引起旅游价格的季节性波动，而波动幅度的大小则因不同旅游地的实际情况和不同旅游企业所采取的措施而有所区别。

第二，旅游产品具有脆弱性。旅游产品构成成分复杂，关联性强，其中某一成分供应比例的失调，都会引起其他关联成分的变动，导致整体旅游价格的上下波动。此外，由于旅游产品的脆弱性还体现在容易受到社会、经济、战争等诸多外在因素的影响，因此，一旦这些影响因素产生负面作用，给旅游产品的生产和经营带来困难，旅游产品的价格也必然发生较大的变动。

第三，旅游产品具有较强的替代性。旅游产品在现阶段还属于一种高消费品，旅游活动也属于非必需的消费活动，旅游者对产品的选择具有较大的弹性空间。当旅游替代品的价格上升时，人们就会涌向旅游产品，增加对旅游产品的消费；当旅游替代品的价格下跌时，人们则会涌向旅游替代品，减少对旅游产品的消费。旅游产品销售的起起落落，反映在价格上，就是价格水平的无规则波动。

（四）旅游价格的垄断性

与一般商品的价格相比，旅游产品价格还具有较强的垄断性，特别是产品构成中包含有大量独特旅游资源的产品价格。这些旅游资源或产品，如长城、故宫、九寨沟、石林等，它们是在很特殊的历史条件和自然环境中生产出来的，在社会价值、历史价值和科学价值上具有不可替代性，不可能通过现代的劳动和技术进行再生产。因而，它们的价格是无可估量的，它们的价格则因为资源的稀缺性和产品经营的独占性而表现出垄断的特点，在制定具体的价格水平时可以不受成本高低的影响。另外，一些科技含量极高的现代旅游产品，它们在短时期内也不容易被模仿、复制或再生产，在国际旅游市场上无竞争对手可言，因而，在价格的制定上它们也具有垄断性。

第二节　旅游定价的机制和目标

一、旅游定价的机制

（一）价值理论是制定旅游产品价格的基础

商品的价格是以价值为基础的，旅游产品也不例外。因此，旅游产品价格的高低取决于该产品价值量的大小，也就是生产该产品的社会必要劳动时间。所谓社会必要劳动时间，就是指在现有社会的正常生产条件下，在社会平均的熟练程度和劳动强度下，制造某种使用价值所需的劳动时间。劳动生产率高的国家或地区，生产同一旅游产品所必需的劳动耗费少，旅游产品蕴含的价值量比较少，生产过程中的劳动耗费，只要以较低的价格将产品销售出去，就可以得到补偿；而劳动生产率低的国家或地区，情况正好相反，旅游产品蕴含的价值量较大，生产过程中的劳动耗费必须通过较高的产品价格才能得到补偿。但是，在国际旅游市场上，旅游产品的价值和价格是以国际社会必要劳动时间来计量的。劳动生产率高的国家或地区，企业生产某一旅游产品的个别劳动时间往往低于国际社会必要劳动时间，而出售旅游产品的价格却等同于国际社会价格所决定的价格，产品的价格高于价值，企业可以获得较高的利润。劳动生产率低的国家或地区，企业生产该种旅游产品的个别劳动时间往往高于国际社会必要劳动时间，但其产品仍须按照国际社会价值决定的价格出售，该产品的价格就会低于价值，劳动耗费得不到补偿，企业就无利润可言。因此，对于不同的旅游经营企业来说，努力改善经营管理办法，提高劳动效率，才能在竞争中占据主动。

（二）市场供求关系决定着旅游产品的现实价格

旅游产品无论其价值量的大小，都必须拿到市场上进行交换，其价值和使用价值才可能实现。而产品在交换的过程中，其价格就不可避免地受到供求关系的影响。可以说，在价值量一定的情况下，旅游产品的现实价格在很大程度上取决于旅游市场上供需双方的关系变化。市场上，供大于求时，旅游价格趋于下降；供不应求时，旅游价格趋于上升。上升和下降的幅度取决于市场的具体竞争状况。

（三）市场竞争状况决定着旅游产品的成交价格

旅游市场上的竞争，既有供给者之间的竞争，也有需求者之间的竞争，还有供给者与需求者之间的竞争。旅游供给者之间的竞争是卖主争夺买主的竞争，会使旅游产品的市场成交价实现在较低的价位上；旅游需求者之间的竞争是买主争夺旅游产品的竞争，会使旅游产品的市场成交价实现在较高的价位上；而出现供需双方的竞争时，供给者坚持要以更高的价格将旅游产品卖出，需求者坚持应该以更低的价格买到合适的产品，双方力量的对比最终将决定成交价格是向上倾斜，还是向下倾斜，但是向下倾斜的量不能超过旅游经营者所能接受的最低价格，向上倾斜的量也不能超过旅游消费者所愿付出的最高价格，否则买和卖都不能继续进行。

总之，旅游市场的竞争状况决定着旅游产品的市场成交价格。只是，不同的市场时期，竞争中的主要矛盾并不相同，导致了旅游产品的成交价格，在不同的时期也会发生相应的变化。

（四）政府的经济政策调节着旅游产品的成交价格

在市场经济中，价格虽然可以敏感地反映供求关系的变化，反映资源的稀缺度。但是，市场机制和价格机制并不能完全解决市场运行中存在的问题。旅游目的地国家为了对市场进行宏观调控，实施其经济发展战略，必然要制定一系列的宏观经济政策，其中也包括价格政策。这些政策和措施作用于旅游市场，最终还要通过市场价格体现出来，对维护市场秩序、保护消费者利益和保障企业经营活动的顺利进行，发挥着积极的指导作用。例如，近年来，随着旅游业的快速发展，我国许多地区的旅游饭店数量剧增，很快出现了供过于求的情况。为了争夺顾客，很多饭店盲目削价，造成了市场的恶性竞争。为此，国家有关部门只能制定相应的政策，对饭店业的价格进行干涉，如规定涉外饭店客房租金的最低价，规定客房价格的浮动幅度，等等，客观上保护了饭店业的整体利益。

综上所述，旅游价格的制定一般以旅游经营者所能接受的最低价格为下限，以旅游消费者所愿付出的最高价格为上限，旅游市场成交价格居于上限和下限之间，并在市场竞争状况和政府经济政策的作用下，上下波动。当然，特殊情况下，旅游产品的成交价格甚至可能低于旅游经营者一般所能接受的价格下限。此原理如图 6-1 所示。

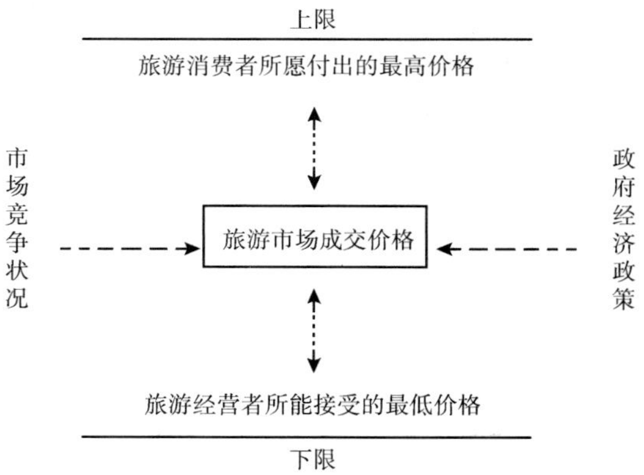

图 6-1　旅游价格的制定

二、旅游定价的目标

旅游企业在制定旅游产品价格之前，必须首先确定定价目标，因为它是旅游企业选择定价方法和制定价格策略的依据。所谓旅游产品价格制定的目标，就是指旅游企业对产品预先设定要求达到的目的和标准。它是旅游企业生产经营总目标的组成部分，必须与企业生产经营的总目标相适应。常见的旅游定价目标有以下几种。

（一）利润目标

利润目标是旅游企业出于对收益的追求而制定的目标。利润目标具体又包括以下几种。

1. 获取利润最大化目标

利润最大化是指企业在一定时期内所可能获得的最高利润额。旅游企业生产和经营旅游产品不是为了别的，其根本目的就是求得价值的增值和利润的最大化。以获取利润最大化为定价目标应当注意两点：首先，最高利润额并不意味着最高的产品价格，利润最大化更多地取决于合理的价格所推动的需求量和销售规模。即使产品在某一时间处于高价的位置，旅游者的抵触、竞争对手的加入和替代产品的出现，也会使旅游产品的高价很快降到正常的水平。其次，利润最大化并不意味着局部利润的最大化和短期利润的最大化，因为短期利润和局部利润的最大化所采取的高价格，不能维持得太久，还可能因急功近利而造成市场的不良反应，失去开拓更大市场的机会。因此，旅游企业在以追求利润最大化为目标时，无论产品处于怎样绝对有利的地位，都要采取合适的产品价格；在考虑短期的理想利润时，更要着眼于长期的、整体的利润最大化。

2. 获取满意利润目标

满意利润是少于当前的最大利润，但能够被旅游企业的经营管理者和股东接受的利润。利润最大化因目标高、难度大，往往只是一种理论和理想。在企业的实际运作中，旅游经营者更多的是以满意利润为目标，以便兼顾企业自身的实际利益。

3. 获取平均利润目标

当旅游企业的产品、经营能力及管理水平在同行业中都处于中等地位时，旅游企业往往以获取平均利润作为定价的目标。

4. 获取适当投资利润率目标

企业对于所投入的资金，都希望在预定时间内分批收回，并从中获得一定的报酬。因此，旅游企业在对产品进行定价时，一般要根据投资额规定的利润率计算每一单位旅游产品的利润额，再加上单位产品的成本，作为该产品的出售价格。旅游企业采用此定价目标时，要注意预期的利润率不能低于银行的贷款利率或是存款利率。若投资来源为政府调拨资金，预期的利润率则要高于政府投资时规定的收益指标。否则，企业制定的产品价格就不能带来相应的投资报酬。

（二）竞争目标

竞争目标是旅游企业出于竞争需要而采取的定价目标，具体又包括以下几种。

1. 保持和扩大市场占有率目标

市场占有率是指某一旅游企业的产品销量或旅游收入占同类产品市场销售总量或旅游总收入的比重。企业市场占有率的高低，是一个企业市场竞争力大小的反映，标志着该企业在市场竞争中所处的地位。同时，客源即是财源，市场占有率的大小，还代表着潜在利润的多少。因此，保持并逐步扩大市场占有率是旅游企业在竞争中惯常使用的定价目标。旅游企业在采取此种定价目标时，适宜采用低价格策略，吸引更多的旅游消费者。此时，企业就要正确估量自己的实力，同时注意降价的次数不应过于频繁，以免旅游消费者产生预计降价的心理，持币待购，使竞争对手反而有机可乘。此外，由于旅游企业供给能力的形成需要较长的时间，而旅游需求的弹性又较大，因此，以扩大市场占有率为目标的定价，还要求企业及时提供足够的产品和服务，否则，旅游者的需求得不到满足，旅游者就会失去对企业的信任，不利于企业的长远发展。

2. 稳定市场目标

稳定市场目标是指旅游企业在旅游产品的市场竞争和供求关系比较正常的情况下，以稳定的价格获取适当的利润。旅游企业要保持价格的相对稳定，必须和经营同种旅游产品的其他企业达成共识，制定出大家都能认可的价格，并且保持一段时期不变。企业采取这种定价目标，目的是避免同行之间不必要的价格战，保证各企业都能从市场中赚取一定的利润。

3. 应付与防止竞争目标

应付与防止竞争目标是指旅游企业通过服从竞争需要来制定旅游产品的价格。不同实力和规模的旅游企业，它们在市场中的竞争地位不一样，面临的竞争状况也不相同。为了应付与防止竞争，适应复杂的竞争环境，竞争对手的价格往往成为旅游企业定价的基础。实力较弱的旅游企业，其定价一般跟随主要竞争对手的价格，与之相同或略比其低；实力雄厚的旅游企业，其定价的自由度则比较大，可以采用比竞争对手低的价格来扩大市场占有率，也可以在一开始就把价格定得很低，以此来迫使弱小竞争对手退出市场，或者防止潜在的竞争对手进入市场。

4. 维持企业生存目标

维持企业生存目标是旅游企业在经营发生很大困难时选择的一种定价目标。当旅游企业遇到原材料价格上涨、需求严重不足、自然灾害、战争等特殊困难时，旅游产品的价格会受到极大的影响。旅游企业会大幅度降低价格，以保本价，甚至亏本价抛出旅游产品，目的是尽可能收回资金，或者尽量维持企业的运转，等待市场出现转机。维持企业生存的定价，是一种特殊的定价形式，旅游企业要么经过这一定价时期的过渡，摆脱困境，恢复正常的价格水平；要么长期没有盈利，最后不得不退出市场。某些景点、景区或宾馆、饭店，在经营淡季时也会采取维持企业生存的定价目标。

（三）产品目标

产品目标是旅游企业为了反映产品特色，提高旅游者满意度而制定的目标，具体又包括以下几种。

1. 反映产品质量的目标

旅游产品的质量和旅游产品的价格，是衡量旅游企业经营管理水平的重要尺度，也是旅游者购买旅游产品最关心的问题之一。如果旅游产品本身质量不高，而旅游企业的定价却很高，旅游者就会拒绝该产品；如果旅游产品本身的质量很高，由于种种原因，旅游企业制定的价格却不能反映产品的质量，企业的劳动耗费就得不到补偿，长此以往，企业就会放弃对该产品的经营。因此，为旅游产品制定合适的价格，是保证旅游产品的价值和使用价值得以实现的前提，也是企业实现利润目标的必要条件。市场中，无论是何种规模和实力的旅游企业，都要把反映产品质量作为首要的定价目标，以质量论价格，为质量高的产品制定出较高的价格。

2. 争取质量领先的目标

这是旅游企业为了使自己的产品和竞争对手的产品区别开来，提高产品竞争力而采用的一种定价目标。旅游企业为了获得和保持旅游产品在同行中的领先地位，必须投入大量的资金和服务。可以说，处于领先地位的优质产品，其包含的物化劳动和活劳动都要远比一般的旅游产品高。为了对这些劳动耗费做出补偿，旅游企业在对该产品定价时就必须比其他的一般产品价格高。

3. 反映产品垄断性的目标

构成旅游产品的某些旅游资源，它们在世界上是独一无二的，以它们为基础开发出来的旅游产品则具有较大的稀缺性，如长城、兵马俑、九寨沟等。这种稀缺性反映在价格上就是垄断性。即使产品的定价很高，仍然可以吸引较多的旅游者。

第三节 旅游定价的方法和策略

一、旅游定价的方法

（一）成本导向定价法

成本导向定价法是指以旅游产品的成本作为主要依据的定价方法。旅游产品种类较多，由于各种产品在成本的计算方法上不同，在以成本为基础核算利润的方法上也不相同，因此，成本导向定价法又可分为成本加成定价法、目标收益定价法、盈亏平衡定价法和边际贡献定价法。其中，成本加成定价法和目标收益定价法是企业在盈利点上的定价法，盈亏平衡定价法是企业在保本点上的定价法，边际贡献定价法是企业在亏损点上的定价方法。

1. 成本加成定价法

这种方法是在旅游产品的单位成本上加上一定的毛利计算出单位旅游产品的价格。毛利通常包括产品的营销费用、税金、预期利润等。成本加成定价法的计算公式为

$$\text{单位产品价格}=\text{单位产品成本}\times(1+\text{成本加成率}) \tag{6-1}$$

例如，某饭店的一道菜，其成本为 12 元，饭店确定的成本加成率为 30%，则

$$\text{菜肴售价}=12\times(1+30\%)=15.6(\text{元})$$

成本加成定价法以成本为主要考虑因素，其优点是计算简单、方便易行；不足之处在于对旅游市场的其他因素如竞争对手、需求程度、消费水平等考虑不够，企业不能获得最佳经济效益。该方法主要用来制定旅行社产品、饭店餐饮食品的价格。

2. 目标收益定价法

这种方法是旅游企业根据其总成本及预测出来的总销售量，确定一个目标收益率，计算旅游产品的价格。目标收益定价法的计算公式为

$$\text{单位产品价格}=\frac{\text{总成本}+\text{目标利润}}{\text{预期销售量}} \tag{6-2}$$

目标收益定价法是饭店常用的定价方法。饭店业中经常使用的定价方法还有千分之一法，它是目标收益定价法的特殊形式和具体应用，主要用来制定饭店的客房价格，其计算公式为

$$\text{平均每间客房的售价}=\frac{\dfrac{\text{建造成本总额}}{\text{客房间数}}}{1000} \tag{6-3}$$

例如，某饭店有客房 200 间，饭店总造价是 5000 万元，则

$$\text{每间客房的价格}=\frac{\dfrac{50\ 000\ 000}{200}}{1000}=250(\text{元})$$

饭店之所以采取千分之一法，是因为饭店建筑所需的资金一般占总投资的 60%～70%，因此客房的价格就与造价直接相关。人们认为如果客房价格占总造价的千分之一，饭店就可以获利，因而，千分之一法得到了广泛的使用。这一方法的不足在于：忽视了旅游目的地物价上涨的因素，用以前的建筑费用来计算现在的房价，不科学。

3. 盈亏平衡定价法

这种方法又称保本定价法，是指旅游企业根据产品的成本和估计销售量计算出产品的价格，使销售收入等于生产总成本。盈亏平衡定价法的计算公式为

$$\text{单位产品的价格}=\text{单位产品的变动成本}+\frac{\text{固定成本总额}}{\text{估计销售量}} \tag{6-4}$$

例如，某饭店有客房200间，饭店每天应摊销的固定费用为24 000元，预计客房的出租率为60%，每间客房日平均变动成本为70元，不考虑纳税，试确定饭店客房的保本价格。

根据计算公式可得出

$$每间客房的售价=70+\frac{24\ 000}{200\times60\%}=270（元）$$

盈亏平衡定价法是企业对各种定价方案进行比较选择的参考标准，以其他方案制定出来的价格如果高于盈亏平衡价格，企业就有钱赚，如果低于盈亏平衡价格则亏损。

4. 边际贡献定价法

这种方法又称变动成本定价法，是指旅游企业根据单位产品的变动成本来制定产品的价格，制定出来的价格只要高于单位产品的变动成本，企业就可以继续生产和销售，否则就应该停产、停销。而单位产品的预期收入高于变动成本的部分就是边际贡献。

例如，某一旅游产品的总成本为100元。其中，变动成本为30元，固定成本为70元。现在，产品销售十分困难，企业为了减少亏损只能采用边际贡献定价法来确定产品的价格。那么，产品的价格至少要定在高于30元的水平，如40元。因为，产品的价格如果是40元，企业每售出一单位产品只亏损60元，还有边际贡献10元；产品如果不销售，企业在每单位产品上就要亏损70元，因此，企业还是要选择继续经营。同理，也可计算出如果产品的定价已经低于30元达到20元，企业就应该停止经营。

可见，边际贡献定价法是企业在特殊时期，不以营利为目标，希望尽量减少亏损的一种定价方法。

（二）需求导向定价法

需求导向定价法是企业依据旅游者对旅游产品价值的理解和需求的强度，来制定旅游产品价格。需求导向定价法具体又可分为以下两种。

1. 理解价值定价法

这里所指的价值是旅游者理解和认知的旅游产品价值，而非旅游产品的实际价值。尽管每一种旅游产品实际价值的确定，都有其客观的依据，但以此衡量出来的价值量的大小，不一定都为旅游者所认同。因此，旅游企业要正确把握旅游者的消费心理，分析他们的价值观，使企业所制定出来的价格能够适合旅游者的判断。此外，旅游企业也要积极应用各种营销手段和方法，对旅游者施加影响，使旅游者对产品价值的理解同企业保持一致，以便争取定价的主动性。例如，景区爬山用的一根手杖，旅游者在爬山之前买它的价格和在爬山之后买它的价格，两者之间经常会差几块钱，甚至更多一点的差距。价格不同，不是因为手杖的成本和质量有所不同，而是因为爬山前后的旅游者对手杖的“价值”有了不同的理解。

2. 区分需求定价法

这种定价法又称差别定价法，是指同一旅游产品，旅游企业针对不同的旅游需求时间、地点、收入等制定不同的旅游价格。区分需求定价法的具体做法有以下几种。

（1）针对不同旅游消费者的定价。不同的旅游消费者，他们的收入不同，消费水平也不同，针对他们实施不同的产品价格，可以增加企业的销售量。例如，我国许多旅游景区对于内宾和外宾，门票价格会有所差别。

（2）针对不同消费地点的定价。同一旅游产品，如果销售的地理位置不同，经营环境发生改变，旅游产品的价格也可相应做出调整。例如，旅游热点地区的三星级旅游饭店，在制定客房售价时就可以高出冷点地区三星级饭店的客房售价。

（3）针对不同需求时间的定价，即在不同的时间，对同一旅游产品制定不同的价格。例如，淡、旺季明显的旅游景点，景点门票在淡季可以定得低一些，在旺季则可以定得高一些。

（三）竞争导向定价法

竞争导向定价法是指旅游企业以同类旅游产品的市场竞争状况为依据，参照竞争对手的价格来制定本企业的产品价格。在这种定价法中，竞争是定价要考虑的中心，竞争对手的价格是定价的出发点，而产品的成本、市场需求的强度却不会对企业定价产生直接的影响。竞争导向定价法具体又可分为两种。

1. 率先定价法

率先定价法是一种主动竞争的定价方法，是旅游企业根据市场竞争状况，结合自身实力，率先打破市场原有的价格格局，制定出具有竞争力的产品价格。企业采取率先定价的关键做法是：比较、分析、定位、跟踪。具体来说，即是企业首先要把产品的估算价格与市场上的竞争产品价格进行比较，分出高于、低于、一致的三个层次；其次，将产品的功能、特色、质量、成本等与竞争产品进行比较，找出优劣；再次，结合企业目标对以上情况进行综合分析，确定出合理的产品价位；最后，还要跟踪竞争产品的价格变化，及时对本企业的价格定位做出调整。采用率先定价法制定价格是针对竞争对手的知己知彼行为，具有很强的竞争力，往往会引发市场的强烈反应，带来一系列的连锁变化，这些反应和变化都要求率先定价的企业及时去捕捉、判断和应对。因此，采用率先定价法的旅游企业一般要有雄厚的实力，或者在产品上具有竞争对手无法比拟的特色优势，这样，企业才能在自己引发的价格竞争中居于主动地位。

2. 随行就市定价法

随行就市定价法就是旅游企业根据市场上同类旅游产品的现行价格进行定价。也就是说，本企业制定出来的产品价格要与该类产品的现行价格大致相当，而现行价格通常是本行业的平均价格水平。在有众多同行互相竞争的情况下，企业采取这种定价方法，一方面可以避免因为价格过高或过低而带来的市场压力（价格过高会失去大量的销售额，价格过低则必须大量增加销售量），另一方面企业也可以获得适当的收益。因此，这种价格水平通常易于被各方所接受，这种定价方法中小企业也乐于采用。现行价格有时也是控制市场的少数大企业同类产品的价格。在此情况下，多数中小企业一般是以大企业的产品价格作为自己定价的标准，基本与它保持一致。采取这样的方法，是因为中小企业没有实力利用价格武器主动竞争，而明显的好处是可以规避市场风险。

二、旅游定价的策略

旅游产品定价策略是指旅游企业根据旅游市场的具体情况，从定价目标出发，灵活应用价格手段，使其适应市场的不同情况，实现企业的营销目标。常见的旅游产品定价策略有以下几种。

（一）心理定价策略

心理定价策略是旅游企业根据消费者对价格的心理反应特征，制定出对产品销售有利的价格，同时也提高消费者的购买满意度。常见的心理定价策略主要有以下几种。

1. 尾数定价策略

尾数定价策略是指企业定价时有意保留产品价格的角分尾数，制定一个不同于整数的价格。例如，企业可以把 2 元的一件产品，定价为 1.99 元或 1.95 元等。这种定价策略是针对消费者求便宜的心理而制定的。1.99 元虽然与 2 元没有多少差距，但看上去 1.99 元要便宜得多。另外，对于精明的消费者来说，保留角分，可以让他们认为产品的价格是精确计算出来的，从而增加他们对价格的信任感。尾数定价策略通常适用于价格比较便宜的旅游产品。

另外，消费者购物求吉利的心理，是近年来企业采用尾数定价策略的另一原因。例如，中国人喜欢价格以“8”“6”数字结尾，美国人喜欢以“9”做尾数，等等。旅游企业可以根据不同民族和地区人们的喜好，灵活确定价格的尾数。

2. 整数定价策略

整数定价策略是旅游企业有意识地将产品的价格制定成整数，对角分忽略不计。这种策略是针对消费者追求优质产品的心理而设计的，适用于价格比较昂贵的产品，如旅游商品中的一些玉器、工艺品以及高星级酒店的客房等。例如，租金为 500 美元一天的豪华套房，其价格就不宜改为 495 美元。因为，对于质量明显较好的产品，消费者不会在意角、分等零头上的差异；而且，零数的出现，反而会让消费者对产品的质量有所怀疑，动摇购买的决心。

3. 声望定价策略

声望定价策略是指旅游企业对具有较高知名度和较高信誉的旅游产品制定高价。这种策略主要是针对消费者显示优越感的心理而制定的，适用于那些经营时间比较长、在同行中声望较高、口碑较好的产品。例如，在本地区享有盛誉的老字号饭店，游客选择其入住，更多的是要表明自己的地位，显示自己的优越感。因此，饭店管理人员对客房制定高价，是合乎顾客要求的。如果价格下降，反而会让顾客无所适从。

4. 习惯定价策略

习惯定价策略是指某些旅游产品在长期的买卖过程中已经形成了为消费者所默认的价格，旅游企业对这类产品定价时，价格水平应该稳定在消费者的默认值范围内。这种定价策略主要针对的是旅游者在购物上的心理惯性和心理倾向，适用于旅游需求弹性较大、经营时间较长、较稳定的产品。例如，长期经营的老饭店，无论是为了应付市场竞争，还是由于经营成本的增加或降低，企业都应按照消费者的习惯价格来定价，而不轻易变更，以免引起老顾客的反感和转移。若原材料的价格上涨，饭店可压缩规定的服务内容，或适当减少餐饮分量，但不是提高单位产品价格，以取得顾客信任；若原材料价格不变或下降，企业为了扩大销售，一般也不宜采取降价措施，而是要通过增加服务项目，提高服务水平和创新产品种类等措施，去赢得更多的客户。

（二）折扣定价策略

折扣定价策略是旅游企业在产品的交易过程中，保持产品的基本标价不变，而通过对实际价格的调整，把一部分利润转让给消费者，鼓励消费者购买，并以此来扩大产品销售量，维护市场占有率。折扣定价策略主要有以下几种。

1. 数量折扣策略

数量折扣策略是指旅游产品的生产经营企业，为了鼓励旅游产品购买者大量购买，根据消费者所购买的数量给予一定的折扣。数量折扣策略具体又分为累计数量折扣和非累计数量折扣。

（1）累计数量折扣。这是指在一定时间内，旅游产品的购买者的购买总数超过一定数额时，旅游企业按购买总数给予一定的折扣。一般情况下随着旅游者的购买数量增多，折扣会增大。这种定价策略可以通过鼓励消费者多次重复购买，稳定市场客源。有些情况下，企业对达到数量折扣要求的消费者并不给予折扣，而是给予一定数量的免费产品，这种现象在旅馆业中比较多见。

（2）非累计数量折扣。这是指旅游企业规定旅游产品购买者每次购买达到一定数量或购买多种产品达到一定的金额时所给予的价格折扣，一次性购买数量越多，折扣就越大。采用这种定价策略能刺激旅游者大量购买，增加盈利，同时减少交易次数与时间，节约人力、物力开支，降低企业交易成本。

2. 季节折扣策略

季节折扣策略是指旅游企业在经营过程中，在产品销售淡季时给予旅游者一定的价格折扣。旅游产品经营的季节性很强，采用季节折扣策略可以刺激旅游者的消费欲望，使旅游企业的设施和服务在淡季时能被充分利用，有利于旅游企业的常规经营。在西方国家中，很多饭店不仅在旅游淡季时采用打折的降价策略，而且在周末、周初、当空房数增多时也采用折扣降价策略，以吸引家庭度假旅游者。使用季节折扣策略要注意，折扣价格的最低优惠度一般不应低于旅游产品的成本，尤其是变动成本。

3. 同业折扣策略

同业折扣策略又称功能折扣策略、交易折扣策略，是旅游产品生产企业针对各类旅游中间商在市场经营中的不同作用，给予不同的价格折扣。同业折扣策略实际上是生产企业对中间商在市场销售中所发挥的功能，给予一定报酬和奖励，有利于稳定旅游产品的销售渠道。例如，希尔顿全球控股有限公司规定，向旅游批发商只收取净房价，如果旅游批发商代替团队订房，那么公司给予旅游批发商的价格将比一般的团队价格低 15%。

同业折扣策略的实施，客观上会降低企业的平均价格水平，如果旅游企业要保证盈利，就要确认因价格下调而带来的销售收入能够弥补价格下降所直接造成的经济损失。

4. 现金折扣策略

现金折扣又称付款期限折扣，是旅游企业对现金交易或按期付款的旅游产品购买者给予价格折扣。企业采用这种定价策略，目的是鼓励旅游消费者提前付款，以便尽快收回资金，加速资金周转。此外，给旅游消费者的现金折扣率一般要高于同期银行贷款利率。

（三）招徕定价策略

招徕定价策略是旅游企业有意制定特殊的低价，发挥促销导向作用，吸引潜在的旅游消费者，从整体上提高企业的销售收入，增加盈利。招徕定价策略具体又分为以下两种。

1. 亏损价格策略

采用这种价格策略的旅游企业会在自己的产品结构中，把某些产品或服务的价格定得很低，甚至亏损，以价格低廉迎合旅游者的“求廉”心态而招徕顾客，借机带动和扩大其他产品的销售。例如，某些旅游购物经销商店，会把店中的几种物品价格定得很低，吸引旅游者前来消费，进而带动对其他物品的销售。这样，即使部分物品是不赚钱的，商店也可以从其他物品的价格和销量中得到补偿与盈利。

2. 特殊价格策略

特殊价格策略是指旅游企业在某些节日、季节或在本地区举行特殊活动的时候，适度降低旅游产品或服务的价格以刺激旅游者，招徕生意，增加销售。这种定价策略往往在旅游淡季时受到企业的重视。一般来说，采用这种策略必须要有相应的广告宣传配合，才可能将这一特殊事件和信息传递给广大的旅游消费者。

（四）其他定价策略

1. 撇脂定价策略

撇脂定价策略是一种高价格策略，适用于特色鲜明、垄断性强、其他企业在短期内难以仿制或开发的旅游新产品。采用这一策略的旅游企业，应把新产品的价格在可行的范围内制定得尽可能高，以便迅速收回投资，取得丰厚利润。

采用撇脂定价策略的优点在于：①可以使企业迅速收回投资，短期内实现利润最大化。②可以为后期降价竞争创造条件。当竞争者涌入市场时，企业有足够的价位空间来降低价格，掌握竞争的主动权，稳定市场占有率。③可以控制一定的需求量，避免新产品投放市场初期，由于供给能力不足而给经营带来困难。

该策略的不足之处在于：①高价如果不被消费者接受，产品的销路就会受影响，导致投资难以收回；②高价厚利容易招致竞争对手增多，加大经营难度。因此，撇脂定价策略一般只能是一种短期策略，不宜过久使用。

2. 渗透定价策略

渗透定价策略是一种低策略，定价的核心是薄利多销，适用于产品刚刚推出急需打开销路，以及产品稳定成长，希望尽快提高市场占有率的情况。

使用渗透定价策略的优点在于：①能够迅速打开新产品的市场销路，增加产品销售量；②低价格能够有效阻止竞争者进入市场，保证企业长期地占领市场。

该策略的不足之处在于：①本利回收周期长；②价格变动余地小，难以应付在短期内骤然出现的竞争或需求的较大变化；③不利于产品品牌形象的树立。

3. 满意定价策略

满意定价策略是一种折中策略，价格水平居于撇脂定价策略与渗透定价策略之间，旅游企业一般是按行业平均利润和价格水平来制定价格。这种定价策略兼顾了供给者与需求者双方的利益，既能使企业有稳定的收入，又能使消费者满意，产生稳定的购买者，因而各方面都会满意。但是采用此种策略也有不足之处：由于产品的定价是被动地适应市场，而不是积极主动地参与市场竞争，因此，可能使企业难以灵活地适应瞬息万变的市场状况。

第四节 旅游价格的管理和监督

价格管理是国民经济管理的重要组成部分。可以说，当今的世界上，几乎没有一个国家对市场价格不实施一定的干预政策，只是表现为干预的程度、干预形式不同而已。

一、旅游价格管理的作用

（一）促进旅游市场机制的正常运转，维护竞争的正常进行

市场机制是资源有效配置的基本机制之一。但是必须看到，只有在国家合理有效的干预下，市场机制才能正常运转，竞争才能有效充分展开。价格是市场机制的核心，完

全自由的价格调节并不能保证价格体系的合理化，混乱的价格极易导致价格体系的崩溃，导致资源配置的失衡。完全依靠市场价格的波动来调节经济活动具有很大的盲目性，在很多情况下不一定反映市场供求的真实状况，因此，国家必须采取有效的管理措施，对市场价格的运动实施一定程度的干预，以保证市场体制的正常运转，维护市场竞争的正常进行。

（二）防止旅游市场价格大起大落，保持旅游业稳定发展

在市场经济条件下，价格的起伏是由市场供求关系所决定的。旅游业是十分敏感的行业，由于某种原因而导致市场上的供求关系发生急剧变化的现象会经常发生，从而造成市场上价格的大起大落，这对于社会经济正常运行和旅游业的稳定发展都是极其不利的。1992 年我国做出兴建长江三峡水电站的决策后，由于舆论上的误导，引起了全国的“告别三峡游”的热浪，长江的游轮价格急剧上涨，给一些企业带来了失真的导向，很多企业都相继建造了豪华的游轮投入长江旅游热线中。结果，当热浪过后，旅游客源急剧下降，打折的船票也无人问津，很多企业因此蒙受了巨大损失。从社会总体上看，这不仅是个别旅游企业的损失，也给旅游业的稳定发展带来了不利的影响。因此，政府对市场价格进行有效的管理、给予正确的引导，是完全必要的。

（三）加强旅游市场价格管理，保护广大消费者的利益

在激烈的市场竞争中，一些企业往往不是采用正常手段去获取利益，而是采取一些不正常的手段牟取暴利。某些旅行社在经营中会采用价格欺骗的手段。由于旅游活动的异地性，旅游者一旦参加了某一旅游团，他对产品购买的选择权就已结束，而在旅游活动中是否能真实地实现原有的承诺，旅游者在购买时是无法得到证实的。因此，为了防止旅游活动中的宰客现象发生，维护旅游者的利益，政府有关部门必须对旅游价格进行有效的管理和监督。

二、旅游价格管理的形式

在我国社会主义市场经济体制中，企业是市场经济的主体，旅游价格制定的主体是旅游企业。但是，由于市场经济客观上存在市场失效或市场失灵的状况，为了促进旅游市场机制的正常运转，维护竞争的正常进行；防止旅游价格大起大落；保护旅游者的切身利益，国家必须对市场价格实施一定的政策干预，保证旅游业持续、健康地发展。我国政府对旅游市场价格的管理主要有以下三种形式。

（一）市场调节价

市场调节价是指由经营者自主制定，通过市场竞争形成的价格。对市场调节价的理解应当把握以下几点。

（1）市场调节价是由市场独立主体即经营者制定的。这种独立主体就是市场经济条件下自负盈亏、自主经营的经营者，他们依据生产经营成本和市场供求状况等决定自己经营商品的价格。

（2）市场调节价是由经营者在经营过程中自主制定的价格。所谓自主，一是表示市

场调节价是经营者按照自己的意志制定和调整的价格；二是表示经营者在制定价格时，主要依据生产经营成本和市场供求状况来决定价格的高低，经营者的定价权利不受任何单位和个人的干涉。

（3）市场调节价是一种竞争性的价格。经营者具有自主的定价权，只是市场调节价发挥作用的必要条件，而不是充分条件。让市场调节价发挥合理配置资源的作用还要求经营者之间有充分的竞争关系。因为经营者有了自主权后，就要寻找一种对自己有利的经营条件，经营者之间将会产生排他性。如果没有竞争，经营者的定价自主权就可能变成垄断权。

（4）市场调节价是经营者依法制定的价格。经营者虽然是自主制定价格，不受任何单位和个人干涉，但经营者必须是在遵守国家的法律、法规、规章和有关政策的前提下自主制定价格，不能实施任何违法行为。

（二）政府指导价

政府指导价是指由政府价格主管部门或者其他有关部门，按照定价权限和范围规定基准价及其浮动幅度，指导经营者制定的价格。对政府指导价的理解应当把握好以下几点。

（1）政府指导价的定价主体是双重的，即由政府和生产经营者共同制定价格，其中第一主体是政府，第二主体是生产经营者。

（2）第一定价主体即政府必须按照规定的定价权限和范围，先制定一个基准价及其浮动幅度。

（3）政府指导价是两个定价主体相结合的产物。政府制定一个基准价及其浮动幅度后，经营者可以在这一基准价及其浮动幅度的范围内自主制定价格。

（三）政府定价

政府定价是由政府价格主管部门或者其他有关部门，按照定价权限和范围制定的价格。对政府定价的理解应当把握好以下几点。

（1）定价主体是政府，是单一主体而不是双重主体。

（2）政府定价也必须按规定的定价权限和范围进行。

（3）政府对商品和服务直接制定价格，有很大的强制性和相对的稳定性。

一般来说，只有垄断性的、资源稀缺需要保护的、关系社会稳定和公益性行业的价格需要保留政府定价。

从国外立法来看，发达的国家一般都会采取上述三种价格形式。

三、旅游价格监督检查

旅游价格监督检查是指县以上各级人民政府价格主管部门及受其委托的组织对管理相对人执行价格法律、法规、规章和政策情况进行的监督检查活动。

（一）价格监督检查的主要内容

价格监督检查的主要内容包括以下几点。

（1）宣传国家价格法律和政策，保证其贯彻实行。国家价格法律和政策是国家实现宏观经济管理目标及价格总水平控制目标的首要保证，其正确贯彻实施，依赖于全体公民对国家价格法律、政策的认识水平和贯彻国家价格法律、政策的自觉性。因此，开展价格监督检查工作，既要监督检查价格法律、政策的执行情况，及时纠正和处理价格违法行为，又要大力宣传，加强各方面自觉守法的意识，维护其严肃性。

（2）监督中央和地方各项价格调控措施的贯彻落实，确保价格改革和管理任务的实施。中央和地方各项价格调控措施是促进国民经济两个根本性转变，实现经济建设的持续、健康发展的重要手段，需要有计划、有步骤地贯彻落实。价格监督检查，通过查处各种价格越权行为和价格违法行为，发挥着推动和保障价格调控措施贯彻落实的作用，从而保证各项任务的顺利实现。

（3）建立完善的价格监督检查网络，有效地规范价格行为。

（4）加强领导，改进工作，搞好队伍建设。建立一支高素质的价格监督检查队伍，是我国价格监督检查顺利有效实施的可靠保证，各级组织都要为此而努力。

（二）价格监督检查的组织形式

价格监督检查的组织形式有国家监督、社会监督和企业内部监督。

（1）国家监督。国家监督是指各级政府的物价检查机构对价格的监督检查，这是价格监督的主要形式。我国从 1983 年开始建立各级省、市、县物价检查所，它们是物价监督检查的行政执法机关。

（2）社会监督。社会监督是指消费者组织、职工价格监督组织、居民或村民委员会等组织以及消费者、新闻单位等对价格行为进行监督检查。

（3）企业内部监督。企业内部监督是指企业价格管理机构或人员对本企业实行价格法规政策的情况进行监督。

案例分析　根治“不合理低价游”需综合治理共同抵制

近年来，针对“不合理低价游”等行业顽疾，我国掀起了一场“延续时间最长、动员力量最广、监督力度最大、处罚企业最多、各方反响最好”的旅游市场整治风暴，诚信经营的市场导向得到强化，全国旅游市场秩序呈现持续向好的总体态势。然而“不合理低价游”问题还没有完全根除。近日，央视报道了海南旅游市场“不合理低价游”乱象，海南省委、政府对此高度重视，按照省委书记和省长的批示，政府有关部门迅速行动对涉案的旅行社、景区和购物店依法查处。

“不合理低价游”之所以成为市场顽疾，是因为社会还存在着制造“陷阱”的“空气”和“土壤”。因此，根除这一顽疾需政府、行业和社会一起出“重典”、下“猛药”。

“不合理低价游”是指经营者利用游客贪图便宜的心理，以低于成本价格的低价产品揽客，而后通过虚假合同、价格欺诈、强制购物等手段非法获利的旅游项目。“不合理低价游”不仅质量低下、服务低劣，经营者还以增加自费项目、强制购物的手段迫使游客“买单”。在这看似诱人的“馅饼”背后，却是坑害游客的“陷阱”，不仅坑害消费者，还损害了旅游行业和地方形象。

《中华人民共和国旅游法》第 35 条规定：旅行社不得以不合理的低价组织旅游活动，诱骗旅游者，并通过安排购物或者另行付费旅游项目获取回扣等不正当利益。以“不合理低价”诱客、揽客，是明目张胆的违法经营，应依法进行严厉处罚。我们还看到，现在有一些企业和机构，并不具备从业资质，但通过“会员优惠”“俱乐部”“社群活动”等组织“不合理低价游”活动，对于这些无证经营的乱象，更需要政府监管部门予以坚决制止和取缔。严厉打击“不合理低价游”和无证经营，是维护依法经营企业的合法利益、维护旅游消费者合法权益的务实之举，不仅需要阶段式的集中整治，更需要治标治本的综合治理；不仅需要曝光以后的严厉查处，更需要平时常态的严格管理。

整治“不合理低价游”需要发挥市场机制作用。我们需要一个依法经营的市场、一个充分竞争的市场、一个优胜劣汰的市场。市场自然要对违法经营等扰乱市场、坑害旅游经营者和旅游消费者合法权益的乱象坚决说“不”。市场要有诚信经营、公平竞争的规则，那些不按规则“出牌”，甚至钻市场“空子”非法牟利的经营者就要让他出局。同时，整治“不合理低价游”，也必将倒逼旅游经营者积极作为、正当竞争，实现优胜劣汰。

应该肯定，绝大多数旅行社都能做到依法经营、诚信经营和优质经营，积极适应市场多样化需求和消费行为的迭代、变化，不断研发性价比高的产品和创新个性化的定制产品，提供人们需要的“良品”。违法经营“不合理低价游”的只是少数。所以，根治“不合理低价游”，不仅要晒出违法经营的“黑名单”，还要亮出诚信经营的“红榜单”，树立和宣传优质经营的“优字号”，弘扬和释放旅游行业的正能量，让消费者信得过、放心消费；要为那些坚守诚信经营、具有品质品牌的经营者创造更好的社会舆论环境和经营环境，让他们引领诚信体系的建立，筑起抵制“不合理低价游”等乱象的“篱笆墙”，还旅游市场“一片清净”，添旅游市场“一派生机”。

根治“不合理低价游”顽疾需要消费者共同抵制。明明知道“便宜无好货”，但一部分消费者却挡不住诱惑；“羊毛出在羊身上”，更何况“不合理低价”必定会以粗劣服务、增加自费项目、强制购物等手段和途径让游客更多付出，但一部分消费者仍愿“被宰”。天上不会“掉馅饼”，“馅饼”往往是“陷阱”。所以，要加强理性消费和出游的引导，旅游消费者要谨慎选择自己需要的旅游产品和物有所值的旅游服务，维护自己的合法权益。当广大消费者和行业、政府监管部门一起来抵制，“不合理低价游”也就没有了市场，失去了生存的“土壤”。

旅游是人们对美好生活的向往。一场旅行应当是赏心悦目的美好体验，而“不合理低价游”则会让旅游者苦不堪言。所以，根治“不合理低价游”顽疾是体现旅游业发展“惠民悦民”宗旨的必然之举。创造优良的旅游市场秩序，提高旅游产品和服务质量，让消费者游有所值、游有所乐，增加获得感和幸福感，是实现旅游业从高速发展走向优质发展的必由之路。

笔者近日看到一组数据，颇感欣慰。国家市场监督管理总局日前公布的 2017 年国家服务业质量监测结果显示，从投诉看，服务业万人投诉量呈现上升趋势，但旅游投诉同比下降了8.87%；从品牌看，旅游服务领域的品牌价值同比增长31.77%，居各领域之首。这充分说明在重拳和综合整治下，我国旅游市场秩序正持续向好。随着优质旅游的发展、诚信体系的日臻完善和市场整治长效机制的建立，“不合理低价游”最终将失去市场，旅游市场秩序不断好转，从而推动旅游业持续健康发展。

资料来源：王洁平．根治“不合理低价游”需综合治理共同抵制[N]．中国旅游报，2019-08-08，有改动

复习与思考

一、重点概念

旅游价格　旅游差价　旅游优惠价　统包旅游价格　单项旅游价格

二、简答题

1. 旅游价格的构成要素是什么？
2. 旅游价格有哪些种类或类型？
3. 阐述旅游价格的定价机制。
4. 旅游产品的定价方法有哪些？
5. 旅游价格管理具有哪些作用？

三、论述题

1. 结合旅游产品的特性，谈谈旅游价格的特点。
2. 结合实际，分析旅游产品的定价策略。
3. 结合实际，谈谈如何加强旅游价格管理。

第七章 旅游消费及效果

旅游活动是人们的一种高级消费形式，是人们在衣、食、住、行等基本生活需求得到满足之后，因有多余的收入和余暇时间而产生的消费需求。本章对旅游消费的性质、特点和作用进行分析，对旅游消费结构的分类、影响因素及其合理化进行了阐述，并分析旅游消费的满足和旅游消费效果的评价。

第一节 旅游消费特点

一、旅游消费的性质

旅游消费，从动态意义上讲，是指人们支付货币购买旅游产品以满足自身旅游需求的行为（过程）；从静态意义上讲，是指“由旅游单位（游客）使用的或为他们而生产的产品和服务的价值”（世界旅游组织定义）。因而，旅游消费是指人们在旅游过程中为满足自身的享受和发展的需要而消费的物质产品与精神资料的总和。

旅游消费作为一种消费方式，主要由旅游消费意识、旅游消费习惯、旅游消费能力、旅游消费水平、旅游消费结构等要素构成。旅游消费意识及由此而形成的旅游消费习惯是旅游消费的基本动因；旅游消费能力和旅游消费水平是旅游消费的客观条件；旅游消费结构是旅游消费发展到一定时期的结果，反映着旅游消费的旅游产品的质量、数量及其比例关系，是衡量一个国家或地区旅游业发展水平的重要标志之一。

从性质上来说，旅游消费是人们在旅游过程中，通过购买旅游产品来满足个人发展和享受需求的行为与活动，是一种高层次的精神消费。具体而言，旅游消费有以下几个特点。

（一）旅游消费属个体性消费

旅游消费就其消费主体而言，属于个人消费范畴。旅游者是否选择旅游消费活动、什么时候消费、消费什么旅游产品、消费层次与消费量怎样等诸多问题，都取决于旅游消费者个人的旅游消费意识和倾向、旅游消费习惯、旅游消费能力、旅游消费水平等，而且最终的旅游消费效果也是因人而异的。

（二）旅游消费属高层次消费

人们的消费需要，包括基本生存消费、发展消费、享受消费三个层次。基本生存消费是维持个人和家庭最低生活保障的生活资料与服务的消费，是劳动力再生产过程中所必需的最低限度的消费标准；发展消费和享受消费则是人们为了提高自身的文化素质、陶冶情操、发展智力和体力，从而达到劳动力内涵扩大再生产的要求的消费。旅游消费是人们在基本生活需要得到保障之后而产生的高层次的消费需求。

（三）旅游消费属精神性消费

旅游消费作为一种个人消费，从内容上来看，包括精神和物质两方面，除了有形的以商品形式存在的物质产品和无形的以文化形式存在的精神产品以外，还包括以此为依托的消费性服务。所以，旅游消费包括了人们在旅游中所获得的满足其享受和发展需要的旅游物质产品、精神产品和以这些为依托的旅游服务三个方面。其中，物质形态的旅游产品的消费只是一种外在的形式或其中极少的一部分，旅游者真正所消费的是以物质形态的旅游产品为依托的精神产品和服务产品。

二、旅游消费的特点

任何消费都是社会生产力发展的结果，是人们收入增加和生活水平提高的标志。旅游活动涉及政治、经济、文化等广泛的社会领域，旅游消费的内容包含食、住、行、游、购、娱等诸多方面，因而旅游消费具有其自身的特殊性。如果说一般传统产品的消费方式是把消费过程与再生产过程相对区分开来，那么作为现代消费方式的旅游则把消费过程与再生产的过程有机结合为一体。因此，旅游消费具有许多不同于一般传统产品消费的特点。

（一）旅游消费的综合性

旅游消费是一个连续的动态过程，贯穿于整个旅游活动之中，因而综合性是旅游消费最显著的特点。首先，从旅游消费活动的构成看，旅游活动是以游览为中心内容的，但是为了实现旅游的目的，旅游者必须凭借某种交通工具，在旅途中购买一定的生活必需品或旅游纪念品，同时解决吃饭、住宿等问题。可见，旅游活动是集食、住、行、游、购、娱于一体的综合性消费活动。其次，从旅游消费的对象看，旅游消费的对象就是旅游产品，旅游产品是由旅游资源、旅游设施、旅游服务等多种要素构成的，其中既包含物质因素，也包含精神因素；既有实物形态，又有活劳动形态。因此，旅游消费对象是多种要素、多类项目的综合体。最后，从参与实现旅游消费的部门看，旅游消费是众多部门共同作用的结果，许多经济部门和非经济部门均参与了旅游消费的实现过程。前者包括餐饮业、旅馆业、交通业、商业、农业等，后者包括环保、园林、文物、邮电、海关等。这从另一个侧面也证明了旅游消费的综合性特点。

（二）旅游消费的劳务性

这里所指的劳务即服务，服务是以劳务活动形式存在的、可满足某种特殊需要的经济活动。在旅行游览过程中，旅游者首先必须满足基本的生理需要，因而必然要消费一定量的实物形态的产品。但从总体上看，服务消费占主导地位。旅游服务消费，不仅在量上占绝对优势，而且贯穿于旅游者从常住地向旅游地的移动，到旅游地参观游览再返回常住地这一消费过程的始终。旅游服务是由各种不同的服务组合成的总体，一般包括饭店服务、交通服务、导游服务、代办服务、文化娱乐服务、商业服务等。

旅游服务一般不体现在一定的物质产品中，也不凝结在无形的精神产品中，而是以劳务活动的形式存在着，从而构成旅游产品的特殊形式。这种产品只有被旅游者享用时，它的价值才被实现；一旦旅游活动结束，旅游服务的使用价值就不复存在，从而决定了旅游消费与旅游产品相一致的特性。具体表现在以下几个方面。

（1）旅游消费的异地性。旅游服务是无形的，不可转移的，因此，旅游者必须离开常住地，离开熟悉的基本生活环境，克服空间距离，才能实现旅游消费。

（2）旅游消费与旅游交换的同一性，即一般物质产品的交换和消费是两个独立的环节，但就旅游消费而言，服务的提供必须以旅游者的存在即旅游者的实际购买为前提。为此，旅游消费和旅游交换在时间与空间上是统一的。

（3）旅游消费的不可重复性。旅游服务的使用价值对旅游者来说是暂时的，旅游者离去，旅游服务即告终止。这样随着服务的时间、场合及服务人员心情的变化，即使是同一服务员提供的服务，其标准和质量也会相差很多。因此，旅游者一生中不可能消费完全相同的服务产品。

（三）旅游消费的伸缩性

伸缩性，是指人们所需消费品的数量及品种之间的差异，以及这种差异随着影响消费诸因素的变化而表现出扩大或紧缩的状态。所以，伸缩性一方面是就人们对消费品种、数量和质量需求变化情况而言，另一方面是就影响消费诸因素对消费需求变化而言。旅游消费作为一种高层次的消费，是一种伸缩性很强的消费，具体表现在以下几方面。

（1）旅游消费是无限性消费。美国心理学家马斯洛曾把人的需要分为生理需要、安全需要、社会需要、自尊需要和自我实现需要。旅游消费是人们的基本需要即生理需要和安全需要得到一定满足后，为实现更高层次的需要而进行的高级消费形式，因而没有数量限制。随着社会经济的发展及人们消费水平的提高，旅游消费趋势必然不断增强。

（2）旅游消费是弹性较大的消费。一般来说，满足人们生存需要的消费弹性较小，而满足人们享受、发展需要的消费弹性较大，旅游消费属于后者。许多因素都会影响旅游消费的数量和质量。除了通常所说的价格、收入外，国际政治经济形势，旅游者的职业、年龄、性别、受教育程度、宗教信仰、兴趣爱好，以及旅游地的社会经济发展水平、风俗习惯等，都直接或间接地影响着旅游消费。

（3）旅游消费是季节性消费。这主要体现在两个方面：一是旅游消费需求集中在某些月份或季节。例如，德国人旅游集中在夏季三个月，巴黎人喜欢8月外出旅游。二是某些月份或季节旅游消费的内容集中于某些特定的旅游消费对象。例如，夏季的海滨胜地游人如织，而一到冬季，出现在海滩上的游客则寥若晨星。

（四）旅游消费的互补性和替代性

旅游消费的综合性，使得构成旅游消费对象的各个部分具有互补的性质。例如，假设杭州中国国际旅行社接待了10名从桂林赴杭州的美国旅游者，这10名旅游者除了消费导游服务外，还要支付从桂林至杭州的交通费，在杭州必须支付住宿费、餐饮费、购物费等。因此，一项旅游消费的实现必然伴随着众多的其他旅游消费项目的产生。旅游消费的这个特点要求有关部门互相配合，加强合作，以便提高经济效益。

旅游消费的替代性是指旅游消费对象每一构成部分之间的相互替代的性质。例如，某旅游者从甲地到乙地乘了飞机，就不会再乘火车或轮船。到了乙地后，若由青年旅行社安排他的旅游活动，他就不会再接受中旅或国旅提供的导游服务。若他住进了度假旅馆，一般就不会再入住其他旅馆。由此可见，旅游消费中的替代性是十分明显的。而旅游者在选定某种成分以后，势必舍弃其他成分，因而这种替代性加剧了旅游业的竞争。

（五）旅游消费的不可重复性

旅游产品的不可转移性和时间性强的特点，决定了旅游消费者对旅游产品的消费是不可重复的。形成旅游产品的旅游吸引物、旅游设施和设备，以及在整个旅游过程中向旅游者提供的各种服务，与其他物质商品不同，它不能从甲地转移到乙地去销售，即在交换过程中不是旅游产品的转移，而是旅游消费者亲自到旅游产品的产地去消费。旅游者在旅游过程中购买旅游产品并加以消费，如使用饭店中的客房、占用餐座、占用交通工具、使用娱乐场所和游览点等，旅游者对旅游产品在时间上只具有暂时的使用权，而无长期的所有权，旅游产品的所有权归旅游供给者所有。旅游活动结束后，旅游产品的使用价值对消费者来说即告消失，它不同于一般物质产品购买后即拥有所有权，可以重复使用。

旅游产品中所包含的无形部分，即旅游过程中各环节所提供的各种服务，它的时间性更强，只有当旅游者消费这些服务时，服务才构成产品。旅游产品中的劳务和一般商品中的劳务不同，一般商品中的劳务是以物化形式存在于商品之中，可以储存起来，其价值和使用价值不会消失，消费者可以重复使用；而旅游产品中的服务是随着旅游产品的消费而被消费的，旅游活动结束后，旅游者离去，旅游消费终止，旅游服务即告终止，它同样具有不可重复消费的特点。

三、旅游消费的作用

旅游作为一种高级消费形式，对于促进人的全面发展、提高劳动力的素质、提高劳动生产率和促进经济发展等，都具有重要的作用。这主要表现在以下几个方面。

（一）旅游消费是旅游经济运行的原动力

随着人们生活水平和生活质量的不断提高，旅游业在国民经济中的地位更为显著，并逐渐成为国民经济的重要产业，旅游业是否能够健康、稳定、协调、可持续地运行发展，这将取决于旅游经济运行过程中的各个环节之间是否相互衔接而协调发展。旅游产品的生产、交换、消费等环节虽然在时间和空间上具有同一性，但是旅游产品的生产和交换取决于旅游消费。在市场经济条件下旅游产品的生产也是以销定产，生产什么、什么时候生产、生产多少，均取决于旅游者想要消费什么、什么时候消费以及潜在的消费量。旅游消费需求、消费水平决定着旅游产品生产的方向与速度。所以说，旅游消费是旅游经济运行的原动力所在。

（二）旅游消费是旅游需求得以实现和满足的必要条件

人们的旅游消费活动有潜在消费和现实消费之分。在未来有可能成行，但目前尚不具备条件的旅游消费，称为潜在旅游消费；在目前条件下能够或者已经实现的旅游消费，称为现实旅游消费。要想将潜在旅游消费变成现实旅游消费，一方面，要积极创造条件，另一方面，当条件具备的时候，潜在旅游消费需求能否得到实现和满足，从而变成现实旅游消费活动，关键就在于旅游者是否愿意参与旅游消费，这是旅游需求得以实现的必要条件。所以，旅游产业部门应积极开发新产品投放市场，吸引和鼓励旅游者前来消费，从而拉动消费，刺激旅游经济的发展。

（三）旅游消费对旅游产品开发具有极强的导向作用

生产取决于消费，消费决定着生产；消费需求和消费水平直接决定着生产的发展方向、速度和规模。旅游生产取决于旅游消费，旅游消费对旅游产品的生产方向、速度和规模有着极大的推动作用与极强的导向作用。随着旅游经济的不断发展，人们在基本旅游消费得到满足之后，又会不断地提出和产生许多新的更高层次的旅游消费需求，从而对旅游产品的生产和供给提出了更高的要求。旅游消费者总是随着消费行为的发生不断地对旅游产品提出新的要求，而旅游产品的生产者和经营者也总是在不断地开发与组合新产品，以满足旅游消费者不断提高的旅游消费需求。

对旅游产品的生产者和经营者来说，也必须把旅游消费者的需求放在第一位，因为旅游消费者的消费过程就是旅游产品的价值得以实现的过程，也是对旅游产品是否符合消费需求的最终检验。要使旅游产品能够被旅游消费者所接受并消费，产生良好的经济效益，就必须时刻注意洞察和捕捉旅游消费的新动向与新信息，随时做出主动反应，适时、适量地开发和组合适应新需求的旅游产品。如果新开发的旅游产品不符合旅游市场的需求，那么就会大量滞销，从而影响旅游产品供给结构，造成大量的产品积压和浪费，影响旅游经济产业的持续运行，影响旅游经济效益。通过这样一个检验过程，可以大大促进旅游产品在数量、质量和类型上更加符合旅游消费需求市场。

第二节　旅游消费结构

一、旅游消费结构的分类

旅游消费结构，是指旅游者在旅游过程中所消费的各种类型的旅游产品及相关消费资料的比例关系。研究旅游消费结构的目的有以下几点。

（1）通过对影响旅游消费的各种因素的探讨，预测出旅游消费结构的发展趋势，从而寻找出符合旅游者消费需要的最佳消费结构。

（2）加强旅游消费结构的研究，有助于对国民经济中与旅游经济发展有关的各生产部门的生产和发展进行规划与决策，旅游消费结构决定旅游消费资料的生产比例和发展速度，从而决定社会生产的方向、速度和比例关系。

（3）加强对旅游消费结构的研究，有助于制定旅游经济发展规划，建立旅游业内部的生产结构，确定各旅游企业的发展规模和速度，使旅游产品各大类的生产“成龙配套”，进而较好地满足旅游市场需求。

（4）加强对旅游消费结构的研究，有助于采取措施改进消费结构，实现旅游消费结构的优化，以提高旅游业的经济效益。

旅游消费结构可从不同角度进行划分。

（一）按旅游消费层次分类

按满足旅游者的需要层次，旅游消费可分为生存消费、享受消费和发展消费。旅游者在旅游过程中的消费具体可分为餐饮、娱乐、游览、住宿、交通等方面的消费，其中食、住、行是满足旅游者在游览中生理需求的消费；而观赏、娱乐、学习等消费则是满足旅游者精神享受和智力发展需要的消费。这两种消费相互交错，在旅游活动中很难划分它们之间的区别和界限。在满足旅游者生存需要中必须满足其享受和发展的消费，而在满足旅游者享受和发展的消费中又掺杂着其生存需要的满足。

（二）按旅游消费形态分类

按旅游者在旅游活动中的消费形态，旅游消费可分为物质消费和精神消费两种。物质消费，是指旅游者在旅游过程中所消耗的物质产品，如客房用品、食物、饮料和购买的纪念品、日用品等实物资料；精神消费，是指供旅游者观赏、娱乐的山水名胜、文物古迹、古今文化、民俗风情等精神产品，还包括在旅游活动的各环节中所享受到的一切服务性的精神产品。这一分类也具有相对性，物质消费若令旅游者感到满意，旅游者在精神上会感觉愉快，精神消费虽主要是满足旅游者的精神需要，但其中不少是以物质形态而存在的。

（三）按旅游消费内容分类

按旅游消费内容，旅游消费可分为基本旅游消费和非基本旅游消费。基本旅游消费是指进行一次旅游活动所必需的而又基本稳定的消费，如旅游住宿、饮食、交通、游览等方面的消费；非基本旅游消费是指并非每次旅游活动都需要的并具有较大弹性的消费，如旅游购物、医疗、通信消费等。

（四）按旅游消费资料分类

按旅游消费资料的使用价值及旅游者消费的具体形式，旅游消费可分为食、住、行、游、购、娱等。旅游者在其旅游消费的过程中，因为个人的旅游目的、兴趣爱好、可自由支配收入、闲暇时间等因素的影响和制约，在上述旅游消费的结构中表现出不同比例的饮食支出、客房支出、交通支出、游览支出、购物支出、娱乐支出等。

二、影响旅游消费结构的因素

旅游消费不是人类生存的必要消费，它属于人类高级享受和发展需要的消费。因此，它的需求弹性较大，很多因素都会影响旅游消费的数量和质量。除了国际上政治、经济、环境或气候变化等因素的影响外，旅游者的收入水平、年龄、性别、职业和受教育程度以及风俗习惯、兴趣爱好等，都是影响旅游消费结构的因素。此外，旅游供给国或目的地服务范围、服务项目、服务质量、服务态度和旅游各部门的协调配合能力，以及社会治安等也都是影响旅游消费结构的因素。概括起来，影响旅游消费结构的主要因素有以下几项。

（一）旅游客源地经济发展水平

旅游客源地经济发展水平关系到旅游者的闲暇时间和收入水平，从而直接影响着旅游者的旅游需求水平和旅游消费水平。一般地说，国民经济的发展水平越高，人们所获得的可自由支配收入和闲暇时间就越多，而这两个必要条件又会大大刺激旅游需求水平和旅游消费水平的提高，所以说旅游客源地经济发展水平是影响旅游消费结构最根本的因素。例如，经济发达国家的旅游者与经济欠发达国家的旅游者相比，其食、住、行、游、购、娱的比例结构会大相径庭。

（二）旅游者的收入水平

旅游消费是满足人们高层次需求的消费。即使人们有了旅游的需求，也只有当人们的收入在支付其生活费用之外尚有一定数量的节余时，才能使需求变为现实。旅游者的收入水平越高，购买旅游产品的经济基础就越好，所以，收入水平决定着消费水平，也决定着需求的满足程度，从而决定着消费结构的变化。旅游者的收入越多，旅游需求就能满足得越充分，就能促使旅游消费从低层次向高层次发展。例如，国际旅游者中的官员、商人、学者、医生的收入比较高，他们旅游时要住高级宾馆、吃美味餐食、乘飞机坐头等舱、出入乘汽车等。

（三）旅游者的构成

不同年龄、性别、文化、职业的旅游者，不同的风俗习惯、兴趣爱好，都是影响旅游消费结构的因素。通常，青年人对饮食要求多而不精，而对游览娱乐性的开支则较大；老年人对住宿、饮食、交通的要求比较高；妇女的旅游消费中的购物消费所占比重最大；而政府官员、商人、参加会议的旅游者则要求现代化的旅游设施设备、高质量的饮食和服务。此外旅游者的收入和带薪假日的长短，也影响着旅游者的停留天数和消费数量；旅游者的文化水平、风俗习惯又影响着旅游者的爱好兴趣，使其对旅游产品的内容和质量要求各异。总之，旅游者构成的每一个因素，都不同程度地影响着旅游消费结构的变化。

（四）旅游产品的结构

生产发展水平决定消费水平，产品结构从宏观上制约着消费结构。向旅游者提供的住宿、餐饮、交通、游览、娱乐和购物等各类旅游产品的生产部门是否协调发展，旅游产品的内部结构是否比例恰当，都是影响旅游消费结构的因素。特别是在国民经济结构中，向旅游业提供服务的各相关产业部门的结构如果搭配不合理，没有形成一个相互协调、平衡发展的产业网络，就会导致旅游产品比例失调，各构成要素发展不平衡，从而不仅不能满足旅游者需求，反而造成供求失衡，破坏了旅游产品的整体性。例如，交通工具短缺，航线航班奇缺，会使旅游者进不来或出不去，或者进来了又散不开。而旅游设施设备不足，游娱网点过少，又使旅游者来了无处住，住下了又无处游，或者旅游项目单调、枯燥，旅游资源缺乏吸引力，等等，这些情况都会使旅游产品在旅游市场上失去竞争能力，丧失客源。因此，旅游产品结构决定着旅游消费结构，决定着旅游者的消费水平和消费数量。

（五）旅游产品的质量

发展旅游业不但需要一定数量的旅游产品，而且需要高质量的产品。即使旅游产品的数量能够符合旅游需求的总量，但如果其旅游质量差、生产效率低、使用价值小，则仍然不能满足旅游者的消费需求，并且必然要影响到旅游消费的数量和结构。旅游产品的质量包括三个方面。

（1）向旅游者提供称心如意、物美价廉的旅游产品，即提供的旅游产品要达到安全、文明、便利和快乐的要求。

（2）旅游服务效率，即对每一项旅游服务都要求做到熟练敏捷，为旅游者节约时间，提供快捷信息。

（3）旅游服务的态度，即在旅游服务过程中要礼貌、热情、主动、周到。只有不断提高旅游产品质量，使旅游者获得物质与精神上的充分满足，提高他们的消费水平，才能使旅游消费结构日趋完善。

（六）旅游产品的价格

旅游产品价格的变化影响着旅游者的消费数量和消费结构。由于旅游产品的需求弹性大，所以当旅游产品的价格上涨而其他条件不变时，人们就会把旅游消费转向其他替代商品的消费，使客源量受到很大影响。反之，当旅游产品价格下跌，或者旅游价格不变而增加了旅游产品的内容，人们又会把用于其他商品的消费转向旅游。因此，旅游产品价格的变化不仅影响旅游消费结构，而且影响旅游需求量的变化。

（七）旅游者的心理因素

旅游者的消费习惯、购买经验、周围环境等都会不同程度地影响旅游消费选择、旅游消费行为，从而影响着消费结构。消费方式的示范性及旅游者的从众心理也影响旅游者的支出方向。

三、旅游消费的合理化

旅游消费合理化是一个动态的发展过程，它是指旅游消费从不合理状态向合理化状态不断逼近的渐进过程。一般来说，在居民收入、闲暇时间一定的前提下，合理旅游消费的内容和基本标准包括以下三层含义：一是旅游消费的发展速度要适度，要与旅游业和其他同旅游消费有关的经济部门的发展水平相适应；二是旅游消费的内容必须丰富多彩，方式要多种多样，切忌单调、乏味、刻板的旅游消费方式；三是旅游消费结构要优化，即食、住、行、游、购、娱之间及其各自内部的支出比例要恰当，要体现出旅游消费的经济性、文化性、精神享受性等特点，以最大限度地提高旅游消费的经济社会效益，促进消费者身心健康和全面发展的需要。具体地说，要实现旅游消费的合理化，就应满足以下一些基本要求。

（一）旅游消费水平逐步上升

旅游消费是人们文化生活的组成部分，是一种包含着较多精神内容的、高层次的生活方式，其合理发展必须给旅游者以新颖、舒适、优美、健康的感受；能够激发人们热爱生活、追求理想、奋发向上、努力学习的情感和动机；能不断提高人们的思想、艺术、文化修养，防止和打击各种腐败与不健康的现象，用丰富多彩的旅游活动内容和服务项目来充实旅游者的精神世界。总之，人们用于满足物质文化需求的旅游产品和劳务的消费越多，则旅游消费的水平就越会不断提高，这是旅游消费方式合理化的必然规律。

（二）旅游消费结构的不断优化

要实现旅游消费方式的合理化，必须促使旅游消费结构不断优化。所谓旅游消费结构优化，就是指旅游消费的内容、方法和形式必须丰富多彩、生动活泼。因为旅游就是人们花钱买享受，它要求使旅游者玩得痛快、充实、高尚和有益，这也是旅游消费合理化的基本要求。旅游消费内容和旅游活动方式的具体选择，必须既有利于旅游者消除疲劳、增进健康，又有利于旅游者增长知识、修身养性、促进体力和智力的发展。由于旅游消费结构是反映旅游者在旅游过程中所消耗的各种消费资料（物质产品、精神产品、服务）的比例关系，因此，必须不断优化旅游消费的结构，使旅游者通过各种旅游活动开阔视野、培养各种兴趣和爱好、提高自身人文素养。

（三）旅游消费市场供求平衡

由于旅游需求具有极大的波动性，而旅游供给则具有相对的稳定性，因此，合理的旅游消费方式，应保证在旅游“淡季”和旅游“冷点”地区仍有一定的旅游消费规模，以提高旅游设施、设备的利用率，充分发挥旅游消费对饮食服务、宾馆、交通运输、邮电通信、金融、商业及娱乐等行业的带动和促进作用；同时要尽量保证在旅游“旺季”和旅游“热点”地区，旅游消费的水平和结构与旅游地的接待能力相适应，及时发布旅游预警信息，切实解决旅游“吃饭难”“住宿难”“乘车难”等问题，不断提高旅游消费的效果和水平。

（四）旅游消费环境良性发展

良好的旅游环境是高品位旅游资源和高质量旅游产品的重要组成部分，是使旅游消费得以顺利有效进行的必备条件。人们出门旅游的主要动机是追求一个清新、舒适、宁静、安全的自然环境和社会环境，因此，合理的旅游消费首先必须有利于生态环境的保护，特别是某些特定的旅游活动，如狩猎、钓鱼、森林旅游等，必须以不损害自然界的生态平衡为限，严禁滥捕、滥猎和滥采。同时，合理的旅游消费结构还应该通过旅游活动的开展，增强人们对自然资源和历史文物的保护意识，激发旅游者主动地维护和改善环境，积极筹集资金治理环境污染，促进旅游消费环境良性发展。

第三节　旅游消费效果

一、旅游消费效果的含义

在旅游消费中，要消耗一定量的物质产品与劳务，即旅游消费的“投入”。而通过旅游消费使人们的体力和智力得到恢复与发展，精神得到满足，即旅游消费的“产出”。在旅游者的消费过程中，投入与产出、消耗与成果、消费支出与达到消费目的之间的对比关系，就是旅游消费效果。通常，可以从不同的角度对旅游消费效果进行划分。

（一）按旅游消费的研究对象划分

按旅游消费的研究对象，旅游消费效果可分为宏观旅游消费效果和微观旅游消费效果。宏观旅游消费效果，是把所有旅游消费作为一个整体，从社会角度研究旅游产品的价值和使用价值；分析旅游消费的状况、旅游者的满足程度、旅游消费对社会生产力及再生产的积极影响，以及对社会经济发展所起的促进作用等。微观旅游消费效果，是指旅游者通过旅游消费，在物质上和精神上得到的反映，如旅游消费能否达到旅游者预期效果、旅游者能否获得最大满足等。

（二）按旅游消费的联系程度划分

按一定的消费投入与所取得的成果之间关系的密切程度，旅游消费效果可分为直接旅游消费效果和间接旅游消费效果。直接旅游消费效果指的是一定的旅游消费投入直接取得的旅游消费成果，如旅游者花钱乘车实现了空间位移等；间接旅游消费效果是指一定的旅游消费投入，其旅游消费效果并不直接显示出来，而是潜在的反映，如旅游陶冶情操、提高人们的素质，则需要通过人们的工作生活实践，才能具体体现出来。

总之，旅游消费效果是一个包含丰富内容的范畴，只有从不同角度、不同方面进行比较分析，才能得出关于旅游消费活动的综合性效果。

二、旅游消费效果的衡量

对旅游消费效果的衡量，一般根据旅游供求可以分为两个层次：一是对旅游需求方面的衡量，即对旅游者的旅游消费满足程度的衡量；二是对旅游供给方面的衡量，即对旅游目的地国家或地区向旅游者提供旅游产品消费后，从而得到的旅游收入的消费效果的衡量。

（一）旅游者消费效果的衡量

旅游消费效果最直接的体现，就是旅游者消费的最大满足。所谓旅游者消费的最大满足，就是指旅游者在支出一定时间和费用的条件下，通过旅游消费获得的精神上与物质上的最佳感受，即旅游者在旅游过程中实际感受与主观愿望的最大相符程度。从经济学的观点看，旅游者对旅游产品的消费选择是理性的。一般来讲，当人们的基本生理需要得到满足之后，就会将多余的收入用于提高文化生活水平的消费上，以满足人们享受与发展的需要，或是储存起来留待日后消费。但无论怎样安排，一个理性的旅游者总要选择一下，在收入水平限制和旅游产品价格既定的情况下，怎样消费才能使自己得到最大的满足。

假设某旅游者想进行一次舒适的旅游，在旅游活动中，每单位的旅游商品价格为 20 元，而游览旅游景点每日平均花费为 150 元。现该旅游者有 900 元可用于旅游消费，试分析他在购买旅游商品和游览旅游景点之间，应如何消费才能使他感到最大的满足。由于该旅游者的可支配收入仅有 900 元，因而他的支出就受到 900 元的限制而使他不能随意选择任何一种消费搭配，只能根据可以支配的 900 元来选择使他获得最大满足的旅游消费组合。于是就有表 7-1 中的几种旅游产品消费的组合情况。

表 7-1　旅游者预算限制下的可能旅游产品消费组合

旅游产品消费组合	A	B	C	D
游览旅游景点数/个	6	4	2	0
购买旅游商品数/单位	0	15	30	45

根据经济学理论，在旅游者的可支配收入 900 元的限制下，若旅游者既要游览旅游

景点，又要购买旅游商品，则只有选择 B 种旅游产品消费组合，即游览旅游景点 4 个，同时购买 15 单位旅游商品，才可能实现旅游者消费的最大满足。

（二）旅游目的地旅游消费效果的衡量

在一定时期内，旅游者在旅游目的地的消费越多，则旅游目的地国家和地区的收入就越多。因此，可以通过分析旅游者的旅游目的地的消费支出来衡量旅游目的地旅游消费效果。通常，反映旅游者消费支出的指标主要有旅游消费总额、人均旅游消费额、旅游消费率和旅游消费构成。

（1）旅游消费总额。旅游消费总额是指一定时期内旅游者在旅游目的地国家或地区，进行旅游活动过程中所支出的货币总额。它从价值形态上反映了旅游者对旅游目的地的旅游产品消费的总量。由于旅游业是一个综合性产业，涉及交通、住宿、餐饮、娱乐、购物、游览等多方面的行业和企业，因此对旅游消费总额的计算多采用抽样调查和常规统计相结合的方法，即通过抽样调查得到人均旅游消费额，再同常规统计的旅游者人数相乘而得。

（2）人均旅游消费额。人均旅游消费额是指一定时期内旅游者在旅游目的地国家或地区的旅游过程中，平均每一个旅游者支出的货币金额。它反映了旅游者在某一旅游目的地的旅游消费水平，并为旅游经营者开拓旅游市场和开发产品提供重要的依据。人均旅游消费额一般是通过抽样调查而得到的，但是在知道旅游消费总额的情况下，也可以根据旅游消费总额除以旅游者人数来计算。

（3）旅游消费率。旅游消费率是指一定时期内，一个国家或地区的旅游者消费支出同该国家或地区个人消费支出总额的比例，它从价值角度反映了一个国家或地区在一定时期内旅游者对旅游消费的强度和水平。

（4）旅游消费构成。旅游消费构成是指旅游者在旅游活动过程中，在食、住、行、游、娱等方面的消费比例。旅游消费构成不仅反映了旅游者消费的状况和特点，而且为旅游目的地国家或地区配置旅游资源和要素，组合旅游产品提供科学的依据。

三、旅游消费效果的评价

旅游消费效果不仅包含对旅游者物质需求的最大满足，而且更重要的是对旅游者精神需求的最大满足。由于旅游消费的特点，决定了精神需求的满足也必须凭借物质资料，通过人与人的相互交往来实现。因此，在旅游消费中，除了物质产品消费外，对旅游者的旅游服务，对旅游者的尊重和友谊，都对旅游消费效果起着决定性的作用，从而决定了对旅游消费效果的评价，应重点考虑以下三个方面的内容。

（一）旅游产品价值和使用价值的一致性

在市场经济条件下，旅游产品作为消费资料进入消费领域，并以商品形式满足人们的消费需要，要求在使用价值上必须使旅游者能够得到物质与精神上的享受；在价值上要符合社会必要劳动时间的客观要求，对于国际旅游者来说，旅游产品的价值还要符合国际社会必要劳动时间的要求；在旅游产品的价格上要能正确反映旅游产品的价值，也就是说同等价格的旅游产品，其数量和质量不仅应等同于国际上的旅游产品，而且要使旅游者得到与其支付的货币相应的物质产品和精神产品。只有这样才能实现旅游者消费的最大满足。

（二）微观旅游消费效果与宏观旅游消费效果的一致性

宏观旅游消费效果是以微观旅游消费效果为基础，而微观旅游消费效果则以宏观旅游消费效果为根据，两者之间既相互联系，又相互矛盾；微观旅游消费效果反映的是个人的主观评价，它是由旅游者的个性特征（年龄、性别、习惯、文化程度、性格爱好和宗教信仰）不同所决定的。因此，要满足不同旅游者的消费要求，就要做好旅游市场的调研和预测，分析研究旅游者的心理倾向，因人而异地做好安排，通过旅游消费，给旅游者以新颖、舒适、优美、健康的感受，激发人们热爱生活、追求理想、奋发向上、努力学习的情感。这样，不仅提高了旅游者的个人消费效果，吸引旅游者延长旅游日程和提高重游率，从而使旅游消费资料得以充分利用；而且通过旅游消费促进了人们精神修养和文化素质的提高，从而进一步增强了宏观旅游消费效果。

（三）旅游消费效果与经济、社会效果的统一

旅游消费的对象往往就是生产成果，生产的经济成果直接影响消费效果，考察消费效果也要兼顾生产消费资料的经济效果。例如，有些地区开发的旅游产品，其消费效果可能是很好的，但旅游产品所产生的经济效果却很差。因此片面强调消费效果，完全抛开生产的经济效果，也是不科学的。由于旅游消费活动不仅是满足人们物质需要和精神需要的经济行为，同时也是一种社会行为，所以要求评价旅游消费效果时还要注意对其社会效果的评价。例如，旅游活动中某些博彩性项目，虽然其消费的生产经济效果可能是好的，但这种消费不利于人们的身心健康，甚至造成有害的社会影响，因而应坚决予以摒弃。

第四节　旅游消费满足

一、旅游者消费最大满足的含义

旅游者消费最大满足是指旅游者在支出一定时间和费用的条件下，通过旅游消费获得精神上与物质上的最佳感受。同一种旅游活动给予旅游者的满足程度往往因人而异，这要根据每个旅游者的性别、年龄、职业、经历、习俗、心理等各种不同因素所反映的主观印象去评价，它取决于旅游者在旅游过程中的感受与主观愿望之间的比较。旅游者消费最大满足，表现在旅游之前对旅游目的地选择的最大满足和在旅游过程中实际感受与主观愿望的最大相符。

二、旅游者消费最大满足的选择

当人们的基本生存需要得到满足后，人们就会将多余的收入或用于提高物质文化生活水平的消费上，以满足人们享受与发展的需求；或储存待用。无论怎样安排，人们总

要在自己有限的消费能力与众多的消费可能之间进行选择，以得到最大满足，而这种满足的感受是以人们的主观感受为依据的。

在此，可以通过边际效用分析法和无差异曲线分析法来研究旅游者消费最大满足。

（一）边际效用分析法

任何一种消费品的效用都是指消费者消费该消费品所感到的满足，它包括客观的物质属性和消费者的主观感受。总效用是指消费一定量的消费品所获得的总满足程度。边际效用是指该消费品的消费量每增（减）一个单位所引起的总效用的增（减）量，即满足程度的增（减）量。旅游产品总效用与边际效用的关系可以通过表 7-2 及根据表 7-2 绘制的图 7-1 来表示。

表 7-2　旅游产品总效用与边际效用

某旅游产品的消费量	旅游产品总效用	大于/小于	边际效用
0	0		
1	4	>	4
2	7	>	3
3	9	>	2
4	10	>	1
5	10	>	0
6	8	>	−2

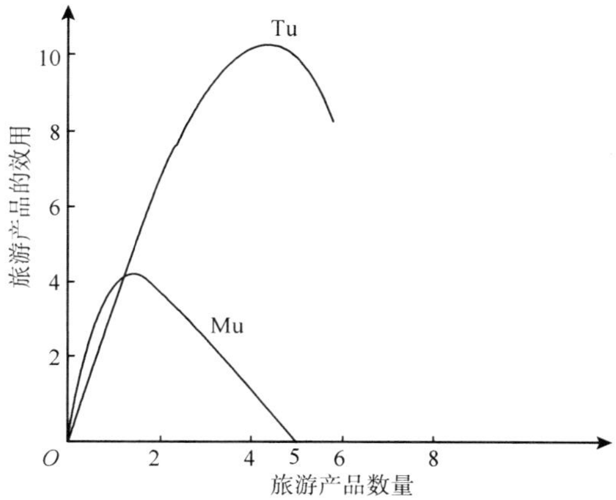

图 7-1　旅游产品总效用曲线、边际效用曲线

从表 7-2 和图 7-1 可以看出，随着旅游产品消费数量的增加，其边际效用曲线（Mu）开始是呈递增趋势，旅游产品总效用曲线（Tu）也随之增加，但是当某旅游产品的消费量达到一定程度的时候，如图 7-1 所示，再增加此种旅游产品的消费，其边际效用却是逐步递减的。这是由消费品的边际效用递减规律决定的。这一规律表明，当其他产品消费基本保持不变的情况下，随着旅游者对旅游产品的消费量的增加，其边际效用最终将

趋于下降。当然，当边际效用降低到零的时候，其旅游产品总效用也开始逐步下降。旅游产品的消费量、旅游产品总效用、边际效用三者之间的关系如图 7-1 所示。

所谓边际效用递减规律，就是指随着人们所消费的某种产品的数量的增加，其总效用虽然也相应增加，但产品的边际效用（所消费的一定量的产品中，最后增加的那一个单位所增加的效用，或最后一个单位产品所提供的效用）随所消费产品数量的增加而有递减的趋势。总效用有可能达到一个最大值，一旦越过这一点，产品的边际效用就有可能等于零或变成负数。所谓边际效用为负数，就是指对于某种产品的消费一旦超过一定量，不但不能增加消费者的满足和享受，反而会引起消费者对该消费品的反感。

旅游产品的消费也是如此。所以说，旅游者购买和消费旅游产品并非越多越好，而是要以合理的比例均衡购买和消费旅游产品，达到其最大效用均衡。

在该分析法当中，旅游者消费最大满足的含义是，旅游消费者可自由支配的收入是稳定的，旅游市场上的各种旅游消费品的价格也是已知的，旅游者一定要使其购买的各种旅游消费品的边际效用与他所支付的货币量成正向比例关系，也就是说要使其支付每一单位货币，或者购买每个单位产品，所获得的边际效用都相等（最大）。

旅游者消费最大满足的含义可以用下列等式来加以说明：

$$P_a \cdot Q_a + Q_b \cdot P_b = M, \quad \frac{\mathrm{Mu_a}}{P_a} = \frac{\mathrm{Mu_b}}{P_b}$$

式中：M 为总收入；a 和 b 为所消费的不同的旅游产品；P_a 和 P_b 为旅游产品 a 和旅游产品 b 的价格；Q_a 和 Q_b 为旅游产品 a 和旅游产品 b 的购买量；$\mathrm{Mu_a}$ 和 $\mathrm{Mu_b}$ 分别为旅游产品 a 和旅游产品 b 的边际效用。

（二）无差异曲线分析法

旅游者消费最大满足还可以通过无差异曲线和开支预算线（budget line）的组合分析来说明。

1. 无差异曲线

无差异曲线是用来表示两种或两组产品的不同数量组合对消费者所提供的效用是相同的。

举一个简单的例子，图 7-2 假设某消费者消费米和布两种日用品，A 是一条无差异曲线，A 上的 A_1、A_2、A_3、A_4 各点分别代表米和布的各种不同数量的组合（表 7-3），每一种组合所包含的米和布的数量合计提供的总效用是相同的。也就是说，在他看来，他买进 1 千克米与 6 米布，或者买进 2 千克米与 3 米布……由于每种组合提供的总效用相同，因此他到底是选择 A_1 还是 A_2、A_3、A_4，并没有什么差别，所以称这种曲线为无差异曲线。正是由于一条无差异曲线上的每一点所代表的两种消费品的不同数量的组合产生的总效用是相等的，所以无差异曲线又称等效用线。

同样的道理，B、C 分别表示另两条无差异曲线，每一条曲线上的任意一点代表的米和布不同数量组合所提供的效用都相同。理论上可以假设一个人对于米和布这两种消费品有无限多的无差异曲线存在。由 A、B、C……组合成的坐标图，就是无差异曲线图。

每一条无差异曲线代表某一既定的总效用。

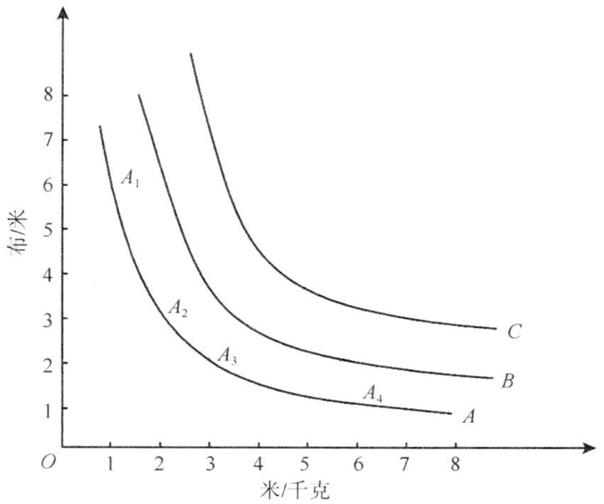

图 7-2 无差异曲线与无差异曲线图

表 7-3 米、布消费的不同数量组合

无差异组合	米/千克	布/米
A_1	1	6
A_2	2	3
A_3	3	2
A_4	6	1

无差异曲线有以下几个特点：①无差异曲线是一条凸向原点的曲线（边际替代率的绝对值有递减倾向）；②无差异曲线图上的许多无差异曲线中，离原点越远表示其效用越大，满足程度就越高，即 $U_A<U_B<U_C$；③无差异曲线图上的任意两条无差异曲线不能相交；④无差异曲线是一条向右下方倾斜的曲线（边际替代率为负数，边际替代率 $\mathrm{MRS}xy=\dfrac{\Delta y}{\Delta x}$）。

2. 开支预算线

无差异曲线只是表示消费者主观上对两种产品不同组合的偏好。边际替代率则表示消费者对这两种产品相互替代的能力的主观评价。要决定消费者对这两种产品的购买量，还必须知道与这个消费者购买行为有关的客观因素：产品的市场价格和消费者用于购买这两种产品的总支出。在研究旅游消费者行为时，依然假定消费的支出总额也是既定不变的。

开支预算线是指在收入产品价格既定的情况下，消费者所能够购买到的各种产品数量的最大组合。

图 7-3 假定消费者收入为 12 元，1 米布的价格为 2 元，1 千克米的价格为 3 元，*OA* 表示把 12 元全部用来买布能够买到的布的数量为 6 米，*OB* 表示把 12 元全部用来买米能

够买到的米的数量为 4 千克。连接 A、B 两点的直线 AB 被称为开支预算线。在开支预算线下方，为开支预算允许的范围，上方为超出开支预算范围。当价格不变而收入发生变化时，开支预算线将做平行移动，如图 7-4 所示；当收入不变而价格发生变化时，开支预算线的变化如图 7-5 所示。

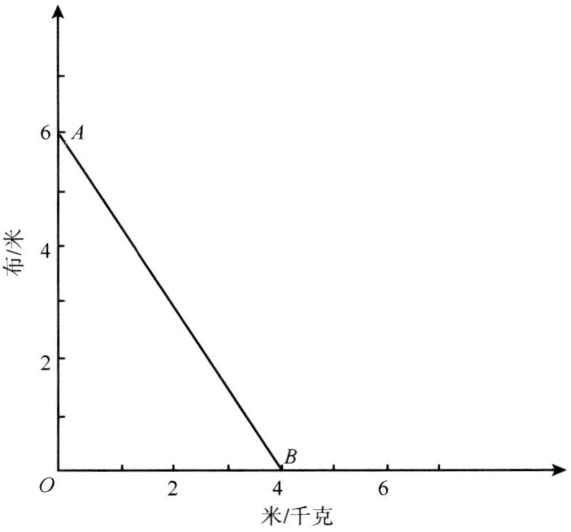

图 7-3　开支预算线

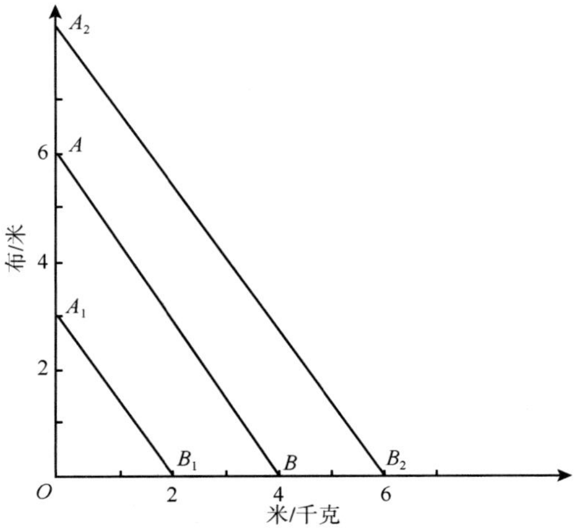

图 7-4　价格不变收入变化引起开支预算线的平行移动

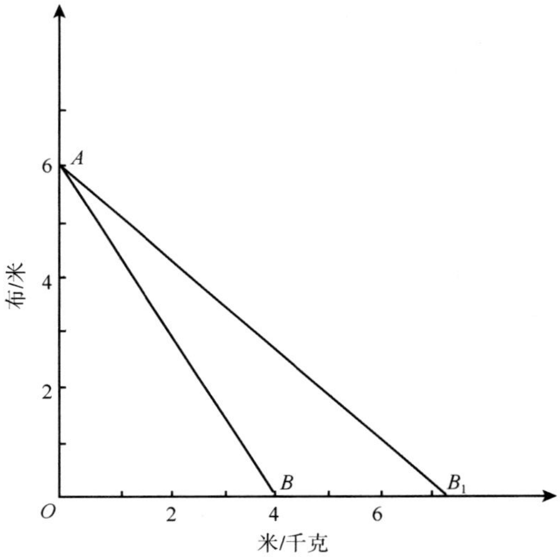

图 7-5　收入不变价格变化引起开支预算线的变化

在无差异曲线分析中，消费均衡问题既要考虑到消费者的主观意愿，同时，还要考虑到消费者的开支预算线的限制。如图 7-6 所示，消费者最大效用均衡是在无差异曲线与开支预算线的切点上，这一点所对应的产品（米）与产品（布）数量的组合既能满足消费者需求，又能符合消费者的开支预算，此时消费者获得最大满足。

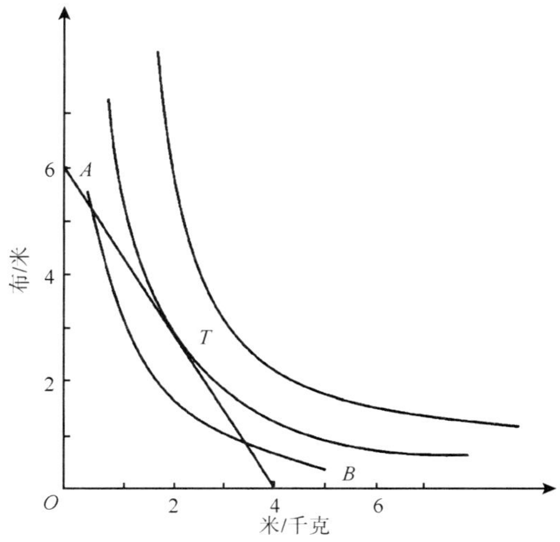

图 7-6 消费者最大效用均衡

（三）旅游消费者行为的无差异曲线分析

对旅游消费者行为的无差异曲线分析，主要从以下两方面进行分析。

1. 旅游消费与其他产品的消费决策

旅游者在选择和搭配旅游消费与其他产品消费的过程中，如何才能获得最大满足？

假设购买一个单位的生活用品需要 200 元，国内国际旅游平均每天花费 100 元，某旅游者想以 2000 元购买一部分生活用品，并外出旅游一次。他在购买生活用品和消费旅游产品之间如何达到均衡？我们假定该消费者可以获得满足的组配方式，如表 7-4 所示。

表 7-4 获得满足的各种组配

组配方式	甲	乙	丙	丁
旅游产品/天	5	10	15	20
生活用品/单位	18	5	4	3

但是，由于受到 2000 元预算开支的限制，他有如表 7-5 所示的几种开支预算线下的消费可能组配方式。那么该消费者应该怎样决策呢？将该旅游者的消费预算开支线和无差异曲线画在同一坐标系中，如图 7-7 所示，无差异曲线 L 与消费预算线 AB 相切于 T 点，该点即为旅游者的消费均衡点，即用 10 天的时间进行旅游消费，同时还购买 5 个单位的生活用品，这 2000 元的开支才能实现其最大效用，该旅游者也才能获得最大满足。

表 7-5 几种开支预算线下的消费可能组配方式

组配方式	甲	乙	丙	丁
旅游产品/天	0	5	10	20
生活用品/单位	10	7.5	5	0

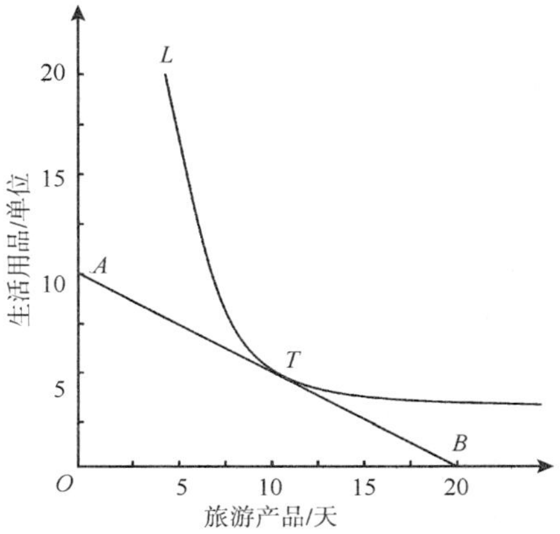

图 7-7 旅游者最大效用均衡

2. 旅游产品的选择决策

如果旅游者已经决定出国旅游，首先必须对旅游产品（旅游目的地、旅游线路）做出选择。假设旅游者在澳大利亚、新西兰旅游和新加坡、马来西亚、泰国旅游，两条旅游线路的旅游消费的几种组配方式（表 7-6）都能让该旅游者获得最大满足。

表 7-6 某旅游者获得同等程度满足的组配方式

组配方式	甲	乙	丙	丁
澳、新/天	2	4	6	10
新、马、泰/天	16	8	6	5

假设旅游者到澳大利亚、新西兰旅游平均每人每天花费需 1000 元，而到新加坡、马来西亚、泰国旅游只需 500 元/（人•天），如果旅游者预备开支 8000 元用于旅游消费，那么，如何决策其旅游消费才能获得最大效用，就取决于旅游者个人的消费倾向和旅游开支预算两个方面。开支预算线下的消费可能组配方式如表 7-7 所示。

表 7-7 开支预算线下的消费可能组配方式

组配方式	甲	乙	丙	丁
澳、新/天	0	3	6	8
新、马、泰/天	16	10	4	0

如图 7-8 所示，无差异曲线 L 与开支预算控制线 AB 相切于 T 点，表示在这点上，澳、新旅游 4 天，新、马、泰旅游 8 天，该旅游者获得了最大消费效用均衡。实际上，还有另外一条控制线，就是可能外出旅游的假日闲暇时间。

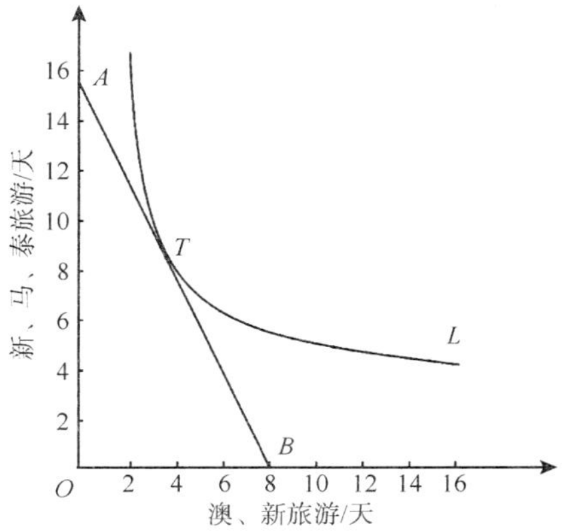

图 7-8 旅游者最大消费效用均衡

在现实生活中，旅游消费者的抉择除了受到前面提到的旅游者本身的（可自由支配的）收入、假日闲暇时间、个人兴趣爱好等因素影响主体对象因素之外，还受很多旅游客体方面的因素影响。例如，旅游资源的旅游价值、旅游商品的价格、旅游目的地的资源环境、人文社会环境、政治环境等，旅游消费者每做出一项旅游消费决策，都要将上述诸因素综合加以考虑。事实上，人们的旅游消费的最大满足绝大部分都不是像搞研究这样通过严格的方法来精确计算的，而是通过相对较长时间的充分论证、综合分析、通盘考虑而得出最大消费满足的。

案例分析 旅游不仅是一种消费现象

过去，人们仅把旅游归在消费领域，谈全域旅游也仅仅是就旅游领域而说旅游，没有在中国社会经济发展的大层面上来思考旅游发展的问题。但随着新时代的到来，旅游不仅是一种消费现象，它还可能成为推动下一步中国社会经济发展的一种方式。

随着中国社会经济的发展，旅游化表现在三个方面。

消费的旅游化。消费结构的旅游化就是说人们在日常消费中用于旅游、休闲等行为的消费比例在不断提高，如周末乡村休闲旅游、寒暑假亲子旅游等旅游消费行为越来越普遍，其消费的比重也越来越大。

空间的旅游化。对于一个城市来说，空间的旅游化主要表现在两个方面：一方面，城市接待外来旅游者的比例（也可称为游居比）在不断增加，如有 2000 多万的常住人口的北京，2017 年接待了近 2.8 亿人次的旅游者，也就是平均每一个北京人要接待十几个游客，在很多城市游居比在不断增加；而另一方面，城市居民外出旅游的比例（也可称为出游率）也在不断上升，两者在空间上的一进一出就可以反映出一个地区空间层面的旅游化发展和变化。

产业的旅游化。20 世纪 80 年代旅游业指的是“老三件”——旅游景区、酒店和旅行社，而现在来看，“老三件”在旅游业中的占比已经慢慢被越来越丰富的产品所稀释。其他业态正在利用旅游消费这个平台来创造自身“旅游+”的商业模式，在此发展过程中，旅游的边界已经越来越模糊，这也是产业旅游化的过程。

那么，消费、空间和产业的旅游化过程会令中国旅游业产生什么样的新问题？

旅游不再是简单的消费现象，它还可能与工业化一样，成为推动一个国家、一个地区、一个社会发展的重要方式。在这过程中，各个产业都可以借助旅游消费或者旅游市场的平台来创造自己的商业模式。虽说绿水青山就是金山银山，但绿水青山不能直接等于金山银山，这中间必须有一个转换器，而这个转换器就是旅游化的过程。

过去，很多人认为只有观光旅游和休闲度假旅游涉及旅游消费层次问题，而认为旅游消费不需要很高的技术含量，只要具备闲暇时间、可支配收入、健康正常的体魄就可以参与旅游活动。但随着时代的发展，越来越多的旅游消费表现为技术型消费，如滑雪、滑翔、航空、潜水、邮轮、登山等。

一般而言，技术的概念多被用于解释生产活动，而不是消费活动。但科技进步和人们物质生活水平提高后，大多消费品的技术、文化和信息含量大幅度提高，使得消费者必须通过适当的学习，掌握一定的“消费技术”，才能达到消费品的最大消费效用。旅游消费现象也毫无例外，如果对于滑雪活动缺乏消费技术，普通消费者可能会经常摔跟头，从而降低该项目的旅游满意度。

所以，旅游消费技术会对旅游者的满意度、消费层次和消费水平产生巨大影响，这种影响还会发展到更多的旅游消费项目中，如博物馆等文化类的旅游消费需要旅游者具备深厚的文化技术，潜水消费行为需要旅游者学习基本的潜水技能，低空飞行、航拍等旅游消费，甚至需要旅游者获得航空驾照……而在高端定制旅游活动中，消费技术的影响可能会更加明显，这些现象都是新时代下旅游消费的表现和反映。

过去，我们认为挖掘旅游资源就是开发旅游目的地，但随着高速铁路、高速交通体系的出现和完善，我们发现，虽然每一个旅游目的地的旅游流量会大大增加，但更多旅游的经济活动却向着旅游集散地集中和转移，因为很多旅游目的地都或多或少地变成了旅游集散地的“旅游飞地”（旅游或休闲虽然依托当地的土地和旅游资源，但其经济的带动作用与当地经济发展关联很小，旅游消费的物资、人员等都来自外地）。如果旅游目的地再不进行改革和变化，那么可以预测，这种“飞地现象”在高速交通的新时代中会越来越明显。

例如，河南洛阳和陕西西安过去都没有高速交通，两个地区都是非常独立的旅游目的地，但随着高铁的开通，两地仅有 1 小时 20 分钟的时空距离，如果洛阳还只发展景区，而西安发展更多的休闲业态，那洛阳就可能成为西安的“旅游飞地”。在未来，这种“飞地现象”在我国的旅游业中会越来越普遍，所以就要求更深层次的旅游目的地的开发，进行一场空间上的旅游目的地革命。

另外，随着大众化旅游时代的到来，旅游业的治理问题该如何解决？例如，旅游中的自驾车、营地、风景道、绿道等表面看属于旅游部门的管辖范围，但其管理职能却属于交通运输部。诸如此类问题还涉及农业农村部等其他政府部门。因此，在全域旅游时代，旅游的治理结构也可能会发生大的变革。

资料来源：张辉，王佳莹. 旅游不仅是一种消费现象[N]. 中国文化报，2019-01-05（7），有改动

复习与思考

一、重点概念

旅游消费　旅游消费结构　旅游消费合理化　旅游消费效果　微观旅游消费效果　宏观旅游消费效果　旅游者消费最大满足

二、简答题

1. 怎样理解旅游消费的性质？
2. 旅游消费有哪些类型？
3. 旅游消费具有哪些特点？
4. 旅游消费效果有哪些类型？
5. 如何衡量旅游消费效果？
6. 怎样评价旅游消费效果？

三、论述题

1. 试述旅游消费在旅游经济运行中的作用。
2. 阐述旅游消费合理化的内容及形式。
3. 阐述旅游消费结构的影响因素。
4. 分析旅游者如何在旅游目的地之间实现最大满足的选择。
5. 试分析国外或国内旅游者在当地的消费结构，并说明成因。

第八章

旅游收入与分配

旅游收入是旅游经济活动的重要内容，它一方面反映了旅游者的旅游需求通过旅游经营者的旅游供给而不断得到满足；另一方面又体现着旅游产业部门和企业在生产经营活动的价值运行与价值实现过程中，自身不断得到发展。旅游收入与分配是旅游经济运行的前提。本章阐述旅游收入的概念和分类；分析旅游收入初次分配和再分配的内容与流程；对旅游乘数效应与旅游外汇漏损的基本理论及其相互关系做了进一步的论述，从而进一步提高对旅游收入乃至旅游业对接待国家或地区经济发展作用的认识。

第一节 旅游收入分类

一、旅游收入的概念

旅游收入是指旅游目的地国家或地区在一定时期内（以年、季、月为计算单位）向游客销售旅游产品、旅游商品和其他劳务而获得的全部货币收入，也即旅游目的地国家或地区向旅游者提供旅游资源、设备设施、交通工具、旅游劳务和旅游购物品所换取的货币。旅游收入直接反映了某一旅游目的地国家或地区旅游经济的运行状况，是衡量旅游经济活动及其效果的一个不可缺少的综合性指标，也是某一国家或地区旅游业发达与否的重要标志。

（一）旅游收入体现了旅游业对国民经济的贡献

发展旅游业的目的是发展同全世界各国人民之间的友好往来，促进国际经济、文化、技术交流，满足国内外旅游者对旅游产品的需求。旅游收入的多少，一方面体现着旅游接待量的增减、旅游服务质量的高低、旅游产品的畅销程度和旅游者对旅游需求的满足程度，另一方面也体现着旅游业对国家做出贡献的大小，以及对国民经济的促进和影响作用。在旅游产品生产或经营成本不变的情况下，旅游收入的多少与旅游利润成正比例关系。旅游收入越多，旅游利润就越大；相反，旅游收入越少，旅游利润就越小。由此可见，旅游收入的增长对旅游企业的发展起着决定性作用，同时对国民经济和旅游业的发展也起着举足轻重的作用。

（二）旅游收入体现了货币回笼和创汇的状况

旅游经营活动包括国内旅游业务和国际旅游业务两部分。通过开展国内旅游业务活动，可引导人们进行合理消费，让人们在旅游活动中增长见识、丰富知识、开阔眼界，同时通过销售旅游产品和提供服务，完成回笼货币的任务。通过开展国际旅游业务活动，努力销售本国各类旅游产品，取得旅游外汇收入，对减少国家外贸逆差、平衡外汇收支、增强国有外汇支付能力以及增加国家外汇储备做出贡献。

（三）旅游收入反映了旅游经济活动的成果

旅游收入反映了旅游经济活动的成果，旅游收入的增加标志着流动资金周转的加速。每一次旅游收入的取得，都标志着在一定时期内、一定量的流动资金所完成的一次周转。因此，在一定时期内，取得的旅游收入越快越多，就意味着流动资金周转次数越多、速度越快，占用的流动资金越少，旅游企业的经济效益就会越好。

表 8-1 和表 8-2 分别反映了 2012～2016 年世界各主要旅游目的地国家旅游外汇收入的情况，以及 1985～2018 年中国旅游业总收入在国内生产总值（gross domestic product，GDP）中所占比重的情况。

表 8-1　2012～2016 年各国国际旅游外汇收入

国家	2012 年/亿美元	2013 年/亿美元	2014 年/亿美元	2015 年/亿美元	2016 年/亿美元	占世界份额/%
美国	1 262	1 729	1 913	2 054	2 107	16.9
西班牙	563	626	651	565	605	4.9
法国	536	567	581	449	545	4.4
中国	500	517	1054	450	458	3.7
意大利	412	439	455	394	402	3.2

资料来源：世界旅游组织旅游发展要览（2014—2018 年）

表 8-2　1985～2018 年中国旅游业总收入相当于国内生产总值的比重

年份	旅游业总收入（1）/亿元	比上年增长（2）/%	国内生产总值（3）/亿元	（1）占（3）的比重/%	第三产业增加值（4）/亿元	（1）占（4）的比重/%
1985	117	—	9 099	1.29	2 671	4.38
1986	159	35.90	10 376	1.53	3 097	5.13
1987	209	31.45	12 175	1.72	3 696	5.65
1988	271	29.67	15 180	1.79	4 742	5.72
1989	220	−18.82	17 180	1.28	5 651	3.89
1990	276	25.45	18 873	1.46	6 111	4.52
1991	351	27.17	22 006	1.60	7 587	4.63
1992	467	33.05	27 195	1.72	9 669	4.83

续表

年份	旅游业总收入（1）/亿元	比上年增长（2）/%	国内生产总值（3）/亿元	（1）占（3）的比重/%	第三产业增加值（4）/亿元	（1）占（4）的比重/%
1993	1 134	142.83	35 673	3.18	12 313	9.21
1994	1 655	45.94	48 638	3.40	16 713	9.90
1995	2 098	26.77	61 340	3.42	20 642	10.16
1996	2 487	18.54	71 814	3.46	24 107	10.32
1997	3 112	25.13	79 715	3.90	27 904	11.15
1998	3 439	10.51	85 196	4.04	31 558	10.90
1999	4 002	16.37	90 564	4.42	34 935	11.46
2000	4 519	12.92	100 280	4.51	39 898	11.33
2001	4 995	10.53	110 863	4.51	45 700	10.93
2002	5 566	11.43	121 717	4.57	51 422	10.82
2003	4 882	−12.29	137 422	3.55	57 754	8.45
2004	6 840	40.11	161 840	4.23	66 649	10.26
2005	7 686	12.37	187 319	4.10	77 428	9.93
2006	8 935	16.25	219 439	4.07	91 760	9.74
2007	10 957	22.63	270 232	4.05	115 811	9.46
2008	11 600	5.87	319 516	3.63	136 806	8.48
2009	12 900	11.21	349 081	3.70	154 748	8.34
2010	15 700	21.71	413 030	3.80	182 038	8.62
2011	22 500	43.31	489 301	4.60	216 099	10.41
2012	25 900	15.11	540 367	4.79	244 822	10.58
2013	29 500	13.90	595 244	4.96	277 959	10.61
2014	37 300	26.44	643 974	5.79	308 059	12.11
2015	41 300	10.72	689 052	5.99	346 150	11.93
2016	46 900	13.56	743 586	6.31	383 365	12.23
2017	54 000	15.14	827 122	6.53	427 032	12.65
2018	59 700	10.56	900 309	6.63	469 575	12.71

注：由于从 1993 年起开始开展国内旅游抽样调查，当年国内旅游收入与上年不可比。2018 年国内生产总值及第三产业增加值为初步估算值

资料来源：根据《中国旅游统计年鉴》《中国国内旅游抽样调查资料》《中国统计年鉴》《中华人民共和国文化和旅游部 2018 年文化和旅游发展统计公报》中有关数据计算制作

表 8-2 中 34 年的统计数据表明，我国旅游业总收入除 1989 年因其他原因和 2003 年受非典影响、2008 年受世界金融危机影响出现下降外，其他年份基本保持了两位数的增长速度，2018 年旅游业总收入是 1985 年的 510 倍。另外，从旅游业总收入的增长幅度可以看出，我国旅游业不仅保持了较高的增长速度，而且对国民经济的影响力也日益增大，从 20 世纪 90 年代开始，旅游业总收入占当年第三产业增加值的比重，以及占当年国内生产总值的比重基本呈逐年递增的趋势。显然，我国旅游业已成为国民经济中最具

活力的产业之一。

二、旅游收入的分类

旅游收入综合反映了旅游业的生产经营成果。为了更明确地认识旅游收入的内涵，可以从不同的角度来分析旅游收入的构成。通常来说，旅游收入根据不同标准分类如下。

1. 按旅游经营业务分

按旅游经营业务，旅游收入可分为国内旅游收入和国际旅游收入。

（1）国内旅游收入。国内旅游收入是指旅游目的地国家或地区因经营国内旅游业务而取得的本国货币收入。国内旅游收入来源于本国居民在本国境内的旅游消费支出，它一般不增加该目的地国家或地区的国民收入，而只是本国物质生产部门劳动者所创造的价值的转移和地区间收入再分配的结果。所以说，国内旅游收入体现了该国家或地区范围内经济发展的状况以及国家与企业、企业与企业、企业与居民之间的经济关系，属于国民收入再分配的范畴。表 8-3 显示了 2017 年全国国内旅游基本情况。

表 8-3　2017 年全国国内旅游基本情况

居民类型	总人次数/亿人次	出游率*/%	总花费/亿元	人均花费/元
全国合计	50.01	361.60	45 660.77	913.00
城镇居民	36.77	463.70	37 673.03	1 024.60
农村居民	13.24	224.40	7 987.74	603.30

* 出游率是指城镇居民或农村居民出游的人次数占其人口数的比重

资料来源：《中国旅游统计年鉴》2018 版

（2）国际旅游收入。国际旅游收入是旅游目的地国家或地区因经营国外游客来本国或本地区旅游业务而取得的外国货币收入，通常被称旅游外汇收入。国际旅游收入来源于外国游客在旅游目的地国家或地区境内的旅游消费支出，是其他国家国民收入流入旅游目的地国家或地区，用于补偿旅游产品价值的部分。因此，对于旅游目的地国家或地区而言，国际旅游收入是外来经济对本国经济的“注入”，具体表现为旅游目的地国家或地区社会价值总量的增加。这也就等同于旅游目的地国家或地区对外输出旅游产品，以一种特殊形式而进行的对外贸易，体现着旅游客源国与旅游接待国之间的国际经济关系。国际旅游业从外国游客那里获取的外汇收入，扣除物化劳动和活劳动价值后的差额，就是国际旅游业的利润。因而国际旅游业同其他生产行业一样，为社会创造了或增加了新价值，这部分价值就构成了一国国民收入的一部分，所以，它属于国民收入初次分配的范畴。表 8-4 显示的是 2018 年全国各主要地区国际旅游外汇收入排序情况。当然，初次分配和再分配，两者又是相辅相成的关系，国际旅游业职工的工资收入和上缴税金等则又构成了国民收入再分配的来源之一。

此外，在理解国际旅游收入的内涵时，还应注意以下两点：其一，旅游目的地国家或地区的国际旅游收入是外国旅游者的开支中扣除用于支付客源国或地区与目的地国家或地区之间的国际交通费，以及客源国或地区旅游承包商的利润与旅游零售商的佣金两项费用之后的余额；其二，由于货币兑换率经常变动，同量的外汇收入在不同时期以本国货币表示的国际旅游收入在数额上会存在差异。

表 8-4 2018 年全国各主要地区国际旅游外汇收入排序情况

序号	1	2	3	4	5	6	7	8	9	10	全国
地区	广东	福建	上海	北京	江苏	天津	浙江	云南	山东	安徽	
国际旅游外汇收入/百万美元	20 512	7 261	5 516	4 648	4 418	3 293	3 188	3 127	2 828	2 778	78 006

资料来源：《中国统计年鉴》2019 版

2. 按旅游需求弹性分

按旅游需求弹性，旅游收入可分为基本旅游收入和非基本旅游收入。

（1）基本旅游收入。基本旅游收入是指在旅游过程中，旅游目的地国家或地区向游客提供旅游交通、食宿、景点游览等必需的基本旅游设施和旅游服务所获得的货币收入的总和。它来源于游客在旅游过程中必须支出的费用。与基本旅游收入的实现相关联的旅游产品，通常来说，其旅游需求的价格弹性和收入弹性都较低，即不论旅游者收入水平、支付能力高低以及产品价格变化如何，旅游者在旅游过程中都是必须购买的。换言之，从每一个游客身上获得的基本旅游收入是比较稳定的。正由于这一点，对一个旅游目的地国（地区）而言，在其他条件不变的情况下，总的基本旅游收入与游客人次数、人均天基本旅游消费支出以及人均停留天数均成正比例变化，即游客人次数越多，游客的人均天基本旅游消费支出越高，人均逗留天数越长，该旅游目的地国家（地区）获得的基本旅游收入就越多。可用如下函数关系来表示：

$$R=f(N,\ S,\ T)=N\times S\times T$$

式中：R 表示总的基本旅游收入；N 表示游客总人次数；S 表示游客人均天基本旅游消费支出；T 表示游客人均停留天数。

通过对基本旅游收入及其增减速度的分析，可大体衡量一个国家或地区的旅游发展状况。

（2）非基本旅游收入。非基本旅游收入，又称边缘旅游收入，是指旅游目的地国家或地区向游客提供的非必需的旅游产品和服务（如医疗保健、邮电通信、修理、咨询、购物等）所获得的货币收入。对于这一类货币支出，游客可依据自身的收入水平、支付能力、需求层次、兴趣偏好等来自愿灵活地进行选择，所以说非基本旅游收入只是游客在旅游过程中可能发生的消费支出。由于非必需或非基本的旅游产品的需求弹性都较大，于是，通过提供此类旅游产品而形成的非基本旅游收入就具有不稳定的特点，与游客人次、逗留时间等因素也没有必然的正比例关系。但是，它在旅游收入总量中所占比重的大小，却可反映出一个国家或地区旅游业发展的深度。旅游业越发达，旅游经济运行机制越完善，非基本旅游收入比例就越高。表 8-5 表明了 2017 年入境过夜旅游者在我国人均天消费构成的情况。

由表 8-5 可以看出，2017 年入境过夜旅游者在我国的人均天消费构成中，用于购买食宿、交通、游览等服务而花费的人均天基本旅游消费支出占人均天总消费支出的66.7%左右，而人均天非基本旅游消费支出只占 33.3%左右。这说明我国旅游业在扩大非基本旅游收入方面还有开拓的潜力。

表 8-5 2017 年入境过夜旅游者在我国人均天消费构成的情况

项目	总计	住宿	餐饮	游览	长途交通	市内交通	娱乐	购物	邮电通信	其他服务
人均天消费额/（美元/人天）	225.74	25.06	18.51	9.71	92.55	4.74	11.51	36.80	4.06	22.80
比重/%	100.0	11.1	8.2	4.3	41.0	2.1	5.1	16.3	1.8	10.1

资料来源：根据 2018 年《中国旅游统计年鉴》有关数据计算

3. 按旅游收入构成分

按旅游收入构成，旅游收入可分为商品性收入和劳务性收入。

（1）商品性收入。商品性收入是指向游客提供实物形式的商品而得到的货币收入。商品性收入包括商品销售收入（如销售各种生活用品、工艺美术品、旅游纪念品、土特产品、药品、书报杂志等得到的收入）和饮食销售收入（指为游客提供膳食、酒水饮料等而得到的收入）。

（2）劳务性收入。劳务性收入是指为游客提供各种劳务性服务而获得的收入。劳务性收入有以下几种。

①旅行社旅游业务费收入。旅行社旅游业务费收入是指旅行社在包价旅游收入中扣除支付给有关部门的住宿费、餐费、交通费、文娱活动费等费用后余下的翻译导游费、各项手续费及其他服务性收入。

②住宿费。住宿费是指为游客提供饭店、宾馆客房等住宿服务而得到的收入。

③交通费。交通费是指为游客提供地区间的飞机、火车、轮船、汽车等长途运输和市内交通服务而获得的收入。

④文化娱乐费。文化娱乐费是指为游客提供游览观光、文艺表演等各种文化娱乐服务而得到的收入。

⑤邮电通信费。邮电通信费是指为游客提供邮寄文件、包裹、长途电话、电报等服务而获得的收入。

⑥其他。其他是指为游客提供上述各项服务以外的其他服务，如医疗、美容、洗染等而得到的收入。

表 8-6 反映了 2018 年我国国际旅游（外汇）收入构成情况。

表 8-6 2018 年我国国际旅游（外汇）收入构成情况

项目	收入总额/亿美元	所占比重/%
一、商品性收入	470.16	37.0
1. 商品销售	327.61	25.8
2. 饮食销售	142.55	11.2

续表

项目	收入总额/亿美元	所占比重/%
二、劳务性收入	800.85	63.0
1. 长途交通	366.31	28.8
2. 游览	53.71	4.2
3. 住宿	181.09	14.3
4. 文化娱乐	45.82	3.6
5. 邮电通信	11.62	0.9
6. 市内交通	27.76	2.2
7. 其他服务	114.54	9.0
总计	1271.03	100.0

资料来源：《中国贸易外经统计年鉴》2019 版

三、旅游收入指标

旅游收入指标是旅游目的地国家或地区掌握和分析旅游经济活动的重要工具。它通过有关的统计数据及其相关计算，来说明旅游经济活动的实质，反映旅游经济活动的水平、规模、速度、结构及其他比例关系，从而为旅游经营者和有关部门在制定旅游发展规划、选择最佳旅游目标市场时提供依据和信息，发挥提高旅游企业经济效益和整个旅游业的经营管理水平的功效。旅游收入指标通常是以货币单位来计算和表示的。在旅游统计工作中，通常把旅游收入的衡量指标归纳为两大类：旅游收入总量指标和旅游收入水平指标。

（一）旅游收入总量指标

1. 旅游总收入

旅游总收入指标是指一定时期内旅游目的地国家或地区向国内外游客提供旅游产品、购物品和其他劳务所获得的货币收入的总额。这一经济指标综合反映了旅游目的地国家或地区旅游经济的总体规模状况和旅游业的总体经营成果。旅游总收入通常用本国货币计量表示，公式如下：

$$R_T = R + Pe = (N \times P) + Pe$$

式中：R_T为一定时期旅游总收入；R 为基本旅游收入；N 为旅游总人次；P 为人均基本旅游消费支出；Pe 为非基本旅游收入。

2. 旅游外汇总收入

旅游外汇总收入指标是指一定时期内旅游目的地国家或地区向外国游客提供旅游产品、购物品和其他劳务所取得的外国货币收入的总额，也是外国游客入境后的全部消费支出总额。旅游外汇总收入的计算可套用如下公式：

$$R_T = R + Pe = (N \times P) + Pe$$

式中：R_T表示一定时期内一国或地区的旅游外汇总收入；R为外国游客的基本旅游消费支出；N表示一定时期内接待的外国游客总人次；P为外国游客入境后的人均基本旅游消费支出；Pe为外国游客的非基本旅游消费支出。

旅游外汇总收入指标是衡量一个国家或地区国际入境旅游发展水平的重要标志之一，又是反映该国家或地区旅游创汇能力的一项综合性指标。在国际旅游业中，它常被用来同该国家或地区的外汇收入总量（包括外贸商品出口收汇量和非贸易外汇收入）进行比较，以说明国际入境旅游在一个国家或地区全部外汇收入中的地位及其对弥补国家外贸逆差所做的贡献（表 8-7）。该指标一般以美元为计量单位。

表 8-7 1978～2018 年中国国际旅游外汇收入

年份	国际旅游外汇收入			年份	国际旅游外汇收入		
	外汇收入/亿美元	发展指数（以 1978 年为 100）	比上年增长/%		外汇收入/亿美元	发展指数（以 1978 年为 100）	比上年增长/%
1978	2.63	100.0	—	1999	140.99	5 360.8	11.90
1979	4.49	170.9	70.90	2000	162.24	6 171.2	15.10
1980	6.17	234.6	37.30	2001	177.92	6 767.6	9.70
1981	7.85	298.6	27.30	2002	203.85	7 753.9	14.60
1982	8.43	320.7	7.40	2003	174.06	6 620.8	−14.60
1983	9.41	358.0	11.60	2004	257.39	9 786.69	47.87
1984	11.31	430.3	20.20	2005	292.96	11 139.16	13.82
1985	12.50	475.5	10.50	2006	339.49	12 908.37	15.88
1986	15.31	582.3	22.50	2007	419.19	15 938.78	23.48
1987	18.62	708.1	21.60	2008	408.43	15 529.66	−2.57
1988	22.47	854.6	20.70	2009	396.75	15 085.55	−2.86
1989	18.60	707.7	−17.20	2010	458.14	17 419.77	15.47
1990	22.18	843.5	19.20	2011	484.64	18 427.38	5.78
1991	28.45	1 082.1	28.30	2012	500.28	19 022.05	3.23
1992	39.47	1 501.3	38.70	2013	516.64	19 644.11	3.27
1993	46.83	1 781.4	18.70	2014	569.13	21 639.92	10.16
1994	73.23	2 785.4	—*	2015	1 136.50	43 212.93	—
1995	87.33	3 321.7	19.30	2016	1 200.00	45 627.38	5.59
1996	102.00	3 880.0	16.80	2017	1 234.17	46 926.62	2.85
1997	120.74	4 592.7	18.40	2018	1 271.03	48 328.14	2.99
1998	126.02	4 793.4	4.40				

* 由于取消外汇券，从 1994 年起开始根据海外旅游者花费抽样调查结果计算国际旅游外汇收入，故当年国际旅游外汇收入与上年（1993 年）不可比。2015 年国际旅游收入补充完善了停留时间为 3～12 月的入境游客花费和游客在华短期旅居的花费，与以前年度不可比

资料来源：《中国旅游统计年鉴》及相应年度旅游统计公报

（二）旅游收入水平指标

1. 人均旅游（外汇）收入

人均旅游（外汇）收入指标，是指旅游目的地国家或地区在一定时期内平均每接待一个游客人次所取得的货币收入，亦即游客在旅游目的地国家或地区旅游活动过程中的平均货币支出额。它反映了游客的人均消费水平，一般以本国货币计量表示。人均旅游收入指标是某一时期内旅游总收入与同期接待的旅游总人次之比，可用公式表示如下：

$$R_u=\frac{R_T}{N}$$

式中：R_u 为人均旅游收入；R_T 为旅游总收入；N 为旅游总人次。同样，当 N 为接待的海外游客总人次，R_T 为旅游外汇总收入，则 R_u 为人均旅游外汇收入。

人均旅游（外汇）收入指标是指一定时期内旅游目的地国家或地区平均每接待一个海外游客人次所获得的旅游外汇收入额，也是每一个海外游客在旅游目的地国家（地区）境内的人均外币支出额。一般以美元为计量单位。

在实际工作中，人均旅游（外汇）收入指标常被用来比较在不同时期内旅游目的地国家或地区接待每一（海外）游客人次的实际（外汇）收入，从而分析其增长或降低的原因，以便做出相应的决策或采取必要的措施。

此外，人均旅游收入指标（R_u）与旅游总收入指标（R_T），二者可结合起来评价旅游经营效果。二者变化关系在其他条件不变的情况下有以下几种情形。

（1）R_T 与 R_u 同方向、同比例变化。表明旅游总收入的增长或减少，人均旅游收入随之同比例增减。由此推出，旅游总收入也随着游客数量的增减而做相应变化。

（2）R_T 与 R_u 反方向变化，会有两种组合情况：①R_T 增大，R_u 却减少。这说明旅游总收入虽然增加了，但人均旅游收入却减少了，此时旅游总收入的增加是靠来访人次数的增多而获得的，而不是靠旅游业自身提高经营效率，促使来访游客在本国或地区的人均旅游消费支出增大来获得的。②R_T 减少，R_u 却增加。说明旅游业自身经营效率的提高虽然使得来访游客在本国或地区的人均旅游消费支出增多，但由于其他原因造成客源流失，以至于提高经营效率而带来的好处难以弥补由于客源量下降而造成的损失，导致旅游总收入的减少。

（3）R_T 与 R_u 同方向、但不同比例变化；或 R_T 与 R_u 不同方向，不同比例或同比例变化。此时情况比较复杂，需对照（1）、（2）两种方法分别予以分析。例如，当 R_T、R_u 同方向、但不同比例变化时，若 R_T 的增长速度超过 R_u 的增长速度，则意味着在旅游总收入中非基本旅游收入增多。

当然，以上分析方法和结论同样适用于人均旅游外汇收入指标与旅游外汇总收入指标两者相结合的分析。

2. 人均天旅游收入

人均天旅游（外汇）收入是指旅游目的地国家或地区平均每天从每位游客那里获得

的旅游收入。它等于一定时期内旅游目的地国家或地区的旅游总收入与游客停留总天数之比，或是一定时期内旅游目的地国家或地区人均旅游收入或人均停留天数之比。公式表示如下：

$$R_d=\frac{R_T}{N\times D_a} \text{ 或 } R_d=\frac{R_u}{D_a}$$

式中：R_d表示单位时间人均旅游收入；D_a为一定时期旅游者在旅游目的地国家（地区）平均停留天数；R_T、R_u、N 同前。

人均天旅游收入指标主要用于分析与比较不同时期旅游目的地国家或地区接待旅游者平均每人次每天的开支趋势，以表明该国家或地区在旅游市场上的竞争地位（表 8-8）。同样，若公式中的 R_T、R_u 代表相应的外汇收入量，N 为一定时期内接待的国际游客总人次，D_a 为一定时期国际游客在该国或地区平均停留天数，R_d 则为人均天旅游外汇收入指标，它用来衡量一定时期内旅游目的地国家或地区平均每天从每位游客获得的外汇收入额，可反映该国或地区在国际旅游市场上的竞争地位。2013～2017 年境外旅游者在境内人均天消费情况如表 8-8 所示。

表 8-8　2013～2017 年境外旅游者在境内人均天消费情况　［单位：美元/（人・天）］

分类	2013 年人均天消费	2014 年人均天消费	2015 年人均天消费	2016 年人均天消费	2017 年人均天消费
外国人	225.96	227.63	236.51	243.57	257.39
香港同胞	142.07	156.42	154.82	162.90	145.77
澳门同胞	116.62	125.98	124.82	135.83	161.73
台湾同胞	204.26	210.57	221.63	219.94	192.40
总平均消费	200.17	212.25	218.44	219.84	225.74

资料来源：《中国旅游统计年鉴》2018 年版

3. 旅游换汇率

旅游换汇率是指旅游目的地国家或地区提供单位本国货币的旅游产品所能换取的外国货币的数量比例。由于外国游客到某一目的地国家或地区旅游支付的是外国货币，其结算是以外币对本币比价为依据的，所以通常来说，旅游换汇率与该国家或地区同期的外币兑换率是一致的。在不同时期，外汇比价不同，旅游换汇的数值也就不同。在国际经济交往中，国际旅游的换汇成本明显低于对外贸易中物质产品的换汇成本。换句话说，即以一定数量货币表示的出售给国际游客的旅游产品，要比同量货币表示的出口一般物质产品换取到更多的外汇收入。这是因为旅游产品的核心是服务，相对于物质产品的出口而言，单位旅游出口值所需的物质投入比单位物质产品要小得多，加之旅游出口具有产地成交的特点，免除了中间运输环节，而且旅游出口基本上不受国际市场价格波动的影响。旅游换汇率指标反映了旅游外汇收入对一国或地区国际收支平衡的作用大小，越来越引起各个国家和地区，特别是发展中国家和地区的高度重视。

4. 旅游收汇率

旅游收汇率，又称旅游外汇净收入率，是指一定时期旅游外汇纯收入与同期旅游外汇总收入的比率。它等于一定时期内旅游外汇收入总额与同期旅游外汇支出总额的差除以旅游外汇总收入量。公式表示如下：

$$R_E=\frac{R_T-E}{R_T}$$

式中：R_E 为旅游收汇率；R_T 为旅游外汇总收入；E 为旅游目的地国家或地区旅游外汇支出总额。

一般而言，旅游收汇率的高低同一国或地区社会经济发展水平密切相关，它在一定意义上反映了一国或地区旅游业发展过程中的自立程度。

5. 旅游创汇率

旅游创汇率是指旅游目的地国家或地区在一定时期内非基本旅游外汇收入与基本旅游外汇收入之比，可用公式表示如下：

$$C=\frac{R_0}{R_a}$$

式中：C 为旅游创汇率；R_0 为非基本旅游外汇收入；R_a 为基本旅游外汇收入。

此公式表明，旅游创汇率与非基本旅游外汇收入成正比，与基本旅游外汇收入成反比。因此，要提高旅游创汇率，重点应放在不断扩大外国游客对非基本旅游产品的消费支出上。这个指标的高低，既反映了旅游目的地国家或地区的产业结构、经济体系的完善程度，也反映了该国或地区旅游业的发达程度以及创汇的能力和潜力。

四、影响旅游收入的因素

旅游业是一个有着较高关联性、依托性的产业。由于受到社会经济现象和经济关系中的多种因素不同程度的影响，旅游目的地国家或地区在一定时期内的旅游收入量和旅游外汇收入量都会呈现不同程度的高低变化。可以说，旅游收入量是多种影响因素的函数。以下对影响旅游收入的主要因素进行分析。

（一）旅游需求价格弹性

旅游目的地国家或地区按一定的价格水平提供旅游产品，在一定时期内形成了旅游收入。因而旅游收入等于旅游产品价格与旅游产品销售量之积。由此看来，旅游收入与旅游产品价格存在着密切的依存关系；一般来说，旅游产品价格的提高会导致旅游收入的增多，但是这一论断并不是在任何情况下都是正确的。其间有一个旅游收入同旅游需求价格弹性的关系。

当旅游需求价格弹性系数大于 1 时，即 $E_{dp}>1$ 时，旅游产品需求量的变化幅度大于旅游产品价格的变化幅度。因此，此时若适当地降低旅游产品价格，就会使旅游产品需求量大幅度增长，从而不仅可以抵消因价格下降而导致的损失，而且旅游收入还可以有所提高。相反，若涨价，则旅游产品需求量以更大幅度下降，从而减少旅游收入。因而，$E_{dp}>1$ 时，要增加旅游收入，宜采取降价而非提价策略。

当 $E_{dp}<1$ 时，旅游产品需求量的变化幅度小于旅游产品价格的变化幅度。此时，若降低旅游产品价格，旅游产品的需求增量不足以弥补价格下降所导致的损失，从而导致旅游收入下降；相反，若适当提价，旅游产品需求量的减少是有限的，旅游收入反而会增加。所以，当 $E_{dp}<1$ 时，不宜采取降价策略。

当 $E_{dp}=1$ 时，旅游产品需求量的变化幅度与旅游产品价格变化幅度相同，因而价格变动对旅游收入影响不大。

旅游收入、旅游产品价格与旅游需求价格弹性三者关系可概括如表 8-9 所示。

表 8-9 旅游收入、旅游产品价格与旅游需求价格弹性三者关系

旅游产品价格	$E_{dp}<1$	$E_{dp}=1$	$E_{dp}>1$
旅游产品价格上升	旅游收入增加	旅游收入基本不变	旅游收入减少
旅游产品价格下降	旅游收入减少	旅游收入基本不变	旅游收入增加

（二）外汇汇率

外汇汇率是指两种不同货币之间的兑换比率。外汇汇率变动对涉外旅游价格和旅游创汇有直接影响。一般而言，外汇汇率上升，亦即本币贬值，可使外币表示的旅游报价相对降低，从而有利于吸引更多的国际游客，增强本国旅游业在国际市场上的总体竞争力，继而增加旅游外汇收入。但是，本币贬值，亦即外币升值，会导致以外币支付的旅游推销费用和进口商品成本上升，这对于旅行社和建材、设备、劳动力以进口为主的“三资”饭店而言无疑是一种巨大的财力负担。相反，外汇汇率下降，亦即本币升值，则会导致外币表示的旅游产品价格相对上升，从而抑制旅游需求和出口，减少旅游外汇收入。此外，同量的旅游外汇收入由于汇率的变化，在不同时期内用本币单位计算表示的数额会出现差异，有时差异会较大。因此，旅游目的地国家或地区在衡量旅游总收入时，应注意分析因汇率因素变动而形成的差异，这样，才能使旅游目的地国家或地区在不同时期内所取得的旅游总收入更具真实性和可比性。

（三）旅游统计因素

旅游收入有些来自直接旅游企业，也有些来自间接旅游企业，受诸多因素的影响，致使旅游统计部门所统计出来的旅游收入并不能真实反映旅游目的地国家或地区所取得的旅游收入。有时有遗漏统计的情况发生，如游客在旅游过程中所支付的小费；某些游客在探亲旅游过程中把房费、餐费、当地交通费直接支付给他们的亲戚朋友，或直接将外汇与其亲属兑换；海外游客在国内购物时被要求直接付外汇；有些海外游客将外汇在黑市上高价卖出；游客与旅游从业人员（司机、导游等）之间采取直接支付的方式进行私下交易；由于各银行信用卡部门衔接不好所导致的海外游客信用卡消费的统计遗漏等情况。此外，还有可能出现重复统计的现象，这是因为旅游是一项包括食、住、行、游、购、娱等多方面的综合性活动，涉及交通、邮电通信、商业、教育、金融、园林建筑等多个领域。这些提供非基本旅游产品的第三产业，如美容、购物、文娱、通信、银行等服务部门，常常难以准确地区分它们的营业收入中有多少来自游客，有多少来自当地居民，因而重复统计是不可避免的。总而言之，以上这些情况都会对旅游目的地国家或地区的旅游收入的精确性产生影响。

（四）通货膨胀

通货膨胀直接影响货币购买力。旅游目的地国家通货膨胀会使游客购买力下降，从而影响该国旅游人次和旅游收入；反之，客源国通货膨胀会促使居民出境旅游。正如20世纪 80 年代中期的日本，巨额贸易顺差导致日元升值，继而引起国内的通货膨胀。为此，日本政府以鼓励本国国民出境旅游的方式来缓解国内的经济局势。

此外，如前所述，旅游目的地国家或地区接待的游客人次数、旅游者的平均消费水平、游客停留时间三个因素都是对旅游收入产生影响的因素。

第二节　旅游收入分配

一、旅游收入分配的概念

旅游收入是旅游目的地国家或地区各旅游部门和企业经营收入的总和。旅游收入分配与国民收入分配一样，通常是经过初次分配和再分配的两个过程来进行与完成的。旅游收入的初次分配是在直接经营旅游业务的旅游部门和企业内部进行的。初次分配的内容是旅游营业总收入中扣除了当年旅游产品中所消耗掉的生产资料价值后的旅游净收入。旅游净收入又是旅游从业人员所创造的新增价值，旅游净收入在初次分配中最后可分解为职工的工资、企业的盈利以及政府的税收。

旅游收入进行初次分配后还必须进行再分配。再分配是在旅游业的外部，在全社会经济范围中进行的，其分配的内容和渠道主要是：首先，旅游部门和企业为扩大再生产，向有关行业的企业购买各种物质产品和服务，从而使旅游部门和企业的盈利转换为相关行业部门的收入；其次，旅游部门和企业的职工，把所得工资的一部分用于购买他们所需要的文化物质产品和劳务，使相关部门企业获得了收入；最后，旅游部门和企业把旅游收入中的一部分用于支付各种税金等，从而转化为政府的财政预算，用于发展国家或地区的经济建设、公共福利事业和旅游产业的发展等。

旅游收入经过上述初次分配和再分配两个过程，就实现了旅游收入的最终分配和使用。

二、旅游收入的初次分配

旅游部门和企业在取得旅游收入以后，首先应该在直接经营旅游业务的部门和企业之中进行分配。这些部门和企业包括饭店、旅行社、交通部门、餐饮部门、旅游景点、旅游用品和纪念品商店等。但值得注意的是，并非所获得的营业收入全部参与初次分配，参与初次分配的仅是这些部门和企业所获得的旅游净收入，即将其旅游营业总收入扣除当年生产旅游产品所耗费的物化劳动的价值补偿（这部分价值补偿不能用于扩大再生产和职工的消费，故不存在分配问题）之后所剩余的那部分，即旅游从业人员所创造的新价值。旅游净收入在初次分配中，分解为职工工资、政府税收和企业留利三大部分，这就使得国家、旅游部门和企业、旅游从业人员三方都得到了各自的初始收入（图 8-1）。

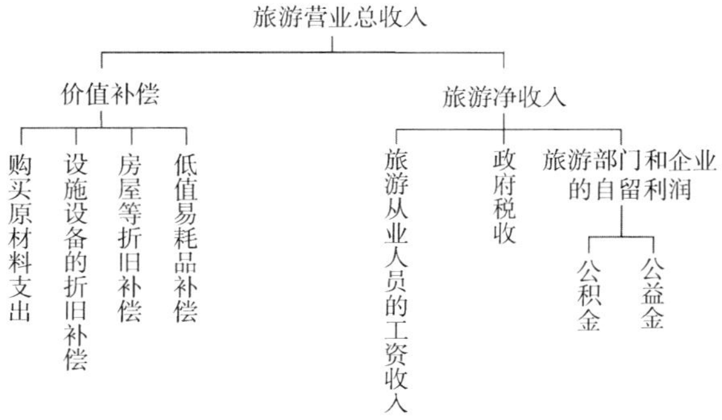

图 8-1 旅游营业总收入分配

旅行社是旅游业赖以生存和发展的“三大支柱”之一，旅行社的特殊职能和地位，使其在旅游收入的初次分配中具有独特的作用。旅行社不仅是从事旅游产品流通的企业，而且是整体旅游产品的生产者。它根据市场的需求，首先向住宿、餐饮、交通、游览、娱乐等部门和企业预订单项产品，经过加工组合，形成不同的包价旅游产品，出售给旅游者，由此获得包价旅游收入。这种包价旅游收入首先表现为旅行社的营业总收入，但与饭店、餐馆、交通部门等旅游部门和企业不同，旅行社的营业总收入中，很大一部分的成本项目是其他旅游部门或企业的营业收入。旅行社要根据所签订的经济合同中所规定的支付时间、支付方式，双方约定的价格、数量以及其他有关规定，向这些为自己提供单项旅游产品的旅游部门和企业分配其应得的营业收入。当这些部门和企业获得营业收入后，才按照前述的分配方式进行旅游收入的初次分配。从这个意义上说，旅行社首先参与旅游收入的初次分配，在旅游收入分配中又体现为旅游营业总收入转化为其他旅游部门和企业营业收入的过程。因而，旅行社的经营活动既是旅游营业收入的来源，又决定了旅游营业收入的分配，具有双重职能。包价旅游收入初次分配流程如图 8-2 所示。

三、旅游收入的再分配

旅游收入经过初次分配后，在初次分配的基础上，按照价值规律和经济利益原则，在旅游目的地国家或地区的全社会范围内进行再分配，以实现旅游收入的最终用途。旅游收入进行再分配的原因在于：一是为了使旅游业能够不断扩大生产，满足其自我发展和自我完善必需的物质条件的需要。二是满足旅游从业人员的物质文化生活需求，以恢复和增强其体力与智力，继续为游客提供优质服务；同时，劳动者的家庭需要也能够得到满足，使劳动力不断地再生产。三是满足社会综合发展的需要，维护社会安定团结，推动社会文化的进步和社会经济的繁荣、发展。旅游收入再分配的流向如图 8-3 所示。

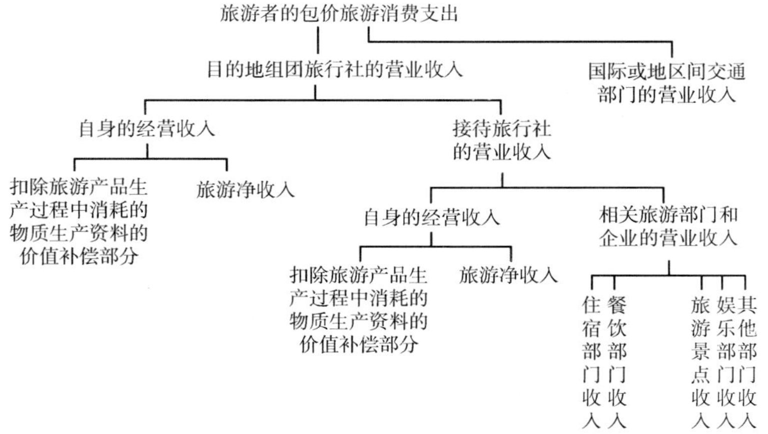

图 8-2 包价旅游收入初次分配流程

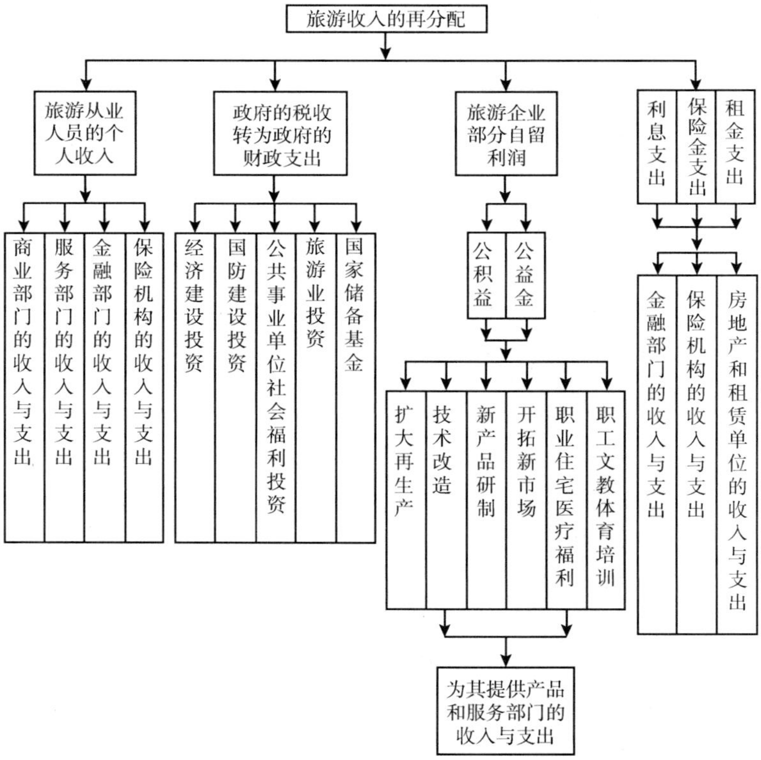

图 8-3 旅游收入再分配的流向

旅游收入经过再分配之后，使全社会的各相关部门获得了应有的派生收入，体现了旅游业对旅游目的地国家或地区整体社会经济的促进和带动效应。

第三节　旅游乘数效应

一、旅游乘数概念

“乘数”（multiplier）是经济学中的一个基本概念。乘数理论反映了现代经济的特点，即由于国民经济各部门的相互联系，任何部门最终需求的变动都会自发地引起整个经济中产出、收入、就业等水平的变动，后者的变化量与引起这种变动的最终需求变化量之比即是乘数。1882年，经济学家巴奇霍特（Bagehot）分析了紧缩产业对经济中其他产业所引起的负面影响。自此，不少经济学家便对乘数理论展开了长期的研究，并在20世纪20年代末30年代初掀起一股乘数理论研究高潮。庇古（Pigou）、博塞拉甫（Boserup）、吉布林（Giblin）和沃明（Warming）等经济学家均从不同视角提出了各自的乘数分析方法。其中，英国经济学家卡恩（Kahn）于1931年最早提出乘数概念。然而，现代乘数理论主要是沿着凯恩斯乘数模型和里昂惕夫投入产出模型两大主线发展而来。

鉴于旅游业综合性强和涉及面广的特点，旅游学术界在一些旅游经济学的著作中往往对经济学的乘数理论加以修正和发展，形成旅游乘数理论，并以此说明旅游业“兴一业，旺百业”的产业关联性（具有促进国民经济各部门倍数增长的优势）。马西森（Matheson）和沃尔（Wall）于1982年提出旅游乘数概念的雏形，即“旅游乘数是这样一个数值，最初旅游消费和它相乘后能在一定时期内产生总收入效应”；世界著名旅游学者、英国萨里大学的阿切尔（Archer）认为：“旅游乘数是指旅游花费在经济系统中（国家或区域）导致的直接、间接和诱导性变化与最初的直接变化本身的比率。”这两个定义在一定程度上揭示了旅游乘数的本质，但将旅游乘数仅仅理解为旅游收入乘数，因而也具有很强的片面性。旅游乘数的完整定义可以表述为：旅游乘数是用以测定单位旅游消费对旅游接待地区各种经济现象的影响程度的系数。这一定义间接说明了旅游乘数种类的非单一性及各种旅游乘数值之间的差异。

二、旅游乘数效应的发挥

旅游乘数效应是如何发挥的呢？原来，对于旅游目的地国家或地区来说，来访国际游客的旅游消费作为无形出口贸易的收入，使外来资金“注入”接待国的经济之中，这种“注入”资金在部分流失于本国或地区经济系统之外的同时，余额部分则在本国或地区经济系统内渐次渗透、依次发挥直接效应（direct effects）、间接效应（indirect effects）和诱导效应（induced effects），刺激本国家或地区经济活动的扩张和整体经济水平的提高，直至外来资金在目的地国家或地区经济活动中少到可以忽略不计时为止。旅游乘数效应可分为以下三个阶段。

第一阶段，直接效应阶段。旅游收入最初注入的一些部门和企业，如旅行社、餐饮业、交通部门、邮电部门及参观游览部门等，都会在旅游收入初次分配中获益。旅游者原生旅游消费对于经济系统中旅游企业在产出、收入、就业等方面造成的影响，称为旅游消费的直接效应。

第二阶段，间接效应阶段。直接受益的各旅游部门和企业在再生产过程中要向有关部门和企业购进原材料、物料、设备；各级政府把旅游中缴纳的税金投资于其他企事业如福利事业等，使这些部门在不断的经济运转中获得了效益，即间接地从旅游收入中获利。世界上大量研究结果表明：旅游消费的间接效应常常超过它的直接效应。

第三阶段，诱导效应阶段。直接或间接为旅游者提供服务的旅游部门或其他企事业单位的职工把获得的工资、奖金用于购置生活消费品或由于服务性消费的支出，促进了相关部门和企事业的发展。此外，那些从旅游收入的分配与再分配运转中受到间接影响的部门或企事业单位在再生产过程中不断购置生产资料，又推动了其他相关部门生产的发展。如此，旅游收入通过多次的分配与再分配，对国民经济各部门产生着连锁的经济作用。旅游消费的诱导效应是非常显著的。1967 年，美国学者哈姆斯顿（F. Harmston）对于美国密苏里州旅游消费诱导效应的研究表明，旅游消费的诱导效应导致的区域内货币流量是间接效应的 3 倍多。

旅游乘数是用以测定旅游消费（接待国或地区的旅游收入）所带来的全部经济效应（直接效应 ＋ 间接效应 ＋ 诱导效应）大小的系数。

一般来说，旅游乘数效应可以从两方面估计：一是旅游消费中留在经济系统内继续转手花费的数额。如果这部分数量大，则乘数值大；反之亦然。二是旅游者的花费能在本地内再花费的次数。轮转次数越多，乘数越大；轮转次数越少，乘数越小。计算旅游乘数数值有两个基本公式：

公式 1：

$$k=\frac{1-L}{1-c+m}$$

式中：c 为边际消费倾向；m 为边际进口倾向；L 为旅游进口倾向，即在旅游业经营过程中漏损掉的外汇占旅游外汇收入的比例，这类漏损包括在国外的旅游宣传、购置外国的专用设备和物质、支付旅游行业外方人员的薪金与工资、偿还外国贷款的利息费用、外商独资企业的大部分收入等。这一公式由伦德伯格于 1976 年提出，$L=(c-m)$ 是旅游乘数正效应（$k>1$）和负效应（$k<1$）的临界值函数，其中正效应的首要条件是 $L<(c-m)$。

公式 2：

$$k=A\times\frac{1}{1-BC}$$

式中：A 表示旅游消费经第一轮漏损后余额部分的比例；B 表示当地居民获得的旅游消费收入的比例；C 表示当地居民在本地经济系统中的消费倾向。

三、旅游乘数类型

旅游乘数种类不一。西方学者弗莱彻（Fletcher）和斯尼（Snee）鉴定了六种旅游乘数：收入乘数（income multiplier）、销售乘数（sales multiplier）、产出乘数（output multiplier）或交易乘数（transactions multiplier）、就业乘数（employment multiplier）和

进口额乘数。尽管各种旅游乘数具有内在的联系，但它们所测定的具体内容却不尽相同。因此，只有准确地把握各种旅游乘数的具体内容及彼此间的区别，才能根据实际情况客观地评价旅游业的经济影响，更好地发挥乘数理论对旅游政策制定和旅游规划操作的指导作用；如果将各种乘数不加区别地混为一谈，必然会对实际工作产生极大的误导作用。

（一）收入乘数

收入乘数是旅游消费所带来的总收入与旅游消费之比，可用来从某一方面即收入方面说明单位旅游消费额增量所产生的经济效应，分为居民收入乘数和政府收入乘数。在分析旅游业经济影响时，收入乘数被认为是灵敏度最高的“显示器”。旅游收入乘数等于（直接收入 ＋ 间接收入 ＋ 诱导收入）/旅游消费总额（阿切尔称为“标准”乘数：“normal” multiplier），而非（直接收入 ＋ 间接收入 ＋ 诱导收入）/直接收入，这种所谓的“比率”乘数（莫尔和彼得森于20世纪50年代提出的“ratio” multiplier）只能用来描述相关经济部门之间及其同当地消费支出之间的内在关联现象，并不能说明带来单位收入增量所必须“注入”的旅游消费增量。因此，“比率”乘数不是真正的旅游乘数，旅游消费与之相乘对旅游政策和规划的制定毫无实际指导意义。表8-10列举了世界部分国家（地区）的旅游收入乘数。

表8-10 世界部分国家（地区）的旅游收入乘数

国家（地区）	旅游收入乘数	国家（地区）	旅游收入乘数
加拿大	1.70～2.00	毛里求斯	0.96
英国	1.70～2.00	安提瓜	0.88
斯里兰卡	1.59	中国香港	0.87
牙买加	1.27	菲律宾	0.82
多米尼加	1.20	巴哈马	0.78
塞浦路斯	1.14	斐济	0.72
百慕大	1.09	西萨摩亚	0.66
塞舌尔	1.03	巴巴多斯	0.60
马耳他	1.00	维尔京群岛（英）	0.58

注：这里仅指境外旅游。时间分布：20世纪70年代中期至80年代中期

资料来源：楚义芳. 旅游的空间经济分析[M]. 西安：陕西人民出版社，1992：214

（二）销售乘数和产出乘数

销售乘数是指增加单位旅游消费对目的地国家或地区的直接效应和继发效应[①]所带来的全部有关企业营业收入总额的增长量，它度量的是单个旅游消费对于经济中活动水平的影响和单位旅游花费给目的地国家或地区的整个经济系统带来的产出水平增加，即

① 继发效应是间接效应与诱导效应的合称。

旅游产出乘数。例如，20 世纪 70 年代末菲律宾国际旅游的产出乘数为 1.868 6。表 8-11 列出了我国西安地区旅游相关行业的产出特性。产出乘数和销售乘数的不同之处在于：产出乘数除了包含销售额之外，还包括库存水平的变化。因此，企业库存水平的变化实际上反映了产出乘数与销售乘数之差。

表 8-11 我国西安地区旅游相关行业的产出特性

行业	旅游毛收入占本行业毛收入的比重/%
铁路客运	32.5
民航客运	60.0
公路客运	39.0
饮食服务	64.3
住宿服务	64.3
零售服务	35.5
市内交通	50.0
邮电通信	20.0
主要公园	60.0

资料来源：宫浩兴，胡俊平. 西安地区旅游经济效益综合分析研究[J]. 旅游学刊， 1989（2）：192

（三）就业乘数

就业乘数用来说明单位旅游消费所引起的全日制就业机会的数量变化，这一乘数有两种用法：①表示单位旅游消费所带来的全部就业人数；②表示由单位旅游消费所带来的直接就业人数和间接就业人数之和与直接就业人数之比。这两类乘数均可用来分析旅游业经济影响。在劳动力大量剩余的发展中国家，就业乘数显得和收入乘数同等重要。世界部分国家的旅游就业乘数如表 8-12 所示。由于就业乘数往往要求做出以下与实际不完全相符的假设，因而应谨慎待之：①不考虑规模经济效应和技术的运用，即产出水平提高后资本/劳动力比率不变；②每一生产部门现有劳动力都得到充分利用，增加其产品需求必须增雇劳动力；③劳动力市场永远供大于求，从而保证剩余劳动力的供给。

表 8-12 世界部分国家的旅游就业乘数

国家	直接就业人数	直接就业人数+间接就业人数	就业乘数
美国	6 480 480	16 347 900	2.52
英国	1 061 470	2 953 330	2.78
法国	1 337 180	3 398 630	2.54
西班牙	1 279 260	3 261 240	2.55
意大利	1 063 210	2 651 640	2.49
韩国	569 479	1 882 010	3.31
新加坡	42 890	140 625	3.28

续表

国家	直接就业人数	直接就业人数+间接就业人数	就业乘数
斯里兰卡	203 753	589 520	2.89
菲律宾	886 698	2 781 030	3.14

注：以上数据来自2003年世界旅行及旅游理事会旅游卫星账户国家报告

资料来源：厉新建. 北京旅游就业研究及修正计算[J]. 旅游学刊，2009，24（3）：22-29

（四）进口额乘数

进口额乘数是每增加一个单位旅游收入最终导致目的地总进口额增加的比率关系。该乘数表明一地区随着旅游经济活动的发展，旅游企事业以及向旅游企事业单位提供产品和服务的其他相关企事业单位从国外进口物资、设备等进口额的增加量与旅游收入增量的关系。

四、旅游乘数模型介绍

为更好地借用乘数理论分析、预测旅游业对接待国家或地区的经济影响，使旅游消费的乘数效应最大化，经济学家基于各自的立足点，设计出各种有关旅游乘数分析的经济模型或对经济学中的已有模型加以修正。在这些模型中，以投入产出模型、经济基础模型和“特定”模型最为常见。

（一）投入产出模型

投入产出模型是分析旅游业经济影响最具综合性的方法。投入产出分析的关键是建立一个包括旅游部门在内的各个经济部门的投入产出表。投入产出表表明了经济系统中不同部门的活动是如何关联的以及各个部门同其他所有部门相联系的程度。就旅游部门与其他部门关联的矩阵进行计算，即可获得旅游对于整个经济影响的数值。投入产出模型是旅游乘数分析中最好的工具；投入产出模型的结论对于决策者有很高的实用价值，因而在实践中早已广泛应用，如西班牙、牙买加等国的旅游业都有其国家一级的投入产出模型。

但是，投入产出模型一般主要为工业部门所用，作为分析国民经济中产业关联的一种数量工具。该模型可有效地显示出商品和服务从一个生产者到另一个生产者、从最终生产者到最终购买者之间的流动情况，并将最终品和中间品的全部生产囊括其中。由于旅游业总体产品由住宿业、旅行社业、饮食业、交通运输业、旅行用品业以及土特产业等多项产业共同提供，旅游业很难构成一项界限分明的标准产业，在多数国家的标准产业分类（standard industrial classification，SIC）中也都没有将旅游业划为单独的立项产业，我国的旅游业被归入“住宅、公用事业和居民生活服务业”一类。因此，在构筑旅游业投入产出模型时测定并计算旅游业的产出，只能通过对有关的交通运输业、住宿业、餐饮业等产业的产出情况进行调查、分析和综合，从而确定旅游业产出及其经济影响。例如，理查兹（Richards）于1972年在为英国构筑一个产业部门矩阵分析旅游业就业影响的过程中发现，英国铁路运输业总就业的12.61%、食品饮料及香烟业总就业的0.48%

与旅游业有某种关联。

（二）经济基础模型

经济基础模型在估算旅游乘数效应大小时，首先将旅游接待国或地区的经济系统划为两大块：为外部市场服务的企业和为本地市场服务的企业。其中，为外部市场服务的企业将其产品和服务“出口”到外部地区，因而被认为是启动地区经济发展的主要突破口，其营业额和就业量的增加能够间接推动那些为本地市场服务企业营业收入和就业量的增加。例如，接待地区餐馆“产品”向非居民游客销售越多，餐馆及其雇员在当地经济中用于购买产品和服务的支出也就越多，从而引起为本地市场服务企业营业收入、就业量、产出的增多，进而带动整个地区经济增长。经济基础模型认为，大多数企业同时为本地市场（非基本市场）和外部市场（基本市场）销售产品与服务。如果将这些企业总就业量、产出或营业收入分成基本市场份额和非基本市场份额，那么总就业量（产出或营业收入总额）同相应的基本市场份额之比即是旅游乘数，并可用之分析旅游业的直接经济影响，其前提是这些企业为本地市场服务是它为外部市场服务的直接结果。

（三）“特定”模型

阿切尔根据凯恩斯收入乘数理论，提出“特定”模型，着力说明最初旅游消费通过当地居民在本地经济系统内各种消费支出所带来的总收入效应，从而估算出旅游消费的收入乘数：

$$K=1+\sum_{j}\sum_{i}Q_j\cdot V_{ji}\cdot Y_i\cdot\left(\frac{1}{1-C\cdot\sum_{i}X_iZ_iY_i}\right)$$

式中：j 为旅游者类型；i 为直接为游客服务的企业类型；Q 为每一类旅游者的消费比例；V 为旅游者在每一类直接为游客服务企业中的消费比例；Y 为每一类直接为游客服务企业单位货币支出所带来的直接收入和间接收入；C 为当地居民消费倾向；X 为当地居民在不同类型企业之间的消费分配；Z 为当地居民在本地用于消费的收入比例。

投入产出模型作为综合性最强、最全面的乘数分析工具，在评价游客“购物单”（bill of goods）的具体构成后，能有效地分析旅游业经济影响，尤其是继发影响。它的缺点是对资料要求过高，资料经过 4～5 年的老化后才能形成投入产出表，而且耗资大，一般不可能专为计算旅游的乘数效应而建立投入产出表，投入产出模型中的线性假设与实际也可能存在差异。

经济基础模型资料收集比较容易，因而具有很强的实用性，但它将地区内经济增长源错误地假设为单一的出口销售提高，忽视了增长的内部动力（如居民纳税负担减轻或消费方式改变所引起的对本地产品和服务需求的上升），从而过高地估计了出口销售（游客购买）的经济影响，也没有对游客“购物单”的组合内容进行具体分析，认为不同形式外部资金的“注入”会产生相同的经济效果。实际上，同等数量的旅游消费用在餐馆、酒店产品上比用在汽车燃料上能产生更大的继发影响。

“特定”模型是所有三个模型中唯一一个专门用来研究旅游业经济影响的模型，模型构筑比较简单明朗，因而具有一定的可操作性。但是，该模型只是单一地分析旅游收入乘数，不能用于其他类型旅游乘数的分析，同时，为取得所需资料和数据，往往需要向当地居民、企业和旅游者做大量调查，为此可能必须花费昂贵的时间成本和费用成本。

五、旅游乘数理论的局限性

虽然乘数理论被广泛地用来评估旅游业对接待国家或地区的经济影响，但同时也存在以下两方面的局限性。

第一，乘数理论不以分析旅游接待国家或地区的产业结构、经济实力为基础。实际上，不同的经济背景可能产生不同性质和不同量值的乘数。如果接待国经济实力较强，技术先进，生产门类齐全，经济上自给的程度很高，无论是从数量上还是从质量上都能满足国内企业、居民及外来旅游者对各种物质商品和服务的需要，那么便有可能使游客通过旅游消费所带来的收入尽可能多地留在国内，减少对进口商品和服务的购买。自给的程度越高，旅游乘数数值就越大，乘数效应就越强劲；相反，如果接待国或地区经济落后，生产门类不全甚至单一化，不能满足人们对有关商品和服务的需要，那么该国或地区势必会在相应的经济领域过度依赖进口，因而乘数效应就必然很微弱。而且，经济规模越小，产业关联越弱，边际进口倾向就越高，乘数效应也就越不显著。

第二，乘数理论的前提条件之一是要有一定数量的闲置资源和存货可被利用，以保证需求扩张后供给能力相应增长。然而，在实际中，由于需求过度膨胀或原有供给存量所剩无几，如满足需求的增长要求，就必须从其他经济活动中借用资源（从而减少其他活动的产出）或从外部进口产品或服务；否则，乘数效应的发挥就会受阻。我国目前的情况就是如此，由于国内旅游、国际旅游市场日趋成熟和规模化，旅游消费受到刺激，从而给其他关联部门造成很大的压力。其中，交通业处于超饱和运输状态，不存在资源闲置和存货现象，因而成为制约旅游业增长的“瓶颈”，影响旅游消费乘数效应的充分发挥。

要消除“瓶颈”约束，营造有利于乘数效应发挥的环境，有两种方案可供选择：①从其他活动中抽调资源来供给这一部门的需求，如改变现有交通运输结构，增加客运能力，压缩货运量，这样实际上是削减了交通部门对其他行业的投入；②进口相关物品（如购进大型客机，缓解民航压力），但我国外汇储备一直紧张，进口引起的外汇漏出又同旅游业创汇的经济目标相冲突，与此同时，外汇漏出还会进一步削弱乘数效应。因此，无论选择哪一种方案，都会陷入顾此失彼的两难境地。由此可见，如果经济中不存在闲置资源和存货，或“瓶颈”制约比较严重，旅游乘数理论就会失效。

第四节 旅游外汇漏损

一、旅游外汇漏损形式

旅游外汇漏损是指为了启动和维持旅游部门的正常营运而支付的外汇成本或因其

他原因造成的旅游外汇实际收入的流失。旅游外汇漏损大大削弱了旅游乘数效应，因而引起各国旅游学者和政府部门的广泛关注。一般情况下，经济不发达的国家或地区，为了发展国际旅游业务，需要从国外进口所需要的原材料和物资设备，引进国外先进技术、管理人才和高档商品等，而形成了旅游外汇收入的流失现象。据世界银行估计，各发展中国家及以外贸为国民经济支柱的一些发达国家的旅游外汇漏损率一般在55%左右。

旅游外汇漏损的形式主要有以下几种。

（一）直接漏损

直接漏损包括以下几个方面。

（1）购买旅游开发建设与经营运转所需要的各种进口物资的外汇支出。这些进口物资包括各种原材料、各种建筑和装饰材料、机械设备、食品饮料、高档消费品、燃料、各种办公设备、车辆及其他运输工具、陈设用品等。

（2）为发展旅游业而向国外筹措的外债和贷款的利息及合资或独资旅游企业中外国投资者所获利润的外流。

（3）旅游业雇用外国雇员的薪金和其他外籍人员的劳务费用。

（4）政府旅游管理部门、各个旅游团体组织或旅游企业在国外进行旅游推销宣传所支付的各种费用成本。

（二）间接漏损

间接漏损包括以下两个方面。

（1）向旅游业供应各种物资和服务的各有关企业或其他机构为满足旅游业需要而从国外进口各种物品和劳动力所造成的外汇流失。

（2）使用进口物资或劳动力程度较高的各种基础设施因旅游业的发展而引起其耗用加大、进口增多而造成的外汇支出。

（三）无形漏损

旅游者增多会使旅游接待地的道路、桥梁、机场设施、排污系统等各种公共设施的磨损加剧，引起各种人造和自然旅游资源损坏与自然环境污染。在旅游接待地为此而进行修复、弥补和清除时，有时可能也需要从国外进口某些物资或人力，从而造成外汇流失。对斯里兰卡旅游漏损情况的一项研究报告指出：1979年因旅游业使用该国一般基础设施和各类公共设施而形成的磨损，使该国损失了约2400万斯里兰卡卢比，约占当年该国12.05亿斯里兰卡卢比旅游总收入的2%。

（四）黑市漏损

外国旅游者在旅游目的国购买旅游产品和服务，并非全部用其所携带的外币或用通过正规渠道汇兑得到的当地货币来支付，一部分是用通过在当地外汇黑市非法套汇而得到的当地货币来支付的。这样，从旅游目的地官方的角度来看，便造成部分外汇流失。

（五）后续漏损

后续漏损亦称诱导性漏损，是指旅游从业人员个人生活消费中所涉及的外汇外流。直接和间接从旅游企业获得工资收入的各类从业人员，为了自己的生活需要，有时也要用工资收入购买各种进口物品，旅游接待国因为这些进口物品所支付的外汇便形成旅游外汇后续漏损。

（六）先期漏损

先期漏损是指旅游经营商向旅游者销售某一国家的旅游产品所获得的全部收入中未进入这一旅游目的国的那部分收入。造成这种先期漏损的因素包括旅游预订方式、旅行距离、使用何国交通工具及交通工具的类别和旅游者进入旅游目的国的线路等。

二、影响旅游外汇漏损的因素

影响旅游外汇漏损的因素很多，概括起来主要有以下几种。

（1）旅游目的国的经济发展水平，包括国内生产总值和人均国内生产总值水平、农业产出和加工能力、制造业产出能力等。

（2）旅游目的国各种资源的自给能力。

（3）旅游目的国有关法规、政策，包括有关进口物资的规定、涉及外汇收入与管理的财政金融政策、对旅游业给予资助和贷款等方面的优惠政策、建筑方面的有关规定等。

（4）旅游目的国的人口规模。

（5）旅游目的国的旅游业发展规模。

（6）旅游目的国对外进行旅游促销所需开展的工作量的大小。

从长期宏观角度看，旅游漏损率的变化在曲线图上一般会出现“双峰”图形，并且与旅游目的国的社会经济和旅游业的发展程度有着密切关系。在旅游目的国的国际旅游业初创阶段，旅游漏损率一般较低，这是因为这一阶段旅游业的开发和经营规模都有限，旅游者的人数和消费水平也不高，因此旅游外汇收入和前述种种形式的漏损都处于低水平，有的漏损甚至还不曾出现。随着旅游目的国的国际旅游业规模不断扩大，旅游业所需外来贷款和进口数量也会大量增加，旅游漏损率也会随之大大上升，形成第一个波峰。

在旅游业发展过程中，无论是国际旅游还是国内旅游，都会由于本地区的经济、技术力量不足，在旅游再生产中将大量资金用于在其他地区购置原材料、商品、设备，或聘请外地人才协助经营等。这些都会造成该地区旅游收入的外流，从而对本地区的经济发展产生不了多大的乘数效应。但旅游业的发展，会刺激一些与旅游业关系密切的其他经济部门的发展，在与旅游供给有关的资源开发上的投资额也会随之大大增加，所以在经过旅游业快速发展阶段之后，旅游目的国社会能够满足国际旅游业各种需求的能力会大幅度提高，从而使旅游业进口需求减少，旅游漏损率也随之下降。

三、减少旅游漏损的对策

旅游漏损会使旅游外汇收入大量流失，影响旅游乘数效应的发挥，不利于旅游目的国或地区的经济发展，因此必须采取各种措施减少旅游漏损。减少旅游外汇收入流失的根本途径有以下几个。

（1）不断提高本国产品的质量，对引进技术和先进设备，要组织人员攻关、研究，就地消化，在符合质量标准前提下尽快投入生产。尽量使用本国产品和设备。

（2）积极培养旅游管理专门人才，学习现代管理方法，使用高效管理手段，树立现代市场经营观念，逐步减少外方管理人员数量。

（3）着力开发低漏损旅游产品，如生态旅游、自然旅游、探险旅游、游客主动参与式旅游等。

（4）加强旅游外汇收支的宏观控制，完善税利机制，以形成公平竞争环境，避免低税企业削价竞争。例如，对各种只用于满足外国游客的消费品，尤其是诸如法国葡萄酒及各种高级饮料之类的高档消费品征收较高关税和其他税收，抑制这类进口物品的需求和消费；即使仍然发生这类物品的消费，也可使从中获得的旅游收入最大限度地留在旅游目的国之内。

（5）要制定和完善经济法规和外汇管理方法，对违法经营、干扰市场环境的行为要给予必要的行政与法律制裁，以建立良好的市场秩序。

案例分析　乡村生活的传奇样板

袁家村是陕西省咸阳市礼泉县的一个小村子。“点灯没油，耕地没牛，吃粮靠救济，住房潮湿破旧，小伙子难讨媳妇，群众选不出好头。”描述的正是20世纪五六十年代的袁家村。

经过多年的发展，而今，走在袁家村石板铺垫的老街上，可以欣赏老艺人的皮影制作，手绘年画；可以进入老作坊，观看榨油酿酒的过程；可以要一壶关中茯茶，聆听悠扬的秦腔古调，或者在艺术长廊与创意青年交流思想。袁家村成为“关中印象体验地”和乡村生活的传奇样板，已形成以昭陵博物馆、唐肃宗建陵石刻等历史文化遗迹为核心的点、线、带、圈为一体的旅游体系。开设农家乐、小作坊、酒吧等场所的经营者达3000多人；每天游客逾万人，节假日多达五六万乃至十余万，年综合收入达3亿多元，成为中国乡村旅游的样板。袁家村究竟是如何做到的？

一、用“最地道的关中小吃”叫响品牌

2007年，袁家村党支部书记郭占武提出想走发展乡村旅游农家乐的路子时，村里几乎没人同意这个建议。没有人响应，他就组织村民到西安、成都、丽江、平遥等地学习，让大家解放思想，还提出以集体经济支持、反哺村民的方式予以推进，如果经营失败，

由村里补贴。他们从村民的日常生活中挖掘资源，从乡村的传统习俗中挖掘资源，带领全村的父老乡亲，硬是在一片荒沟荒地和旧厂区的废墟上建成了今天享誉全国的关中印象体验地旅游景区。

袁家村不是古村、名村，距离西安 78 千米，位置也不占优势。想做乡村旅游，首先要有特色，袁家村提出用具有关中民俗文化风格的“古镇＋小吃”吸引游客。但由于袁家村古建筑很少，古镇建设之初，村里特意从礼泉、山西运城购买三座古楼房，整体拆卸运回按原貌重建，才建成现今游人看到的极具特色的民俗文化一条街。

地道的关中小吃也是袁家村打造乡村旅游的一个重要通道。为了做出特色，村委会所有成员分片包干，到周围的村镇寻找最地道的小吃品种，挖掘最民间的厨师，挑选最本土的原料。然而刚开始的时候，虽然有了厨师，却没有人气，袁家村村委会决定，厨师只管做，村里发工资，做出来的东西，卖不出去的发给村民，再送到西安相关的部门和企业，这才慢慢积累了人气。小吃街上卖乾县豆腐脑的阿姨，之前与老伴在乾县县城摆摊卖豆腐脑，袁家村小吃街招商之时，村干部到乾县四处打听，将他们邀请来袁家村经营。现在，他们的豆腐脑已经成为小吃街上的“爆款”商品。

就这样，袁家村用一条蜿蜒曲折的风情老街汇聚关中美食，传统手艺、真材实料、现做现吃；让游客目睹一碗面从食材加工到手工制作的全过程，体验袁家村“农民捍卫食品安全”的真人秀和现场版，吸引了源源不断的客流。

二、创意文化让袁家村更有“味”儿

因为气候等自然条件，过去关中人没有在户外喝茶休闲的习惯，袁家村就通过打造一个小环境、营造一个小场景，让游客仿佛置身于江南、蜀中，品茗、听戏、按摩、采耳、歇息，成为游客的最爱，周末、节假日一座难求。

2012 年，袁家村的发展进入新的阶段。因为小吃街的火爆，带动了村里前期的旅游发展，但也因缺少休闲体验项目，游客往往是“一日游”，如何增加游客的旅游体验，留下他们的脚步？郭占武书记和村干部们费尽心思，他们带领村民多次外出考察，也向专家请教发展方向，最后决定增加酒吧、艺术街区等体验项目。

陈嘎毕业于西安欧亚学院，2013 年他辞职创业，和大学同学在西安创办了一家平面设计公司。一次偶然的机会，陈嘎和朋友来袁家村游玩，发现这里还没有文化创意类的项目，他便萌发了开办小店的想法。他结合袁家村特色定制了文创产品，如手绘地图、明信片、手工制品等，在和村干部交流之后，受到他们的欢迎。2014 年 2 月，“如此手工”艺术小店顺利开业。带有袁家村特色的文创产品也广受游客喜爱，随着市场的认可，同年 9 月他们又在艺术长廊开办了第二家小店“如此陶艺”，将这家店搭建成设计师的平台，从各地收集艺术产品在这里展出、售卖。2016 年，第三家“如此生活”又在祠堂街开业，这里主营手工布艺，并将成为他们公司在袁家村的办事处，设计师的工作室也设在这里，便于大家寻找灵感。

如今走在袁家村的街道上，古朴的民俗文化与现代艺术气息交相辉映。这里聚集着一批传统的老手工艺人，带着传统技艺的精髓在这里开枝散叶，也汇聚着一群热爱创作的年轻人，陶器、油画、布艺、雕刻、泥雕、影像……在这个多元化的乡村里，寻求着别具一格的生活理想。多元的文化让游客有了多元的旅游体验，一日游渐渐变成了两日游、多日游和度假游，留下了游客。

三、“农村的事让农民自己来做”

“农村的事谁来做，不是专家，不是县长、市长、省长，要让农民自己做。袁家村在发展中就做到了‘全民皆兵’！”据郭占武书记介绍，袁家村在发展之初，就明确提出自主发展的路径。他们没有等、靠、要，坚持村民的主体地位，树立村民的主人翁意识，让村民当家做主，自主发展、自我发展。

要做到“全民皆兵”，首先要取信于民。2007年，新当选的村党支部向全体村民郑重承诺，要千方百计谋发展，带领乡亲奔小康，绝不让一家一户掉队。从开办农家乐、建造民俗街到兴办作坊、成立合作社，从招商引资到进城出省，都是支部先拿主意，交由群众讨论，征求意见到户，思想工作到人，举全村之力，求快速发展之效。

现在，袁家村的乡村旅游规模越来越大，从最初的小吃街发展到如今的祠堂街、回民街、酒吧街、艺术街等，但有一点不变，在村里做旅游的，参与者大多都是本村和周边村的农民。对于乡村旅游来说，农民生活本身就是最美的“景点”、最大的“看点”。

把村民动员起来了，为了保障他们的收入，让他们焕发持久的动力，袁家村目前已经形成了豆腐、酸奶、醪糟、辣子等作坊和小吃街等股份合作社，均由村委会下属公司进行经营。以实现村民共同富裕为目的，小吃街合作社每户按照 3∶7、4∶6、7∶3 等分配比例，根据收益情况进行利润分成，收益高的比例降低，收益低的比例提高，不挣钱却又是小吃街必备的品类由合作社给予补贴，最低保障以家庭为单位每年 8 万～10万元的收入。袁家村还在景区和道路两侧设置摊位，让周边一些老弱病残村民售卖自家的农产品以增加收入，改善生活。

近年来，袁家村通过发展旅游带动了周边村民在袁家村长期就业，由一个村子辐射周边10余个村落，进而形成“袁家村社区”，打造地域和谐的共同富裕之路。从2007年至今，袁家村的产业发展从关中民俗旅游，到发展乡村度假游，再到现在发展农副产品产业链，把旅游、农产品加工、农业种养殖结合起来形成三产融合，12年间经历了从无到有的创新巨变。

现在，袁家村正在通过发展城市体验店和品牌输出模式拉长产业链，实现品牌延续，提高影响力，打造更加多元化的袁家村。西安曲江银泰城的袁家村餐饮体验店一开张就异常火爆，“农民捍卫食品安全”的承诺和誓言感人至深，袁家村人的诚信赢得广大消费者的信任和青睐，由村民入股的600万元投资仅9个月就全部收回。陆续开业的其他连锁店也表现出很强的盈利能力。不仅如此，袁家村还在尝试依托大都市大景区，与当地政府和企业合作，打造具有地域民俗文化特色的体验景区，输出袁家村商业模式和品牌。

资料来源：李姗.袁家村 乡村生活的传奇样板[J]. 农村工作通讯，2018（Z1）：86-88，有改动

复习与思考

一、重点概念

旅游收入　旅游收入分配　乘数效应　旅游外汇漏损

二、简答题

1. 旅游收入的初次分配和再分配是如何展开的？
2. 试简要描述旅游包价收入分配的流程。
3. 旅游外汇漏损的形式有哪些？
4. 如何减少和避免旅游外汇收入的漏损？

三、论述题

1. 如何运用人均旅游收入指标和旅游总收入指标两者在不同的情况下的变化关系来分析评价旅游经营效果？

2. 为什么说旅游乘数理论是分析旅游业经济影响的一柄“双刃剑”，既有合理的一面，也有不合理的一面？

3. 运用本章知识，结合其他常识，谈谈你对现阶段我国实施“大力发展入境旅游，积极发展国内旅游，适度发展出境旅游”方针的认识。

第九章

旅游投资与决策

旅游投资是一个国家或地区旅游经济发展必不可少的前提条件，也是旅游业实现扩大再生产的物质基础。因此，本章主要分析旅游投资的意义、分类和特点；阐述旅游投资项目可行性研究的必要性、原则及内容和方法；在阐述旅游投资项目决策程序和方法基础上，对旅游投资风险进行分析。

第一节 旅游投资分析

一、投资与旅游投资

“投资”一词具有双重含义，具体介绍如下。

（1）投资是指特定的经济活动，即为了将来获得收益或避免风险而进行的资金投放活动。投资活动按其对象可分为产业投资和证券投资两大类。产业投资是指经营某项事业或使真实资产存量增加的投资。证券投资是指投资者用积累起来的货币购买股票、债券等有价证券，借以获得效益的行为。在此主要研究的是旅游产业投资。

（2）投资是指投放的资金，即为了保证项目投产和生产经营活动的正常进行而投入的活劳动与物化劳动价值的总和，主要由固定资产投资和流动资产投资两部分构成。在实际生活中，投资的这两种含义都被人们广泛地应用。本章着重研究的是对某一旅游项目投放的资金。

旅游投资是指在一定时期内，根据旅游业或旅游企业发展的需要，为获得收益而投放到某一旅游项目上的一定数量的资金。旅游业是向旅游者提供旅游产品的行业，这些产品包括食、住、行、游、娱、购六大内容，其中每一方面都需要投入必要的资金，而对旅游投资来说，着重研究的是固定资产投资。固定资产投资与流动资产投资相比有其独有的特点：首先，固定资产投资的结果形成的是旅游基础设施和配套设施，它决定了未来旅游活动的地点、规模和特色，并且决定了相应流动资产投资的数量和结构；其次，固定资产投资回收期长，并且由其所决定的未来旅游活动的地点、规模和特色，还相应影响着流动资产的周转速度，影响着全部投资风险的大小。由此可见，旅游投资决策的关键是如何进行固定资产投资决策。

旅游投资是一个国家或地区旅游经济发展必不可少的前提条件，也是旅游实现扩大再生产的物质基础。因此，旅游投资在国民经济发展中具有重要作用。

（一）国民经济的组成部分

马克思曾经指出，社会的生产力是用固定资本来衡量的，它以物的形式存在于固定资本中。固定资产是国民经济的物质财富，构成国家国民财富的主要组成部分，是社会再生产的物质技术基础，为工业、农业、交通运输业、建筑业、商业等物质生产部门实现再生产提供劳动资料（包括劳动工具和劳动条件）；是人民物质文化生活的物质条件，为人民居住、文化、教育、卫生和科学研究提供必不可少的设施。旅游投资形成的物质财富是一个文明、发达的国家必不可少的条件。

（二）对国民经济有较强的推动力

社会发展的各个时期，没有一定量的投入，经济是难以启动和发展的。马克思曾经说过，积累是扩大再生产的唯一源泉，正是指的这方面的道理。值得重视的是，投资的重要作用还表现为它的乘数效应。投资的乘数效应，指的是一定量的投资可引起数倍于它的国民收入、国民生产总值的增长。增加适度的投资数量和提高投资的效率，是促使国民经济增长的首要推动力。此外，旅游业在国民经济中有很高的产业关联度，即旅游业的发展会大幅度拉动或推动相关产业的发展，投资对国民经济的作用在旅游业显得很“敏感”，这也是我国许多地区关注旅游投资的原因之一。

（三）改善人民物质文化生活

旅游投资是一种非生产性投资，转化形成非生产性固定资产，是直接为满足人民的物质文化生活需要服务的。它对现代化精神文明建设和物质文明建设发挥着重要作用。

（四）解决劳动者就业问题

我国人口众多，就业问题是一个重大的社会问题。投资的实施，要由建筑业承担建设任务。现阶段建筑业手工操作仍占较大的比重，是劳动密集型的行业。投资推动建设工程兴建，需要有计划、有步骤地发展建筑业，吸收为数众多的劳动用工，这就为促进解决劳动就业问题广泛开辟了场所。同时，当旅游投资项目竣工投产交付使用之后，旅游业也是典型的劳动密集型产业，也可为劳动就业提供机会。

二、旅游投资的分类

为了进一步了解各种投资的特点，加强投资管理，提高投资效益，还必须分清旅游投资的性质，对旅游投资进行科学的分类。投资有以下几种类型。

（一）实体投资与金融投资

按投资对象的存在形态，投资可分为实体投资与金融投资。所谓实体投资，就是指企业购买实质形态的资产的投资。在这里，实质形态的资产不仅包括具有物质形态的资产，而且包括各种无形资产。因为无形资产尽管没有实物形态，但企业投资无形资产是为了直接从事生产经营活动或劳务活动，谋求投资收益的。所谓金融投资，就是指企业购买各种金融资产的投资。在这里金融资产仅是一种权益，不具备实物形态。金融资产的直接表现形式是金融工具，它是资金缺乏部门向资金盈余部门融通资金，或者发行者向投资者筹措资金时，依一定格式形成的书面文件。金融工具的种类繁多，如商业银行活期存款、大额定期存款单、公司债券、国债或公债券、股票、保险单以及期货合约等。

实体投资与金融投资相比较，在投资收益上，实体投资一般只能获得投资利润，而金融投资不仅可以获得投资利润，还可以获得资本利润，即金融工具的卖价与买价之差。在投资的风险上，实体投资一般只遇到所生产的产品或提供的劳务在市场上不能实现的风险，而金融投资不仅会遇到接受投资企业所生产的产品或提供的劳务在市场上不能实现的风险，还会遇到金融市场风险。通常影响金融市场的因素不仅多而且变动比较频繁，金融工具的价格对这些因素的变动反应也十分敏感，所以，金融市场风险比实物商品风险要大得多。总之，实体投资风险相对较小，投资收益也相对较低，金融投资风险相对较大，投资收益也相对较高。因而企业在进行投资时，必须以此为基础，进行合理搭配。

此外，在投资分类中，也可按其与企业生产经营的关系，把投资分为直接投资和间接投资两类。直接投资是把资金投放于生产经营（或服务）性资产，以便获取利润的投资，间接投资是把资金投放于证券等金融资产，以便取得投资利润和资本利得的投资，这种分类与实体投资和金融投资内涵一致，只是角度不同。

（二）长期投资与短期投资

按投资回收时间的长短，投资可分为长期投资和短期投资。长期投资是指 1 年以上才能收回的投资，主要是指对厂房、机器设备等固定资产的投资，也包括对无形资产和长期有价证券的投资；短期投资是指能够并且也准备在 1 年以内收回的投资，主要是指对现金、应收账款、存货、短期有价证券等流动资产的投资，长期有价证券如能随时变现便可用于短期投资。一般而言，长期投资风险大于短期投资风险；与此相应，长期投资收益通常高于短期投资收益。

（三）对内投资与对外投资

按投资投出的方向，投资可分为对内投资和对外投资。对内投资是把资金投在企业内部，购置各种生产经营用或服务用资产的投资；对外投资是指企业以现金、实物资产、无形资产等方式或者以购买股票、债券等有价证券方式向其他单位的投资。企业金融投资一定是对外投资。从理论上讲，对内投资的风险要低于对外投资，对外投资的收益要高于对内投资的收益。否则，企业无须做出对外投资的决策。

（四）初创投资与后续投资

按投资在再生产过程中的作用，投资可分为初创投资和后续投资。初创投资是在建立新企业时所进行的各种投资，其特点是投入的资金通过建设形成企业的原始资产，为企业的生产、经营（或服务）创造必备的条件。后续投资则是指为巩固和发展企业再生产所进行的各种投资，包括为维持企业面临再生产所进行的更新性投资、为实现扩大再生产所进行的追加性投资、为调整生产经营方向所进行的转移性投资等。从理论上讲，企业的后续投资至少要维持以前投资的收益水平。按照风险收益对等的原理，后续投资的风险相对较高，其原因在于，如果后续投资是原投资方向的继续，那么，后续投资处在产品生命周期的后期阶段，有可能面临产品衰落的风险；如果后续投资是投向与原投资方向不同的方向，那么由于是新的投资领域，收益的不可知性较大，风险也就较大。

（五）独立投资、互斥投资与互补投资

按投资项目之间的相互关系，投资可分为独立投资、互斥投资和互补投资。独立投资也称非相关性投资，是可以不管任何其他投资是否得到采纳和实施，都不显著地受到影响的投资。互斥投资也称互不相容性投资，是采纳或放弃某一投资，并会显著地影响其他投资的投资。互补投资，是指可同时进行、相互配套的投资，如港口和码头、油田和油管投资。

就这三种投资类型的风险收益来说，独立投资的风险收益是独立的、自身的；互斥投资的风险收益虽然是独立的、自身的，但还取决于投资项目的正确选择；互补投资的风险收益与各配套功能的有效互相补充相联系。

（六）先决投资与后决投资

按投资时间顺序，投资可分为先决投资和后决投资。先决投资是指只有先进行该项目投资后，才能使其后或同时进行的一起或多起投资得以实现其收益的投资。后决投资是指只有在别的相关投资被实施后，本投资才能得以实现其收益的投资。一般来说，先决投资的风险收益主要由其自身的风险收益决定，而后决投资的风险收益不仅取决于自身的风险收益，而且取决于先决投资的风险收益。

三、旅游投资的特点

投资作为社会经济活动的重要领域，是国民经济的重要组成部分，具有和一般物质生产、流通领域诸多不同的特点。深刻认识这些特点，对于研究和掌握投资活动的规律，具有重要意义。

（一）投资领域的广阔性、复杂性

投资是覆盖全社会的重要事业。投资领域涉及面宽广，综合性强，这是与投资在国民经济中的地位、作用的特殊性密切相关的。国民经济各部门，都必须拥有固定资产作为自身活动的物质条件和基础，旅游业也是如此。一切能发挥综合生产能力和工程效益

的固定资产，都必须通过投资建设方能形成。国民经济各部门在各个不同时期为求得自身的存在和发展，必须有计划、有步骤地进行投资。投资在国民经济中的这种作用，使其与各部门存在内在的密切联系性。与此同时，投资活动的进行和投资事业的完成，也离不开国民经济各部门的支持，需要各部门发展生产、积累资金、提供投资品、培训劳动力以及提供生活资料，否则投资活动将成为无源之水和无本之木。

旅游投资活动，必然涉及计划、财政、金融以及建设用地、劳动力和物资等资源的分配、供应和占用。投资计划是国民经济计划的重要组成部分，投资支出占财政支出和信贷总额相当大的比重，投资建设需用的投资品在国家计划调节和市场调节的物资总量中分别所占的比重也很大。投资规模是否适当，结构、布局是否合理，直接关系到国民经济的主要比例关系和平衡关系，如社会总需求与社会总供给的关系，两大部类的比例，积累和消费的比例，地区经济发展的比例以及财政收支平衡、信贷平衡、物资平衡和外汇平衡等。这些都是投资活动的重要宏观经济问题。

从微观经济投资活动考察，旅游投资领域内部的经济关系也颇为复杂，与物质生产部门的一般生产活动相比，也有其特殊性。物质生产部门和企业运用生产要素，直接从事生产，资金支出和销售收入在同一生产过程完成，并获取收益。而作为投资主体的投资者，并不直接从事建造资产活动，无须拥有生产基金和配备建设队伍；在投资实施过程中，一般只有投入，没有收益，投资回收要到资产形成并投入使用后才能逐渐实现。投资者进行投资，作为一种经济活动，其活动内容主要集中在：①投资的计划与决策；②投资资金的筹集与运用；③投资项目的工程招标与委托；④征地拆迁和投资品的申拨，购置或组织供应；⑤投资全过程的组织、管理和监督；等等。为此，投资者的投资活动，既涉及与投资公司、勘察设计单位、综合开发单位、施工单位、管理机构和咨询机构的密切联系，又涉及与银行和非银行金融机构、地产管理部门以及物资供应单位等经济组织的错综复杂的经济关系。

旅游投资领域经济关系的上述特点，使投资的宏观调控与微观管理更具复杂性。正确处理投资领域的错综复杂的经济关系，建立合理的投资管理体制和运行机制，制定切实可行的投资政策，做到宏观管好、微观搞活，是十分重要的。

（二）投资周期的长期性

生产领域中的工业等部门，其产品体积一般都较小，生产活动中总是一边投入和消耗资金，一边推进生产过程，每小时、每日、每月或每季都能完成产品。旅游投资活动则不是这样。直接投资用于形成固定资产，投资项目的造型庞大、地点固定，又具有不可分割性，这些决定了投资建设的周期很长。在投资实施和资产形成时期，大量的一次性费用长时间内退出国民经济的流通，并且在这一较长阶段不能创造出任何有用成果，要到整个建设周期完结，才能形成资产产品。

就微观经济投资活动而言，一个旅游项目的投资周期，主要由投资决策期、投资建设期（投资实施期）和投资回收期三个阶段构成。通常，投资决策期应予合理保证，以便对投资进行充分审慎的研究论证，避免仓促拍板上马；投资建设期要力争缩短，以加快建设速度；投资回收期则要快，以尽快收回投资，从而实现投资的良性循环。过去我国的投资实践，在整个投资周期中，决策期一般都很仓促，而建设期和回收期却拖得很长，这种现象是很不正常的，必须加以克服、纠正。

（三）投资实施的连续性和波动性

旅游投资的实施，客观上是一个不可间断的过程。从事直接投资，在决策立项之后，投资项目一旦被批准动工建设，就必须不断投入资金和其他资源，以保证连续施工和均衡施工的需要。投资实施的连续性遭到破坏和中断，不仅不能按期形成新增固定资产，为社会增加产品和积累，而且已投入的大量资金占用和呆滞于未完工程，不能周转，扩大了投资支出，失去了时间价值。对于已建造起来的半截工程和已到货的设备，如果保养维护不妥，就会造成严重损失浪费。

在旅游投资活动中，客观要求投资实施要连续进行，同时，还表现出投资的内在波动性，投资支出具有高峰期的特点。通常在一个投资项目的一个投资周期中，实施期的投资支出要比决策期多；建筑施工阶段的投资支出要比建设准备阶段大；到了建筑施工中期，设备大多到货，投资达到最高峰。这一特点要求规划好项目进度和投资分布，在安排宏观投资计划、中观投资计划时，要正确处理好在建投资规模和投资总规模的关系，协调好投资续建项目、新开工项目和竣工项目之间的比例，特别是在安排项目尤其是大中型投资项目时，应力求做到均衡实现投资，错开投资高峰期。在一定年度里，新开工的项目，主要是大中型投资项目不宜过多。否则，到了一定年度，过多的项目同时处于投资高峰期，资金和投资品如果都满足不了需要，那时无论是对投资项目“撒胡椒面”，平均分配缺额资源，或是实行清理整顿，停、缓建一批在建项目，都会导致投资连续性的破坏与中断，拉长宏观、微观投资周期，损害投资事业。

（四）投资收益的不确定性

经济活动，预期能获取经济效益是普遍的要求。旅游投资，一般都是在预测的期望值高于银行信用利率的基础上做出决策的，但是，实施投资的结果，是不是就一定能带来预期的收益？很难断然肯定。不能保值、增值，甚至发生亏损而不能收回投资的风险是存在的。旅游投资收益的不确定性，与投资活动涉及面广、影响因素多、投资周期长密切相关。具体分析起来，形成旅游投资收益不确定性大的特点，有下列诸多因素。

（1）旅游投资预测和决策，是立足于对已知的数据和信息做出判断的，而未来的情况则是多变的，投资周期长更使得这种变化与人们主观上的预测会有更大的差距。

（2）管理因素对效益的形成与大小影响很大。投资者即使拥有稳定的投资来源和足够的投资品，也未必就能保证一定能够实现期望值，因为在周期很长的投资过程中，投资管理是否得力，将在很大程度上决定着投资的收益。

（3）预测和决策本身也难免会有技术上的偏差与失误，这也是造成投资收益不确定的一个方面。旅游投资收益不确定的特点，应当有助于培养投资的自我约束力，促使投资者科学预测、慎重决策、强化管理，避免和减少投资的失误，争取更大的效益。同时，还要因势利导，建立和健全投资责任制。

第二节 项目可行性研究

一、可行性研究的必要性

旅游投资项目可行性研究是一门综合运用多种学科知识、寻求使旅游投资项目达到最好经济效益的研究方法。它的任务是以市场为前提，以技术为手段，以经济效益为最终目标，对拟建的旅游投资项目，在投资前期全面、系统地论证该项目的必要性、可能性、有效性和合理性，做出对项目可行或不可行的评价。因此，可行性研究就是对拟定的投资项目在未来能否带来经营上和经济上的效益而对市场与经济前景进行的研究，以确定投资项目在技术上、开发上和经济上的可行性。旅游投资项目可行性的必要性，主要表现在以下几个方面。

（一）是旅游投资项目必不可少的工作

旅游投资项目建设包括三个主要的阶段，即投资前阶段、投资建设过程阶段和经营过程阶段。可行性研究属于项目建设投资前阶段的主要工作内容。为了保证旅游投资项目的有效实施，达到投资的基本目标，并且在生产经营过程中实现投资利润的最大化，就必须对市场，包括竞争者市场进行研究分析；对投资项目的选址和区域特点进行分析；对生产经营过程的原材料、燃料、动力、设备、劳动力等资源的来源渠道和价格等进行分析；对旅游建设项目总成本进行估算；对生产经营成本与收益进行分析。以确定旅游建设项目在技术上是否可行，开发上是否可能，经济上是否合理，从而为投资开发者提供决策的依据。

（二）是评估旅游投资项目的重要依据

可行性研究是旅游投资项目建设中一项重要的前期工作，是旅游投资项目得以顺利进行的基础和必要环节。可行性研究的主要目的就是判断拟建的旅游投资项目能否使产权投资者获得预期的投资收益。要达到或完成这一目的，就必须用科学的研究方法，经过多方分析并提供可行性研究报告，作为向上级主管部门或者投资者提供对该项目进行审查、评估和决策的依据。

（三）为筹集资金提供重要的参考依据

旅游投资项目多属于资金密集型项目，往往需要注入大量的资金。对于旅游项目开发单位而言，除自筹资金和国家少量预算内资金外，大部分需要向金融市场融资，其中主要渠道是向银行贷款。作为商业银行，为保证或提高贷款质量，确保资金的按期收回，要实行贷前调查，并对旅游投资项目的可行性进行审查。因此，可行性研究报告可为银行或资金借贷机构贷款决策提供参考依据。

二、可行性研究的基本原则

可行性研究作为对拟建的旅游投资项目提出建议，并论证其技术上、开发上和经济上是否可行的基础性工作，必须坚持以下基本原则。

（一）根据项目的具体要求进行研究

由于各个旅游投资项目的背景情况千差万别，因此可行性研究并没有千篇一律的模式。在实际工作过程中，研究人员对市场需求、项目规模、设计要求的确定，以及编制财务计划所使用的方法，都应根据项目的具体要求而定。

（二）提供充分论据供决策者参考

可行性研究是供投资者、开发者、经营者和相关部门决策时的重要参考依据，因而报告中证据必须充分，论证过程必须全面，并明确提出研究的结论和事实，为决策者正确合理的选择提供依据。

（三）正确使用定量分析和定性分析相结合的方法

在可行性研究中，应把定量分析和定性分析的方法相互结合，通过精确可靠的数据尽可能客观地得出定性结论，使可行性研究更富科学性、准确性和可操作性。

（四）实事求是地预测项目效益

如果研究人员经过研究认为某一旅游投资项目无法取得预期的效益和目标，就应本着实事求是的态度，毫不迟疑地向投资者报告，而不应该牵强附会地做出一个并不可行的可行性报告，从而导致旅游投资项目实施后带来巨大损失。

三、可行性研究的种类

旅游投资可行性研究，是指对拟建的旅游投资项目进行技术经济论证和方案比较，为旅游投资决策提供依据。可行性研究是投资前期的重要工作，对项目成功与否影响重大，国外投资者都十分重视可行性研究。例如，美国福治工程公司为菲律宾泰山铜矿做的可行性研究报告，有文字 279 页、图表 20 张、附表 77 张、蓝图 85 张、电子计算机记录 317 页；德国改造一个直缝焊车间，可行性研究花了两年的时间，建设时间只花了一年半；日本新建的沿海大钢铁厂，可行性研究花了 5～6 年的时间，而第一期工程却只花了 2～3 年的时间。在国内，一些投资者却往往轻视项目的可行性研究，结果造成许多项目的返工浪费，即使建成投产也不能很好地发挥作用。国内外的经验表明，成功的投资，必须重视可行性研究。旅游投资可行性研究一般分为投资机会研究、初步可行性研究和详细可行性研究三个阶段。

（一）投资机会研究

投资机会研究，是指在一个确定的地区或部门内，在利用现有资源的基础上所进行的寻找最有利的投资机会的研究。投资机会研究的主要目的是为旅游投资项目提出建议，旅游项目建议书就是在投资机会研究的基础上形成的。投资机会研究比较粗略，主要是对旅游投资项目的可行性进行一些估计，并非进行详细的计算。但是，这种研究是必要的，因为每个项目都需要确定是否有必要进一步获取建设的详细资料。国外投资机会的研究对投资额估计的误差一般要求在30%以内。机会研究的时间较短，一般是1～3个月，花钱也不多，一般占总投资的0.2%～1.0%。

（二）初步可行性研究

初步可行性研究是在投资机会研究的基础上，对拟建的旅游投资项目的可行性进行的进一步研究。它主要是针对那些比较复杂的建设项目而进行的，因为这类项目仅凭投资机会研究还不能决定其取舍，必须进一步进行可行性分析。初步可行性研究要解决的主要问题是：进一步论证投资机会是否有可能；进一步研究拟建的旅游投资项目建设可行性中某些关键性问题，如市场分析、中间工厂实验等；分析是否有必要开展详细可行性研究。初步可行性研究只需概括地研究，诸如市场需求和旅游接待能力、资本投入、地理位置、项目设计以及财务效益等内容。在初步可行性研究的基础上，对项目的各种方案可以进行初次筛选，以确定对其中较优的方案做进一步的比选。初步可行性研究对投资估算的误差要求在20%以内，所需时间3～4个月，研究费用占总投资的0.25%～1.25%。

（三）详细可行性研究

详细可行性研究即在上级主管部门批准立项后对旅游投资项目所进行的技术经济论证。它需要进行多种方案的比较，投资项目越大，其内容就越复杂。详细可行性研究是确定旅游投资项目是否可行的最终依据，也是向有关管理部门和银行提供进一步审查和资金借贷的依据。

详细可行性研究报告是投资者做出投资决策的主要依据。它必须全面研究并回答六个方面的问题，即说明六个“W”。

（1）why——说明投资的目的，即为什么要投资建设这个项目。

（2）what——说明投资的对象、什么样的项目、准备选择怎样的设施、采取什么样的技术，多大的接待服务能力、经济上的营利性如何。

（3）where——说明投资地点、项目建在何处、当地的自然条件和社会经济条件如何。对项目地址要进行多方案比较，选取其中最优者。

（4）when——说明何时开始投资、何时建成运营、何时收回投资。

（5）who——说明由谁来承担施工和作业管理。

（6）which——说明采取何种方法筹措资金、进行工程建设和作业管理。

总之，详细可行性研究的任务是拟订详细的建设方案，进行深入的技术经济分析论证。它对投资估算的误差要求在10%以内，所需的时间和经费因项目的大小及复杂程度而有所不同，少则几个月，多则几年，经费占总投资0.2%～3.0%。

在旅游投资项目建设中，常常涉及开发者、经营者、资产借贷者、资产投资者和政府机构等，每一方面从各自的利益出发，都要对拟建的工程进行可行性研究。所以可行性研究往往又可分为投资前研究、经营研究、资金研究、资产投资研究和政府机构研究等内容。投资前研究是由开发者进行的，主要研究项目开发或建设的投入和开支是否合算，项目开支包括设计费、土地征购费和主体投资三大部分。经营研究是由经营部门进行的，主要是估计该旅游投资项目工程完成后的市场销售情况和预测未来经营中可能带来的经济效益。资金研究是由资金借贷者进行的，主要是研究该项工程建议所需要的投资资金的数量及资金分配。资产投资研究是由资产投资者进行的，主要是在资产投资收入和资产现金流动的基础上，研究预测该项目工程建成后投资利润与税收上的好处（如减免税等）。政府机构研究是由政府有关部门进行的，主要是评价该项目建成后对财政、经济、社会、环境及周围地区的影响。

四、可行性研究的内容

根据国家规定，一般工业建设项目的可行性研究应包括十项主要内容。旅游投资项目属于非工业项目，其可行性研究需结合旅游行业的特点，参照工业建设项目的要求，进行适当调整。下面以新建景区项目为例，介绍调整后的旅游投资项目可行性研究的主要内容。

（一）总论

总论包括项目名称、主办单位及负责人；承担可行性研究的单位，研究工作的主要依据、工作范围和要求；项目提出的背景、投资建设的必要性和经济意义；综述可行性研究的主要结论、存在的问题与建议；列表说明项目的主要技术经济指标。

（二）旅游市场需求预测

第一，旅游客源市场的需求调查与预测。

调查分析的主要指标有主要客源地、游客人数、最低客源量、游客量的季节变化、停留时间、旅游动机、客源地至旅游地的距离、文化或血缘关系等。

第二，游客的社会人口学特征调查分析。

调查分析的主要指标有年龄与性别结构、收入水平与消费结构、职业与受教育状况、闲暇时间、时尚与传统、满意程度及重游率等。

第三，旅游市场竞争状况分析、投资项目竞争能力与策略分析。

（三）旅游资源评价

第一，旅游资源的调查与评价。

评价所使用的主要指标有：景观资源的艺术特色、科学价值与文化价值；景观的地域组合；旅游资源容量和空间密度；旅游资源密度；旅游的节律性或季节性；等等。

第二，根据旅游资源和旅游市场调查分析的结果，确定项目资源开发导向和旅游产品方案。

（四）旅游地选择

第一，项目建设地点的地理位置、气象、水文、地质、地形条件和社会经济现状；项目用地范围、建设条件、地价、拆迁及其他工程费用情况。

第二，该地区与客源地的距离，现有航空、铁路、公路、内河航道、港口码头的运输能力、实际负荷及发展规划情况。

第三，该地区现有供水、排水、供电、供气的能力和实际负荷及其发展规划情况。

（五）旅游环境评价与保护

第一，旅游生态、经济、社会环境调查；旅游心理容量、旅游资源容量、旅游生态容量、旅游经济发展容量、旅游地域社会容量的测定。

第二，旅游项目污染的预测；制定环境与资源保护措施。

第三，根据旅游市场、资源、环境的评价结果确定拟建项目的规模和发展方向的技术经济比较与分析。

（六）景区规划设计方案

第一，景区旅游主题与形象设计；景区各类用地布局方案的初步选择和土建工程量估算。

第二，景区内娱乐、餐饮、购物及其他辅助设施建筑设计方案的初步选择和土建工程量估算；旅游地饭店的设计方案和布局规划。

第三，景区内公共交通系统、给排水、供电、通信系统及辅助设施的设计方案的初步选择和土建工程量估算。

第四，列出选定的主要设备与辅助设备名称、型号、规格、数量，并说明选用理由；若引进技术、设备，应说明引进的理由、国别。

（七）企业组织、劳动定员和人员培训

旅游企业经营管理体制及机构设置，在项目进展的各个不同时期需要的各种级别的管理人员、工程技术人员、工人及其他人员数量、水平以及来源，人员培训规划和费用的结算。

（八）项目实施计划和进度

项目建设的基本要求和建设工程安排；勘察设计、设备制造、工程施工、设备安装、调试、试运营所需时间和进度要求；选择整个工程项目实施方案和总进度，用线条图或网络图表述最佳实施计划方案的选择。

（九）投资估算与资金筹措

主体工程和协作配套工程所需的投资，流动资金和经营成本的结算，资金来源、筹措方式及贷款的偿付方式。

（十）社会及经济效益评价

社会及经济效益评价包括财务评价、国民经济评价、社会评价和不确定性分析。

微观的财务评价是投资项目经济评价的重要组成部分。财务评价是根据国家现行财税制度和现行价格，分析测算项目的效益和费用，考察项目的获利能力、清偿能力及使用外汇效果等财务状况，从企业财务角度分析、判断投资项目是否可行，为投资决策提供可靠的依据。

宏观的国民经济评价是项目经济评价的核心部分，它是从国家整体角度考察项目的效益和费用，用影子价格、影子工资、影子汇率和社会折现率，计算分析项目给国民经济带来的净收益，评价项目经济上的合理性。它是考虑项目或方案取舍的主要依据。

（十一）评价结论

运用各项数据，从技术、经济、社会以及项目财务等方面论述投资项目的可行性；推荐一个以上的可行性方案，提出决策参考；指出项目存在的问题、改进建议及结论性意见。

综上所述，项目可行性研究的基本内容可概括为三部分：第一部分是市场调查和预测，说明项目建设的“必要性”；第二部分是建设条件和设计方案，说明项目在技术上的“可行性”；第三部分是经济效益的分析与评价，这是可行性研究的核心，说明项目在经济上的“合理性”。可行性研究就是主要从这三个方面对项目进行优化研究，并为投资决策提供依据。

第三节　旅游投资预测

一、旅游投资预测的含义

旅游投资预测是指以做出旅游投资决策为目的，而进行的对投资项目在未来一段时间内的市场环境和运作过程的模拟。旅游投资预测的主要内容是对旅游需求的预测和旅游投资效果的预测。旅游需求的预测是旅游投资效果的预测的基础，而旅游投资效果的预测是旅游投资决策的依据。只有对旅游需求做出准确的预测，旅游投资效果的预测才能做到真实可靠。也只有旅游投资效果的预测符合未来项目运作的实际时，旅游投资决策才能做到正确无误。事实上，由于在投资可行性研究阶段已经包含着对旅游市场的预测和投资效果的预测，因此在对预测精度要求不高时，一般在可行性研究之后即做出投资决策。但对于一些投资期限长、投资规模大的项目，往往在可行性研究之后，还要对旅游市场和投资政策再专门做出预测。

二、旅游需求预测

旅游需求是指在一定时期内，人们愿意并且能够购买的旅游产品的数量。由于旅游产品的不可移动性，旅游消费要求消费者即游客除了付出金钱购买旅游产品外，还必须付出一定的时间和精力以接近旅游产品。这是旅游消费不同于其他有形商品消费的显著差异之一。因此消费者在旅游消费中购买旅游产品，除了有足够的支付能力外，还必须有足够的闲暇时间。反映旅游需求量关系的指标有旅游者人次、旅游者消费总额、旅游者人均消费额、旅游者停留天数、旅游出游率、旅游开支率、旅游重游率、旅游消费结构比等，但出于预测的需要，我们在这里所关心的主要不是有关旅游需求的具体数据，而是在未来这些指标所可能呈现的态势。因此要预测旅游需求，首先就要预测影响旅游需求变化的各因素在未来的变化趋势。

（一）人口状况的变动趋势预测

人口状况的变动趋势主要包括总人口变动趋势、人口的地理分布趋势、人口的年龄、性别和职业构成变动趋势、家庭人口的状况变动趋势、人口受教育程度的发展趋势以及未来人们的思想观念变动趋势。人是旅游产品的直接和唯一的需求来源，人口状况的变动趋势无疑会对未来旅游消费的规模、结构和类型产生直接的影响。

（二）经济及政治的变动趋势预测

一国经济及政治发展状况可以对人们的自由支配收入和闲暇时间产生直接或间接的影响，一国的旅游法规及其配套的旅游政策措施也会对旅游业的发展产生影响。如果能对未来一段时间内的各国及国内经济和政治变动趋势做出准确预测，无疑会对准确预测未来旅游需求起很大作用。

（三）旅游产品价格的变动趋势预测

价格与需求呈负相关关系，这是经济分析的一个基本假设，并且一般来说也是符合客观实际的（某些劣等消费品除外）。旅游产品价格与旅游消费需求的这种关系意味着，如果未来旅游产品价格与未来居民可自由支配的收入相比，比现在变得相对便宜，则未来的旅游消费需求水平就会上升。分析影响未来旅游产品价格变动的因素可以从未来各单项旅游产品价格变动趋势入手，如未来交通费用变动趋势、未来服务人员工资变动趋势、未来旅游纪念品价格变动趋势、未来娱乐消费价格变动趋势以及未来饭店价格变动趋势等。如果是跨国界旅游则还涉及未来客源国与旅游国两国之间货币汇价变动趋势等。这些因素看似涉及面很广，但人们可以一般地用旅游目的地物价指数的未来变动趋势进行预测。因此，对未来旅游产品价格变动趋势的预测并非不具有可操作性。

（四）旅游供给的变动趋势预测

在自由资本主义时期，有一条最著名的市场经济规律，那就是市场供给会自动创造需求。从现实的角度来看，虽然该规律成立所要求的前提条件太过苛刻，但供给与需求总是趋向平衡却是客观存在的现象。如果未来旅游供给过多，则旅游产品的价格就会下降，这就会刺激对旅游产品的需求上升，如果其他条件不变，则这一趋势就会一直持续下去，直至旅游供给与旅游需求相等为止。因此对未来旅游需求的预测离不开对未来旅游供给的预测。在这里我们也许会问，既然旅游供给会最终有相当的旅游需求与之平衡，那么我们事先预测旅游需求是否有必要。原因很简单，我们预测未来旅游需求是为了帮助做出旅游投资决策，也就是说，我们预测未来旅游需求是要看目前的旅游投资在未来是否能获利。如果目前的旅游投资所创造的未来旅游供给超过了未来旅游需求，那么未来旅游产品价格就会下跌，这时旅游需求在低价的刺激下会上升并最终达到与旅游供给的平衡，但这种在低价格水平实现的平衡又有什么意义呢？因为此时投资并不关心收益是否超过投资。因此预测未来旅游需求水平对做出当前的投资决策是绝对必要的。而未来旅游供给变动趋势对未来旅游需求水平有着重要影响。

三、旅游投资效果预测

旅游投资效果是投资者所关心的核心问题。这里的投资效果是指投入旅游项目的成本与通过旅游项目经营活动所取得的收益的对比，它不仅包括经济效益，也包括社会效益和环境效益。如同对旅游需求的预测一样，这里面有些是可量化的因素如经济效益，而有些则不能量化，如社会效益和环境效益问题。因此在对投资效果预测时我们同样需综合运用定性预测的方法和定量预测的方法。

（一）对经济效益的预测

经济效益预测的实质就是找出未来一段时间内资金的投入与资金的回收之间的对比关系。在这里，存在着两个现金流：一是投资过程中随时间变化较为确定的现金流出，二是资金回收过程中随时间变化包含着随机因素的现金流入。资金回收过程中这种随机性的大小既取决于预测人员对未来各因素的预测能力的大小，又取决于投资环境的稳定程度。假设影响资金投入与资金回收的各因素的未来变化趋势都已被预测出来，这样关于经济效益的预测只需对这些因素的预测值进行整理就行了。在此基础上的（具体预测方法可参考经济预测技术方面的专著）经济效益预测主要有三种方法。

1. 逻辑递推法

逻辑递推法是依据成本—营业收入—利润或总投资—利润—回收期限之间的逻辑关系，将投资过程中的营业收入预测值加总$\left(\sum R\right)$与营业成本预测值加总$\left(\sum C\right)$相比较，其差$\left(\sum V\right)$即为项目建成后的营业利润。以营业利润去除投资总额$\left(\sum I\right)$即可测算出投资回收期（Q）。

$$\text{营业利润} \sum V=\sum R-\sum C$$

$$\text{投资回收期} Q=\frac{\sum I}{\sum V}$$

逻辑递推法简单、快捷，预测过程逻辑性强，因此易于被人接受，但这种方法存在严重的缺点，那就是忽视了从投资开始到资金全部回收期间资金的时间价值和风险价值，投资形成的乘数效应在该方法中也无法体现出来。

2. 会计行为法

该方法是通过编制一系列的模拟财务报表，再根据财务报表中的数据计算投资的经济效益。所使用的模拟财务报表主要有预计资产负债表、预计现金流量表、预计损益表（或财务状况变动表）等。会计行为法对经济效益的计算方法和历史报表的计算方法相同，在这里就不再介绍了。会计行为法预测精确度高，考虑了时间价值和风险价值，具有整体预测趋势与现实经济发展过程相一致的优点，它不但能预测企业本身的经济效益，而且可测算出乘数效应，并对项目的社会效益做出局部预测。这种方法的关键问题是编制的模拟财务报表中的数据的确定。

3. 系统分析法

该方法是对某特定旅游开发区已经开工、即将开工和正在规划的旅游项目的投资、成本及效益的预算的核定。它把一定时期内多个旅游项目的单项投资额、总投资额、投资过程、分期投资额、投资回收期、利率、通货膨胀等多个因素和指标纳入一个系统，综合预测其投资经济效益。这种方法吸收了逻辑递推法简单、快捷的优点，又吸收了会计行为法以财务手段预测结果的精确性优点。由于该方法将一定时期内的投资过程当作一个系统来处理，从而既过滤了预测中的细小波动因素的影响，又集中了预测的主要因素。但该方法也不是没有局限性，由于系统中各旅游项目的投资有早有迟，项目的回收期有长有短，系统的时间跨度到底该取多大，一律以 5 年或 10 年为一个时间段所得出的预测结论是否合适，系统内部项目的相互影响关系是怎样的，除了协同效应外，是否还有其他效应存在，进而预测数据该做出何种调整，等等。

（二）对环境效益和社会效益的预测

旅游投资对投资所在地的环境和社会的影响是很大的，如果投资考虑不周或项目建成后管理不善，则有可能造成当地生态失衡，环境恶化，甚至导致当地社会治安恶化等。因此环境效益预测和社会效益预测是旅游投资效果预测的重要组成部分。由于环境效益和社会效益有很多因素是不可量化的，我们只能采用定性预测的方法。针对旅游投资的实际和所要达到的预测目的，一般可采用专家意见法和预兆预测法来对环境效益与社会效益做出预测。

1. 专家意见法

该方法也称德尔菲法，其基本步骤如下。

（1）准备旅游投资项目必要的背景材料。这些背景材料，根据预测的是环境效益还是社会效益等目的的不同而有所侧重，以免专家的答复过于分散。征询对背景材料一律不加分析，以免影响专家们的独立思考。

（2）选择专家。广义的理解是，只要是对环境问题或社会问题有专长，又有分析能力和预测能力的人都可作为选择的候选人。专家的人数视投资规模和区域的大小以及所需征询的问题的多少而定，一般在 10～50 人，专家之间彼此不发生联系。

（3）制定征询表，进行反复征询。这个反复征询的过程就是征询者与专家“对话”的过程。第一轮，征询者把征询表和背景材料寄给专家，要求专家对表中问题做出判断，提出预测意见并说明依据；同时还请专家对于不够完整准确的背景材料做出评价，或说明需补充的材料。第二轮，征询者用一定的统计方法将第一轮各专家的预测结果进行汇总整理，再反馈给专家，并提交补充材料。专家们除了回答新的征询问题外，还要根据反馈意见审核自己第一轮的预测意见，既可坚持，又可修改。第三轮，征询者再将第二轮的预测结果进行统计处理并反馈给专家。这种征询一直持续到取得大体一致意见或几种分歧意见也趋于明朗时为止。把结果整理出来即为预测结果。德尔菲法的主要特点是具有“匿名性”和“反馈性”。专家们能独立地、充分地发表意见，不受他人干扰，修改意见也不必担心有损威望。征询者用统计方法处理预测意见，并反映在最后的预测结论中，因此，能够有效防止以偏概全。但这种方法仍难以避免随大流，且有预测周期很长等不足。

2. 预兆预测法

环境状况和社会状况的变化是一个缓慢而长期的过程，当一种现象发生以后，往往随之而来的就是另一种现象。前者的变化传递了后者即将发生变化的信息，成为后者即将发生变化的前兆现象。预兆预测法就是调整研究旅游投资过程中所发生的环境变化和社会变化，并据以推断旅游投资的整个社会效益和环境效益的预测方法，该方法步骤如下。

（1）建立环境状况或社会状况变化的监测预警指标体系。在对环境状况和社会状况的深入分析后，根据对环境和社会影响的重要性、特征指标变动的灵敏性和稳定性、统计上的完整性、及时性和充分性等原则加以选取，有时如果在特定区域不能找到完全符合上述原则的指标，则可以用与拟投资区域相类似的其他区域的相应指标来代替。例如，以环境监测预测指标选择为例，根据上面的原则可在拟投资区域选择年降雨量、年蒸发量、森林覆盖率、区内主要河流的年径流量、区内人口密度、区内生物多样性、区内土壤侵蚀程度等指标做出筛选。

（2）分析所选取的监测预警指标的特征，将它们的变动情况与整个环境、社会系统的变化在时间先后上加以利用。先行指标可说明当前环境和社会状况，利用同步指标的效果进行校验。

（3）在指标体系建立后，采集指标并据此进行预测。预测法具有很强的针对性，一旦指标体系建立起来，使用也很简捷方便。但该方法对投资的事前预测作用不是太大，因为在进行投资以前，反映该投资项目影响的指标还根本没有出现，因此它只适合于投资的事中预测和事后预测。

当对旅游投资的经济效益和环境效益以及社会效益都做出预测后，就可以为投资决策服务了。其中社会效益预测结果和环境效益预测结果主要由政府在决策时使用，而经济效益预测结果主要由投资企业在决策时使用。

第四节 旅游投资决策

一、决策与旅游投资决策

（一）决策的类型

决策是指从多个为达到同一目标而可以相互替代的行动方案中选择最优方案的过程。决策贯穿于人类社会经济活动的各个方面，大至国家大政方针，小至个人生活、工作，尤其是经济部门和企业，在经济活动中更是面临大量的决策问题。因此，旅游业也不例外，没有旅游投资决策，就没有旅游项目的建设和旅游业的可持续发展。决策一般可分三种类型，即确定型决策、风险型决策和非确定型决策。

1. 确定型决策

确定型决策是指决策的条件和因素确定情况下的决策。例如，旅游企业有一笔资金，可以用来购买利率为14%的五年期的国库券，也可以用来购买某公司利率为11%的三年期的企业债券，两种利率都是确定的，旅游企业购买它们均不存在任何风险。但是二者利率不同，还本付息期也不同。因而旅游企业必须根据自己的目标，从中选择最优的方案，这就是确定型决策。

2. 风险型决策

风险型决策也称统计型决策或随机型决策。它需具备以下几个决策要素：①决策者试图达到一个明确的决策目标；②决策者具有可供选择的两个以上的可行方案；③有两个以上不确定的决策条件及影响因素；④不同方案在不同条件及因素作用下的损益值可计算出来；⑤决策者可以对各种条件及因素作用的概率进行估计。在上述要素构成下的决策，就称为风险型决策。这类决策一旦失误，就会给企业和投资者带来损失。例如，某旅游企业有两个可供选择的投资方案，即在经济发展的不同时期、不同的概率下，两个投资方案所产生的投资报酬是不一样的。根据表9-1的资料，通过计算风险报酬可以看出：在考虑各种经济状况出现概率的情况下，B方案的投资回报高于A方案，因此选择B方案。

表9-1 风险决策表

经济状况	经济状况概率	报酬/万元	
		投资方案A	投资方案B
繁荣时期	0.2	4000	6000
一般时期	0.5	2000	2000
衰退时期	0.3	0	－1000
风险报酬		1800	1900

3. 非确定型决策

非确定型决策是指决策条件和因素处于完全不确定情况下的决策。由于决策条件和因素既不确定也不能估计，所以只能在做出方案相对比较后，再进行决策。非确定型决策具体有乐观决策法、悲观决策法、折中决策法等多种方法。

（二）旅游投资决策的类型

旅游投资决策是为达到一定的旅游投资目标，对有关投资项目在资金投入上的多个方案进行比较，选择和确定一个最优方案的过程。从投资目的的角度，可把旅游投资决策分为以下三种类型。

（1）为获取经济收益和财务收益的旅游投资决策。例如，对饭店、旅行社的投资建设，主要的目的就是获取超过投资成本的利润，且使利润最大化。这类投资多属于企业性投资决策。

（2）为获取经济效益和社会综合效益的旅游投资决策。例如，兴建秦兵马俑博物馆、改善和提高漓江水质、整治滇池等，主要目的是发展当地名牌旅游产品，使经济效益、社会效益、环境效益等都得到改善和提高。这类投资多属于地方和国家投资决策。

（3）为获取特定的经济或非经济效果的旅游投资决策。前者如开设免税商场和旅游购物中心，以赚取外汇；后者如建设旅游院校或培训设施，以培养和训练旅游业发展中所需要的各类人才。这类投资也属于地方和国家投资决策。

在旅游企业投资决策中，根据企业发展的需要，其投资决策方向又具体分为以下几种不同情况。

（1）扩大经营规模，即扩大现有旅游企业的生产经营规模，如增建客房、餐厅、娱乐设施等，以提高经济效益。

（2）更新改造，主要是指对饭店的客房、餐厅进行重新装修、装饰，对饭店的预订电脑系统进行更新等，以提高设施设备的档次，从而提高综合服务质量。

（3）开发旅游新产品，以满足旅游者多样化的需求，如建设旅游景区、景点，新建饭店、餐厅、娱乐设施，等等，或对传统产品进行挖掘改造，使它成为优质产品。

（4）购买国家发行的国库券或其他企业发行的债券而进行的证券投资等。

二、旅游投资项目决策程序

在旅游投资项目建设之前进行的投资项目决策，具有十分重要的意义，其重要性可以集中地概括成两句话：决策成功，项目才能成功，决策失败，项目必然失败；决策正确，是最大的节约，决策错误，是最大的浪费。所以投资决策的正确与否，关系到旅游部门和企业未来的发展方向、发展速度和获利的可能性。为了做出正确的决策，必须遵循科学的投资项目决策程序。

旅游投资项目决策程序，是指投资项目决策过程中各工作环节应遵循的符合其自身运动规律的先后顺序。旅游投资项目决策程序不是人为确定的，而是人们在长期的投资实践中总结出来符合规律性的程序。遵守科学的决策程序，项目投资就会出现好的效益，反之，项目投资就可能失败。按照国家的有关规定，我国旅游大中型投资项目决策程序主要按以下几个步骤进行。

（一）提出项目建议书

根据国民经济和社会的长远发展规划、旅游行业规划和地区规划，以及技术经济政策和建设任务的要求，在机会研究的基础上，由旅游项目主管单位提出项目建议书。项目建议书是项目主管单位对拟建旅游项目的必要性及可行性提出的轮廓设想，是向国家提出申请建设某个旅游项目的建议。

（二）项目可行性研究

项目建议书经国家有关部门评估和批准后，由项目主管单位委托咨询机构对投资项目进行可行性研究，编制可行性研究报告。

（三）项目评估

项目评估是由投资决策部门组织或授权建设银行、投资银行、工程咨询公司或有关专家，代表国家对上报的旅游项目可行性研究报告进行全面审核和再评价的工作，其主要任务是对投资项目的可行性研究报告提出评价意见，最终决策该投资项目是否可行，确定最佳投资方案。

（四）项目审批

对已完成项目评估的投资项目，决策部门对可行性研究报告及项目评估报告等文件进一步加以审核，如果项目是可行的，即可批准投资建设。

在以上四个工作步骤中，项目评估作为分析判断可行性研究报告中所提的方案的优劣，从中选出最佳方案，为投资项目最终决策提供可靠、科学依据的工作步骤，无疑有着重要的意义。项目评估是在可行性研究报告的基础上进行的，其内容包括：①全面审核项目可行性研究报告中反映的各项情况是否属实；②分析项目可行性研究报告中各项指标的计算是否正确，包括各种参数、基础数据、定额费率的选择是否恰当；③从企业、国家和社会等方面综合分析与判断投资项目的经济效益和社会效果；④分析和判断项目可行性研究的可靠性、真实性和客观性，对项目做出取舍的最终投资决策；⑤写出项目评估报告。项目评估旨在选择兴建对国家和社会贡献更大的项目，使有限的旅游资源达到最有效的分配和使用。

三、旅游投资项目决策方法

根据对各种自然状态认识和掌握的程度不同，决策通常可以分为三种类型：确定型决策、非确定型决策和风险型决策，对不同类型的决策有不同的决策方法。

（一）确定型决策方法

确定型决策是指自然状态的发生为已知的情况下进行的决策。运用确定型决策需具备三个条件：①可供选择的行动方案有若干个；②未来的经济事件的自然状态是完全确定的；③每个方案的结果是唯一的，并可计量。在满足这三个条件下，进行方案的对比，可以直观地得出优化的决策结论。

例 9-1 假如某旅游投资项目可以向三家银行贷款，其利率各不相同，如表 9-2 所示。为使贷款利息最低，应选择哪一方案？

表 9-2 三种不同利率的投资方案 （单位：%）

方案 1	方案 2	方案 3
7.0	6.5	7.5

解：在此例中，自然状态是已知的。如果其他条件相同，通过比较很容易判断第二方案利率最低，是最优方案。

确定型决策在实际工作中未必都像上例那么简单，如果可供选择的方案数量很多，虽然自然状态的发生状况为已知，要在其中选出最优方案也是不容易的。例如，某旅行社组织从一个城市到另外 10 个城市巡回游览一次，这样可以选择的路线就有 10×9×8×…×3×2×1＝3 628 800 条。怎样从中选择最短路线这个确定型决策问题，就必须运用线性规划的数学方法才能解决。

（二）非确定型决策方法

非确定型决策是指对自然状态是否发生，事先不能肯定（可能发生，也可能不发生），而且对各种自然状态可以发生的概率也无法加以预测的情况下进行的决策。在这种情况下的决策，由于信息不完全，所以带有很大的主观随意性。因此，决策者对方案选择的偏好，对决策结果有较大的影响。常用的决策方法有三种。

1. 小中取大决策法

这种方法的特点是，当决策者面临的客观条件不明时，唯恐决策错误造成重大的经济损失，所以他处理问题时就比较小心谨慎，总是从最坏的结果着想，从那些最坏的结果中，选取其中最好的结果。具体的方法是：决策者首先找出各个方案在各种自然状态下的最小损益值，然后再从这些最小值中选出其中最大值，这个最小值中的最大值所对应的方案，就是决策者要选择的最优方案。

例 9-2 某旅游开发公司计划在外地投资建设一个旅游度假村。因当地缺乏有关资料，公司对客源地旅游需求量只能估计为较高、一般、较低、很低四种情况，且对每种情况发生的概率无法预测。为了开发建设，公司提出了独资建设、与当地有关部门集资建设、与外商合作建设三个方案，并估算出每个方案建成后 3 年内的损益值。如表 9-3 所示。

表 9-3 投资方案及其损益值 （单位：万元）

方案	较高	一般	较低	很低
独资	800	350	−300	−700
集资	350	220	50	−100
合作	400	250	90	−50

解： 三个方案的最小损益值分别是−700 万元、−100 万元、−50 万元，损益值为−50 万元的与外商合作的方案为最优方案。

2. 大中取大决策法

与小中取大决策法不同，大中取大决策法的特点是决策者在决策时，即使情况不明，但仍不放弃任何一个可能获得最大利益的机会。采用此决策的决策者充满着乐观冒险精神，要去争取大中取大的利益。具体选择过程是先从每一个方案中选择一个最大的损益值，然后再从这些最大的损益值中选择一个最大值，这个最大值所对应的方案，就是决策者认为的最优方案。

如例 9-2，先由表 9-3 选出各个方案的最大损益值，即 800 万元、350 万元、400 万元。根据大中取大的原则，决策者应选择损益值为 800 万元的独资建设方案。

3. 后悔值决策法

当事先难以预测哪一种自然状态会在实际中出现时，必然是在这种自然状态的状况下，哪个方案的损益值最大即为最优方案。如果决策者在事前进行决策时没有选择这种方案为最优方案，而是选择了其他方案，事后他就会感到后悔。后悔值决策法，就是以决策时避免将来后悔为原则来进行方案择优的方法。后悔值是指在每一自然状态下，其最大损益值与采取其他方案的损益值之差。这一方法的具体做法，是先将在各种自然状态下的最大损益值减去其他方案的损益值，得出各个方案在各种自然状态下的后悔值，然后找出每个方案的最大后悔值，最后从这些最大后悔值中选择一个最小值，即可能出现的后悔值是最小的，这个最大后悔值中的最小值所对应的方案就认为是最优方案。

例 9-2 采用后悔值决策法来解答，首先找出各种自然状态下最大损益值，即 800 万元、350 万元、90 万元、−50 万元。然后，把每种自然状态下的最大损益值减去其他方案的损益值，求出后悔值（表 9-4）。

表 9-4 各方案在各种自然状态下的后悔值 （单位：万元）

方案	较高	一般	较低	很低
独资	0	0	390	650
集资	450	130	40	50
合作	400	100	0	0

三个方案的最大后悔值分别为 650 万元、450 万元、400 万元，应选择后悔值为 400 万元所对应的方案，即与外商合作方案。

上述例子表明，在非确定型决策的条件下做出决策是一件困难的工作，决策方法的选择往往带有决策者的主观气质特色。目前，从理论上还不能证明哪种方法是最合理的，所以，决策者在实际运用这些方法时，需要根据具体情况并结合自己的工作经验灵活决断。

（三）风险型决策方法

风险型决策也称随机型决策，是指决策者对自然状态是否发生不能肯定，但可以预测各自然状态可能发生的概率的情况下的决策。自然状态发生的概率为

$$1 \geqslant P(\theta_j) \geqslant 0$$

$$\sum_{j=1}^{m} P(\theta_j) = 1$$

式中：θ_j 为自然状态；$P(\theta_j)$ 为 θ_j 发生的概率；m 为自然状态的数目。

风险型决策情况下，决策的方法根据决策问题的复杂程度可选用期望值法和决策树法。

1. 期望值法

用期望值法进行决策，首先以损益期望值表为基础，计算出每个方案的损益期望值。由概率论可知，期望值表示的是随机变量取值的“平均数”。因此，如果决策目标是收益最大，则选择期望值最大的投资方案作为最优方案；如果决策目标是成本最小，则选择期望值最小的投资方案作为最优方案。

下面以例 9-3 为例。

例 9-3　某旅游开发公司为提高企业经济效益和开发利用当地旅游资源，拟投资建设一个新的旅游景区，经可行性论证提出大面积开发建设和小面积开发建设两个投资方案。大面积开发建设需一次投资 4550 万元，小面积开发建设需一次投资 2800 万元。设两个投资方案的建设经营期限均为 6 年。根据市场预测，客源地旅游需求量较高和旅游需求量较低的概率分别为 0.7 和 0.3，年平均经营收益如表 9-5 所示。该公司应如何做出决策？

表 9-5　损益期望值计算表　（单位：万元）

投资方案	旅游需求量较高 0.7	旅游需求量较低 0.3	损益期望值
大面积开发建设	1500	−200	1390
小面积开发建设	800	100	740

解：表 9-5 中损益期望值计算如下式：

大面积开发建设方案损益期望值

＝1500×0.7×6 ＋（－200）×0.3×6－4550＝1390（万元）

小面积开发建设方案损益期望值

＝800×0.7×6 ＋ 100×0.3×6－2800＝740（万元）

故该决策问题应选择大面积开发建设投资方案为最优方案。

2. 决策树法

在风险型决策问题中，以损益表为基础的期望值法，对解决比较简单的决策问题具有简便有效的优点。但是，对比较复杂的决策问题，则需要运用决策树法。决策树法不仅可以解决单级决策问题，而且可以解决损益表难以适应的多级决策问题，是风险型决策问题中常用的方法。

决策树法是把各种可供选择的投资方案和可能出现的自然状态、可能性的大小以及产生的后果简明地绘制在线条像树干分枝的图形上，以便于研究分析（图 9-1）。

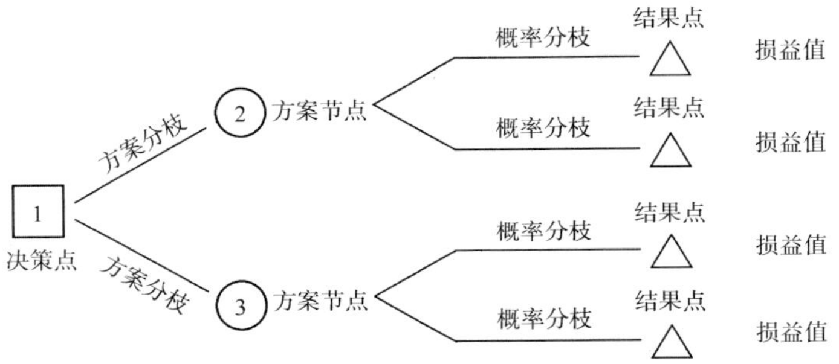

图 9-1 决策树图

图 9-1 中，□表示决策点，从它引出的分枝叫方案分枝，每条分枝代表一个方案。○表示方案节点，其上方的数字表示该方案的损益期望值。从方案节点引出的分枝叫概率分枝，每条分枝上注明相应自然状态发生的概率。△表示结果点，在其右侧注明每个投资方案在相应自然状态下的损益值。

决策树在绘制时，其顺序是由左向右绘制，各节点的顺序号按从左向右、从上向下的次序标注。运用决策树法进行决策，是从右向左逐步后退进行分析。首先根据结果点的损益值和相应概率分枝的概率，计算出期望值的大小。然后，根据各投资方案的期望值大小来选择最优方案。

例 9-4 假设对例 9-3 中的决策问题，将建设经营期分为前 2 年和后 4 年两期考虑。根据该地区旅游市场的调查预测，前 2 年旅游需求量较高的概率为 0.7。如果前 2 年市场需求量较高，则后 4 年旅游需求量较高的概率为 0.9；如果前 2 年旅游需求量较低，则后 4 年的旅游需求量肯定低。试问在这种情况下哪个方案投资效益好？

解：画决策树，如图 9-2 所示。

计算各点损益期望值，并标在图中相应的节点上。

点④：1500×0.9×4 ＋（－200）×0.1×4＝5320（万元）

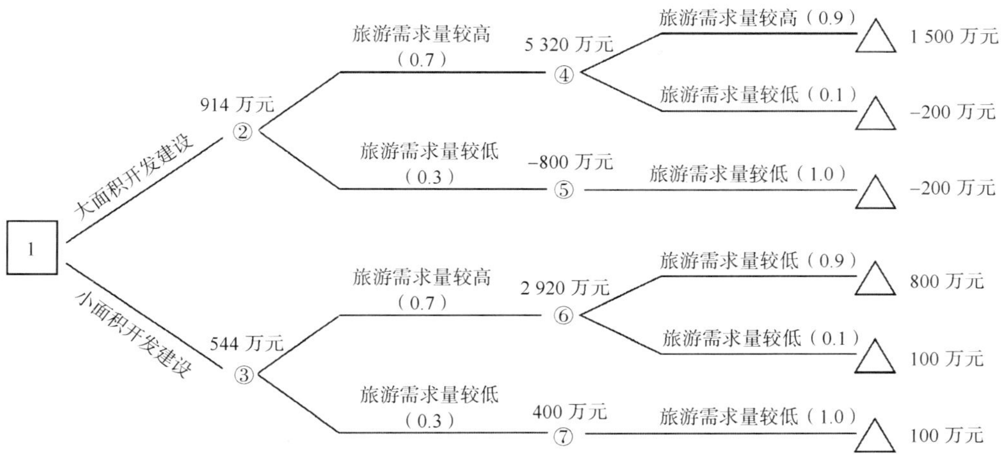

图 9-2　决策方案的标图

点⑤：（－200）×1.0×4＝－800（万元）

点⑥：800×0.9×4＋100×0.1×4＝2 920（万元）

点⑦：100×1.0×4＝400（万元）

点②：1500×0.7×2＋5320×0.7＋（－200）×0.3×2＋（－800）×0.3－4550＝914（万元）

点③：800×0.7×2＋2920×0.7＋100×0.3×2＋400×0.3－2800＝544（万元）

比较点②和点③的期望值，大面积开发建设方案仍为最优方案。

第五节　旅游投资风险

一、投资风险的含义

投资风险是指资金投放出去后，其实际投资收益与预期投资收益存在的差异，实际投资收益具有不确定性。旅游投资决策所涉及的不少方面都具有长期性和变动性，不仅旅游工程的建设和运行时所需的原材料、燃料、动力、价格等都会发生变化，而且社会、政治、经济和自然等方面的变化也会对旅游业产生影响，这些难以预知的变化因素决定了旅游业投资效益的不确定性。

投资风险一般是难以避免的，但可以在深入分析投资风险的基础上采取相应措施，尽可能减少风险，提高投资的安全性，最大限度地实现预期收益率。

二、预期收益率的构成

对于投资者来说，一般是投资风险越大，期望的投资收益率越高。无论是谁，在进行投资决策时，首先都要考虑最低收益率标准，国外一般以国家债券确定，国内目前往往以银行利率确定。这个最低收益率标准，普遍认为是无风险收益率，可作为未来收益的最低基准线，在此基础上再附加一个超额收益率就构成企业投资的预期收益率。超额收益率则是根据投资者所冒风险大小来决定的，所以，人们将投资者甘冒风险所取得的这一部分超额价值称为风险价值。

三、投资风险的测定

投资者投资的风险价值是由其投资的风险程度决定的。因此，投资者要了解投资价值，首先就要对投资风险度进行预测。由于风险是因为决策实施的结果存在各种可能性而派生的，所以预测风险度时，就要把各种可能都考虑进去，其办法就是利用概率论原理来测定投资方案的风险。将各种可能出现的结果称为随机变量 X_i；用概率 P_i 表示随机变量 X_i 出现的机会，P_i 取值范围在 0～1；各种随机变量的概率之和为 1。即

$$\sum_{i=1}^{n} P_i=1$$

综合每种方案实施可能出现的多种结果，求其平均期望值 $\bar{E}$ 如下：

$$\bar{E}=\sum_{i=1}^{n} X_i P_i$$

测量风险度的大小，通常用各种可能结果值与平均期望之间的标准差 δ 来测定。公式为

$$\delta=\sqrt{\sum_{i=1}^{n}(X_i-\bar{E})^2 P_i}$$

例 9-5 某饭店计划投资 250 万元，有两个方案可供选择（表 9-6）。

表 9-6 投资方案比较

市场情况	甲方案		乙方案	
	利润/万元	概率	利润/万元	概率
较好	40	0.3	50	0.3
一般	30	0.5	35	0.5
较差	20	0.2	0	0.2

解： $\bar{E}_{甲}=40\times0.3+30\times0.5+20\times0.2=31$（万元）

$\bar{E}_{乙}=50\times0.3+35\times0.5+0\times0.2=32.5$（万元）

$$\delta_{甲}=\sqrt{(40-31)^2\times0.3+(30-31)^2\times0.5+(20-31)^2\times0.2}$$
$$=7\text{（万元）}$$

$$\delta_{乙}=\sqrt{(50-32.5)^2\times0.3+(35-32.5)^2\times0.5+(0-32.5)^2\times0.2}$$
$$=17.5\text{（万元）}$$

甲方案的标准差比乙方案的标准差小，说明甲方案实施后各种可能出现的结果之间相差小，如果不考虑两方案平均期望值的差异，自然可以认为甲方案风险小；但是由于乙方案的平均期望值高于甲方案，所以仅凭标准差来认定风险度的大小是不够的，还应当计算其标准差系数，使用标准差系数来衡量风险度大小。

标准差系数，又称标准离差率 δ'，其计算公式为

$$\delta'=\frac{\delta}{\overline{E}}\times100\%$$

例 9-5 中，$\delta_{甲}=\dfrac{7}{31}\times100\%\approx22.58\%$

$$\delta_{乙}=\frac{17.5}{32.5}\times100\%\approx53.85\%$$

因为 $\delta'_{甲}<\delta_{乙}$，说明甲方案风险小。由于 $\delta'=\dfrac{\delta}{\overline{E}}\times100\%$，所以当 $\overline{E}_{甲}$ 等于 $\overline{E}_{乙}$ 时可用标准离差率来比较不同方案的风险大小。

标准离差率计算出来后，就可计算风险率了。风险率是标准离差率与风险价值系数的乘积，风险价值系数一般由投资者主观决定。风险率计算公式为

$$R=\delta'F$$

式中：R 为风险率；F 为风险价值系数。

如例 9-5，该饭店最高决策者确定风险价值系数 $F=10\%$。则两个方案的风险率 R 分别为

$$\delta_{甲}=22.58\%\times10\%\approx2.26\%$$

$$\delta_{乙}=53.85\%\times10\%\approx5.39\%$$

四、风险点的确定

投资者投资时，希望得到无风险收益率再加一个超额收益率，而这个超额收益率应大于或等于风险率，投资才有价值。通常，将无风险收益率与风险率之和称为风险点收益率，与之对应的点称为风险点。

用公式表示为

$$风险点收益率=无风险收益率+风险率$$

设风险点收益率为 Z，无风险收益率为 J，则 $Z=J+R$。

投资者希望得到一个超过风险点的收益率，否则，这项投资是不合算的。所以，考虑投资风险，选择投资方案时，就要选择平均期望收益率 $\overline{E}_e$ 大于或等于风险点收益率 Z 的方案，如例 9-5 两方案的平均期望收益率 $\overline{E}_e$ 如下：

$$\overline{E}_{e甲}=\frac{31}{250}\times100\%=12.4\%$$

$$\bar{E}_{e乙}=\frac{32.5}{250}\times100\%=13\%$$

若以银行利率为无风险收益率，假定银行利率为 10%，则两方案的风险点收益率为

$$Z_{甲}=10\%+2.26\%=12.26\%$$

$$Z_{乙}=10\%+5.39\%=15.39\%$$

因为 $\bar{E}_{e甲}=12.4\%>Z_{甲}=12.26\%$，已过风险点，说明甲方案具有投资价值。

因为 $\bar{E}_{e乙}=13\%<Z_{乙}=15.39\%$，没过风险点，说明乙方案不具有投资价值。

五、投资风险对策

由于风险产生的原因是多方面的，因此面对风险的对策也应多种多样。归纳起来主要有以下几种。

（一）寻求良好的投资环境

良好的投资环境，是减少企业投资风险、达到预期投资目的的保证。企业在运行投资时要认真研究国内外政治经济形势，明确国家的产业发展政策及动态，了解经济周期、货币政策的实施及企业利润水平的变动等，以寻求最佳投资环境。

（二）掌握准确的投资效益信息

因为旅游投资决策方案的结果总是不确定的，因而企业要对风险做出正确的评判，并力求使这种风险降到最低程度。企业要获得预期效益，关键在于掌握充分准确的投资效益信息。影响投资效益信息的因素是多方面的，反映投资效益信息的指标也是多方面的。企业主要应掌握客源市场发展趋势、需求结构变化趋势、市场占有率、价格变动、价格变动率、投资对象的资金利润率和营业利润率等的现状及变动趋势。

（三）投资多样化

通过组合投资，使投资多样化，即发展多种经营，分散风险和减少风险。

（四）坚持全员培训，加强管理

做好经营管理人员的培训，提高管理水平，可以抵消或减少由于企业经营不善、管理不当等一系列与企业直接有关的意外事故所引起的风险。

案例分析　旅游投资如何走进新时代

改革开放 40 年来，我国旅游业从无到有、从小到大，初步形成观光旅游和休闲度假

旅游并重、旅游传统业态和新业态齐升的新格局。行业地位和影响力不断提升，对国民经济和社会就业的综合贡献均超过 10%。谈到旅游对经济的贡献，人们习惯于从消费领域去衡量。但实际上，旅游业不仅拉动消费，还对投资有很大的拉动作用。旅游不仅是消费热点，也是投资热点。尤其是在当前经济下行压力加大、固定资产投资增速放缓的背景下，旅游投资却逆势增长，领跑宏观经济。

数据显示，近 5 年来，我国旅游投资年均增速高达 30%，尤其是旅游投资规模于 2015 年破万亿元后，在 2017 年更是达到 1.5 万亿元，成为稳投资的一支重要力量。值得注意的是，2017 年旅游投资民间资本占比 60%，形成了民营为主、国有企业和政府投资共同参与的多元主体投资格局。旅游投资已站上新风口，受到了政府和市场的广泛关注。

过去观光旅游时期，旅游发展主要"拼资源"，依托资源禀赋、名山大川、历史遗迹。休闲度假旅游时代，我国旅游发展已经进入"拼资本"的时代，谁重视投融资，谁擅长资本运作，谁就赢得了旅游产业发展的主动权。各级政府招商引资、政策扶持、项目引导，旅游企业投资拉动、资本驱动、兼并重组，非旅游企业跨界投资、产业融合、资源整合，涌现出一系列新产品、新业态、新模式，培育出一大批旅游领军企业。旅游也成为资本市场追逐的新热点，旅游资源资本化、金融化、证券化不断加强，资本运作花样百出，各类资本相互融合协同，促进旅游产业转型升级。

总之，我国旅游投资呈现出投融资主体日趋多元、投融资模式不断创新、旅游投资项目越来越大、跨界融合整合层出不穷、线上线下渗透结合热度不减、新产品、新业态、新模式投资备受青睐、传统旅游领域投资降速、行业重组整合加速等特点。

旅游需求无止境，旅游产业无边界，旅游投资正当时。消费升级势不可当，大众旅游时代蓬勃兴起，全域旅游格局正在形成，旅游多元跨界融合方兴未艾，产业资源融合、技术融合、功能融合以及景域融合将形成大产业链模式，传统旅游格局将不断改写，未来还将掀起新一轮旅游投资热潮，旅游投资前景广阔、大有可为。但是，未来旅游投资领域的竞争，将不再只是资本之战，而更多的是内容之战、场景之战、创新之战。

党的十九大报告指出，中国特色社会主义进入了新时代，这是我国发展新的历史方位。国家机构改革中新组建的文化和旅游部，肩负着推进文化和旅游融合发展的重任。站在新的历史起点上，推动旅游投资迈向新征程，既是旅游业界的使命担当，也是推动旅游业高质量发展的内在要求。

要认清大势，找准方向。我国社会主要矛盾已经转化为人民日益增长的美好生活需要和不平衡不充分的发展之间的矛盾。旅游是人们美好生活的刚需，是诗与远方的精神追求。人民的旅游需要已发展成为更加广泛、更加多样、更加多层、更加个性的美好生活需要，优质旅游投资可以持续增加高质量旅游供给。我们要提高政治站位，紧扣社会主要矛盾变化，强化内容创新，创造消费场景，关注消费体验、人性需求和品质提升，推动旅游没资成为供给侧结构性改革的重要突破口。

要把握趋势，转换路径。习近平总书记指出，新时代我国经济发展的特征，就是我国经济已由高速增长阶段转向高质量发展阶段。旅游业正处在从高速旅游增长阶段转向优质旅游发展阶段的关键节点。旅游投资要适应新时代发展要求，就要转向依靠

“质量”“效益”“品质”“服务”发展的新路，推进结构优化和增长动能转换，才能实现可持续健康发展。我们要坚持走跨界融合发展之路，促进资本在“旅游+”“+旅游”等消费热点发力，加强文化塑造与旅游体验的结合，推动形成多产业融合发展新格局，增强融合渗透质量和效益，切实丰富旅游内涵，延伸旅游产业链条。我们要坚持走科技创新发展之路，引导资本投向旅游大数据、云计算、智慧旅游等领域，以人工智能、VR（virtual reality，虚拟现实）、区块链等信息科技整合旅游资源要素，推动旅游发展向数字化转型。

要积极主动，引领发展。旅游投资的高质量增长，离不开各类市场主体的推动，离不开行业领头羊的带动。以中国旅游集团为例，其作为我国最大的旅游央企，通过实施一系列旅游投资、开展一系列资本运营、进行一系列并购重组、创新发展旅游特色金融，做大了规模和实力，做优了质量和效益，扩大了知名度和影响力。而中国旅游产业基金作为我国旅游投资领域的一支生力军，报经国务院批准、由中国旅游集团牵头发起成立的第一家国家级旅游产业基金，需要发挥好其在旅游投资领域的引领作用。从投资逻辑看，国家级旅游产业基金需要积极贯彻国家战略和产业政策，全面协调整合各方资源，借助全生命周期投资逻辑，注重规划开发、赋能旅游要素，同时大力融合信息技术、强化金融支持，全面推进全域旅游和“旅游+”战略，构建新型旅游产业价值链和生态圈，在助力文化旅游发展的同时，为投资人创造丰厚回报。

资料来源：郑江. 旅游投资如何走进新时代[N]. 中国旅游报，2018-11-20（3），有改动

复习与思考

一、重点概念

旅游投资　旅游投资决策　可行性研究　投资风险　风险点

二、简答题

1. 旅游投资有哪些类型？
2. 旅游投资具有哪些特点？
3. 为什么要进行旅游投资项目可行性研究？
4. 可行性研究有哪些类型？
5. 影响旅游需求变化的因素有哪些？
6. 旅游项目决策应遵循哪些程序？
7. 如何测定投资风险？

三、论述题

1. 阐述旅游投资可行性研究的基本内容。
2. 试比较三种经济效益预测方法的优缺点。
3. 试述旅游投资项目的决策方法。

四、分析题

某饭店拟对其餐厅进行更新改造，有甲、乙两个方案，即改为风味餐厅或西餐厅。它们在不同市场状况下的概率和年收益如表 9-7 所示，试比较它们的投资风险。

表 9-7　两个餐厅在不同市场状况下的概率和年收益

方案	市场状况	发生概率	年收益/万元
风味餐厅	好	0.1	300
	较好	0.3	200
	一般	0.3	150
	较差	0.2	100
	差	0.1	50
西餐厅	好	0.1	400
	较好	0.4	200
	一般	0.2	100
	较差	0.2	70
	差	0.1	60

第十章

旅游企业与经营

旅游企业是旅游市场中旅游经济活动的主体，又因为它与人的因素结合最紧密，所以旅游企业也是最活跃的因素之一。因此对旅游企业进行界定，并对其行为和经营模式进行研究是旅游经济学的重要内容之一。本章首先界定了旅游企业的概念及分类，然后对旅游企业的四种市场行为进行了分析，在此基础上对旅游企业的一体化和跨国经营进行了专题论述。

第一节　旅游企业的概念与分类

一、旅游企业的概念

旅游企业是指依法设立的以营利为目的的从事旅游生产经营活动的独立核算的经济组织。旅游企业通常需要以旅游资源为依托，以有形设施设备和无形的服务为手段，在旅游消费领域开展经营活动。旅游企业一般具有如下特征：①旅游企业是社会经济组织，作为一种社会组织，它有自己的组织机构和工作程序；②旅游企业作为一种社会经济组织，主要从事旅游经济活动，并且有相应的经营资产和财产；③旅游企业是以盈利为目的的从事旅游生产经营活动的社会经济组织；④旅游企业是实行独立核算的社会经济组织，不实行独立核算的社会经济组织不能称其为旅游企业；⑤旅游企业通过依法设立可以取得相应的法律地位，获得合法的身份，得到国家法律的认可和保护。

二、旅游企业的分类

根据不同的分类标准，可以对旅游企业进行不同的分类。

（1）按照旅游企业所有制性质，旅游企业可分为全民所有制旅游企业、集体所有制旅游企业、私营旅游企业、混合所有制旅游企业等。

（2）按照旅游企业出资者，旅游企业可分为内资旅游企业、外商投资旅游企业。

（3）按照旅游企业的组织形式，旅游企业可分为独资旅游企业、合资旅游企业、公司制旅游企业。

（4）按照旅游企业的法律地位，旅游企业可分为法人旅游企业和非法人旅游企业。

（5）按照旅游企业经营的地域范围特征，旅游企业可分为国内旅游企业和跨国旅游企业。

三、旅游企业与旅游经营商

旅游经营商是为旅游者提供旅行中介服务的个人或相关组织。根据旅游经营商的职能及其作用可将旅游中介组织细分为旅行代理商、旅游批发商、旅游零售商。由此可见，旅游企业和旅游经营商并不是一个等同的概念。旅游经营商主要从事旅游中介服务业务，是旅游产品和旅游者的联系者；而旅游企业在广义上是从事旅游生产和经营活动的经济组织，是旅游产品的生产者。但是，当旅游企业主要从事中介旅游业务的时候，旅游企业同时也是旅游经营商；反过来，旅游经营商不一定是旅游企业，因为旅游经营商可以是个人或非法定的相关组织，这不符合旅游企业的基本条件。

四、旅游企业与旅游目的地

旅游目的地是指拥有特定性质的旅游资源，具备一定的旅游吸引力并能够吸引一定规模数量的旅游者进行旅游活动的特定区域。一个特定区域要成为旅游目的地必须具备一定数量的旅游资源、良好的旅游设施和交通条件、一定的旅游需求量。旅游目的地与旅游企业看似两个无关的概念，其本质上却有一定的联系。旅游目的地的市场行为与旅游企业的市场行为具有相似性，两者都具有相同的旅游市场促销行为；与旅游企业的定价行为相比，旅游目的地也具有类似的目的地总体水平价格的决策行为；旅游企业的一体化行为首先是旅游目的地范围内部的旅游企业之间的联合与合作行为。而且，当旅游目的地是一个景区时，那么相对应的景区企业在地理概念上与旅游目的地是吻合的，只不过旅游企业是从旅游产品的开发和经营的角度来界定的，而旅游目的地则是从旅行游览依托地的角度来界定的。

第二节　旅游企业行为分析

旅游企业行为主要是指旅游企业的市场行为，旅游企业市场行为是指为实现其经营目标而根据市场环境情况采取的相应的行动。旅游企业的经营目标是企业市场行为的目的和动力，具体表现为获取更大的利润和更高的市场占有率。旅游市场环境是指旅游产业的市场结构，它是旅游企业市场行为形成的基础。旅游市场环境决定旅游企业市场行为；同时，旅游企业市场行为又反作用于旅游市场环境。因此，旅游企业市场行为是基于一定旅游市场环境，旅游企业为了追求自身利益的最大化，必然会采取相应的市场行为，并且是根据旅游企业行为绩效不断调整和改变企业的行为方式的一种动态行为过程。旅游企业市场行为主要表现为以扩大利润空间为目的的旅游企业定价行为、以提高旅游市场占有率为主要目的的促销行为、以产权变动和资本重组为主要途径的企业组织调整行为——一体化行为和跨国经营行为。

一、旅游企业定价行为

在旅游经济活动中，无论是旅行社、饭店企业，还是交通运输和景区企业，都是旅游服务的提供者，通过向旅游者提供一定的服务项目以商品交换的形式来获取经济收益。在旅游需求弹性条件下，由于服务价格直接影响着旅游需求的数量和旅游企业营业收入，因此，定价是企业最重要的经营行为。旅游企业的价格行为是指企业为应付来自内外的市场竞争者所采取的定价行为，包括与消费者之间的相关关系的价格行为和企业之间相关关系的价格行为。前者主要是出于获得更大生产者剩余的价格行为，主要有价格歧视行为等；后者的主要目的是限制竞争对手或者将竞争对手排挤出市场的价格行为，主要有限制性定价行为。

（一）旅游企业价格歧视行为

旅游企业价格歧视行为是指对购买生产成本相同的同一服务的不同的旅游者和中间商收取不同的费用，或者对同一旅游者和中间商的不同购买量以及不同时间购买相同量的服务收取不同的服务费用的行为，如饭店在旅游旺季向旅游者收取的房费高于在旅游淡季收取的房费，景区向旅游团收取的门票费低于向散客收取的门票费，等等，都是旅游企业实行歧视价格行为的具体表现。并不是所有的旅游企业都能对旅游消费者实施价格歧视，实施价格歧视必须具备一定的条件：首先，要拥有市场的垄断力量，也就是说旅游企业必须具有对市场的支配力量；其次，旅游企业可以通过有效的手段防止旅游服务在不同的市场和不同旅游消费者之间的相互转卖；最后，在实施价格歧视的市场中，旅游消费者具有不同的需求价格弹性，即同一价格对不同的旅游消费者的需求数量影响是不相同的。从理论上说，由企业实施价格歧视是获取旅游消费者剩余价值的常用手段。我们所说的旅游消费者剩余价值是指旅游者购买旅游服务时愿意支付超过价格部分的价值。价格歧视按照获取旅游消费者剩余价值的多少可以分为一级价格歧视、二级价格歧视和三级价格歧视。

（1）一级价格歧视。一级价格歧视是一种完全价格歧视，是指旅游消费者对于一种旅游服务有一个愿意支付的最高价标准，旅游企业按此最高价格收费，获取旅游消费者的全部剩余。换言之，当旅游者购买某种旅游服务时，旅游企业对不同的旅游消费者收取的价格是不同的，并且是按照旅游消费者愿意支付的最高价格收取的。

（2）二级价格歧视。二级价格歧视是指旅游企业针对同一旅游消费者在不同的消费时段和不同的消费区表现出的消费意愿的强弱而采取相应的有利于企业利益的定价行为。凡是按照旅游消费者累计消费的不同消费量和“回顾”索取不同价格的行为，都可视为二级价格歧视行为。无论是一级价格歧视，还是二级价格歧视，都是建立在个人旅游需求曲线上的，以个人消费单位为基础的价格行为。

（3）三级价格歧视。三级价格歧视是指旅游企业针对不同的旅游消费细分市场的消费群体以不同的价格提供同一旅游产品。例如，铁路公司对铁路客票实行学生票和成人票两种票价，航空公司对商务客人和普通旅客的机票采取了两种不同的价格，都属于三级价格歧视行为。

(二)旅游企业限制性定价行为

在旅游经济活动中，旅游企业想通过市场垄断来获取高额利润，因此，通过各种手段限制市场竞争便成为旅游企业一个重要的市场行为。一般来说，旅游企业限制市场竞争是通过掠夺性定价、合作性定价、旅游服务差异化和寻求政府相关政策支持的手段来实现的。

(1)掠夺性定价。掠夺性定价是旅游企业将其生产的旅游服务以低于成本的价格向旅游需求者收取费用的行为，其目的是要驱逐与其对抗的市场在位者以及阻止市场进入者，从而达到市场垄断的目的。在旅游经济活动中，存在着旅游客源地和旅游目的地两个不同的旅游经济空间。在旅游客源的空间范围内，旅游企业的掠夺性定价主要表现为旅游经营商之间为了争取客源而进行的竞争行为，通过低于成本的价格，来扩大市场占有份额，并在短期内，以较低的价格来驱逐市场在位者、阻止市场进入者；在旅游目的地，掠夺性定价主要表现在旅游供应商之间为了争取更多的旅游者、提高旅游设施利用率而形成的竞争行为，其目的也是对旅游目的地内的市场在位者以及市场进入者构成一定的经营威胁。无论是旅游目的地还是旅游客源地，掠夺性行为是经常存在的一种经济现象。掠夺性定价行为实际上是一种低价倾销行为，其目的是对旅游市场形成一种垄断力量，因而往往会成为政府管制的对象。

在市场客源需求不充分的环境下，掠夺性定价是最常见的一种企业市场行为。因为，旅游企业经营绩效是与市场容量和市场集中度相联系的，在市场需求不充分的条件下，市场容量不足，旅游企业的长期发展以及利润的取得就不能靠有效的市场容量的扩充来实现，而只有靠市场的某种程度的集中来完成。在有限的市场容量下，企业如果不通过组织制度的重新设计来实现市场集中，掠夺性定价就成为实现市场集中的一种有效手段。通过掠夺性定价行为，有实力的旅游企业可以对市场在位者构成一定的经营威胁，使后者在低价格竞争中难以形成一定的经营绩效，不得不退出市场。同时，掠夺性定价也对市场进入者构成一种进入壁垒，使这些企业在进入旅游市场时不得不考虑其市场的经营价值以及竞争能力，这样，掠夺性定价者便可以达到市场相对集中的目的。

(2)合作性定价。合作性定价是指两个或两个以上的旅游企业相互订立某种口头或文字协定，通过规定共同的市场价格，以达到限制市场竞争、控制旅游客源、增加经营利润的目的。在旅游市场上，如果市场力量是均衡的，每家旅游企业都难以通过掠夺性定价行为获取更多的利益，合作性定价将成为一种必然的市场行为。根据卡特尔理论，利润取决于卡特尔成员间相互信任的程度。成员间越能达到信任，并保证不通过降价来挖取对方的客户，他们就越能成功地制定一个高于竞争性价格水平的价格。

旅游企业之间的合作性定价行为的实现，受多种因素的影响。从旅游需求条件来说，合作性定价一般产生于旅游需求比较稳定、市场容量不发生较大增长和变动的市场环境中。只有在旅游需求不发生增量变动或者需求形成某种程度下降时，由于市场竞争加剧，旅游企业利润趋于下降，旅游企业才有动机形成合作性定价。在旅游行业发展阶段，由于旅游市场增量需求的存在，不断扩大的市场容量会刺激旅游企业通过价格竞争来扩大自己的市场份额，合作性定价是难以实现的。因此，合作性定价一般存在于旅游行业发展的成熟阶段。从旅游服务的差异性来说，如果旅游企业之间生产的旅游服务存在着明显的差异，有着不同的旅游需求市场，那么，旅游企业之间是不可能形成合作性定价行为的。只有当旅游服务不存在明显的差异，旅游市场优势同一，各个旅游企业服务成本又相似时，合作性定价才会实现。

（3）旅游服务差异化。在市场竞争环境下，如果旅游企业不能通过掠夺性定价和合作性定价来限制竞争，那么，实施旅游服务的差异化，便成为旅游企业限制市场竞争的一种重要市场行为。一般来说，旅游服务的差异化与市场竞争具有负相关性，与市场垄断具有正相关性。旅游企业向市场提供的旅游服务的差异化程度越大，旅游企业对某种市场的垄断力量就越强；相反，旅游企业向市场提供的旅游服务的差异化程度越小，旅游企业对某种市场的垄断力量就越弱。当一个旅游企业具备了旅游服务生产和经营上的差异化时，它就具备了对旅游市场进行某种程度垄断的条件。因此，旅游服务的差异化是对抗市场竞争的一个重要手段。

（4）寻求政府相关政策支持。在旅游市场中寻求政府政策上的保护往往是旅游企业的一个重要市场行为。利用政府对旅游市场的管制行为，提高市场进入者的进入成本，限制市场在位者的经营范围，达到对某种旅游市场的垄断。这种垄断的实现不是通过市场的自然发育形成的，而是通过政府对出境旅游市场管制而获得的。如果说，旅游企业对市场垄断的结果还有一个市场竞争的过程，是通过旅游企业的市场竞争获得的，那么，寻求政府的政策规定以及市场的管理行为达到对市场的垄断，则不需要市场发育和竞争过程。对旅游企业来说，与其通过市场竞争达到垄断，不如通过寻求政府政策的支持和市场管制来实现垄断，因为这种市场垄断的形成，其成本支出与时间花费都很经济。因此，便出现了旅游企业寻租经营行为。

二、旅游企业一体化行为

旅游市场中的旅游企业，为了获取特定的规模经济，将采取横向一体化的行为；基于效率或非效率的考虑，在进行“购买”还是“生产”的决策中，可能会选择纵向一体化行为；基于分散风险的考虑，将采取混合一体化的行为。

（一）纵向契约与一体化

旅游产业链上的各个旅游企业在市场上或在旅游产业中的职能是不同的，有的企业在旅游产业链中居于“上链企业”，有的企业则居于“下链企业”，这样，在旅游产业内不同职能的企业之间便会形成一种上下链的经济关系，对于这种经济关系，旅游企业选择自己生产和销售，形成旅游企业纵向一体化；或通过市场交易。前者形成企业组织关系，后者形成市场交易关系。无论是企业组织关系还是市场交易关系，都称为旅游产业的纵向结构。旅游产业中大多数纵向结构是以各种复杂的契约形式建立起来的，这些契约称为纵向约束。

旅游企业间的各种交易关系，是依赖于契约进行协调和激励的（表 10-1）。上链企业和下链企业的交易双方要在不同情况下对各自的经营行为做出承诺，并对未来经营行为进行约束。通过契约，交易双方在相互考虑对方利益的前提下，通过降低交易成本使各自的经济利益得到充分的实现。旅游企业要实现上述理想交易模式，要求契约是完全的，只有完全契约才能实现交易的合理化。完全契约是建立在以下假设条件之上的：首先，各缔约方具有完全理性；其次，缔约和履约的环境是完全竞争性的，不存在垄断行为；最后，交易双方不存在机会主义的行为。但现实中，人们的有限理性、信息的不对称、市场垄断现象、各种不确定性以及机会主义的存在，使契约具有不完全性，通过不完全契约建立的交易关系也具有不确定性，从而促使人们通过纵向一体化的形式，用企业内部的组织关系替代市场外部的交易关系。

表 10-1 全球排名前十位酒店公司

管理公司			特许经营		
排序	公司	管理酒店数/家	排序	公司	特许经营数/家
1	华住	3 309	1	温德姆	8 717
2	尚美	2 352	2	锦江	7 257
3	雅高	2 275	3	精品国际	7 021
4	东呈	2 247	4	希尔顿	4 925
5	万豪	2 020	5	万豪	4 735
6	洲际	965	6	洲际	4 615
7	首旅如家	925	7	首旅如家	3 124
8	艾布里奇	834	8	格林	2 728
9	希尔顿	689	9	尚美	2 349
10	长住	608	10	雅高	2 258

资料来源：美国《酒店》杂志，2019 年

（二）外部性与纵向一体化

在旅游产业运行过程中，纵向结构的形成是同旅游产业链上的各种变量相联系的。这些变量主要有：旅游生产商如饭店、航空公司、景区、铁路公司等企业通过各种契约形式向旅游批发商或组团社提供各类服务的价格和数量；旅游批发商向旅游代理商或者旅游零售商提供的批发价格和数量；旅游者最终的价格以及各旅游代理商或旅游零售商的销售努力；等等。由于这些变量的存在，每个下链企业的价格变化以及由这种价格变化所引起的销量变动，都会引起上链企业的收入或利润的变动。由于处于产业链上不同层次的企业都追求短期利润的最大化，在旅游企业为实行一体化经营之前，在不同层次上的价格由处于这个层次上的企业自己决策。下链企业在销售其产品时，并不是以上链企业利润增量作为其决策目标，而是以自己的利润增量为目标。于是便存在着旅游批发商和旅游零售商双重加价行为，使中间产品的最终需求量降低，从而影响到上链企业的边际利润，这就形成了旅游企业纵向一体化的外部性问题。纵向外部性问题是下链企业在决定最终销售价格时不考虑上链企业的边际利润，使上链企业边际利润降低并且难以控制。在旅游产业链上，当旅游批发商与旅游零售商两个组织形成一体化经营时，旅游产品的最终市场销售价格将大大降低，旅游需求大大提高。这时，一体化经营的旅游产

业获得的利润总额比未进行一体化的旅游产业要多，旅游者还会以更低的价格来享受这种产品的服务。

（三）交易费用与一体化

在旅游企业不完全契约的基础上，旅游企业与市场之间必然存在一定的交易费用。科斯认为，交易费用是交易双方谈判、制定和执行的时间与费用。通常，旅游企业的交易费用主要包括界定和发现交易对象的费用、界定合理交易价格的费用、讨价还价的费用、制定交易契约的费用、监督违约行为的费用、执行契约的费用等。

旅游企业在同市场的交易活动中，界定和发现交易对象所形成的费用，也称搜寻成本，它构成了交易费用的主体。旅游批发商或组团社要想保证自己的服务与成本的一致性，只有进行实地考察，同旅游目的地的各个旅游接待企业进行高密度的接触，亲自体验其服务，才能全面把握市场上旅游服务价格与服务质量，才能确定自己的支付价格，才能保证契约的合理性，所有这些，都要花费一定的时间和人力、物力，付出一定的成本和费用。这些成本和费用，便构成了旅游批发商的市场交易费用。旅游企业的搜寻成本是与市场范围、旅游服务的差异化以及市场竞争与垄断程度相联系的。旅游企业市场范围越大、服务种类越多、提供各类服务的差异化程度越高、旅游市场竞争程度越高，旅游企业为之付出的搜寻成本就越高。当然，旅游企业花费的搜寻成本越高，由搜寻所获得的收益也会越高。

旅游企业的购买过程也会发生讨价还价的费用，在一个合理的价格区间内，只要双方有利可图，任何一个价格区间的点位上都有可能被接受的价格，在讨价还价过程中所形成的价格溢价，便成为私人收益的一个重要来源，在谈判过程中，讨价还价的行为将会延续到交易双方的某一方边际收益为零时。在这个讨价还价的过程中，旅游企业将会为此付出一定的成本。

旅游服务是由各种不同职能的旅游企业提供的各种服务的综合，这种服务是以一个旅游批发商为市场主体，经过他的组合形成一个产品化的形式提供给市场的，旅游批发商自己并不生产旅游产品，而是通过各种契约形式与提供旅游服务的相关企业建立供应关系。因此，契约对于旅游批发商的经营活动具有重要影响，它是交易双方对各种旅游服务种类、价格、数量和质量供应及交换条件达成的共识。完备的契约可以从根本上消除交易双方的机会主义，准确把握相关事件的变化以及变化中的契约人的责任和权利。然而在现实中，完备的契约是难以实现的，而契约的不完备会形成大量的费用，可能会产生双方对执行契约的分歧、争论，甚至通过法律进行诉讼。如果由于契约不完备造成对旅游消费者的损害，还会产生经济赔偿问题，这些都会形成旅游企业的交易费用。

交易费用是旅游企业纵向边界的衡量标准，也是纵向一体化的决定条件。按照科斯理论，企业可以通过市场外部交易，也可通过企业内部组织来实现其经营活动，具体采取哪种方式，关键在于交易费用与组织费用的比较：如果外部交易费用大于内部组织费用，旅游企业将会通过企业内部一体化的形式实现其经营活动；相反，如果内部组织费用大于外部交易费用，旅游企业将会通过市场交易形式实现自己的经营活动。

三、旅游企业的跨国经营行为

（一）国际生产折中理论与跨国经营

旅游企业形成跨国经营是所有权特定优势、旅游企业市场内部化和东道国旅游区位优势三者相互结合与作用的结果。一个特定的旅游企业拥有的所有权特定优势越大，内部化动机越强，东道国旅游区位特定优势越大，这个旅游企业在东道国进行旅游投资的动力就越强，旅游企业跨国经营就越容易实现。

旅游企业所有权的特定优势有两层含义。

第一层含义是：如果一个旅游企业在东道国进行投资，只要拥有东道国具有竞争关系的旅游企业无法获得的旅游客源组织技术，或者能独立地拥有东道国旅游企业无法拥有的无形资产，如专利、商标、品牌和管理技术，那么这个旅游企业就有了同东道国旅游企业的比较优势。

第二层含义是：如果一个国家的旅游企业在东道国所拥有的分支企业以及战略同盟的数量和规模多于东道国与其具有竞争关系的旅游企业所拥有的分支企业以及战略同盟，或者这个旅游企业在多国拥有旅游经营业务和分支机构，那么，这个旅游企业便拥有了同东道国旅游企业的比较优势。旅游企业跨国化程度越高，拥有的分支企业越多，分布的国家越广，就越能充分利用不同国家的区位优势和市场需求。因此，旅游企业所有权特定优势是形成跨国经营的基础。

旅游企业市场内部化是由于旅游市场的不完全性，先前以旅游服务交易为主要手段建立的旅游客源国与旅游目的地国之间旅游关系的企业，存在着一种内部化活动的动机。从旅游客源国企业来说，需要通过市场的内部化避免旅游目的地国旅游企业服务供给、旅游交易价格以及旅游服务质量的不确定性；从旅游目的地国来说，旅游客源国的旅游企业拥有相当规模的旅游客源和优势性的销售通道，有利于扩大旅游目的地国的客源规模，同时，通过市场的内部化可以对特定客源实施价格歧视政策。

东道国旅游区位优势是决定旅游企业在该国进行投资以及跨国经营的主要动力。东道国旅游区位优势表现出较高的旅游吸引力，是世界重要的旅游目的地，旅游市场具有相当的规模；也可能是这个国家所拥有的旅游资源性质符合世界旅游发展趋向，具有良好的市场发展潜力；也可能是这个国家在吸引外资和引进跨国企业等方面，具有优势的投资政策和税收政策；也可能是旅游企业进入东道国的市场壁垒和经营成本较低；还可能是东道国具有与投资相关的政治环境、经济环境和政策支持；等等。

（二）市场不完全与跨国经营

如果世界范围内的旅游产业都是在同一个时期发育的，如果世界各国同一时期发育的旅游产业是在相同的市场环境下运行的，那么，生产同类旅游服务的不同国家的企业，就有获得旅游生产要素的平等权利，市场力量在全球范围内是均衡的。在这种情况下，一个旅游企业进入一个特定国家经营，将会面对来自东道国旅游企业的竞争，由于市场竞争在一个均衡的状态下，这些企业在进入过程中必然会付出较高的成本和费用。所以说，在完全竞争的市场环境下，特别是在旅游产业发育水平相同的情况下，旅游企业的跨国经营不具有比较优势。之所以形成旅游企业跨国经营行为，就在于旅游市场的不完全性和各国旅游产业发育的不同步性，使得那些先期旅游产业发育的国家获得在国内旅游市场上的垄断地位，形成了垄断优势，并通过直接投资进入东道国的旅游市场。

旅游企业的垄断优势主要表现在以下几个方面。

首先，旅游服务市场上的不完全竞争。先期发育的旅游国家，由于时间与发展的积累，其旅游产品的开发、性能与差异化程度形成了对东道国旅游企业的比较优势，特别是与相关企业实行的价格与服务联盟，使其更具有竞争优势。

其次，客源市场竞争的不完全性。受经济发展阶段性的约束，旅游先期发育国家的旅游企业拥有充足的旅游客源和客源渠道，并且又接近旅游客源市场，形成对旅游客源市场的垄断，同东道国的旅游企业相比较又具有客源垄断的优势。

最后，规模经济的优势。由于旅游产业的先期发育，旅游企业形成了相当规模、纵向一体化或横向一体化的企业组织，创造了更大的市场空间和经营领域，与东道国旅游企业比较具有一体化经营优势。

（三）内部化理论与旅游企业跨国经营

内部化理论的产生有三个假设条件：一是旅游企业外部交易市场是不完全的；二是旅游企业存在一种将旅游服务的中间产品内部化的动力；三是市场的内部化一旦超越国界，就会产生跨国经营。外部市场的不完全性是内部化形成的主要原因。

科斯在《企业的性质》一文中指出，由于市场失效导致不完全性，企业通过组织形式、组织内部交易来减少市场交易成本。并认为，企业为了进行市场交易，有必要发现谁希望进行交易，有必要告诉人们交易的愿望和方式，以及通过讨价还价的谈判缔结契约，督促契约条款的严格履行，等等，这些成本常常是很高的。企业是作为通过市场交易来组织生产的替代物而出现的，在企业内部，生产要素不同组合中的讨价还价被取消了，行政指令替代了市场交易。

按照内部化理论，只要在旅游企业内部组织交易所花费的行政组织成本低于通过外部市场交易的成本费用，旅游企业才会选择由自己承担这部分交易的职能使之内部化。在旅游活动的市场关系上，旅游企业是通过市场交易还是直接经营，取决于跨国经营资源配置的内部化成本与市场交易成本之间的比较，只要在某国的旅游经营资源配置内部化成本低于国际旅游的市场交易成本，才会有跨国旅游企业出现。

（四）旅游者效应与跨国经营

旅游者旅游活动效应与旅游企业跨国经营有直接关系。人们之所以跨国旅游，除了旅游资源的吸引共性之外，更多的是受一种文化、制度、生活习俗和价值观差异的吸引，可以将这些差异归类为文化差异，正是这种国与国不同的文化差异，适应了以追求生活经历与适度冒险为主要特征的旅游需求，提高了旅游者旅游活动效应，从而激发了旅游者的跨国旅游行为。

一般来说，旅游客源地和旅游目的地之间的旅游文化距离与旅游者的收益预期成正比，与旅游过程中的安全预期成反比。旅游客源国与旅游目的地国之间的文化距离对旅游行为的影响具有二重性：一方面，由文化、制度、生活习俗和价值观念不同所形成的两国之间的文化距离，对两国旅游者具有较强的旅游吸引力，因为这种文化差异正是旅游行为所追求的东西，因此，可以说，旅游者通过跨国旅游所获得的旅游收益远远大于国内旅游的收益；另一方面，国与国之间的文化差异又会增加旅游者的不安全性，人们到一个与其居住国文化、制度、生活习俗和价值观念大不相同的陌生的国家，一切都要重新学习和重新适应，从心理学和环境学的角度来看，在一个不熟悉的环境里，人们的不安全感将会增大，这时，旅游者的跨国旅游的安全预期远远小于国内旅游。如果我们能通过合理的制度设计，增加旅游者跨国旅游的安全预期，那么，跨国旅游需求比例必然会大大上升，而旅游企业跨国经营就是增加旅游者跨国旅游安全预期的最佳制度设计。

四、旅游企业促销行为

旅游企业促销行为是旅游企业实施非价格竞争的重要手段。在潜在消费者无法准确判断产品的优劣时，企业广告的数量的多少将成为质量判断的替代指标，并构筑同质产品的差异化；而且通过企业合适的广告信息传递，可以有效突出企业产品的关键属性，甚至改变消费者购买决策的评价标准，从而使本企业在消费者选择环节上首先占优。因此，旅游企业的促销支出与其经营收入存在密切联系，促销费用的增加将会促进旅游企业销售收入的增加。除此之外，大量的促销行为也可以影响消费者的主观偏好，形成品牌知名度和良好的商誉，从而对同类旅游产品产生屏蔽效应，所以旅游企业积极的促销行为是提高市场集中度的主要力量。促销也会促使市场进入者进入市场的成本增加，有市场的在位者通过大量的促销活动，确立起在特定市场中的品牌地位，这就为市场进入者提高了市场进入壁垒。

旅游企业促销行为与非旅游企业不同的是旅游企业促销旅游产品必须以“体验性品质”为促销核心，因为潜在的旅游者无法先验地接触到欲想消费的产品，这时就需要通过广告等促销方式，通过企业名称或品牌来显化“体验性品质”的产品利益。

在旅游经济活动中，旅游企业促销行为主要以广告为核心。通过广告，向市场传递有关旅游服务的信息、质量以及旅游企业的有关信息，使旅游者认识本企业的旅游服务差异性，以便同具有竞争关系的旅游企业所提供的服务区别开来。旅游广告的基本类型有劝说型和信息型两种。劝说型广告主要是增强旅游需求者对本企业生产的旅游服务形成某种偏好，信息型广告主要是向市场传递旅游服务的某些基本信息。

对旅游者来说，旅游市场上提供的旅游服务有两种不同的类型：一种是经验品，另一种是搜寻品。所谓经验品，就是旅游消费者在购买之前无法知道这种旅游服务的效用情况，只有通过自己的亲身体验才能了解旅游服务的效应；搜寻品则是指旅游消费者购买旅游服务之前就能了解和识别这种旅游服务的质量与效用。除非旅游消费者经常消费某种旅游服务，大多数旅游服务都属于一种经验品性质的旅游服务。

旅游服务的经验品性质决定的后效性、无形服务决定的有形化展示的缺乏，使劝说型广告在旅游企业市场促销中的作用弱化，向旅游者介绍旅游服务基本信息的信息型广告便成为旅游企业广告宣传的主要形式。旅游者选择旅游服务需要了解有关旅游服务的信息，若没有信息性广告，旅游者很难知道现有旅游服务的种类，以及旅游服务的价格和商谈旅游事宜的地点等信息，通过信息型广告，可以将旅游企业的旅游服务信息传递给旅游者，实际产生购买旅游服务的欲望。

第三节 旅游企业一体化经营

一、旅游企业纵向一体化

当旅游企业不能通过契约的形式实现自己的经营目标时，或者通过契约建立起来的市场交易关系需要付出高于一体化组织成本的交易费用时，或者由于外部因素使得自己的预期收益不能实现时，旅游企业将会通过实施纵向一体化的组织形式，来防止机会主义以及契约的不完全对其经营活动的损害，消除外部不利因素，降低交易费用。在旅游产业内，实行一体化的旅游企业要比未实行一体化的旅游企业具有更多的竞争优势，更能在旅游市场上形成和实施自己的既定发展战略与经营目标，所有这些都可以归结于纵向一体化本身所具有的性质与特征。

（一）纵向一体化的经济优势

旅游企业一体化的制度安排，用内部组织替代市场，可以相对减少市场的外部性干扰。内部组织可以创造一个不同于外部市场的激励机制，消除由市场制度安排所形成的交易双方对立的谈判关系，使各种原有的利益主体通过组织形式达到协调。旅游企业一体化经营可获得一种对其经营过程带有强制性控制的手段，拥有一种比较有效的冲突解决机制，可以极大地发挥组织的效用，对旅游服务链条和在这个链条上的经营活动的全过程的绩效进行准确的评价，并能进行有效的控制。

旅游企业实施纵向一体化经营也在一定程度上减少了道德风险的发生。在纵向分散结构中，由于市场交易契约的不完备、信息的不对称和机会主义的存在，旅游市场的交易极有可能产生道德风险。通过纵向一体化经营，旅游企业便有了防范道德风险的控制机制，通过激励、组织手段来降低道德风险。

相对于分散性经营，旅游企业一体化经营能更有效地实施市场价格歧视行为。

（二）纵向一体化与产业生命周期

亚当·斯密在他的《国富论》一书中曾经指出：“劳动分工受到市场范围的限制。”这一结论被后人称为斯密定律。根据这个定律，旅游企业是否实行一体化经营将会受到市场规模的影响，而市场规模大小又由旅游产业的生命周期决定，因此，旅游企业纵向一体化与旅游产业生命周期存在着密切关系。

威廉姆森认为“在新兴产业的企业当中，纵向一体化广泛存在；随着产业的成长，将会观察到一体化的解体，而随着产业逐渐走向衰落，将出现重新采取一体化的现象。”

旅游市场需求规模是与旅游产业的生命周期相联系的。在旅游产业发育初期，新兴的旅游产业对所有的经营者均是一个陌生的课题，旅游企业不能清楚地认识到旅游活动的内在规律，掌握旅游经营过程中的各项技术问题，所有这些是不可能通过市场分工来完成的。例如，我国旅游发展的初期，旅行社产业之间没有形成分工，旅行社既是批发商同时也是零售商，既是组团社也是接团社，在旅行社之间没有形成一体化经营的格局。航空公司也不例外，它们也没有通过社会分工将其机票销售业务交付给专门的代理商或旅行社销售。这种产业内一体化现象的产生，是与我国旅游市场规模特别是国内旅游需求规模过小分不开的。只有当旅游产业发展进入成长期后，市场需求规模不断扩大，并且具有广阔的发展前景，每项职能都具有一定规模的业务量，旅游服务或产品的各项职能才会通过各种形式的分解转化为由各个具有不同专业化职能的企业去完成，只有到了这个时候，旅游产业的专门化才会形成。根据斯密定律，我们还可以进一步推断，旅游产业将有一个从纵向一体化到纵向分散化再到纵向一体化的演变过程。

（三）旅游企业纵向一体化的形式

旅游企业的纵向一体化可以有两种形式：一种是通过资本扩张而形成的纵向一体化，这种形式是纵向集中；另一种是通过各种形式的战略联合而形成的纵向一体化，这种形式是纵向联合。纵向集中和纵向联合是发生在旅游服务链两个不同层次之间的组织的集中，这种集中可以是前向的，如旅游批发商兼并旅行代理商，航空公司兼并旅行社，形成前向一体化；也可以是后向的，如旅游经营商兼并航空公司或者旅游目的地的饭店企业，形成后向一体化。在现实旅游经济活动中，前向一体化更为普遍。因为就旅游产业体系来看，它是一个要么以资源为中心，要么以客源为中心建立起来的体系，具有资源或客源垄断性质的旅游企业更容易形成一体化经营。同时，作为一个旅游服务的中间商，要实现前向集中，兼并处于旅游服务生产层次的组织，如饭店和航空公司需要有强大资本做保证，资本扩张的能力要更为强大，相比之下，这些组织要兼并处于代理层次上的销售商则不需要更多的资本。从这个意义上讲，由于旅游组织的特殊性以及各个组织所需要的资本投入的不同，纵向集中往往发生在旅游服务链的高层次与低层次之间，形成了高层次向低层次的前向集中。

在旅游产业内，旅游企业的成长可以有两个途径：一是内部成长，二是外部成长。内部成长是指旅游企业利用内部的人力、物力和财力，依靠企业经营积累的资源或筹集资本投资建立新的经营单位，并与其主业形成一定的产业链关系，来实现一体化经营。例如，一个旅游批发商，可以通过投资建立一个新的旅游代理企业，或者是一个航空公司投资建立一家旅行社，这种方式便是内部成长方式。与一体化内部成长方式不同，外部成长则是企业通过兼并、收购或合并处于旅游产业链不同层次的其他旅游企业而获得成长的。无论是内部成长还是外部成长，都可以实现旅游企业一体化经营。然而，两种不同方式的经济特点却是不同的。旅游企业通过内部成长方式实现一体化经营，实际上是一种发展新业务、进入新产业的方式，那么，市场进入的各项壁垒都会发生作用。旅游企业将花费大量的进入成本和费用，承担较高的市场风险。所有这些，使得通过内部成长形成一体化经营的方式不具有经济优势。相比之下，通过外部成长的方式实现一体化经营，可以实现经济优势。世界各个大的旅游企业一体化经营多是通过兼并的外部成长方式进行的。例如，法国的Accor集团和美国的Carlson集团通过兼并收购，不仅在饭店业中占据重要地位，同时还涉足于旅行社业务、餐馆经营和娱乐业。旅游企业一般通过兼并和收购的形成进行一体化经营，主要在于这种形式可以形成协同效应和比较收益。协同效应是旅游企业通过并购所形成的总绩效大于原先分散企业绩效的总和，这是旅游企业并购所追求的主要目标，同时也是旅游企业实现纵向一体化的必要条件。比较收益是旅游企业通过并购形式获得的绩效大于通过投资建立新企业的绩效，这是旅游企业为什么采取并购形式的主要动因，同时也是旅游企业实现纵向一体化的充分条件。

二、旅游企业横向一体化

旅游企业横向一体化也称水平一体化，是旅游企业通过兼并、联合同类企业或投资组建新的经营单位形成的多地点的企业集团，如旅行社之间的一体化经营、饭店之间的一体化经营、航空公司的一体化经营等。根据世界旅游业发展的情况分析，在旅游资本增量增加的同时，旅游业内各个不同的产业之间和企业之间会形成集中的趋势，此时将出现旅游企业横向一体化现象。旅游企业横向一体化主要是追求规模经济和网络经济，减少固定成本在产品或服务之间的分摊比例。

旅游企业横向一体化会导致旅游市场垄断行为的出现，也会形成旅游产业的市场集中，旅游企业也可以利用这种市场集中和垄断力量，对旅游服务进行市场控制，从而降低市场竞争的程度。但旅游服务的特殊性，使旅游企业的横向一体化所产生的垄断力量远远小于其他产业。首先，旅游服务的生产活动是一种与旅游者活动空间结合的经营活动，其服务产品不具有移动性和储存性，因此对这种服务产品的垄断不会是整体性的垄断，而仅仅是一个特定区域内的垄断。其次，旅游服务的生产活动是一种与旅游者活动时间结合的经营活动，服务产品不具有时间调整和时间分配的特点与性质。当一个服务产品不具有时间调整和时间分配的性质时，垄断力量仅仅是某段时间内的现象。最后，就旅游需求性质来看，其具有高需求弹性和高替代性的特点，旅游企业是不可能通过一种垄断价格来控制旅游市场的，就旅游产业总体来说，是难以形成垄断利润的。

（一）旅游企业横向边界

旅游者的流动是在一个旅游客源地与一个或多个旅游目的地之间的流动，它可以是点线式的流动，也可以是板块式的流动。如果是点线式的，那么，旅游者的流动是在一地至多地之间进行的；如果是板块式的，旅游者则是在两地之间流动的。由于旅游产业是围绕旅游者的空间流动而建立起来的，因此，旅游者的流动方式决定着旅游企业的经营方式。如果旅游企业实行横向一体化，也必然按照旅游者的空间流动方式进行，或者是两地横向一体化，或者是多地横向一体化。这使得旅游经济具有规模经济和范围经济的特征。因为，旅游企业规模经济不仅取决于接待人数的规模，同时也取决于在需求人数规模一定时，每个旅游者的接待次数，而这种接待次数与接待地点成正相关。这种由经济地点增加所形成的市场规模扩大所导致的经营收入增加的现象称为旅游经济的“多地点经济性”，它是指随着旅游企业经营地点的扩大、市场经营空间范围的延伸而产生的单位经营成本下降和全程经营利润增加的现象。

旅游经济的“多地点经济性”导致了旅游企业横向一体化的“横向边界”问题，即旅游企业规模扩张的一个理性界限，在这个界限内，旅游企业横向规模扩大都可视为是合理的和经济的，如果超过这个界限，旅游企业规模扩大便视为不经济现象，同时，还会受到反竞争行为的限制。从旅游活动行为出发，凡是旅游者前往的旅游目的地均可以是旅游企业涉足的空间范围。因此，旅游企业横向一体化可能是世界范围的，这是旅游企业横向边界的最大化，也可称旅游企业的横向物理界限。然而，随着旅游企业横向地域的扩张，初期的收益是递增的，当企业规模扩张达到一个最佳点时，就会形成规模经济的边际收益递减现象，如企业规模扩张达到一定程度，因为规模扩大，旅游企业的内部组织将会因层次管理的复杂性，权利与市场范围的相互交叉使得组织成本大幅度上升，层次组织的增加也会使得旅游企业效率降低，同时，过大的企业组织也会出现创新动力的减弱或者是官僚成本增加。一般来说，旅游企业规模扩张所形成的边际收益等于边际成本，是旅游企业横向扩张的经济界限。

（二）旅游企业横向一体化形式

旅游企业横向一体化经营是通过两种形式进行的：一种是兼并和收购形式（表 10-2），另一种是企业之间的联合形式。

表 10-2 世界饭店业收购案（2011～2018 年）

年份	事 件	金 额
2011	7 天连锁酒店收购华天之星连锁酒店全部股权	1.36 亿美元
2011	如家酒店集团收购莫泰 168 全部股权	4.7 亿美元
2012	万豪国际收购 Gaylord 酒店品牌	2.1 亿美元
2012	温德姆环球公司收购 Shell Vacations LLC	2.55 亿美元
2013	君澜酒店集团收购澳大利亚珀斯水边套房酒店	3400 万澳元
2013	开元旅业集团收购德国原金郁金香饭店	1050 万欧元
2014	万豪国际收购 Protea Hotels	近 2 亿美元
2014	锦江国际集团收购法国卢浮酒店集团	14.9 亿美元
2014	洲际酒店集团收购 Kimpton 酒店及餐饮集团	4.3 亿美元
2015	港中旅维景酒店收购 Kew Green Hotels	逾 4 亿英镑
2015	温德姆酒店集团收购 Dolce Hotels and Resorts	5700 万美元
2015	美诺酒店集团收购 Tivoli Hotels & Resorts	1.68 亿欧元
2016	锦江国际收购铂涛酒店	82.69 亿元
2016	万豪国际收购喜达屋	136 亿美元
2017	凯悦酒店集团收购 Miraval 集团	3.75 亿美元
2017	安邦集团收购黑石旗下希尔顿逸林酒店	3.5 亿欧元
2018	美诺国际集团收购 NH Hotel Group	31 亿美元
2018	温德姆环球公司收购 La Quinta Holdings	26.8 亿美元

资料来源：根据世界饭店业相关报道整理

旅游企业横向兼并是指两家或两家以上具有相同服务功能并且相互独立的旅游企业合并成一家企业，通常是由一家占优势的旅游企业吸收一家或多家企业。西方公司法将公司兼并划分为两种不同的形式：一种是吸引兼并，另一种是创立兼并。吸引兼并是一家占有优势的旅游企业兼并了另外一家或多家旅游企业，被兼并的旅游企业其公司名称从此不复存在；创立兼并是两家或两家以上的旅游企业通过合并，建立一个新的旅游企业，这个旅游企业被称为新设公司，新设公司接管原来的两家或两家以上的旅游企业的资产和业务，原有旅游企业同时消失。

旅游企业横向收购是一家旅游企业通过购买股票或者股份，取得与自己职能相同的另一家旅游企业的控制权或管理权，被收购的这家旅游企业不必消失，它只是由收购企业收购，成为被收购的旅游企业。

兼并和收购都可以形成旅游企业横向一体化经营，通过这种行为实现旅游企业的重组和控制权的转移。旅游企业的兼并和收购是不同的。兼并行为是在两个旅游企业的行为主体之间进行的，是通过兼并企业和被兼并企业的法人代表的行为实现的，由于这种行为属于企业重大经营行为，必须经过股东大会的批准才能实施。收购行为则是收购者和被收购旅游企业股东之间的行为，被收购旅游企业股东可以是企业法人，也可以不是企业法人，只要收购者与被收购旅游企业股东达成收购协议便可执行，而不需经企业法人的同意，也无须经过股东大会的批准。因此，旅游企业兼并的法律后果是被兼并的旅游企业法人主体消亡，存在着财产、债权和债务以及权利和义务向兼并前的企业或兼并后的企业转移的问题；而收购只是收购者对控制权的收购，被收购的旅游企业法人主体地位并没消亡，也不会产生财产、债权和债务以及权利和义务向收购企业转移的问题。

旅游企业之间的横向联合也是横向一体化经营的方式。横向联合是指两家或两家以上的旅游企业为了实现互利的目的共同投资或分享信息和资源所结成的一种合作关系。相对于旅游企业的兼并和收购，由于联合是在不变更产权和控制权的前提下进行的，因此，是一个松散型的横向一体化经营方式。

旅游企业实现横向联合主要是通过联号、管理输出和租赁三种方式实现的。联号是一家具有优势的旅游企业通过出让特许经营权，向与本企业具有相同服务功能的其他旅游企业提供品牌、技术等经营性资源以及客源组织和销售渠道而形成的旅游企业横向一体化经营的方式（表 10-3）。参与联号的旅游企业不受品牌出让者的控制，财产、债权和债务以及权利和义务不发生变化，只是定期接受出让者的检查，以保证向旅游市场提供的旅游服务或产品的质量一致性和稳定性。联号虽然是旅游企业对品牌以及服务质量的约定，然而，在实际运行过程中，通过联号经营的形式也会起到横向一体化的作用。特别是多数联号企业由于共享联号体系的销售渠道和客源组织，在服务和产品销售上便形成了一种同盟。

表 10-3 著名饭店联号跨国家数量比较

2016 年		2017 年	
饭店联号名称	所跨国家数量	饭店联号名称	所跨国家数量
万豪国际	122	万豪国际	127
希尔顿国际	104	希尔顿国际	105

续表

2016年		2017年	
饭店联号名称	所跨国家数量	饭店联号名称	所跨国家数量
最佳西方国际	101	洲际酒店集团	103
洲际酒店集团	100	最佳西方国际	102
海航酒店集团	96	卡尔森瑞德酒店集团	102
雅高酒店集团	95	雅高酒店集团	95
首选酒店集团	89	首选酒店集团	85
世界小型豪华酒店	80	世界小型豪华酒店	82
温德姆酒店集团	77	温德姆酒店集团	80
立鼎世酒店集团	75	全球酒店联盟	78

资料来源：美国《酒店》杂志，2017年，2018年

第四节　旅游企业的跨国经营

国与国之间的旅游关系可以有三种不同的形式：第一种是旅游跨国贸易，也就是通过旅游者的跨国界流动，旅游客源输出国与旅游目的地国之间通过各种形式的契约，建立旅游者的组织与接待关系，形成国际旅游合作。如果两个不同的国家都存在客源之间的相互流动，也就是互为旅游客源国和旅游目的国，那么这种旅游者组织和接待体系则是双向的，从国际服务贸易来说，两个国家同时存在旅游贸易出口与进口的经济现象。虽然是旅游者的跨国旅游导致了两国旅游企业之间的市场交易行为，但它并不是旅游企业跨国经营行为。第二种是契约性技术转让，一国通过技术转让或特许经营的方式向另一国转让与旅游经营相关的一系列技术，如饭店的联号经营、客源体系共享以及管理技术的输出等，都是这种关系的具体表现。然而以技术转让的旅游关系也不是旅游企业的跨国经营。第三种是旅游客源国直接在旅游目的地国投资，建立旅游企业或开办各种形式的分支机构，如旅行社在海外开办合资旅行社、独资旅行社，饭店在海外投资建立合资或独资饭店设施，等等，这种形式便是旅游企业跨国经营的行为。

一、旅游活动国际化

旅游活动国际化与旅游企业跨国经营是两个不同但联系紧密的问题。美国学者罗宾逊在《企业国际化导论》中指出，“国际化的过程就是在生产产品及要素流动性逐渐增大的过程中，企业对市场国际化而不是对某一特定国家市场做出的反应”。根据该观点，国际化是旅游企业根据全球国际旅游行为的产生，有意识地进行国际旅游市场经营活动的行为。可见，旅游的国际化应该包含两层意思：一是旅游活动的国际化，二是旅游企业跨国经营。前者是旅游企业为国际旅游者提供产品或服务的市场行为，后者则是旅游企业跨国直接投资经营的

行为。

旅游活动国际化的过程是世界各国社会经济发展高级阶段中所出现的一种文化消费现象，它的发展既是一个自然的发展过程，同时也是工业化发展的过程，更是国民意识与人们的生活方式转变的过程。只要旅游资源所表现出的旅游吸引力能充分满足不同旅游者的需要，只要交通条件符合旅游者的时间和支出的经济利益，只要各国在跨国旅游方面没有特殊的限制，世界上每一个国家都会成为各国旅游者的旅游目的地，那么，一国的旅游市场也必然与世界旅游市场相融合，旅游国际化现象就必然发生。

旅游活动国际化并不一定意味着旅游企业跨国经营的出现。当旅游活动进入国际化时代时，旅游者的国际旅游行为的实现可以通过本国旅游企业的跨国旅游经营行为来完成，也可以通过旅游者所在国的旅游企业与旅游目的地国企业之间的市场交易行为来完成。这时，旅游活动虽然国际化了，但旅游企业并没有形成跨国经营，作为旅游目的地国的旅游企业，接待国际旅游者如同接待国内旅游者一样，在经营上和制度上没有重大变化，唯一不同的是国际旅游接待可以形成国际结算以及外汇收入。因此，旅游活动的国际化仅仅是旅游企业跨国经营的一个必要条件，并不是一个充分条件。

二、旅游企业国际化

旅游企业国际化是以旅游活动的国际化为前提的，没有旅游活动的国际化，旅游企业是不可能形成国际化经营的。从理论上讲，作为一个特定国家，旅游企业国际化应该有两层意思：一个是国内市场的国际化，即使国内旅游市场成为世界旅游投资市场的重要组成部分，表现为本国旅游企业的国际化；另一个是本国旅游企业对国际旅游市场的资本参与和扩张，表现为国际化的本国旅游企业。前者是作为一个国际旅游目的地，外国旅游企业通过合资、独资等直接投资的形式进入本国旅游市场，在本国旅游产业中建立旅游企业，这些旅游企业主要向投资国的旅游者提供到东道国旅游的各项服务，当然也向东道国的国内旅游者提供各项服务，所以说，它是一种开放吸引式的，可称为“内引型旅游企业国际化”；后者则是作为一个旅游客源地，本国企业向本国旅游者的旅游目的地国进行直接投资，建立功能不同的旅游企业，为本国居民提供跨国界的旅游服务，也称“外推型旅游企业国际化”。从旅游企业国际化的结果来看，应该是双向的而不是单向的，旅游企业国际化的高级阶段是一种双向组合。然而，由于不同国家经济水平、工业化程度以及社会文化等方面发展上的差异对旅游发展阶段的制约，旅游企业国际化的程度会呈现出不同的特点。

第一种形式的旅游企业国际化，也称旅游企业国际化形式Ⅰ，它是建立在旅游客源国的基础之上的，在国内旅游发展已经成熟，旅游者的旅游地域不断延伸，跨国旅游形成一定的规模，并且旅游流向与游客流量相对集中在一个或几个特定的旅游目的地国时，就出现旅游企业的国际化形式Ⅰ问题。从旅游目的地国来说，在旅游企业国际化形式Ⅰ条件下所带来的客源能为旅游目的地国带来一定的经济收益，形成一定的旅游服务贸易的外汇收入。从旅游客源国与旅游目的地国的旅游经济联系上看，由于各国经济发展的不平衡性，旅游企业国际化形式Ⅰ条件下所建立旅游经济联系是一种以旅游客源国为主体或者说为主宰的旅游经济联系。这种非均衡旅游经济关系是旅游客源国凭借其客源自然垄断、充足的资本、先进的技术和管理模式等比较优势而建立的。因此，旅游企业国际化形式Ⅰ对于旅游目的地国来说，还不是真正意义上的国际化，仅仅是国内市场国际化现象。从旅游企业跨国经营的现象分析，旅游企业国际化形式Ⅰ条件仅仅是游客客源国的跨国经营现象，并不是游客目的地国的企业跨国经营现象。

旅游企业国际化形式Ⅱ也是建立在旅游活动国际化基础之上的，特别是本国居民旅游活动的国际化以及这种国际化旅游的规模之上的。从满足条件来说，旅游企业国际化形式Ⅱ的国家不仅是一个旅游目的地国家，而且是一个旅游客源地国家。与旅游企业国际化形式Ⅰ不同，旅游企业国际化形式Ⅱ具有双向性：一个国家不仅是旅游目的地国，同时也是旅游客源国，既有外国旅游企业资本的进入，又有本国企业资本的输出，以资本和市场建立起来的国与国之间的旅游市场关系，也不再是以一个特定的国家为主宰的市场结构，它更多地表现为一种平等的旅游关系，双方的旅游企业可以通过这样一个旅游关系在更大的旅游市场上合作，其直接结果是扩大了旅游市场容量，促进了旅游活动国际化程度的进一步加深。因此，这种形式的旅游企业国际化便成为一种高级形式。

三、跨国经营与企业规模

由于旅游活动的国际化和旅游企业的国际化，旅游企业在规模扩张的过程中，将积累跨国经营竞争实力，并最终必然导致跨国经营行为的发生。因此，旅游企业的国际化或跨国经营，是在国内旅游业务和企业规模得到充分发展、企业经济实力不断增强、管理模式不断成熟的条件下形成的一种经济现象（表 10-4），这些旅游企业都具有相当规模，并且旅游企业集团化的规模、深度和广度支配着旅游企业跨国经营从低级形式向高级形式的演变进程。

表 10-4 全球前十位跨国酒店公司

排名	公司	所跨国家数量
1	万豪	130
2	锦江国际	120
3	希尔顿	113
4	最佳西方	101
5	雅高	100
6	洲际	100
7	首选	85
8	全球小型豪华酒店	82
9	立鼎世	82
10	温德姆	81

资料来源：美国《酒店》杂志，2019 年

反过来，跨国经营的旅游企业不一定是集团化和规模化的大型旅游企业，中小型旅游企业也可以参与跨国经营，旅游企业跨国经营与旅游企业集团化和企业规模并没有必然联系。著名管理学家德鲁克认为：“跨国公司的发展在很大程度上并不是想扩大公司

的规模，它是以共同利益为基础的。”旅游企业之所以跨国经营，要么是想将旅游市场外部性内部化，要么是与东道国的旅游企业存在着比较利益，要么是为了减少外部交易费用，它与垄断地位没有直接关系。只要中小型旅游企业具有一定的客源优势，就可以在特定旅游目的地国进行提供某些旅游服务的跨国经营，同样可以取得一定的跨国经营的效益。并且，在满足个性化旅游需求方面，中小型旅游企业比大型旅游企业的跨国经营更具市场灵活性，更能满足旅游者旅游需求的差异化与多样化要求。

旅游需求的市场发育与旅游企业的市场发育并不是同步的，有时候前者会先于后者发育。例如，中国，旅游需求特别是旅游国际化需求市场发育很快，无论是存量上还是增量上，都引起了世界旅游界的注意，这是由于对中国这样一个大国来说，较小的跨国旅游增量就可以带来较大的市场需求，因此旅游国际化需求市场发育很快。相对于旅游需求市场发育而言，我国的旅游企业无论是在规模上还是在集团化经营上都发育不足，如果此时我们强调集团化以及规模化是旅游企业跨国经营的基础和条件，等到旅游企业条件成熟之后再来实施跨国经营，就会错过市场机会。在客源市场“文化性”垄断的条件下，不具备与国外相抗衡的中国旅游企业，也可以通过客源垄断实现跨国经营的目的，并在跨国经营中扩大企业规模、增强竞争实力。

案例分析　华侨城的“二次创业”

这个冬天，对华侨城集团来说颇有点喜忧参半的感觉。

一方面，华侨城集团继续入选2018年旅游集团20强、文化企业30强、中国特色小镇投资运营商年度品牌影响力第一名，全年游客接待总量预计将达到1亿人次；另一方面，该集团大手笔、大数量的资产置换被业内和媒体质疑，并认为其在地产行业“跑输大盘”、在主题公园业领军地位岌岌可危。

华侨城集团这个曾以“旅游＋地产”模式独领一时风骚的中央企业，走到了新时代文旅融合的十字路口。从华侨城集团的文旅产业转型路径中，或许可以窥见我国文旅行业的新作为。

一、市场的喜忧参半

在主题公园行业，华侨城集团是公认的领军者。从20世纪80年代末创建中国较早的主题公园锦绣中华、世界之窗到如今行业唯一的中国驰名商标“欢乐谷”，从深圳起步的华侨城集团引领了行业风气之先，并连续6年位居世界主题公园集团4强。“旅游＋地产”的商业模式使得其一度高居国内地产行业前列。这一成绩，也被业界广为称道。

高枕不能总是无忧，挑战也是如影随形。

近年来，拥有“熊出没”IP、以科技为主打的方特欢乐世界，以马戏、动物等为核心吸引力的长隆欢乐世界，以及历史文化元素浓厚的宋城旅游区，不少主题公园品牌在游客量方面增长迅猛，逐渐逼近华侨城集团。市场一度惊呼：主题公园行业或将迎来新的“座次表”。

2018 年 6 月 28 日，华侨城集团旗下上市企业深圳华侨城股份有限公司（以下简称“华侨城 A”）发布的《公司债券 2018 年跟踪评级报告》披露，旗下多个主题公园和综合旅游项目出现了门票收入、接待游客人数轻微双下滑和持续经营不善等问题。尽管 9 月 4 日，欢乐谷迎来开园 20 年来的第 1.8 亿位观众，成为我国接待游客最多的主题公园品牌。

根据华侨城 A 三季度财报显示，2018 年前三季度，华侨城 A 实现营业总收入 245.5 亿元，同比增长 26.75%，净利润为 50.9 亿元，同比增长 7.6%。但另一种解读是，该公司近年来旅游综合业务的营收占比总收入却呈现递减趋势。数据显示，华侨城 A 在 2016 年至 2018 年上半年的旅游业务营业收入占总收入比例分别为 47.1%、46.6%和 31.7%，2016 年和 2017 年全年旅游收入占比分别为 45.1%和 43.7%。根据其半年报，2018 年上半年，华侨城 A 的旅游营收 46.75 亿元，同比大幅下降 27.31%。

对于华侨城集团战略转型后的种种行为，业内和媒体也多有不解。

2017 年下半年开始，华侨城集团陆续出售旗下资产，2017 年下半年这一举动更为频繁。2017 年下半年，华侨城集团累计出售项目已接近 20 项，但多为公司股权、土地、在建工程、金融资产以及其他领域股权等。与之对照的是，这两年华侨城集团在全国布局文化旅游古镇开发和运营、大型自然和人文景区管理以及全域旅游开发三个方面的项目，大规模储备优质文旅项目用地，规模达百亿元的大手笔不在少数。

2017 年，投资 200 亿元的南昌华侨城“大型滨水生态文化旅游综合体”奠基，全国第七座欢乐谷主题乐园在重庆完工并开园，深圳滨海华侨城项目宝安中心区滨海文化公园（一期）启动……最新的消息则是，2018 年 5 月 29 日，华侨城西部投资公司以 4.8 亿元拿下剑门旅游 80%的股份；11 月 29 日，剑门关景区资产及经营交接完成，剑门关成为华侨城集团全面运营的第一个山地型 5A 景区。

市场就是在这样或者坏或者好的消息影响下，喜忧参半。

二、战略转型的追求与阵痛

实际上，华侨城集团对出现当前的情形早有预判。

2015 年，刚到而立之年的华侨城集团将“旅游＋地产”战略调整为“文化＋旅游＋新型城镇化”战略。2017 年初，华侨城集团正式开启产业转型之路，走上了“二次创业”之路。应该说，这种转型与华侨城集团作为中央企业的首要定位紧密相关。积极响应中央号召，强化在本行业的中坚引领作用是中央企业重要的义务和职责。因此，华侨城集团一方面是在积极响应聚焦“一带一路”倡议和乡村振兴、城镇化、粤港澳大湾区建设的国家战略；另一方面是响应国家对房地产行业的整体调控，逐渐加大三、四线城市的项目比重。

“站在新的历史起点，华侨城集团将一如既往坚持文化旅游产业初心。我们将继续执着、积极地探索文化旅游融合的成功发展路径，自觉承担中国文旅企业集团的行业责任，全心全意地为人民群众美好生活的追求与向往做出我们应尽的担当与作为。”在 2018

年文化旅游集团20强论坛上，华侨城集团总经理姚军如是说。

华侨城集团旅游管理中心上半年进行了旗下旅游资源盘点，目前华侨城集团有各类旅游项目140余家，形态上囊括了主题公园、旅游度假区、旅游综合体、主题酒店、旅行社、特色小镇、美丽乡村、旅游交通、旅游演艺、赋能管理旅游景区等。“从集团层面讲，游客接待量、旅游收入都在稳步增长。”该中心总经理郑红霞说。

正因如此，在华侨城集团的战略调整中，调整地产业布局，加快推进文旅融合成为其重要选项。这一次，华侨城集团调整了主题公园的布局和建设，聚焦于特色小镇、美丽乡村。华侨城集团的“跑马圈地”包括了自建项目和景区托管，这极大拓展了其在全国的景区布局的深度、厚度与广度。

据不完全统计，自确定“文化＋旅游＋城镇化”的新战略后，华侨城集团已陆续签下超过30个项目，布局全国，几乎每个项目投资均在百亿元以上。根据公开报道，其在郑州中原新区的文化旅游综合开发项目投资不少于500亿元；在成都投入超1000亿元打造安仁、黄龙溪等古镇；天津西青京杭大运河项目投资预计500亿元；2018年签约的无锡华侨城古运河大型文旅综合项目预计总投资300亿元，项目第一期预计将在3年至5年完成；2018年2月开工的西安沣东华侨城项目投资达670亿元，剑门关景区计划投资也在100亿元左右……

按照商业逻辑，出售和购买一样是理所当然的。据不完全统计，这些股权转让项目中有约八成是纯房地产项目。这不仅可以加快其主业转型的步伐，也可以逐渐缓解华侨城集团的资金压力。有接近华侨城A的人士表示，出售资产更多是出于资产配置需要，华侨城集团层面要求把一些占用资金较大、短期内变现较难和营利能力较弱的项目变现，把更多资源聚焦在新战略主业上面。

“实际上，很多人把华侨城集团和华侨城股份搞混淆了。华侨城集团旗下还有华侨城（亚洲）、云南旅游、深康佳等多个上市企业，它们各自对外发布相关数据，但集团公司层面的数据发布较为谨慎和保守。由此，外界很多时候会把两者混淆，从而误读相关数据。而且，目前的资产优化组合也使得一些数据发生了变动。”华侨城集团相关负责人坦诚地表示，未来将加大集团整体信息的发布，增加对投资者、股民、公众的信息披露，把不同的行为主体做进一步区分。

华侨城集团的这一转型很艰难，但已经逐步取得成效。

2016年下半年，华侨城集团进入成都三大古镇。两年的时间里，安仁的博物馆小镇建设、洛带的客家风情建设等广受市场赞誉，小镇已经成为成都及周边最热的旅游景区之一。2018年9月底启动、覆盖50余个城市文旅项目的2018年华侨城文化旅游节意外地对这一战略进行了侧面的验收：国庆假期，该集团总计迎接旅游达577万人次，同比上涨26%，是全国平均涨幅的近3倍。近日，由亿翰智库发布的“2018中国标杆产城&特色小镇运营商及项目品牌影响力TOP50”榜单中，华侨城集团在“2018特色小镇投资运营商年度品牌影响力TOP50”榜单中名列榜首；成都安仁古镇、深圳龙岗甘坑新镇、成都黄龙溪古镇在“2018中国特色小镇项目年度品牌影响力TOP50”榜单中均位居前列。

三、再出发的脚步更扎实

作为从深圳成长起来，已有 33 年历史的企业，华侨城集团始终居安思危、知耻近勇。华侨城集团并非忽视外界的质疑和自身业绩的变动，正努力加大对文旅产业的投入，并通过内部管理等方式加强竞争力。

2018 年 8 月 24 日，华侨城集团召开了内部闭门的文化旅游产业发展战略研讨会。多位关注华侨城集团的行业专家、同业高管进行了犀利的批评分析，提出了中肯的建议。在会议开始时，该集团负责人开门见山："最近几年，我国的文旅产业市场整个发生了翻天覆地的变化，华侨城集团的文化旅游产业面临着巨大的挑战和压力。准确地说，我们有些还有品牌影响，有些步伐已经放缓，有些甚至应该说已经落后。"

12 月 17 日，深圳欢乐谷管理层进行了长达 7 个小时、直至次日凌晨两点的头脑风暴，内容聚焦内部管理、产品调整和 2019 年发展。"前途是光明的，道路是曲折的。我们是充满斗志的。"参会的某位高管在微信中说。作为欢乐谷品牌的开山之作，深圳欢乐谷近年来积极转型，嘻哈音乐节、跨年晚会等符合年轻人需求的诸多活动使得这个第一代欢乐谷"老树发新芽"，继续成为深圳年轻人的"繁华都市开心地"。

2017 年 4 月，云南启动旅游市场秩序整治工作。作为华侨城集团重要布局点的 5A 级景区"昆明世博园"被限期整改 6 个月；之后，有媒体称华侨城集团控股子公司云南世博集团拟整体退出连年亏损的丽江老君山景区开发建设。一时间，市场纷纷质疑华侨城集团的景区托管能力。2018 年 7 月，华侨城集团启动"云南大会战"，累计达成合作项目 30 多个，投资总额近 2000 亿元。在这一次的活动中，华侨城集团董事长段先念提出：随着相关地产企业逐渐进入创意园区、特色小镇、游乐、旅游、文化等领域，华侨城集团面临着严酷的竞争，而在云南探索的全域旅游解决方案或可能成为该集团在新环境下"弯道超车"的一次机会。

有不少专家提出，经过近 30 年的发展，主题公园这个行业的"天花板"明显，而包括特色小镇、美丽乡村建设在内的全域旅游是未来一长段时间"大有可为"的领域。华侨城集团已经走在这条"再出发"的路上，未来显然还需要吸收更多的智慧、付出更大的努力。

资料来源：华侨城集团. 战略转型：华侨城集团而立之年的"二次创业"[EB/OL]. 美通社，2019-01-15，题目有调整，有改动

复习与思考

一、重点概念

旅游企业　旅游经营商　旅游目的地　旅游企业国际化　旅游活动国际化　旅游企业横向边界　旅游企业一体化经营　旅游企业跨国经营

二、简答题

1. 简述旅游与旅游经营商和旅游目的地的关系。
2. 何谓旅游企业的价格歧视行为，其种类有哪些？
3. 简述旅游一体化的基本形式。
4. 说明旅游企业横向一体化的边界及其对旅游企业发展的意义。
5. 怎样理解和处理旅游企业跨国经营与旅游企业规模之间的关系？

三、论述题

1. 试论述旅游国际化、旅游活动国际化、旅游跨国经营三者之间的关系。
2. 试论述旅游企业一体化行为的原因。
3. 试论述旅游企业跨国经营行为的原因。

第十一章

旅游经济结构及优化

旅游经济的发展既包括总量增长，也包括结构转换和效益提高，其中结构转换不仅决定着总量增长的规模和水平，而且影响着旅游经济效益的提高。因此，本章阐述旅游经济结构的含义、特征和影响因素；并重点分析旅游经济结构八个方面的内容；在此基础上探讨了旅游经济结构优化的定义、标志及其原则；最后，针对旅游经济结构优化的要求论述了旅游经济结构优化的途径。

第一节 旅游经济结构

一、旅游经济结构的概念

旅游经济结构有狭义和广义之分。狭义的旅游经济结构是指旅游产业结构，即指旅游产业内部满足游客不同需要的各行各业之间在运行过程中所形成的内在联系与数量比例关系，这种比例关系主要由饭店业、交通业、旅行社业、游览和娱乐业构成。这个定义，是从旅游业内部各大行业间的经济技术联系与比例关系方面来研究作为旅游业的部门构成。而广义的旅游经济结构则是指旅游经济各部门、各地区、各种经济成分和经济活动各环节的构成及其相互联系、相互制约的关系，既包括旅游部门关系和地区关系，又包括旅游经济成分关系和活动环节关系，等等。因此，广义的旅游经济结构反映旅游经济系统在总体上由哪些部门构成，具有哪些层次、要素和特点；反映旅游各部门、各层次、各要素之间是如何有机地组成一个整体；反映旅游经济系统内部及整体运动和变化的形式、规律及内在动力；等等。

在此从广义角度界定旅游经济结构，所谓旅游经济结构，就是指旅游经济系统各组成部分的比例关系及其相互联系、相互作用的形式。据此定义，旅游经济结构的内容一般包括旅游市场结构、旅游消费结构、旅游产品结构、旅游产业结构、旅游区域结构、旅游投资结构、旅游组织结构、旅游所有制结构等。合理的旅游经济结构是旅游业发展的重要条件，研究旅游经济结构，有利于从旅游经济系统的内在特征，动态地考察旅游经济的运行过程和状态，从而揭示出旅游经济运行的规律和趋势。

二、旅游经济结构的特征

旅游经济是国民经济大系统中的一个子系统，旅游经济结构同国民经济大系统和其他子系统相比较，既有一般经济结构所具有的共同特征，又有其特有的典型特征，具体可概括为以下几点。

（一）整体性与多元化

旅游经济结构的各组成要素由于其个性特征互异，各要素不能互为替代，同时也不是单个要素的简单相加，而是根据旅游业整体发展的需要，按照各要素之间相互联系、相互作用的特点和规律性，形成合理的比例及构成状况，从而使旅游经济具有高度的整体性。与此同时，旅游经济结构具有明显的多元性，从资产的角度有不同的所有制结构；从产品类型的角度有多种旅游产品结构；从旅游业构成的角度有不同的部门结构；从旅游规模和生产角度有多样的旅游组织结构；等等。

（二）层次性与功能性

旅游经济结构包含了不同程度的层次类型，有的层次较为分明，有的层次不甚明显，从区域的角度有全国、地区和地方三个层次的旅游经济结构；从旅游需求的角度有高、中、低三个层次的旅游产品结构；从旅游经济规模和经济地位的角度有大型企业、中型企业、小型企业三个层次的旅游规模结构。旅游经济结构层次性与旅游功能是密切相关的，旅游经济结构层次决定旅游功能，旅游功能又促进旅游经济结构层次的变化，不同的旅游经济结构层次会产生不同的旅游功能，以及会产生不同的属性和效益。例如，我国传统的旅游经济结构是以观光型旅游为主的，因此其属性、功能及效益是同观光型旅游相联系的。随着社会经济的发展，人们的旅游需求有了新的变化，要求从观光型旅游向度假、娱乐型等更高层次的旅游需求发展，必然要求对旅游经济结构进行调整，以提供满足人们新需求的功能。

（三）动态性与协调性

旅游经济系统各要素、各部门及其相互关系是不断变化的，旅游经济结构也将随之不断发展变化。这种变化含量变和质变两个层面。旅游经济结构量的变化表现为规模的增长和各种比例关系的变化。通过对旅游经济结构量的分析，可以把握旅游经济结构在旅游经济发展规模和速度方面的适应性。旅游经济结构质的变化主要表现在旅游经济的效益和水平上，并通过各种量的指标反映出来，但总的情况是表现为旅游经济的综合发展水平和不断提高的经济效益。由于旅游经济结构的变动是十分复杂的，影响结构变动的各种因素任何一方面的发展薄弱或不协调，都会影响到旅游经济整体发展的规模、效益和水平。因此，旅游经济结构中各类型结构内部及其相互之间必然存在着一定的比例关系，这种比例关系要求各类型结构内部及其相互之间协调发展。因而，适时进行协调，提高旅游经济结构的自我协调功能，使组成旅游经济结构的各部门、各要素的协调发展成为旅游经济结构运行的重要内容。

（四）关联性与外向性

从旅游经济结构内部来看，旅游经济结构区别于国民经济结构和其他子系统结构的最大特征就在于关联性较强。从旅游业食、住、行、游、购、娱六大要素看，任何一个要素的有效供给都离不开其他相关要素的配合；从旅游产业中的旅行社、旅游饭店和旅游交通三大支柱看，任何一个部门的发展都必须以其他部门为条件。从旅游经济结构外部来看，旅游经济结构具有天然的外向性。旅游业是一个窗口行业，它所服务的对象是大量外来的旅游者，旅游经济结构必然使其行业结构、产品结构等面向外来旅游者。同时，随着全球经济一体化进程的加快，一个国家的旅游经济结构也必将与国际旅游结构趋于一致。

三、旅游经济结构与旅游经济运行

旅游经济运行是旅游需求与旅游供给矛盾运动的结果，旅游供给是由旅游目的地国家或地区旅游经营者提供的。如果旅游目的地国家或地区的旅游经济结构不能适应旅游者的需求，旅游经济的顺利运行就要受到影响。因此，旅游经济运行和旅游经济结构存在一定的依存关系。这种关系主要表现在以下几个方面。

（一）旅游经济结构的完善性是旅游经济运行的基础

旅游经济结构的完善性主要是指旅游经济中的旅游市场多元化和秩序化、旅游消费健康和持续化、旅游产品差异化和多样化、旅游产业结构协调化和一体化、旅游区域结构均衡化和多极化、旅游投资多渠道和高安全性、旅游组织结构健全有效、旅游所有制多元化和平等化等，并且各种微结构之间相互交融成为一个有机的旅游经济结构体。因此，旅游经济结构的完善性不仅指旅游经济中存在着各种结构关系，而且包括每种结构内各个层次的关系。如果某一结构或层次存在着缺陷，旅游经济的顺利运行就要受到影响。

（二）旅游经济结构的合理性是旅游经济健康运行的条件

旅游经济结构的合理性是指在一定时期内旅游供给结构要与旅游需求结构相适应。如果在某一时期，两者之间不协调，旅游需求与旅游供给就会出现矛盾，旅游经济就不能健康地运转。旅游经济结构的合理性不是静止的，而是一个动态过程，在不同时期，旅游需求的方向、内容和结构会发生变化，从而旅游供给结构也要做相应的调整。旅游经济结构合理性包括两个层次：首先是宏观结构的合理化，即旅游经济的发展必须与国民经济整体发展相适应，与第一、第二产业发展的要求相协调，能够促进我国经济结构的调整，带动相关产业的发展与结构升级；其次是旅游经济内部结构的合理化，即旅游产业经济运行各要素之间必须协调配套发展并与旅游产业经济发展的规模相适应，以平衡旅游市场供需矛盾，提高旅游产业的经济效益。

（三）旅游经济结构的不断优化是旅游经济向更高层次发展的方向

旅游经济结构的优化是以其合理性为基础的，即在一定时期旅游供给结构与旅游需求结构相适应基础上的优化。旅游经济结构不断优化的基本条件是：①社会经济与旅游方面的法规完善；②旅游经济运行机制健全；③旅游经营者的经营管理水平普遍较高；④旅游经济在技术结构上逐步趋于高级化，就是现代化技术、自动化技术、机械化技术等先进技术在旅游产业中逐步得到广泛应用，并占有较大比重。有了这些条件，旅游经济结构的不断优化才成为可能，从而才能使旅游经济在高层次上运行。一般来说，发达国家的旅游经济结构比发展中国家旅游经济结构层次高。这是因为在上述四个条件上，前者比后者更加完备。

第二节 旅游经济结构的内容

一、旅游产业结构

旅游产业结构，是指以旅行社、饭店、餐饮、交通运输、旅游景点为核心的旅游业内部各大行业间的经济技术联系与比例关系，也就是旅游业的部门结构。由于旅游经济具有综合性的特点，从而决定了旅游产业结构具有多元化的性质。一般讲，旅游业主要包括旅行社、旅游饭店和旅游交通，它们被誉为旅游业的三大支柱。但是，从旅游业的六大要素看，旅游产业还应包括旅游娱乐业、旅游购物品的生产与经营部门、旅游资源开发与经营管理部门等。从更广泛的角度看，旅游产业还应包括旅游教育培训部门、旅游研究和设计规划部门等。只有从大旅游观的角度来认识旅游产业结构，才能提高对旅游经济重要性的认识，从而确立旅游业在国民经济中应有的地位。

旅行社是依法成立，专门从事招徕、接待国内外旅游者，组织旅游活动，收取一定费用，实行自负盈亏，独立核算的旅游企业。旅行社作为旅游业的“龙头”，不仅是旅游产品的设计者、组合者，同时也是旅游产品的营销者，在旅游经济活动中发挥着极为重要的作用。因此，旅行社发展的规模、经营水平及其在旅游产业结构中的比重，直接对旅游经济发展产生重要影响。

旅游饭店是为旅游者提供食宿的基地，是一个国家或地区发展旅游业必不可少的物质基础。旅游饭店数量、饭店床位数多少标志着旅游接待能力大小；而旅游饭店的管理水平高低、服务质量好坏、卫生状况及环境的优劣，则反映了旅游业的服务质量。因此，旅游饭店业在旅游产业结构中具有十分重要的地位，没有发达的、高水平的旅游饭店业，就不可能有发达的旅游业。

旅游业离不开交通运输业，没有发达的交通运输业就没有发达的旅游业。旅游交通作为社会客运体系的重要组成部分，不仅满足旅游产业发展的要求，同时又促进社会交通运输的发展。特别是旅游交通运输要满足旅游者安全、方便、快捷、舒适、价廉等方面的需求，就要求旅游交通不仅具有一般交通运输的功能，还具有满足旅游需求的功能，从而要求在交通工具、运输方式、服务特点等方面都形成旅游交通运输业的特色。

旅游资源开发，包括对各种自然旅游资源、人文旅游资源的开发及利用，并形成一定的旅游景观、旅游景区及各种旅游产品的组合。目前，虽然全国各地都投入了很大力量进行旅游资源开发，并形成了一批在国际上有一定知名度和吸引力的旅游景点、旅游景区（包括风景名胜区、度假区等）和旅游线路，但从整体上还未把旅游资源开发作为旅游产业结构的一个重要的组成部分来看待。不仅在旅游资源的开发建设上没有专门、统一的规划和建设；而且在行业管理上也政出多头、缺乏统一的宏观协调和管理，从而导致旅游景区、旅游景点建设的滞后。因此，必须把旅游资源开发纳入旅游产业结构，加快规范的旅游资源开发和建设。

旅游是一种以休闲为主的观光、度假及娱乐活动，因而丰富的旅游娱乐活动是旅游活动中的重要组成部分。随着现代科技的发展，旅游娱乐业在旅游产业结构中的地位正日益上升；旅游娱乐业在增强旅游产品的吸引力、促进旅游经济发展等方面的作用也不断凸显。

旅游购物是旅游活动的重要内容之一。随着现代旅游经济的发展，各种旅游工艺品、纪念品、日用消费品的生产和销售正不断发展，形成了商业、轻工、旅游相结合的产销系统和大量的销售网点，不仅促进了旅游经济的发展，也相应带动了民族手工业、地方土特产等轻工业、手工业的发展，促进地方社会经济的繁荣。

二、旅游组织结构

旅游组织结构是指旅游业中行业机构和旅游企业机构及旅游企业规模在旅游经济运行中的地位、作用和相互关系。它一般包括旅游行业组织机构、旅游企业规模和旅游企业内部组织结构。

（1）旅游行业组织机构。旅游行业组织机构泛指旅游业中的行业协会。为了提高旅游行业产品的质量，促进企业间的相互协调和保护本行业企业的利益，各国都成立了旅游行业组织。我国目前全国性的旅游行业组织有中国旅游协会、中国旅游饭店业协会、中国旅游车船协会、中国旅游新闻协会和中国旅行社协会。此外，在全国大多数地方，还建立了地方性的旅游行业组织。旅游行业组织的主要任务包括：对外作为本行业的代言人，维护本行业成员的共同利益；对内协调本行业内部成员的关系，在政府旅游主管部门和旅游企业之间发挥桥梁与纽带作用，协助国家加强对旅游全行业的宏观管理，促进我国旅游企业向现代化、标准化迈进，以更好地适应旅游业发展的要求。

（2）旅游企业规模。旅游企业规模结构是指大、中、小型旅游企业在旅游业的比例关系。大、中、小型旅游企业的存在既是客观条件决定的，也是旅游业发展所必需的。大型企业一般规模较大，投资多，设备也较全，接待的旅游者相应也多，可以发挥规模效益；中小型企业规模小，投资相对也少，价格一般偏低，经营较灵活，适合于大众旅游的需求。可见，大、中、小型旅游企业结构的形成是由旅游者的需求决定的。保持一个合理的旅游企业规模结构，不仅可以满足不同类型旅游者的需求，而且可以提高旅游业的经济效益和社会效益。

（3）旅游企业内部组织结构。旅游企业内部组织结构是指为适应经营和管理的要求，旅游企业内部的机构设置。由于旅游企业的性质不同、类型不同、规模不同和经营方式等不同，其内部的组织结构也会不同。例如，规模大的饭店下设部门较多，而规模小的饭店则相反。合理的旅游企业内部组织结构，有利于提高企业的经营管理水平，从而获得更大的经济效益。

三、旅游市场结构

旅游市场结构反映的是旅游产品在供应和需求之间的规模、比例及相互协调性，以及各种旅游客源市场之间所形成的比例关系。旅游需求是指旅游者对旅游产品具有支付能力的需求总和。旅游者收入、闲暇时间、爱好、职业、年龄、修养等方面的差别，使旅游者的需求也各不相同，从而要求旅游供给者提供多种类型的旅游产品以满足旅游者多样化的需求。旅游供给是旅游经营者在一定时期内向旅游者提供的各种旅游产品的总和，包括各种旅游景观、旅游设施、旅游服务等。旅游需求与旅游供给都有一定的时空变化，因而旅游供给和旅游需求如果能在数量、规模和比例上相互适应，就实现了旅游市场结构的协调，从而促进旅游经济的发展。但旅游需求变动性较大、旅游资源分布的不均衡性以及旅游活动的季节性等因素影响，使旅游供给和旅游需求在数量、规模、层次及比例上往往难以相互适应。因此为了提高旅游经济效益，避免旅游资源浪费或供给不足，就必须根据实际情况对旅游市场结构中出现的不协调现象进行适当的调整，以满足旅游经济发展对旅游市场结构的要求。

对旅游市场结构调整，首先应研究旅游需求结构、旅游供给结构和旅游供求相适应的结构状态。从旅游需求结构看，要着重研究国际旅游市场和国内旅游市场的构成及分布状况；着重研究不同性别、年龄、阶层和职业的旅游者构成及需求状况；着重研究不同季节、不同旅游方式（如团队、散客）的需求结构状况；等等。从旅游供给结构看，要着重研究旅游资源的类别和性质，以便开发出具有特色的旅游景观；要研究各种旅游设施的规模、水平和比例，以便形成有效的综合接待能力；要研究各种旅游服务的质量及内容，不断提高服务水平，更好地满足旅游者的需求。从旅游供给与旅游需求相适应的情况看，要研究在完全竞争、完全垄断竞争及垄断竞争等不同市场结构下，市场供求变化及竞争的特点。通过以上研究，针对旅游市场供需变化，为形成供求适应的市场结构，探寻宏观管理的政策及微观经营的对策和策略提供依据。

四、旅游产品结构

旅游产品结构是指旅游产品的构成及各部分之间的结构比例关系，它包括不同行业所提供的旅游产品之间的结构比例关系和同行业所提供的旅游产品之间的结构比例关系。各种旅游产品之间在规模、数量、类型、层次等各种指标的比例方面应形成一种协调的组合关系，不同种类旅游产品之间需要保持合理的数量比例关系，同种旅游产品不同消费层次类型之间要保持合理的数量比例关系，形成合理的旅游产品体系。

旅游产品结构是由各单项旅游产品组合而成的，任何单项旅游产品的缺少、不足或过多都会对产品整体结构的优化产生影响。因而必须对各种旅游产品的开发给以重视，不能因收益回报少而忽视对某些旅游产品的开发，也不能因某种旅游产品的收益大就一哄而上。有些旅游产品特别是旅游景区、景点，一旦经过开发引导，就成为旅游产品结构中不可缺少的重要的一环，若开发不足，势必降低旅游产品的吸引力。因此，必须加快旅游产品的开发，完善旅游产品结构，形成完整的旅游产品体系。《中国旅游业发展“十五”规划纲要》中指出：“十五”期间，各地在抓紧建设观光、度假、专项三大类产品的同时，还要加强三大类产品的优化组合，搞好项目穿插，大力发展“观光＋度假”“观光＋专项”“度假＋专项”等各种组合性产品，以适应多样化的市场需求。

旅游产品结构不是一个静止的结构，而是在不断地发生运动和变化的。旅游者需求的提高，会对产品类型和产品层次提出新的要求。例如，旅游者由观光旅游的需求变为对度假旅游的需求，由对普通交通工具的需求变为对高级交通工具的需求，等等。各种旅游需求的变化要求旅游经营者时刻跟踪旅游市场的变化，对旅游需求结构做出准确的预测，并适时调整现有旅游产品结构。

研究旅游产品结构还要注意以下两个方面的问题。

（一）要注意协调旅游重点产品与一般产品的关系

旅游资源是旅游活动产生的原动力，因此，它在旅游产品结构中占有举足轻重的地位；旅游资源开发及其内部结构的优化是整个旅游产品结构优化的重要组成部分。在旅游资源开发中既要重视对具有特色及吸引力强的旅游资源的开发建设，又要注意丰富旅游资源的类型和数量。在特色旅游资源的带动下，在客流不断增加的同时，也能通过开发丰富多彩的一般旅游资源来增加环境容量，吸引游客。实现既增加经济效益，又能促进生态环境的保护。

（二）建立正常的旅游产品更新换代机制

旅游产品也具有生命周期，随着市场需求的变化，进入衰退期的旅游产品将被淘汰，进入成熟期的产品为了延长其生命周期需要进一步优化，而处于推出期和成长期的产品，则需要创造各种发展机会和条件，扩大市场份额。由此可见，要促使我国旅游产品有序地升级换代，必须根据产品生命周期各阶段的特点建立相应的产品淘汰、优化和创新机制，根据市场需求变化，不断挖掘、更新现有产品，推出新产品，使我国旅游产品结构与旅游市场需求结构趋于一致，使产品价值实现获得最佳效果。《“十三五”旅游业发展规划》中指出，“十三五”期间为适应大众化旅游发展，需创新八大产品体系：①推动精品景区建设；②加快休闲度假产品开发；③大力发展乡村旅游；④提升红色旅游发展水平；⑤加快发展自驾车旅居车旅游；⑥大力发展海洋及滨水旅游；⑦大力发展冰雪旅游；⑧加快培育低空旅游。在扩大旅游新供给的同时，实施“旅游＋”战略，推动旅游与城镇化、新型工业化、农业现代化和现代服务业的融合发展，拓展旅游发展新领域。

五、旅游区域结构

旅游区域结构是指在一定范围内旅游业各要素的空间组合关系，即旅游业的生产力布局。旅游区域结构是一个多层次、综合性的结构体系，它反映的是旅游要素的空间分布与布局、功能分区以及要素与地区间的空间联系状态等。

旅游区域结构一般包括旅游要素的区域结构和综合旅游经济区域结构。旅游要素区域结构包括旅游资源区域结构、旅行社区域结构、旅游饭店区域结构、旅游交通区域结构等，反映了旅游供给的空间分布及其变化特征，它对各旅游供给因素特别是旅行社、旅游饭店、旅游交通的合理布局具有很大的引导作用。

综合旅游经济区域结构是把上述各种因素结合起来形成整个旅游经济的空间分布格局。可根据旅游经济综合特征的相似性与差异性程度进行划分，又可将整个地区分成若干个旅游经济区，在旅游区下又可进一步划分出不同的旅游景区。

研究区域旅游结构，合理布局旅游生产力，不仅对充分发挥各地旅游资源优势，促进旅游经济的协调发展具有十分重要的意义，而且对制定合理的区域旅游经济发展战略和旅游产业地区政策也具有重要的意义。具体表现在以下几方面。

（1）有利于综合利用旅游资源。合理布局旅游生产力，有利于充分有效地利用全国各地的旅游资源、经济资源和劳动力资源，发挥我国地域辽阔、资源丰富的优势，调动各地区、各企业的积极性，促进旅游经济的发展，增强旅游业的发展后劲。

（2）有利于区域经济的平衡发展。合理布局旅游生产力，有利于以有限的资金投入，促进旅游经济的最佳地域组合，促进旅游区域的联合与协作，从而提高旅游经济的综合效益，带动少数民族地区和经济不发达地区的社会、经济和文化的发展，促进空间经济均衡发展和平等化。

（3）有利于旅游经济持续发展。合理布局旅游生产力，有利于保护环境和生态平衡，保障城乡居民生活环境和质量，保护旅游业赖以生存和发展的自然物质基础，保证旅游经济与环境保护有机协调起来，以旅游开发促进环境保护，以环境保护促进旅游发展，形成旅游经济发展与环境保护的良性循环，实现旅游经济的可持续发展。

（4）有利于加强宏观调控。合理布局旅游生产力，有利于在建设社会主义市场经济体制中，充分发挥政府宏观调控的主体作用，通过制定旅游区域经济政策，为不同地区、不同发展阶段的旅游经济提供政策依据及战略指导，使不同地区从旅游市场出发，结合自身的资源优势，制定旅游业发展规划，促进旅游经济的发展。

六、旅游消费结构

旅游消费结构是指旅游者在旅游过程中所消费的各种类型的消费资料（物质产品、精神产品、服务）的比例关系，以及旅游者的不同消费层次及水平的比例关系。不同旅游产品及其要素的消费类型主要包括食、住、行、游、购、娱等方面的消费；而不同消费层次及水平的消费类型则主要包括高档消费、中档消费、低档消费或舒适型消费、经济型消费等。研究旅游消费结构，要做到以下几点：①要对旅游消费构成进行分类，以掌握各种消费资料的构成状况及消费水平；②要研究影响旅游消费结构的各种因素及影响程度；③在以上研究分析的基础上，探寻实现旅游消费合理化的途径和措施。研究旅游消费结构对进行旅游产品结构的调整，以便有的放矢地开发适销对路的旅游产品具有十分重要的意义。

旅游消费结构从不同角度可以划分为以下六种。

第一，按满足人们旅游需求的不同层次，旅游消费结构可分为生存资料、享受资料和发展资料的消费。

第二，按旅游者所购买的旅游消费资料的不同用途，旅游消费结构可分为满足旅游者在吃、住、行、游、娱、购六个方面需求的消费，概括为饮食支出、客房支出、交通支出、游览支出、娱乐支出和购物支出等，享受支出、服务支出则包含在以上各种支出中。

第三，按旅游消费资料的形式，旅游消费结构可分为物质消费资料和精神消费资料两种。物质消费资料是指旅游者在旅游过程中所消耗的物质产品，如客房设备、客房用品、食物、饮料和购买的旅游商品等实物资料。精神消费资料是指供旅游者观赏、娱乐的自然风景、文物古迹、古今文化、民俗风情、科技交流，还包括在旅游活动的各环节中所享受到的一切劳务等精神产品。

第四，按旅游消费对旅游活动的重要性，旅游消费结构可分为基本旅游消费和非基本旅游消费。基本旅游消费是指进行一次旅游活动所必需的而又基本稳定的消费，如旅游住宿、饮食、交通、游览等方面的消费。非基本旅游消费是指并非每次旅游活动都需要并且具有较大弹性的消费，如旅游购物、邮电通信消费等。

第五，按组织方法，旅游消费结构分为散客旅游消费和团体旅游消费。在消费水平上，散客人均天花费一般高于团体旅游者。

第六，按旅游目的不同，旅游消费结构可分为探亲访友、文化交流、商务等旅游消费。旅游目的不同，旅游消费也有所差别。

七、旅游投资结构

旅游投资结构是指在一定时期内旅游投资总额中各组成部分所占比例关系及其相互间的内在联系。其中，投资总量中各组成部分所占比重是投资结构的数量表现，它们之间的内在联系则是投资结构的质的表现。由于投资的目的、方式、途径各不相同，故不同投资来源的旅游投资结构也不同。旅游投资结构的安排要充分考虑市场因素，并从旅游业发展的角度来综合分析，最终确定合理的旅游投资结构。

旅游投资结构的主要内容有以下几点。

第一，投资主体和投资层次结构，如国家、地区和企业投资结构。

第二，投资来源和投资渠道结构，如财政拨款、银行借贷、利用外资、自筹资金等。

第三，投资的分配和用途结构，如投资的部门结构、投资的地区结构、投资的项目结构等。

第四，投资的经济类型结构，如国有经济、集体经济、私营经济、外商投资经济、港澳台投资经济等。

第五，按建设内容，旅游投资结构可分为旅游基础设施项目、景区项目、旅游饭店项目、旅游教育项目、旅游交通项目、旅游购物开发项目、旅游环境保护项目等。

第六，按项目规模，旅游投资结构可分为大型项目、中型项目、小型项目。

第七，按建设项目的性质，旅游投资结构可分为新建项目、改建项目和续建项目。

旅游投资结构决定着旅游产业结构，决定着旅游生产力的布局和水平。一定的旅游投资结构是一定的旅游经济关系和经济条件的产物，并按照各时期旅游经济发展战略的要求而调整和变化。因此，研究旅游投资结构的意义在于，通过分析旅游投资结构存在的问题，以寻求确定符合旅游经济发展战略要求的合理的旅游投资结构。这是因为以下几个方面。

第一，旅游投资结构对旅游投资总量有一定的制约作用，不同的旅游投资结构，需要的投资总量也不同。所以，旅游投资结构的优化，不仅可以节约投资总量，而且有利于充分发挥投资总量的作用。

第二，旅游投资结构是推进旅游经济和产业结构演进的动力。一定的旅游投资结构不仅决定着旅游经济和产业结构的现状，而且也对未来旅游经济和产业结构的发展与演进产生影响。

第三，旅游投资结构对旅游消费结构起着重要的影响作用。旅游消费结构取决于旅游供给结构，而旅游供给结构又取决于旅游投资结构。

第四，旅游投资结构也是影响旅游投资绩效的重要因素。在旅游投资总量一样的情况下，不同的旅游投资结构所产生的旅游经济和产业绩效是不同的。如果旅游投资结构失调，其对旅游经济和产业的长期发展将产生不利的影响。

八、旅游所有制结构

旅游所有制结构是指不同所有制成分在旅游经济中所处的地位、作用及相互关系。我国现阶段的旅游所有制结构，包括国有经济、集体经济、私营经济、联营经济、股份制经济、外商投资经济、港澳台投资经济和其他经济。

（1）国有经济。国有经济是指生产资料归国家所有的一种经济类型。

（2）集体经济。集体经济是指生产资料归公民集体所有的一种经济类型。集体所有制企业可再划分为城镇集体所有制企业和乡村集体所有制企业。

（3）私营经济。私营经济是指生产资料归公民私人所有，以雇佣劳动为基础的一种经济类型。私营经济包括所有按照《中华人民共和国私营企业暂行条例》规定登记注册的私营独资企业、私营合伙企业和私营有限责任公司。

（4）联营经济。联营经济是指不同所有制的企业之间或者企业、事业单位之间共同投资组成新的经济实体的一种经济类型。

（5）股份制经济。股份制经济是指全部注册资本由全体股东共同出资，并以股份形式投资举办企业而形成的一种经济类型。股份制经济主要有股份有限公司和有限责任公司两种组织形式。

（6）外商投资经济。外商投资经济是指外国投资者根据中华人民共和国有关涉外经济的法律、法规，以合资、合作或独资的形式在中国境内开办企业而形成的一种经济类型。外商投资包括中外合资经营企业、中外合作经营企业和外资经营企业三种形式。

（7）港澳台投资经济。港澳台投资经济是指港、澳、台地区投资者参照中华人民共和国有关涉外经济的法律、法规，以合资、合作或独资的形式在中国内地兴办企业而形成的一种经济类型。港澳台投资经济可以分为合资经营企业、合作经营企业和独资经营企业三种形式。

（8）其他经济。其他经济是指除以上七种经济类型以外的其他经济类型。

生产资料所有制状况是形成旅游所有制结构的基础，以公有制为主体的多种经济成分并存的所有制结构是社会主义初级阶段生产力发展水平决定的，也是相当长一个时期内经济发展的客观要求。

第三节 旅游经济结构的优化

一、旅游经济结构优化的意义

旅游经济结构优化，是指为保证旅游业持续稳定地发展，使旅游经济活动中各种因素或结构之间在各种数量、规模的比例方面形成一种动态协调和逐步提升的过程。旅游经济结构优化具体包括上述各种结构都必须处在合理的状态，而且各种结构之间的相互作用、制约的关系必须有利于各种结构保持合理的状态。旅游经济的持续发展取决于旅游经济结构优化，而旅游经济结构优化不仅是旅游经济发展的战略目标，而且是旅游生产力体系形成的要求，是旅游经济实现良性循环发展的根本保证。

（一）旅游经济结构优化是旅游经济发展的战略目标

在传统的经济体制下，人们往往把经济发展的总量增长和速度作为经济发展目标，因而在讲到旅游经济发展战略目标时，也往往过分强调指标和增长速度，忽略了旅游经济结构和效益。事实上，经济总量的增减和发展速度的快慢不一定反映生产力水平的提高或降低，而经济结构的优劣则明显反映出生产力水平的升降和经济效益的好坏。因此，“速度型”的旅游经济增长未必带来经济效益的提高，相反，可能会引起投入量的增加和结构失衡，最终使整个旅游经济发展不协调；而“结构型”的旅游经济增长依赖于技术进步和结构优化，只有结构合理了，才能既有速度，又有效益，从而实现旅游经济长期稳定协调地发展。因此，必须把旅游经济结构的优化作为经济发展的战略目标，通过经济结构的优化来求速度、要效益，才能促进旅游经济稳定协调地发展。

（二）旅游经济结构优化是旅游生产力体系形成的要求

生产力经济学认为：“生产力是由相互联系、相互依存、相互制约的各种因素所构成的有机整体，各个因素必须质量适应，数量成比例，序列有秩序，才能形成合理生产力结构，才能有效地实现人与自然之间的物质变换过程。否则，就不能形成合理的结构，不能构成有效的生产能力。”[①]旅游业是一个综合性的经济产业，旅游经济各部门、各要素的发展规模、速度和水平，如果不能相互适应，形成一定的数量比例和合理的序列结构，就不能形成旅游生产力体系，也就不能发挥出应有的功能。因此，要促进旅游经济的发展，就必须形成有效的旅游生产力体系；而形成有效的旅游生产力体系，就必须努

① 蔡建华. 生产力经济学教程[M]. 长春：吉林人民出版社，1985：147.

力实现旅游经济结构的合理化。

（三）旅游经济结构优化是实现旅游经济良性循环发展的根本保证

旅游经济良性循环发展通常表现为旅游经济各部门、各要素比例协调地平衡发展。如果比例不协调，经济发展大起大落，则是不良循环的反映。纵观改革以来我国旅游经济发展，在总体呈现高速增长的情况下，也曾一度出现大起大落的状况。虽然通过宏观调整的手段可以使旅游经济比例关系暂时协调，但随着旅游经济的继续增长，又会出现新的比例失调。因此，要解决旅游经济的平衡协调发展问题，还是要从旅游经济结构优化入手。只有从根本上实现了旅游经济结构的优化，才能使旅游经济发展实现速度适当、效益良好，最终进入持续、稳定增长的良性循环中。

二、旅游经济结构优化的标志

旅游经济结构优化并不是一个抽象的概念，而是有具体的评价标准的。尽管各个国家在旅游经济发展水平和旅游经济结构形成的历史背景方面的不同，从而导致各国旅游经济结构优化的标准存在着差别，但旅游经济结构作为一种客观经济活动的实体，却有着普遍意义的优化标准，具体表现在以下几方面。

（一）资源配置的有效性

优化的旅游经济结构应能够充分、有效地利用本国旅游资源及人、财、物力，优化这些旅游资源在本国和旅游行业内的配置与调度。能够较好地利用国际分工的好处，发挥自身的优势，实现全球旅游资源的最佳配置和使用。旅游资源配置的有效性还表现为旅游企业对旅游客源资源的共享性。

（二）产业结构的协调性

优化的旅游经济结构应能够使旅游经济的各产业、各部门保持合理的比例关系及协调发展，能够有效地促进旅游生产、流通、分配及消费的顺利进行，防止旅游产业链中的某一个环节薄弱而产生旅游供给瓶颈问题，从而使旅游的供给和需求处于协调的发展。旅游产业结构的协调在旅游市场上还表现为游客能获得安全、文明、便利和快乐的高质量旅游体验。

（三）产业布局的合理性

优化的旅游经济结构应能够遵循旅游经济发展的客观要求，形成合理的旅游区和旅游产业布局，形成引导、分流、调节各个旅游区之间的旅游客流量的区域旅游内在调控力，从而提高整个国家旅游经济的总体形象和综合生产能力，提高整个旅游业的综合经济效益，规范区域旅游市场。

（四）旅游经济发展的持续性

优化的旅游经济结构能够有利于促成旅游业、旅游者、旅游企业、旅游社区、旅游环境等成为一个稳定、健康和持续的旅游产业发展系统。促进社会经济效益的不断提高，传播生态环境伦理和道德，提高旅游社区居民生活，加强各地区间人们往来，维持和增进人们友谊。旅游业所获得的这些旅游效益又将反哺旅游业发展，从而实现旅游经济的可持续发展。

（五）生态环境的融合性

优化的旅游经济结构应能够促进生态环境的保护和改善，旅游经济的发展，能保护自然旅游资源和人文旅游资源免遭破坏，进一步美化和改善生态环境，使旅游业发展与生态环境的保护有机地融为一体，最终实现经济、资源和环境的良性循环。

总之，优化的旅游经济结构并不是一个统一固定的模式，由于各个国家或地区自然条件、社会制度、宏观经济环境、历史发展的差异比较大，旅游经济结构优化在不同国家、不同地区可能有不同的标准和要求。因此，建立合理的旅游经济结构，必须做到以下几点。

首先，必须从各国、各地区的实际情况出发，在研究本国国情或本地区实际状况的基础上，建立一个既符合本国或本地区实际，又有利于进入国际旅游市场，参与国际竞争，使旅游经济健康发展的旅游经济结构。

其次，要制定有利于旅游经济结构合理化的方针、政策，为旅游经济结构的合理化进程创造一个适宜的环境。

再次，要处理好宏观调控与市场调节的关系，使宏观调控内容、方向、力度与市场的需求保持协调关系，市场的调节也要有利于旅游经济结构宏观调控的实现。

最后，加强对旅游经济结构的研究是旅游经济结构优化的基础，只有深入了解、全面认识旅游经济结构的现状、特点、存在环境、优势与不足，才能确定旅游经济结构合理化的方向，制定旅游经济结构优化的具体方案。

三、旅游经济结构优化的原则

旅游经济结构优化是在社会经济和旅游业发展的基础上通过不断调整逐步实现的，其基本原则有以下几个。

（一）旅游供给结构与旅游需求结构相适应的原则

在市场经济条件下，旅游产品的供给是以旅游者的需求为前提的，从而旅游供给的方向、品种、质量和结构要围绕旅游需求的方向、品种、质量和结构来建立与调整。由于旅游需求变动性大，而旅游供给的调整则需要一定的时间，因此两者之间必然存在矛盾。并且，这种矛盾将是长期的。旅游目的地国家或地区要使前者适应后者的要求，唯一的办法就是对各个时期的旅游市场进行深入的调查研究，准确把握各时期旅游需求的变动趋势，并据此调整其供给的内容和结构，使两者基本相适应。

（二）主导行业与关联行业相协调的原则

旅游业是一个异质型的行业，主要由饭店业、旅行社业、交通运输业和旅游景区（点）

组成。此外，与旅游业直接相关和间接相关的还有其他许多行业，它们分别向旅游者提供不同的产品和服务。在这些众多的行业中，起主导作用的是旅行社业。它在旅游经济活动中，担负着旅游产品生产组织和销售的功能，它的作用贯穿于旅游活动的始终，它的发展水平决定了一系列其他相关行业的兴衰，影响着整个旅游业的发展水平。因此，在旅游经济结构的建立和调整过程中，应首先确立旅行社业的主导地位。同主导行业相对照，其他与旅游活动直接或间接相关的行业均属关联行业。它们提供的产品和服务对旅游者的消费来说是必需的，为旅游活动的进行提供了物质和精神的保障，因而也是旅游经济结构网络中必要的组成部分。但是，它们提供的产品和服务要通过旅行社组合起来，才能形成旅游产品。所以，在优化旅游经济结构的过程中，既要突出旅行社业的主导地位，同时也要加强关联行业与主导行业的协调以及各关联行业之间的协调。

（三）旅游目的地国家或地区旅游经济结构同国际旅游经济结构相接轨的原则

在国际旅游业中，随着世界旅游市场竞争的不断激化，一些兼有大量游客出入境业务的发达国家或国家集团，相继制定和实施了一系列更加严格的旅游供给的标准与规范，世界旅游组织与一些地区性国际旅游组织也在努力推行旅游产品的统一技术标准。这标志着世界旅游经济结构正在向高一级变化，它要求旅游目的地国家尤其是发展中国家的旅游经济结构同世界旅游产品贸易结构相衔接，同越来越严格的国际旅游产品的标准相适应。只有这样，旅游目的地国家才能保持和扩大在国际旅游市场上占有的份额。

第四节 旅游经济结构优化途径

旅游经济结构优化过程是一个系统工程，它包括两层含义：首先，它包括旅游市场结构、旅游消费结构、旅游产品结构、旅游产业结构、旅游区域结构、旅游投资结构、旅游组织结构、旅游所有制结构各子系统的优化；其次，它包括这八大旅游经济结构各子系统之间的耦合、协调和优化。因此，旅游经济结构优化的途径也非常复杂和多样，并且是动态的和非绝对的。下面以旅游产业结构、旅游产品结构、旅游区域结构、旅游组织结构为例探索旅游经济结构优化途径。

一、旅游产业结构优化

旅游产业是综合性的经济产业，它主要包括旅游交通、旅游游览、旅游住宿、旅游餐饮、旅游购物、旅行社、娱乐等部门与行业。这些行业或部门彼此相互关联、相互作用，形成一个大的产业系统。旅游产业结构优化就是要实现旅游产业与其相关产业协调发展、实现旅游产业内部各要素的合理配置与协调发展。

（1）立足旅游业，放眼相关产业，树立“大旅游”观念。如果旅游产业内部各子系统之间存在人为障碍，割裂了旅游经济的内在联系，则难以实现一体化经营与管理，并制约了旅游产业系统的健康发展。旅游产业综合性强，覆盖面广，需要与商业、交通、文化、城建等各个部门加强沟通和协调。为此，必须树立“大旅游”的观念，进行旅游体制的改革，加强宏观调控力度，鼓励旅游产业内部部门间的联合，成立行业协作组织，促进旅游产业各部门的协调发展。这既是由旅游产业的特点所决定的，同时又是现代经济社会化、专业化和国际化发展的必然要求。

（2）树立在旅游产业结构的调整中求速度、求效益的观念。当旅游业已经达到了相当规模，再要提高发展速度和经济效益，必须靠推进产业结构的转换来实现。因此，发展旅游产业，应当把主要注意力放在旅游产业结构的调整上。

（3）在实施旅游产业结构调整时要注意做好产业存量结构的调整。当旅游产业结构发展失衡时，首先应解决结构不合理，在调查研究的基础上制定旅游产业发展序列、旅游发展重点和旅游政策，使其均衡发展。盘活产业存量结构之后，再逐步推进旅游产业结构的高级化。

（4）旅游业内各旅游要素横向上要综合平衡。旅游产业建立在行、游、食、住、购、娱六要素基础上，包括旅行社业、住宿业、餐饮业、交通运输业和游览娱乐单位等基本行业。这些基本行业相互之间合理的比例关系，是保证旅游业健康有序、稳定持久地发展的基本条件。旅游产业内部各要素的发展只有不断通过综合平衡，保持一定的合理的比例关系，才能使整个旅游产业协调发展。

二、旅游产品结构优化

从意识形态来看，旅游产品是旅游目的地和旅游目的地的服务为旅游者带来的一种体验，它已属于体验经济的范畴；从物质形态来看，它表现为旅游景区、景点、旅游购物、旅游娱乐、旅游交通、旅游餐饮以及由此而组成的旅游线路产品，它们共同构成旅游体验的物质载体。旅游产品结构的优化主要是指旅游产品的区域功能具有较高的差异性，并形成功能互补和吸引功能多向性的格局，能引导旅游者在区域内最大限度的流动；在产品形态上使有形的旅游产品和无形的旅游产品有机结合，使旅游产品成为有形产品和无形体验的复合体；在产品档次结构上能满足不同经济阶层的需求，形成与客源市场经济阶层结构相对应的高、中、低档搭配协调的旅游产品档次结构。

要达到旅游产品结构的优化，可以通过以下几个途径来实现。

（1）加强宏观调控，科学规划旅游资源开发。旅游主管部门在旅游资源开发中要加强规划引导，开发中要突出特色、突出品位、突出精品，通过科学规划使得区域内旅游景区、景点与各项旅游服务接待设施之间在数量上、质量上供求一致，增加协调性，避免近距离的重复建设。

（2）重视知识经济对旅游产品结构优化的影响。知识经济带来了新的社会经济模式，同时也带来新的社会生活模式和旅游消费模式。知识经济时代要求旅游企业创新旅游经营管理模式和旅游服务形式，以适应知识经济社会人们的旅游偏好、价值观念，满足旅游者求新、求奇、求乐、求刺激等方面的心理需求。知识经济时代，知识成为消费的内容，也成为消费的形式，所以知识经济也为我们带来了新的旅游产品，如高科技在主题公园的应用，高度逼真的虚拟环境将可能成为独具魅力的旅游产品。

（3）文化旅游产品体系的建设。旅游产品品位的高低与旅游产品中的文化含量有着十分紧密的关系。要提升旅游产品的档次，增强旅游产品的感染力，优化旅游产品结构，必须要重视文化旅游产品的深度开发和文化旅游产品体系的建设。文化旅游产品指的是以地域文化为内容，通过各种文化载体、以各种形式提供给旅游者消费的旅游产品。文化旅游产品体系包括观赏型的景观文化旅游产品和参与、体验型的文化旅游产品。前者包括历史文化旅游产品（如文物、古迹等）和民俗文化旅游产品（如民族服饰、民族节庆、民间传说等），后者包括风情文化旅游产品（如宗教风情、田园风光、都市风情等）和艺术文化旅游产品（如表演艺术、造型艺术、语言艺术、综合艺术等）。文化旅游产品的开发中要注意产品中文化内涵的积淀及文化内涵向旅游者的传递，通过各种途径、采取各种手段向旅游者传递其深刻的文化内涵，才能使一般的旅游者从中得到教育与陶冶。

（4）旅游产品的升级换代。随着旅游产业的发展和旅游市场的不断成熟，旅游市场需求呈现多样性、个性化的趋势。单一的旅游产品结构体系不能适应旅游消费需求更新和发展趋势。旅游产品的升级换代主要从两个层面展开：一是由单一产品结构向多层次产品结构的转换，以满足日益多样化的旅游消费需求；二是就单一产品本身要不断提升档次，丰富产品的内涵，不断开发特色旅游项目，只有那些文化内涵丰富、富有浓郁地方特色和民族风情的、参与性强的旅游产品才能满足日益个性化的、不断成熟的旅游消费者更高的旅游消费需求。

三、旅游区域结构优化

世界范围内或某一地区内各区域的旅游资源具有各自不同的优势与特点，特别是随着地理空间范围的扩大，这一现象表现得更为明显。但各区域间的各种旅游资源不是孤立存在的，科学的地域结构要求无论是旅游资源存量，还是新开发的旅游项目，都要置于整个区域乃至整个国家旅游产业结构体系中，合理配置以增加其整体功能。

（1）经济发达地区与经济欠发达地区的旅游发展平衡。经济发达地区与经济欠发达地区旅游发展往往具有较强的互补性。经济发达地区具有现代化的旅游景观、资金、管理技术和客源资源；而经济欠发达地区往往具有优良的生态环境和自然景观，商业化程度较低的旅游氛围。这决定了经济发达地区与经济欠发达地区在旅游发展的分工和合作的层面与重点，也决定了旅游区域的基本构架。因此，旅游区域结构的优化首先体现为经济发达地区与经济欠发达地区的旅游发展平衡。

（2）政府加强宏观政策调控。旅游区域结构要优化，区域旅游政策的制定必须以各区域旅游现状为出发点，充分考虑旅游产业发展的专业化、高度化和规模经济的要求；通过实施区域旅游政策以避免区域内旅游项目重复建设和区域性行政壁垒，实现旅游产业布局与旅游产业结构的同步发展，形成旅游产业发展和地区发展相协调的机制；利用区域旅游政策具有旅游规划、旅游发展支持、旅游发展调控和旅游发展平衡等诸功能促使旅游区域结构优化。

（3）建立区域性旅游管理体制。充分发挥旅游管理组织的旅游行政职能，制定政策法规规范旅游产业的规划、运行、监督体系；充分发挥行政手段，强化各地区、各部门之间的合作，实现跨区域、跨部门联合开发的局面；充分发挥行业协会的协调与管理作用；建立起充分调动旅游企业积极性的机制，从而建立起政府、行业、企业多层次的协调的旅游管理体制。

（4）培育区域性市场机制。区域旅游产业发展中要充分发挥市场的资源配置效用，建立完善的市场竞争机制。不但要充分利用国内的市场，促进不同经济成分主体间的竞争，而且要大胆引进国外竞争力量，使国内旅游市场的竞争国际化，增加市场竞争压力，激发企业活力。旅游企业要转换经营管理机制，提高经营管理水平，运用现代市场营销策略，充分利用现代信息技术推销旅游产品，特别是要利用网络技术开展旅游市场营销，开拓旅游市场空间，优化区域旅游结构。

四、旅游组织结构优化

旅游产业组织结构的国际化、集团化和旅游企业内部组织的现代化将是旅游产业组织结构变化的发展趋势。随着世界经济一体化进程的加快，旅游产业的国际化程度越来越深。1994 年 4 月，有 125 个国家参加签订的《服务贸易总协定》（GATS），是世界《关税及贸易总协定》（*General Agreement on Tariffs and Trade*，GATT）的相关协定之一，其主要包括市场准入透明度原则、最惠国待遇等多项内容。服务贸易总协定关于服务贸易的界定，覆盖了旅行社业、导游业务、饭店等多项旅游业务。在服务贸易总协定条件下，“提供一种服务”本身就应该包括这种服务的生产、分配、市场开拓、销售和传送在内。参加服务贸易总协定的国家将允许外国的服务提供者进入本国市场，参与同本国企业的平等竞争，并受到本国公司和来自第三国的服务提供者同等的待遇。这对旅游产业来说，就意味着一个国家的旅游批发商（旅行社）、饭店和其他一些与旅游行业和旅游产业相关的公司，可以在其他国家设立营业性机构；在饭店业方面，服务贸易总协定有利于使其获得特许权、管理合同、技术服务协定、许可证和专利权；外国公司可以在与本国公司和来自第三国的服务提供者相同条件下出售它们的服务；它们有条件平等地得到政府的政策鼓励和优惠；它们可以将它们的员工派往国外，并允许在那里留下来工作；它们将获得实行国际转让和经常项目交易支付的权利。在旅游产业组织国际化和旅游市场竞争日趋激烈的趋势下，旅游企业组织重组，实行跨行业、跨地区、跨所有制直至跨国的旅游企业集团化、网络化经营将是一种必然发展趋势。大量的中小型旅游企业将按照现代企业制度的要求进行企业内部制度改革。

（一）建立现代旅游企业制度

旅游组织结构优化主要以旅游企业的制度创新为核心，建立公司制企业作为基本形式，建立现代企业制度，转变企业经营机制。旅游企业制度创新可以采取多种形式的公司制形式，主要有股份有限公司、有限责任公司、股份合作制等形式。股份有限公司是通过向公众发行股票以筹集资本，按照法定程序组建的企业形式。股份制是在市场经济和社会化大生产条件下，适应资本集中的需要而产生的资本组织形式。股份制是比较完善的现代企业制度，和市场经济最为接轨，是竞争性行业中大中型企业的发展方向。有限责任公司的主要特征是股东一般协商确定各自的出资额，由公司出具书面的股份证书，作为享有权资的凭证。公司不得邀请公众公开认购股份，也不能发行股票，公司成员所持股份可以在成员之间转让，但不能向公司以外任意转让，如因特殊情况需要向外转让，必须经全体股东一致同意，法律上要求这种公司的所有权与行政管理权结合在一起，不得分离。因为股东人数少，可以不设立股东大会，由全体股东组成董事会，负责公司的业务决策和全面管理。股份合作制企业，是借鉴股份制的做法，实行劳动合作与资本合作的一种现代企业制度形式。它遵循的原则是：全员入股，股权平等，同股同利，利益共享，风险共担，实行独立核算，自主经营，自负盈亏；实行一人一票，民主管理，实行按劳分配与按股分红相结合的分配方式。这种形式的企业制度，对于大量的中小型旅游企业也不失为一种较好的企业制度创新的形式。

（二）确立旅游企业市场主体地位

旅游组织结构的优化要保证旅游企业拥有独立的市场主体资格。对于已上市或即将上市的旅游股份制企业，重点是要规范其经营行为，严格按照有关股份制企业的法律法规进行运作，避免政府行为对其经营行为的干预，使旅游企业真正成为“独立经营、自负盈亏”的市场主体。唯其如此，旅游企业才会根据其旅游业务需求，精简机构，合理定岗定编；才不会出现机构臃肿，人员冗余。从而确保企业组织结构的优化。

案例分析　从智慧旅游到全域旅游，旅游产业的进化与变革

近年来，在“旅游＋互联网”的大趋势下，智慧旅游已成为全国各地旅游开发建设中的重点工作之一。特别是从 2018 年开始，多个省市相继发布相关政策，助推旅游智慧化建设。

按照原国家旅游局的定义，“智慧旅游”是指运用新一代信息网络技术和装备，充分准确及时感知和使用各类旅游信息，从而实现旅游服务、旅游管理、旅游营销、旅游体验的智能化，促进旅游业态向综合性和融合型转型提升。

那么，中国智慧旅游产业当前的发展情况如何？大力推进旅游产业的智能化转型，又将面临哪些机会和痛点呢？

一、从智慧旅游到全域旅游

文化和旅游部 2019 年 2 月发布的统计数据显示，2018 年全年，中国旅游人数 55.39 亿人次，比 2018 年同期增长 10.8%；入出境旅游总人数 2.91 亿人次，同比增长 7.8%；全年实现旅游总收入 5.97 万亿元，同比增长 10.5%。

根据初步测算，2018 年全国旅游业对 GDP 的综合贡献为 9.94 万亿元，占 GDP 总量的 11.04%。旅游直接就业 2826 万人，旅游直接就业和间接就业 7991 万人，占全国就业总人口的 10.29%。

显而易见，旅游产业无论是对 GDP 还是对就业的贡献有目共睹，同时对国家实现高质量增长和发展也具有非常重要的意义。在此背景下，我们看到国家和相关部门对推

动旅游行业的转型与变革，也做出了积极的部署和推进。

首先，从政策看，早在2015年，原国家旅游局印发的《关于促进智慧旅游发展的指导意见》中就提出：到2020年，我国智慧旅游服务能力明显提升，智慧管理能力持续增强，大数据挖掘和智慧营销能力明显提高，移动电子商务、旅游大数据系统分析、人工智能技术等在旅游业应用更加广泛，培育若干实力雄厚的以智慧旅游为主营业务的企业，形成系统化的智慧旅游价值链网络。

2018年，国务院办公厅又印发《关于促进全域旅游发展的指导意见》，就加快推动旅游业转型升级、提质增效，全面优化旅游发展环境，走全域旅游发展的新路子做出部署；而在近期，国务院常务会议又确定3条促进文化和旅游消费措施，希望最大力度释放最终需求的潜力。

其次，从现状看，过去十几年里，互联网和数字化技术，重塑了旅游业的交易环节，在线旅游巨头迅速取代了原有的旅行社、订票中心等渠道。

数据显示，2018年，中国在线旅行预订市场规模达到8600亿，同比增长16.5%；在线旅游预订网民规模达到4.1亿人次，同比增长9%，旅游的网络营销普及率、在线销售普及率、在线采购普及率都占据了50%左右的份额，这些比例还在不断提高。

但是在旅游的"生产环节"，特别是景区、旅游目的地的服务方式、运营效率和体验创新等方面，受到的冲击却小得多。可以说，今天的景区对比10多年前的景区，服务方式、效率和科技体验上几乎无差别。

从这个角度来看，今天中国的3万家景区、5000家博物馆，数不胜数的古镇古村，大批有待开发的自然保护区、国家公园，都势必要通过数字化和智能化的改造，以适应新时代用户的消费升级需求。

由此可见，从智慧旅游到全域旅游，我国的旅游产业面临着新一轮的升级和变革，因此构建智慧旅游建设运营保证体系，促进智慧旅游带动目的地旅游的产业升级，就需要从科技应用、基础建设、营销策略、区域合作等方面不断迭代更新，迎合消费市场的需求，最终加速整个旅游产业的转型升级的步伐。

二、智慧旅游未来的新趋势

智慧旅游主要包含哪些内容？未来要实现"全域旅游"，智慧旅游建设需要打好哪些基础呢？

第一，通过新技术的加持，实现游客服务多样化，即通过采集景区内外各类旅游信息，为游客提供多样化的旅游信息服务；同时，通过多种渠道的整合，为游客提供在吃、住、行、游、购、娱六大环节多样化服务。

例如，为游客提供线上、线下自助式旅游信息查询、门票购买、酒店预订、旅游商品购买等服务，实现自助下单、支付。在机场、火车站、汽车站、游客集散中心设立智能旅游服务体验中心，利用VR、AR（augmented reality，增强现实）等技术为游客提供沉浸式体验。

再如，通过开发旅游景区小程序，使游客无须下载，即用即走，无须注册，直接使用，实现体验感提升，此外，小程序还应具备为游客提供景区展示、线路导航、电子导览、景区周边查询、门票购买等服务功能。

第二，通过精准化营销，实现人流量的增加。特别是景区要吸引游客、留住游客，不能仅靠秀美风光和优惠门票，更需要重视游客的体验，而智慧景区在提升旅游体验方面可以说是相当给力。智慧旅游景区可以为游客提供方便、快捷、智能化的高质量旅游服务，从而来提升游客的旅游体验。

在这方面，可以基于大数据及机器学习技术，通过智能标签对客户进行区分，充分掌握游客来源地、年龄、兴趣偏好、消费偏好等游客画像，并准确找到游客兴趣点，从而实现精准的信息推送，精确命中用户需求，提升旅游营销效果。

第三，通过智能化的创新，赋能业务管理精细化，通过平台大数据统计和智能分析，为景区经营管理人员提供一种智能化、精细化管理的辅助工具；通过打破各职能部门信息化壁垒，建立共享、协同、联动的机制，为景区管理人员提供科学的决策依据，从而提高其各种突发事件快速响应能力。

可以看到，通过抓取交通、气象、OTA（online travel agency，在线旅游）、智能闸机等来源的大数据，研究科学、适用的数据处理模型，对数据进行科学的去重、脱敏、清洗、比对、计算等，对游客精准画像，对旅游产业发展进行分析，可以形成旅游大数据应用报告。

不难看出，通过以游客互动体验为核心，积极利用包括人工智能在内的新技术系统化整合旅游信息，构建了智慧旅游服务、营销、管理三大体系，让智慧旅游建设不断加强，最终为中国旅游行业插上智慧的翅膀。

三、智慧旅游的机遇和挑战

尽管智慧旅游发展了很多年，但是我们也应该看到，整个智慧旅游目前仍存在很多的挑战，具体而言，主要内容如下。

第一，整个产业链发展仍不成熟。由于当前智慧旅游行业的公司和解决方案提供商，大多数是从旅行公司转型，或者互联网公司跨界而来，很多硬件上的技术储备都严重欠缺。

这就导致往往会出现这样一个问题，那就是设计方给出了精彩优秀的设计方案，从用户路线到科技体验、从景区解读到文化传承，但是在落实中，问题就会凸显——能够承载设计理念的供应商少之又少，很多景区设备都难寻生产源头，因此技术赋能也就无从谈起。

不仅如此，目前很多智慧景区解决方案的着力点多放在景区数字化基建本身，而忽略了游客的全域全周期旅游体验，以至于无法满足游客的真正需求。从提升游客体验方面来看，这就需要智慧景区尽可能减少游客会面临的麻烦，提升旅游的便利性。

第二，在智能时代下，算法和计算正成为商业发展的核心引擎，未来商业的决策会越来越多地依赖于机器学习。在某种意义上来说，数据将成为智慧旅游能否“智慧”的关键一点。

可以看到，在目前的环境下，各个公司、各个环节数据严重割裂——有一些节点竟然没有数据追踪的意识，这就导致了整个行业各做各事、各说各话，产业链更加难以实现智能化的闭合。

再加上由于过去的数字化和智能化仅仅革新了旅游交易的环节，在生产环节上的渗透十分缓慢，原因就在于，通过互联网和数字化改造生产环节是高难度的任务，中小玩家能够做些修修补补，但无法整合海量资源产生根本的改变。

所以，这就需要更多的玩家，深入旅游业，下沉到生产环节，下沉到供给侧，提升景区和旅游目的地的服务能力与管理效率，帮助旅游目的地打造出更符合游客需求的创新产品与解决方案，由此才能让智慧旅游早日地扎根到实体行业中去。

总的来说，无论是智慧旅游商务、智慧旅游管理，还是智慧旅游政务，都必须回归到游客本身，为游客提供服务、让游客便利使用，才能让智慧旅游充满活力，实现智慧旅游乃至全域旅游的最终落地，并产生和发挥更大的价值。

资料来源：申耀. 从智慧旅游到全域旅游，旅游产业的进化与变革[EB/OL]. 2019-08-12. https://blog.csdn.net/W5AeN4Hhx17EDo1/article/details/98900095，有改动

复习与思考

一、重点概念

旅游经济结构　旅游市场结构　旅游消费结构　旅游产品结构　旅游产业结构　旅游区域结构　旅游投资结构　旅游组织结构

二、简答题

1. 何为旅游经济结构？旅游经济结构有何特征？
2. 旅游经济结构包括哪些内容？
3. 阐述旅游经济结构优化的意义。
4. 旅游经济结构优化有哪些标志？
5. 试述旅游产业结构优化的途径。

三、论述题

1. 论述实现旅游经济优化应遵循的原则。
2. 阐述旅游经济结构与旅游经济运行的关系。

第十二章

旅游经济效益与评价

经济效益是旅游产业及其企业追求的经营目标，是判断旅游业对国民经济贡献大小的主要标志，也是旅游业可持续发展的客观要求。因此，本章着重分析旅游经济效益的概念，以掌握旅游经济效益的特点及影响因素；并分别从旅游微观经济效益与旅游宏观经济效益两个层次对旅游经济活动的成果进行分析；介绍衡量旅游经济效益的指标因子，以探讨提高旅游经济效益的途径；介绍从产业角度来评价旅游经济效益的方法——旅游产业关联度分析。

第一节　旅游经济效益的含义

一、旅游经济效益的概念

追求经济效益是一切经济活动的基本方针和核心准则。经济效益是指在经济活动过程中，生产要素（资金、物质资料、劳动、经营管理才能）的占用、投入、消耗与有效成果产出（产品和服务）之间的数量比例关系，即人们在从事经济活动过程中，投入与产出的比较。一般认为，生产同样数量、质量的产品和服务，要素投入越少，经济效益则越高；在一定的要素投入总量和结构下，成果产出越多，则经济效益越好。

旅游经济效益是在合理开发利用旅游资源和保护环境的前提下，旅游经济活动过程中生产要素的占用、投入、耗费与成果产出之间的数量对比关系。用价值形式表示，即生产旅游产品的费用和经营旅游产品所获得的收入的比例。产出最终体现于营业收入、税金、利润之中，反映着费用与效果的比较关系、投入与产出的比较关系。因此，旅游经济效益与旅游经济活动所得到的成果成正比，与生产要素的占用、消耗成反比。下面的公式反映了这一比例关系：

$$\text{旅游经济效益}=\frac{\text{旅游业的经营成果}-\text{生产要素的占用与消耗}}{\text{生产要素的占用与消耗}}$$

旅游经济效益可分为微观与宏观两个不同的层面。一是研究各个旅游企业在其经营活动中所费和所得的关系，它属于旅游微观经济效益层面；二是研究旅游活动的开展对全社会的经济、文化及其他方面带来的积极与消极的影响，它属于旅游宏观经济效益层面。

宏观经济效益与微观经济效益表现为全局和局部的关系。微观经济效益是宏观经济效益的基础，没有单个企业的经济效益，就没有整体社会的经济效益。宏观经济效益是整个社会经济发展的根本体现，没有整个社会的经济效益，单个企业的发展就会受到影响和限制。因此，当微观经济效益和宏观经济效益发生矛盾时，应从全局出发，微观的局部利益应服从宏观的全局利益，但这并不意味着可以否定局部利益，两者是相互关联、相互促进又相互制约的关系。因此，研究旅游经济效益，首先应把重点放在如何提高旅游企业的微观经济效益上，即以旅游微观经济效益为出发点，把旅游宏观经济效益建立在微观经济效益的基础上。

二、旅游经济效益的特点

旅游业作为一个综合性的经济产业，有其自身的特点和运行规律。因此，旅游经济效益既有和其他经济活动相似的特点，又有区别于其他经济活动的不同特点。具体表现在以下几方面。

（一）旅游经济效益是微观经济效益与宏观经济效益的统一

旅游经济活动通常由旅行、餐饮、住宿、交通、购物、娱乐等多种活动组成，因而旅游经济效益实质上是食、住、行、游、购、娱等多种要素综合作用的结果，而各种要素作用发挥的好坏，最终必须体现在食、住、行、游、购、娱一系列旅游经营企业的经济效益上。同时，旅游经济效益不仅要体现旅游企业的经济效益，使旅游经济活动的主体及其组织得以生存和发展；而且要体现整个旅游产业的宏观经济效益，并通过旅游经济活动及其较强的产业带动效应，把旅游经济活动所产生的经济效益辐射、渗透其他产业和部门，促进人们生活质量的改善和提高，从而充分体现出旅游经济的宏观效益及社会价值。

（二）旅游经济效益的衡量指标是多方面的

在市场经济条件下，旅游经济活动必须面向市场，以旅游者为中心。这就要求旅游经营部门和企业在组织旅游活动时，必须树立为旅游者服务的经营思想和观念，从旅游者的消费需求考虑，尽可能提供适销对路、物美价廉的旅游产品和服务，这是获取经济效益的前提。在充分满足人们旅游消费需求的基础上，取得合理的经济收入和利润，不断提高旅游业的宏、微观经济效益。因此，无论从宏观层面还是从微观层面来衡量旅游经济效益，均可采用多方面的指标体系进行综合分析和评价，如接待游客人数、游客逗留天数、旅游收入、旅游外汇收入、旅游利润和税收、客房率、游客人均消费、游客投诉率、资金利润率、成本利润率以及服务质量等多项指标。

（三）旅游经济效益具有质和量的规定性

同其他经济活动一样，旅游经济效益不仅有质的规定性，而且也有量的规定性。旅游经济效益的质的规定性，主要表现为取得旅游经济效益的途径和方法必须在国家有关法律、法规和政策的范围内与指导下，通过加强管理、技术进步和改善服务质量来实现。旅游经济效益的量的规定性，是指旅游经济效益不仅能用量化的指标来反映，而且能通过对指标体系的比较做分析，发现旅游经济活动中存在的问题，从而寻求提高旅游经济效益的途径和方法。旅游经济效益质和量的规定性是有机统一的整体，离开了质的规定而片面追求量的目标，就会偏离旅游经济发展的宗旨和方向，甚至成为不良社会行为生长的土壤；相反，若只考虑旅游经济效益的质的规定性，而没有量的追求，就没有积极开拓的进取精神和科学的经营管理方法，难以实现旅游经济效益。因此，只有把旅游经济效益的质和量有机统一起来，才能保证旅游经济活动健康、正常地开展，促进旅游经济效益的不断提高。

三、影响旅游经济效益的因素

影响旅游经济效益的因素是多方面的，既有主观因素，又有客观因素；既有宏观因素，又有微观因素；既有经济因素、技术因素，又有政策因素、法律因素；既有国内因素，又有国际因素；等等。因此，为了有效地提高旅游经济效益，就必须对影响旅游经济效益的主要因素进行分析和研究。

（一）旅游者数量及构成

在旅游经济活动中，旅游者是旅游活动的主体和旅游服务的对象，也是旅游活动产生的前提。旅游者数量的多少与旅游活动中所占用和耗费的劳动量之间存在着一定的比例关系。若以较少的劳动占用和耗费，为更多的旅游者及时提供优质的旅游产品和旅游服务，则旅游经济效益就好；相反，若为一定量的旅游者服务而劳动占用和耗费不断增加，则旅游经济效益就差。因此，旅游者数量的多少对旅游经济效益具有直接的影响。这种影响具体表现在两方面：一方面，旅游经济活动中旅游者数量的增加，必然相应增加旅游收入，从而提高旅游产品和旅游服务的利用效率，增加旅游经济效益；另一方面，旅游经济活动中的劳动占用和耗费，特别是表现为固定费用部分（如基本工资、折旧、管理费用等），在一定范围内会随旅游者数量的增加而相对减少，于是在其他条件不变的情况下，旅游者数量越多，则对于每一个旅游者所花费的成本费用就相对越少，从而相应使旅游经济效益增加。

另外，旅游者来自不同的国家或地区，来自不同的经济阶层，来自不同的社会文化圈，因而具有不同的爱好、习俗、消费习惯及旅游支付能力，他们在旅游活动中的旅游消费和旅游支出具有不同的构成与特点，从而对旅游经济效益也会产生影响。例如，在旅游者数量既定的情况下，旅游者逗留时间越长，所需旅游服务项目越多，则每个旅游者的平均消费支出就越大，于是旅游目的地的经济效益就越高。因此，不仅旅游者的数量规模大小对旅游经济效益具有直接的影响作用，而且旅游者的结构状况也对旅游经济效益产生直接的影响作用。

（二）旅游物质技术基础及其利用率

旅游物质技术基础是对各种旅游景观、旅游接待设施、旅游交通和通信等旅游辅助设施的总称。在旅游经济活动中，各种旅游物质技术基础与旅游经济效益具有直接的关系。通常，旅游物质技术基础条件好，则吸引的旅游者多，旅游收入多，劳动占用和耗费少，从而提高了旅游经济效益。因此，旅游业应适度超前发展各种旅游设施，尽可能配备现代化程度较高的物质技术设备和手段，以提高劳动效率，减少劳动耗费，增加经济效益。

配备现代化的旅游设施，为提高旅游经济效益奠定了基础。但是，要真正提高旅游经济效益还必须不断提高旅游物质技术设施的利用率。而提高旅游物质技术设施的利用率，意味着花费在单位游客上的劳动占用和耗费减少，从而降低了旅游成本，提高了经济效益。

（三）旅游活动的组织和安排

旅游活动全过程涉及旅游者的食、住、行、游、购、娱等多方面的需求，这些需求是相互联系、衔接配套的。因此，在旅游活动中能否有效地提供旅游产品和服务，能否高质量地组织和安排好旅游者的旅游活动，就直接影响着旅游经济效益。例如，在其他条件既定情况下，若旅游时间超过了计划安排，则势必增加旅游成本而减少旅游利润；若旅游活动组织单一、重复、枯燥，则可能产生负面影响，导致客源减少，效益下降；若旅游服务质量不高，不能较好地满足旅游者的身心需求，就不能刺激旅游者增加旅游消费，从而也就无法增加更多的经济效益。综上所述，在旅游活动的组织和安排中，一定要针对不同旅游者的类型、需求特点、消费习惯等，有目的地规划和组织好旅游活动。

（四）旅游业的科学管理

旅游经济效益的提高，最根本的是劳动生产率的提高，而劳动生产率的提高离不开现代科学管理。因此，旅游行业必须科学地组织劳动的分工与协作，把食、住、行、游、购、娱等方面衔接配套好，才能有效地提高劳动生产率。另外，劳动者是生产力诸要素中最活跃、最关键的因素，也是决定劳动生产率能否提高的关键。因而要积极培训和提高职工的业务技术水平，充分调动职工的劳动积极性和创造性，真正实现劳动生产率的提高。

总之，对旅游经济活动的管理越科学、合理，职工的业务技术水平越高，而职工的业务技术水平越高，职工对本职工作的责任心越强，则劳动时间的利用越充分，劳动效率就越高，创造的劳动成果就越多，于是旅游经济效益就越好。相反，若旅游劳动效率低，则旅游劳动的成果就少，相应地，旅游经济效益也就差。

第二节　旅游微观经济效益

一、旅游微观经济效益的概念

旅游微观经济效益是指旅游企业在旅游经济活动中，为了向旅游者提供旅游产品和服务而花费的物化劳动与活劳动同取得的经营收益的比较，也就是旅游企业的经营收益同成本的比较。旅游企业经济效益的好坏，不仅决定着其自身的生存和发展，而且直接影响整个旅游业的宏观经济效益。因此，必须对其进行科学分析。

二、旅游企业经济效益的分析指标

旅游企业经济效益是通过分析旅游企业的收入、成本、利润的实现，以及它们之间的比较来体现的。因此，要分析旅游企业的经济效益，首先应掌握好各主要指标的经济含义和计算方法。

（一）旅游企业的营业收入

营业收入是指旅游企业在出售旅游产品或提供旅游服务中所实现的收入，其包括基本业务收入和其他业务收入。营业收入的高低，不仅反映了旅游企业经营规模的大小，而且反映了旅游企业经营水平的高低。例如，通过旅游营业收入同企业职工人数的比较，就可以反映旅游企业劳动生产率的水平，公式如下：

$$S=\frac{\mathrm{TS}}{P}$$

式中：S 表示人均旅游营业收入；TS 表示年旅游营业收入；P 表示年职工平均人数。

（二）旅游企业的经营成本

经营成本是指旅游企业从事旅游经济活动所耗费的全部成本费用之和，也是旅游企业的固定成本与变动成本之和，用公式表示如下：

$$\mathrm{TC}=C_0+C_\mathrm{m}+C_\mathrm{a}$$

式中：TC 表示旅游经营成本；C_0 表示营业成本；C_m 表示管理费用；C_a 表示财务费用。或

$$\mathrm{TC}=C_1+C_\mathrm{v}$$

式中：C_1 表示固定成本；C_v 表示变动成本。

分析旅游企业的经营成本，一方面要分析成本的发生及构成情况，从而有利于加强对成本的控制及管理；另一方面把经营成本同企业职工人数进行比较，可以反映旅游企业的成本水平。计算公式如下：

$$\bar{C}=\frac{\mathrm{TC}}{P}$$

式中：$\bar{C}$ 表示人均经营成本。

（三）旅游企业的经营利润

经营利润是指旅游企业的全部收入减去全部成本，并缴纳税收后的余额，其包括营业利润、投资净收益和营业外收支净额。旅游企业的经营利润指标集中反映了企业从事旅游经济活动的全部成果，体现了旅游企业的经营管理水平和市场竞争力。通常，经营利润的计算如下：

$$P=\mathrm{TS}-C_\mathrm{v}-T-C_\mathrm{m}-C_\mathrm{a}$$

$$\mathrm{TP}=P+I_p+(D_s-C_c)$$

式中：P 表示旅游营业利润；T 表示税金及附加；TP 表示旅游经营总利润；I_p 表示投资净收益；D_s 表示营业外收入；C_c 表示营业外支出。

三、旅游企业经济效益分析方法

（一）利润率分析法

利润率是反映一定时期内旅游企业的利润同经营收入、劳动消耗和劳动占用之间的相互关系，可从不同角度分析和评价企业的经济效益状况。它具体表现为旅游企业的资金利润率、成本利润率和销售利润率三个利润率指标。

$$r_m=\frac{P}{M_f+M_l}\times100\%$$

$$r_c=\frac{P}{\mathrm{TC}}\times100\%$$

$$r_s=\frac{P}{\mathrm{TS}}\times100\%$$

式中：r_m 表示资金利润率；r_c 表示成本利润率；r_s 表示销售利润率；M_f 表示固定资金；M_l 表示流动资金。

资金利润率，是反映旅游企业的利润与资金占用的关系，说明旅游企业劳动占用的经济效益。成本利润率，是反映旅游企业利润与成本之间的关系，说明旅游企业劳动耗费所取得的经济效益。销售利润率，是反映旅游企业在一定时期内利润与收入之间的关系，说明旅游企业经营规模的效益水平。通过对以上三个利润率指标的分析，基本上能反映出旅游企业的经济效益状况。

（二）损益平衡分析方法

损益平衡分析方法，是对旅游企业的成本、收入和利润三者的关系进行综合分析，从而确定旅游企业的保本营业收入，并分析和预测在一定收入水平上可能实现的利润水平。

通常，影响利润高低的因素有两个，即营业收入和经营成本。按照成本性质，经营成本又可分为固定成本和变动成本。于是，收入、成本和利润的关系可用以下公式表示：

$$P=QW-QC_v-\mathrm{TF}$$

式中：P 表示利润；C_v 表示单位变动成本；W 表示单价；TF 表示固定总成本；Q 表示业务量。

若令 $Q=Q_0$，$P=0$，则保本点公式为

$$Q_0=\frac{\mathrm{TF}}{W-C_v}$$

$$S_0=W\cdot Q_0$$

式中：S_0表示保本点收入额；Q_0表示保本点业务量。

知道旅游企业保本点的业务量或收入额，就可根据上述公式的变换，对旅游企业的目标利润和目标收入进行科学的分析与预测，以保证旅游企业不断提高经济效益。

（三）边际分析方法

边际分析方法又称最大利润分析法，即引进边际收入（marginal revenue，MR）和边际成本（marginal cost，MC）概念，通过比较边际收入与边际成本来分析旅游企业实现最大利润的经营规模的方法。

边际收入，是指每增加一个游客（或销售一个单位旅游产品）而使总收入相应增加的部分，即增加单位游客（或产品）而带来的营业收入。边际成本，是指每增加一个游客（或销售一个单位旅游产品）而引起总成本相应增加的部分，即增加单位游客（或产品）而必须支出的成本费用。比较边际收入和边际成本有以下三种情况。

（1）当边际收入＞边际成本时，说明每增加一个游客（或销售一个单位旅游产品）时，所增加的收入大于成本，因而还能增加利润，从而使旅游企业的总利润扩大。因此，当边际收入＞边际成本时，可以继续扩大接待人数，以获取更多经济利益。

（2）当边际收入＜边际成本时，说明每增加一个游客（或销售一个单位旅游产品）时，所增加的收入小于支出，即产生亏损，从而会使旅游企业的总利润减少。因此，当边际收入＜边际成本时，旅游企业应减少接待人数，以保证企业的经济收益。

（3）当边际收入 ＝ 边际成本时，说明每增加一个游客（或销售一个单位旅游产品）时，所增加的收入与支出相等，即增加单位游客的利润为零。在这种情况下，旅游企业的总利润既不会增加，也不会减少，因而是企业最大利润的经营规模。

第三节　旅游宏观经济效益

一、旅游宏观经济效益的概念

旅游宏观经济效益体现在两个方面：一方面，旅游宏观经济效益在狭义上体现为整个旅游业的综合经济效益，无数的旅游微观经济效益汇总成宏观经济效益；另一方面，旅游宏观经济效益在广义上体现为包括旅游业在内的整个社会的经济效益，即在旅游活动中社会投入的活劳动、物化劳动与资源的占用和消耗与旅游业及全社会效益的比较。旅游宏观经济效益除了旅游企业整体的直接经济效益以外，还包括发展旅游业带动其他相关行业发展的间接经济效益。这种通过旅游相关行业收入的增加，促进整个社会产业的结构合理化，推动当地社会经济发展的效益是相当可观的。

联合国与世界旅游组织已建立了一整套完整模式，对旅游业的经济效益进行统计核算。该模式包括分类、调查、统计、计算机输入、核算评估等过程。在此将择要介绍联合国与世界旅游组织 1993 年的《关于旅游统计的建议》和 1994 年《旅游活动的国际分类标准（SICTA）》。

二、旅游宏观成本

旅游宏观成本是指为开展旅游活动而付出的社会总成本。它由私人成本和附加成本及相关财政成本所组成。私人成本由旅游者直接支持，附加成本由于没有相应的补偿而被转嫁给别人。例如，一个游客去一个景点旅游，他所付的门票费是支付的私人成本，因为游客直接向景点支付了费用，这笔成本是对景点的直接补偿。但他往返游览景点时需要公路、当地警察的交通管理等服务，用于公路及警察服务的开支都是附加成本，游客并没有对这些开支给予直接补偿，而是转嫁给了别人。实际上为游客提供公路、警察等服务的附加成本均由政府负担，由政府的税收开支称为财政成本。如表 12-1 所示。

表 12-1　游客造成的附加成本及相关的财政成本

附加成本	财政成本
交通拥挤	建设高速公路、警察服务、交通、港口和终点站设施
犯罪	警察服务、司法部门
火灾	消防
水污染	供水和污水处理
空气污染	警察服务、公共交通、车辆管理部门
噪声污染	警察服务、分区
乱扔废弃物	垃圾收集和处理、警察服务
毁坏野生动植物	警察服务、公园和娱乐设施、森林保护、渔猎管理
破坏自然景观	公园和娱乐设施、警察服务
毁坏社会/文化遗产	维护博物馆和历史古迹、警察服务
疾病	医院及其他保健设施、卫生设施、饮食服务管理
交通事故	警察服务、司法部门

资料来源：联合国/世界旅游组织，《关于旅游统计的建议》，1993 年

三、旅游宏观效益

旅游宏观效益是指开展旅游活动而获得的全部社会的收益。

按以下顺序排列起来的经济指标，可以全面反映旅游业对一国的经济贡献。

（1）衡量旅游业对国民经济的总体贡献，通常称为“总经济收益”。

（2）衡量旅游业的总经济成本。

（3）确定旅游业对国民经济的纯经济贡献，即收益减去成本。

（4）评估营销手段在最大限度上增加旅游纯经济贡献的效率。

以下是按顺序排列的旅游产业经济收益的衡量方法。

（1）个人收入（基本工资、薪水和业主收入）。

（2）就业（正式工作及相当于正式工作的就业）。

（3）营业收入（毛利收入和纯利润）。

（4）政府收入（税收、收费和企业纯收入）。

（5）国内生产总值。

（6）外汇纯收入。

为了有效衡量和准确分析旅游产业的经济收益，需将各类旅游消费直接与各类旅游供给建立联系，为衡量旅游产业的经济收益建立相应的关系方式。

表 12-2 说明旅游消费种类与各类旅游供给的关系（详见《国际标准旅游活动分类（SICTA）》，1994 年）。

表 12-2　游客消费分类和有关旅游供给分类

游客消费	旅游供给（SICTA）
住宿	
饭店和类似设施	饭店、汽车旅馆及其他住宿设施 n.e.c.（5510-1，2，9）
餐饮	
餐厅、快餐、酒吧等	酒吧，其他饮用地点，舞厅（5520-1，2，3）
交通	
定期航班	定期客运航班（6210-1）
游船	游船，可供住宿的内陆水客运（6110-1，6120-1）
旅游客车及巴士	定期城市间公共汽车及长途旅游车（6021-1，2）
铁路交通	城市间客运铁路及旅游专用铁路（6010-1，2）
游乐、文化及体育活动	
游乐和体育	船只出租，娱乐器械出租，文化
	游乐服务，其他（7130-1，2，3，4，5，7512-2）
娱乐	夜总会，正餐表演，游乐园
	其他娱乐活动 n.e.c.，娱乐节庆活动
	（5520-6，9219-1，2，9349-4）
购物	
纪念品	零售，纪念品商品（5239-6）
服装及行李	旅行用品，服装，鞋，皮货，行李的零售（5232-2，3，4）
其他	
商务服务	地产活动，办公设备出租，劳务
	其他商务服务
	n.e.c.（7020，7123，7491，7499）
旅行收费	导游，货币兑换，旅行保险，护照，照片
	（6304-4，6519-1，6601-1，7494-1）

注：①n.e.c.=not elsewhere classified 不属其他类型；②括号内的数字是世界旅游组织制定的旅游活动国际标准分类的编号

资料来源：联合国经济和社会资料及政策分析部统计司，世界旅游组织. 旅游统计建议[M]. 1994

在给定旅游消费种类与各类旅游供给的关系后，就可以确定旅游消费影响的经济收益模式，即根据旅游消费种类与各类旅游供给的关系，在游客消费类型与其所产生的收入、就业、税收之间建立相应的关系式。

如图 12-1 所示，用游客消费类型估算不同类型企业的营业收入。如果没有消费税，一种类型的游客消费应和相应类型的旅游供给企业的营业收入相等。但如果征收消费税，由于消费税是由旅游企业代政府收取，代消费者交纳税金，不属于旅游企业营业收入，那么在计算这种类型的旅游供给企业的营业收入时，应从游客的相应类型消费中扣除消费税，以便正确计算游客消费其产品的该类型旅游企业的营业收入。

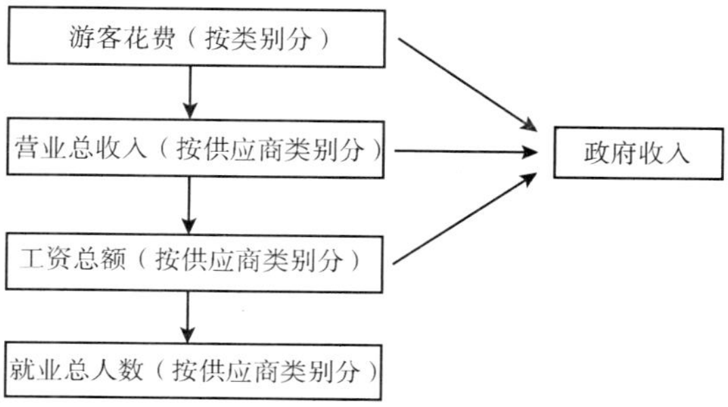

图 12-1 估算游客消费的经济收益模式

按照这个模式，营业收入的一部分用于员工的工资。不同类型旅游企业用于支付工资的那部分营业收入可用来估算相应的旅游消费类型产业的工资收入。

例 12-1 某国某年饭店业总收入 1 亿美元，其中 35%用于工资支出。求该国该年饭店业工资总收入。

解：饭店业工资总收入 $= 10\,000\times35\% = 3\,500$（万美元）

同样，按照这个模式，每种类型旅游企业的就业人数和相应类别的游客花费之间也有一定比例。

例 12-2 某国某年饭店业游客花费为 1 亿美元，饭店业员工年均工资为 1 万美元，工资支出比例占饭店业总收入的 35%（不计消费税）。问：

（1）该国该年饭店业就业总人数？

（2）该国饭店业年游客花费额每增加 100 万美元，可以为饭店业创造多少个就业机会？

解：该国该年饭店业就业总人数 $=\dfrac{10\,000\times35\%}{1}=3\,500$（人）

创造就业机会数 $=\dfrac{100\times35\%}{1}=35$（个）

同样，按照这个模式，每类企业的营业收入乘以销售税税率，就可得出相应的政府销售税收入。如饭店业营业收入是 1 亿美元，销售税税率是 5%，则税收为 $10\,000\times5\%=500$（万美元）。

由游客消费引起的政府收入的另一来源也与营业收入有关，其中包括增值税、企业所得税、旅游企业经营执照费等。由此可以计算每类企业的这些税收和每类企业的营业总收入之间的比率。例如，全国餐馆上缴了 1 亿美元的增值税，营业收入为 10 亿美元，则该比率是 10%，也可用一方法估算与旅游供给有关的其他税收和费用收入。

由游客消费引起的政府收入的第三个来源，是有些国家政府为加速本国旅游业发展征收的旅游消费税或类似税费。它可按税率直接从对各类别旅游花费额的计算中得到。

由游客消费引起的政府收入的第四个来源，是企业付给员工的工资和股份制企业分给个人股东的红利。政府对这部分收入按规定征收所得税，然后计算税收和应征税的全部个人收入之间的比率。如一定时期内旅游业员工和私人股东的个人收入总额为 300 亿美元，上缴个人所得税 30 亿美元，那么平均税率为 $\frac{30}{300}=10\%$，即可得出游客单位消费所产生的个人所得税。

总之，图 12-1 表示的游客消费经济收益模式，可以清楚地反映各类别游客花费与各类型旅游企业营业收入、工资总额、就业人数及政府税收收入之间的关系。把各类型相同项目统计数据相加，就得到一国旅游业总体的游客消费经济收益指标。

四、旅游宏观经济效益分析指标

衡量旅游宏观经济效益的主要指标有以下几个。

（一）旅游投资效果系数

旅游投资效果系数是指在一定时期内，由于旅游投资所带来的利润额与投资总额之比，即反映单位投资所得的利润，又称投资利润率或投资回收率。

$$投资效果系数=\frac{投资年利润额}{投资总额}\times 100\%$$

（二）投资回收期

投资回收期是指旅游投资总额全部回收的年限。

$$投资回收期=\frac{投资总额}{投资年利润额}$$

（三）单位接待能力投资额

单位接待能力投资额是指投资总额与生产力的比较，即提供单位接待能力或提供单位旅游产品所需投资额。

$$单位接待能力投资额=\frac{投资总额}{旅游总接待能力}$$

（四）提供就业能力

提供就业能力是指就业人数增加量与旅游经济增加量之比。

$$提供就业能力=\frac{一定时期直接、间接旅游就业人数增加量}{同期旅游经济增加量}$$

第四节　旅游经济效益的评价

旅游经济效益评价指标体系由通用指标、专用指标和资产负债指标三大部分构成。

一、通用指标

通用指标是指国民经济中其他行业带有共性的指标。

（一）旅游业总收入与外汇总收入

旅游业总收入是指通过开展旅游经济活动从国内外旅游者支出中所得的全部收入，它反映了旅游产业发展的总体规模收益，是考核评价旅游效益的重要指标。

外汇总收入是国际旅游业经营活动成果的总体指标，是指报告期内直接对游客提供商品性服务和劳务性服务而收入的外汇。商品性收入包括销售各种生活用品、医药用品、工艺品、旅游纪念品、书报杂志等实物形式的商品收入以及为游客提供膳食、饮料等的收入。劳务性收入包括旅行社的旅游业务费、饭店宾馆的房费、长途及市内交通费、邮政电信费、参观游览和文化娱乐费以及其他外汇收入。

（二）投资创汇率

投资创汇率是指一定时期内企业外汇收入与企业投资总金额之间的比率。

$$\text{投资创汇率}=\frac{\text{外汇收入总额}}{\text{投资总额}}\times 100\%$$

（三）资金利税率

资金利税率是指一定时间内（通常为一年）企业的纯利润加上上缴税金与该时期内企业资金平均占用额之比。企业资金平均占用额包括企业固定资产净值和流动资金平均占用额。

$$\text{资金利税率}=\frac{\text{年纯利润}+\text{年上缴税金}}{\text{固定资产净值}+\text{年流动资金平均占用额}}\times 100\%$$

二、专用指标

专用指标是指专用于旅行社、旅游饭店等旅游企业的指标。

（一）团体人均停留天数

$$\text{团体人均停留天数}=\frac{\sum \text{团体游客人数}\times\text{停留天数}}{\sum \text{团体游客人数}}$$

（二）旅游者平均停留天数

$$旅游者平均停留天数=\frac{\sum 旅游者人数\times 停留天数}{\sum 旅游者人数}$$

（三）客房出租率

客房出租率反映旅游住宿设施的使用情况。它是指报告期内客房实际出租间天数除以报告期内客房可出租天数的百分比。

$$客房出租率=\frac{报告期内每天租出的客房数之和}{报告期内实有客房数\times 报告期日历天数}\times 100\%$$

（四）平均每间客房日收入

$$平均每间客房日收入=\frac{本期客房营业收入额}{本期营业天数\times 本期可出租客房间数}$$

（五）平均每间客房占用服务人员数

$$平均每间客房占用服务人员数=\frac{饭店服务人员数}{饭店可出租客房数}$$

三、资产负债指标

（一）资产负债率

资产负债率是指企业负债总额与资产总额的百分比。该指标用以衡量企业负债水平，即在全部资产价值中有多大部分是通过举债来筹集的，说明企业偿还债务的总能力。

$$资产负债率=\frac{负债总额}{资产总额}\times 100\%$$

资产负债率的大小，既衡量企业综合偿债能力的强弱，又反映债权人发放贷款的安全程度。比率越小，表明企业所有者的资产权益越大，企业偿债能力就越强，债权人风险越小。反之，企业偿债能力就越弱，债权人风险越大。一般认为资产负债率低于50%是较合适的。

另外，资产负债率又反映企业的举债能力。资产负债率低，反映企业举债能力弱。在举债经营中，当借款资金成本低于企业资金利润率时，举债越多对企业越有利。但也必须看到，企业举债越多，企业偿债能力就越弱，其抗经营风险的能力也随之减弱。因此，企业财务管理决策者必须在最大限度增加业主投资利润的同时充分考虑企业自身的风险承受力。

（二）流动比率

流动比率是指企业流动资产（包括现金、应收账款、存货等）与流动负债（包括短期借款、应付账款、未付利税等）之比。该指标用以衡量企业偿还流动负债的能力。

$$流动比率=\frac{流动资产}{流动负债}\times 100\%$$

流动比率的高低，反映企业短期偿债能力的强弱，比率越高，偿债能力越强，但比率过高，说明企业闲置资金较多，获利能力会受到影响。一般认为流动比率为 200%是较合适的。

（三）速动比率

速动比率是指企业速动资产与流动负债之比。速动资产是指可以迅速变现的资产。

$$速动比率=\frac{速动资产}{流动负债}\times 100\%$$

式中：速动资产＝流动资产－（变现能力较强的存货＋待摊费用）。

速动比率的大小，反映企业可以用立即变现的速动资产偿还急需偿还的流动负债的能力大小。一般认为企业速动比率在 100%为宜。

由于上式中将固定资产和流动资产混合在一起计算，无法反映各自的利用效果，加之在旅游业中一般固定资产价值大，而流动资产周转速度快的特点，为了更确切地考核旅游业的经济效益，有必要分解为以下两个指标：

$$固定资产利税率=\frac{年纯利润+年上缴税金}{固定资产净值}\times 100\%$$

$$流动资产利税率=\frac{年纯利润+年上缴税金}{年流动资产平均占用额}\times 100\%$$

（四）资本金利润率

资本金利润率是指一定时期内取得的利润总额与投资者投入企业的资本金总额之比。

$$资本金利润率=\frac{利润总额}{资本金总额}\times 100\%$$

（五）资金利润率

资金利润率是指一定时期内企业的营业利润总额与资金平均占用额之比。它可以比较综合地反映企业的经营成果、经营能力和管理水平，反映企业利用资金获得经济效益的效果。

$$资金利润率=\frac{营业利润总额}{资金平均占用额}\times 100\%$$

可进一步分解为

$$固定资产利润率=\frac{营业利润总额}{平均占用的固定资产额}\times 100\%$$

$$流动资产利润率=\frac{营业利润总额}{平均占用的流动资产额}\times 100\%$$

（六）营业收入利润率

营业收入利润率是指一定时期内的旅游企业利润总额与旅游企业营业收入总额之比。该指标用以衡量企业营业收入的利润水平。

$$营业收入利润率=\frac{旅游企业利润总额}{旅游企业营业收入总额}\times 100\%$$

（七）成本利润率

成本利润率是指一定时期内企业的利润总额与成本总额之比。它表明消耗物化劳动和活劳动与营业利润的关系。

$$成本利润率=\frac{利润总额}{成本总额}\times 100\%$$

（八）成本利税率

成本利税率是指一定时期内（通常为一年）企业的纯利润加上上缴税金与该时期内企业成本总额之比。成本总额包括固定成本总额和变动成本总额。

$$成本利税率=\frac{年纯利润+年上缴税金}{固定成本总额+变动成本总额}\times 100\%$$

（九）劳动生产率指标

劳动生产率指标包括全员劳动生产率、人均收汇额和人均实现利税。因为旅游业中劳动消耗所占的比重较大，所以劳动生产率是衡量旅游企业经济效益最重要的指标之一。

1. 全员劳动生产率

全员劳动生产率是指旅游企业平均每一职工（包括其他人员），在单位时间内（日、月、季、年）平均实现的营业收入。

$$全员劳动生产率=\frac{报告期内旅游企业总营业收入}{报告期内旅游企业平均职工人数}$$

2. 人均收汇额

人均收汇额是指旅游企业一定时期内获得的外汇收入总额与平均在册职工人数的商。

$$人均收汇额（人均创汇额）=\frac{外汇收入总额}{平均在册职工人数}$$

3. 人均实现利税

人均实现利税是指一定时期内旅游企业平均每一职工实现的利润和上缴国家的税金及附加与平均在册职工人数的商。

$$人均实现利税=\frac{利润+税金及附加}{平均在册职工人数}$$

四、旅游纯收益

入境游客为一个国家带来的总经济收益可用前述的各种指标来衡量：个人收入、就业、营业收入、政府收入等。但是，游客却给这个国家带来了社会附加成本而得不到补偿。因此，评价入境游客给一个国家带来的正面影响（经济收益）和负面影响（附加成本），这样即可评估各类游客或细分市场对公共部门的净贡献。这对国家旅游管理部门很重要，因为国家旅游管理部门花费公共资金以吸引游客，不仅应该谋求其投资的正面回报，更应追求可能的最高投资回报率。这一点通过以下步骤即可做到：①将在现有资源条件下国家旅游管理部门所能进行营销的各细分市场的纯收益进行比较；②将经济收益最高的细分市场选为营销重点。

表 12-3 有四个假想细分市场，根据有关核算汇总的数据，可以进行分析比较。

表 12-3 不同细分市场收益与成本对比

细分市场	游客人数/人	该细分市场带来的政府收入/美元	该细分市场造成的财政成本/美元	政府收入与财政成本的比值
细分市场 1	100 000	2 000 000	1 000 000	2.0
细分市场 2	200 000	6 000 000	1 500 000	4.0
细分市场 3	500 000	10 000 000	4 000 000	2.5
细分市场 4	400 000	4 000 000	2 500 000	1.6

细分市场 3 在游客数量和产生的收益方面都是最大的，但是其财政成本，包括营销成本也是最高的。因此，其政府收入与财政成本（含营销成本）的比例是 2.5，大大低于细分市场 2。

如果国家旅游管理部门只有 500 000 美元用以吸引入境游客，则将其用在细分市场 2 的效率最高。这个假设的分析表明，政府在此每投入 1 美元就会产生 4 美元的回报。

以上的分析只讨论了衡量纯经济收益的一个指标：来自入境游客的政府净收入。这些细分市场也可以产生不同程度的个人收入、就业机会以及企业收入。如果国家旅游管理部门对其营销投入所产生的居民个人收入更感兴趣，可以将此指标作为重点进行类似的分析。

以上分析的只是关于入境游客带来的纯经济收益。一个地区和一个城市也可以对当地的国内旅游进行类似的分析。

第五节 旅游产业关联分析

旅游产业关联指旅游产业与其他产业间以各种投入品与产出品为连接纽带的技术经济联系。关联路径包括前向关联与后向关联、单向关联与环项关联、直接关联与间接关联等。旅游产业具有多样性、社会性和公共性等特点，是以旅行社、旅游饭店、旅游景区、旅游车船公司和旅游商贸公司为主要内涵，并与园艺业、博物馆业、交通运输业、工业、农业及金融业等相联系的产业。旅游产业直接相关和间接相关的产业部门与其他产业相比在数量上多得多，且关联程度也较高。了解旅游产业与相关产业之间的关系，不仅有助于旅游业自身快速、协调发展，而且能够带动相关产业乃至整个国民经济的增长。分析旅游产业与其他产业之间的不同关联度，既可在理论上为旅游经济效益的评价提供一个新视角，也能在实践中解决经济发展中社会资源配置效率不高的问题，为旅游经济发展创造良好的环境。

一、旅游产业关联方式

所谓旅游产业关联方式，就是指旅游产业与其他产业或部门相关联的依托，这种产业间联结的不同依托就构成了产业间联系的实质性内容。

1. 旅游产品联系

在社会再生产过程中，一些产业部门为另一些产业部门提供产品或劳务，或者产业部门间相互提供产品或劳务，是产业间发生联系最广泛、最基本的依托。产品、劳务联系是产业间最基本的联系：第一，产业间其他方面的联系，如生产技术联系、价格联系、劳动就业联系等都是在产品和劳务联系的基础上派生出来的联系；第二，各产业部门协调发展最本质的表现为产业间相互提供产品和劳务的数量比例要均衡；第三，社会劳动生产率和经济效益的提高，最终归纳为产业间提供产品或劳务的质量提高和成本节约。旅游产业的存在和发展，可以为交通运输业、信息技术等产业部门提供大量作用对象；旅游产业的游、行、食、娱、购、住等构成要素之间也存在着相互提供旅游产品的关系。

2. 生产技术联系

在生产过程中，一个产业部门不是被动地接受其他相关产业部门的产品或劳务，而是依据本产业部门的生产技术特点、产品结构特性，对所需相关产业的产品和劳务提出各种工艺技术标准与质量等特定要求，以保证本产业部门的产品质量和技术性能，这使得产业之间的生产工艺、操作技术等方面有着必然的联系。生产技术联系的发展变化，将直接影响产业间产品和劳务的供求比例关系，而且会使企业间依存度发生变化。随着科学技术的发展、信息及网络技术应用能力的增强和范围的拓宽，旅游业的发展越来越依靠信息技术产品和信息技术人员，这大大提高了旅游业对信息产业的依存度。

3. 价格联系

产业间的价格联系是产业间产品和劳务联系的价值量的货币表现。因为产业间的产品和劳务联系，是以一些产业部门产出的产品供给和另外一些产业部门将这些产品作为生产性消耗需求的投入形式而发生的。在商品经济社会中，这种产业间的“投入”与“产出”联系，必然表现为以货币为媒介的等价交换关系。产业间的价格联系有着重要作用。首先，不同产业间不同质的产品和劳务联系，可用价格形式来统一度量和比较，从而为投入产出价格模型的建立铺平了道路；其次，产业间的价格联系，使得生产具有替代性能产品的产业引入了竞争机制，使产业间的联系注入了竞争活力，从而有利于成本费用的节约和社会劳动生产力的提高；最后，以价格来度量产业间的联系，为产业结构变动分析、产业间比例关系分析等提供了有效的计量手段。旅游产业是与许多产业部门相关联的边缘产业，其产品具有集合性的特点，即在产品价格构成中包括了相关产业产品或服务的价格，故而相互间形成了较显著的价格联系，且彼此间的敏感度颇大。例如，航空运输价格的变化必然会影响旅行社的报价，各种生产资料价格、劳动力价格、电信等价格的变化都会引起旅游产品价格的相应变化。

4. 劳动就业联系

社会化大生产使得产业间的发展相互制约、相互促进。某些产业的发展依赖于另一些产业的发展，或某一产业的发展可以连带另一些产业的发展，这种各产业发展的“关联效应”是客观存在的。这样，产业间的劳动就业机会也就有了必然联系。因为某一产业的发展，会相应地增加一定的劳动就业机会，而该产业发展带动相关产业的发展，也就必然使这些相关产业增加劳动就业机会。旅游产业正是由于与国民经济体系中的许多产业部门存在着一定的依存关系，故而旅游产业的发展在受制于其他产业发展水平的同时，也对它们起促进或制约作用。旅游产业被公认为劳动密集型产业，可以吸纳比其他产业更多的劳动者。

5. 投资联系

社会再生产，是在各产业产品或劳务按一定比例的供需关系为联系的基础上进行的。加快一国经济发展，不可能仅仅通过加快某产业部门的发展来实现，而是通过相关产业部门的协调发展来实现。这种产业部门间的协调发展，必然要一定量的投资，但由于该产业发展受到相关产业的制约，因而就必然要增加投资以保证相关产业的发展。这种某一产业的直接投资必然导致大量的相关产业的投资，这就是产业间投资联系的表现。产业间投资联系集中反映在“投资乘数效应”上，即在增加的收入中，用于消费的比例越大，投资引起的产业间的连锁反应就越大，总收入增加就越多。旅游产业的发展必须建立在基础设施较完善的基础上，故而各国、各地区确立以发展旅游业为新经济增长点，必须对旅游进行必要的投资，如加大对旅游交通、住宿设施的投入，必然会带动建材、建筑、交通业的发展，其投资的效果或效应是其他产业所不能比拟的，即旅游投资乘数效应较显著。

二、旅游产业关联分析工具

美国著名经济学家里昂惕夫（Leontief）为了揭示各产业间的相互依存关系或现象发生的规律性，首先提出了利用投入产出的对比方法进行描绘和分析，后经过世界各国经济学家共同努力发展和完善成为投入产出表，就为我们进行产业关联分析提供了一种有效的方法。投入产出分析是现代经济问题研究中使用较多的一种分析方法。它依据新古典经济学的一般均衡理论，对各种错综复杂的经济活动之间数量上的相互依赖关系进行分析。在研究过程中，它把一个地区、一个国家甚至整个世界的经济活动视为一个完整的系统，力图根据观测到的经验数据描述产业经济体系的运行状况。这种方法最初是从各国对国民经济各部门的活动进行统计和计量中产生的。

（一）价值型投入产出表

如果我们把一个国家作为一个独立的经济系统，那么这个系统的各个组成部分，是通过各自独立的生产和经营活动完成的。但是，在此过程中，为了生产，各部门必须购进一些投入物，这些投入物包括来自其他产业的原料、设备等。另外，各部门的产出又被其他产业所使用，从而成为其他部门的投入物，这就是错综复杂的现实经济活动。用一个表扼要地概括一个经济体系中所有部门的各种投入的来源和所有各类产出的去向，这个表就叫作投入产出表。运用投入产出表，可对各产业之间数量上的依赖关系进行经验研究和统计分析。标准的投入产出表是一个纵横交错的棋盘式表格，它以矩阵的形式，记录了一个国家在某一时期内国民经济各部门的全部经济活动。

投入产出表分为实物型和价值型两种，前者是以实物单位计量的投入产出表，它是投入产出表的基础形式；后者是以货币单位计量表现为价值的投入产出表，是使用最为广泛的一种投入产出表。由于旅游产业及其产品与其他产业的产品相比，具有无形性等鲜明特点，故采用价值型投入产出表更为适宜。

1. 价值型投入产出表的一般形式

最常用的是用统一货币单位计量的价值型投入产出表，其简化的一般形式如表 12-4 所示。

表 12-4 价值型投入产出表简化的一般形式

投入		中间使用						最终产品			总产品
		部门 1	部门 2	…	部门 j	…	部门 n	消费	积累	合计	
中间投入	部门 1	X_{11}	X_{12}	…	X_{1j}	…	X_{1n}			Y_1	X_1
	部门 2	X_{21}	X_{22}	…	X_{2j}	…	X_{2n}			Y_2	X_2
	…	…	…	…	…	…	…			…	
	部门 i	X_{i1}	X_{i2}	…	X_{ij}	…	X_{in}			Y_i	X_i
	…	…	…	…	…	…	…			…	
	部门 n	X_{n1}	X_{n2}	…	X_{nj}	…	X_{nn}			Y_n	X_n
最初投入	固定资产折旧	D_1	D_2	…	D_j	…	D_n				
	劳动报酬	V_1	V_2	…	V_j	…	V_n				
	社会纯收入	N_1	N_2	…	N_j	…	N_n				
总投入		X_1	X_2	…	X_j	…	X_n				

X_{ij} 表示第 j 产业部门生产中消耗第 i 部门产品数量的价值。

X_i 表示第 i 产业部门的总产品的价值。

Y_i 表示第 i 产业部门提供的最终产品的价值。

D_j表示第j产业部门固定资产折旧。

V_j表示第j产业部门的劳动报酬。

N_j表示第j产业部门的社会纯收入。

X_j表示第j产业部门的总投入的价值。

表 12-4 中纵列数字是各个产业的投入结构，即各产业为了进行生产，从包括本产业在内的各产业购进了多少中间产品（原材料），以及为使用各生产要素支付了多少费用，包括工资、利息等。因此，每一纵列反映了相应产业部门的投入构成，其总计就是总投入。横行的数字是各产业的产出结构，包括中间产品和最终产品的产出，并反映了这些产品的销路或分配去向。每一横行的总计即为相应产业部门一定时期内（一年）的总产出。所以，由纵列代表投入、横行代表产出而组成的表就形成了投入产出表。

2. 价值型投入产出表中的均衡关系

价值型投入产出表，可以按行、按列，以及在行与列之间分别建立起平衡关系，这些平衡关系主要有以下几种。

第一，各行的平衡关系：各行的中间产品＋各行的最终产品＝各行的总产品。数学表达式为

$$\begin{cases} X_{11}+X_{12}+\cdots+X_{1j}+\cdots+X_{1n}+Y_1=X_1 \\ X_{21}+X_{22}+\cdots+X_{2j}+\cdots+X_{2n}+Y_2=X_2 \\ \vdots \\ X_{n1}+X_{n2}+\cdots+X_{nj}+\cdots+X_{nn}+Y_n=X_n \end{cases}$$

亦即

$$\sum_{j=1}^{n} X_{ij}+Y_i=X_i \quad (i=1,\ 2,\ \cdots,\ n)$$

这些平衡关系反映了各产业部门产品的流向。

第二，各列的平衡关系：各列的生产资料转移价值＋各列新创造价值＝各列的总产值。数学表达式为

$$\begin{cases} X_{11}+X_{21}+\cdots+X_{i1}+\cdots+X_{n1}+D_1+N_1=X_1 \\ X_{12}+X_{22}+\cdots+X_{i2}+\cdots+X_{n2}+D_2+N_2=X_2 \\ \vdots \\ X_{1n}+X_{2n}+\cdots+X_{in}+\cdots+X_{nn}+D_n+N_n=X_n \end{cases}$$

亦即

$$\sum_{i=1}^{n} X_{ij}+D_j+N_j=X_j \quad (j=1,\ 2,\ \cdots,\ n)$$

各列的平衡关系说明了各产业部门的价值形成的产出过程，反映了每一产业部门的

产出与各产业部门为之投入的平衡关系。

第三，行与列之间存在的平衡关系如下。

①横行各产业部门的总产出等于相对应的同名称的纵列各产业部门的总投入。数学公式为

$$\sum_{i=1}^{n} X_{ij'}+D_{j'}+N_{j'}=\sum_{j=1}^{n} X_{i'j}+Y_{i'}\text{（当 }i'=j'\text{ 时）}$$

②最终产品总量等于国民收入总量和固定资产折旧总量之和，即最终需求部分和毛附加价值部分相等。数学表达式为

$$\sum_{j=1}^{n} D_j+\sum_{j=1}^{n} N_j=\sum_{i=1}^{n} Y_i$$

（二）投入产出模型

投入产出模型是另一种分析产业关联的工具，它是由系数、变量的函数关系组成的数学方程组构成，而"直接消耗"等系数的计算和函数关系的确定，是依据投入产出表及其平衡关系式来确定和建立的。可以这样认为，投入产出模型是对投入产出表的深化和运用，因此投入产出模型的建立一般要分两步进行：一是依据投入产出表计算各类系数；二是在此基础上，依据投入产出表的平衡关系，建立起投入产出的数学函数表达式，即投入产出模型。

1. 各类系数的计算与确定

这一工作建立在事先编制好投入产出表的基础上，并以此为计算依据，下面介绍几类系数的计算方法。

（1）直接消耗系数。直接消耗系数又称投入系数，其经济含义是生产单位 j 产品所直接消耗的 i 产品的数量（我国 2001 年旅游业对各部门的投入系数如表 12-5 所示）。

表 12-5　我国 2001 年旅游业对各部门的投入系数

部门	投入系数	部门	投入系数
工业	0.424 561 0	狭义的居民服务业	0.003 542 3
金融业	0.079 431 9	保险业	0.002 610 7
建筑业	0.074 724 3	公路货运业	0.001 630 8
综合技术服务业	0.042 906 8	铁路货运业	0.001 499 9
农业	0.0 366 872	铁路客运业	0.001 278 9
公共事业	0.018 625 9	水上货运业	0.001 021 6
邮电通信业	0.014 161 2	公路客运业	0.000 824 8
狭义旅游业	0.008 983 2	卫生事业	0.000 650 2

续表

部门	投入系数	部门	投入系数
国内商业	0.008 868 3	对外贸易业	0.000 363 0
物资供销仓储业	0.007 125 9	航空货运业	0.000 222 8
教育事业	0.004 906 5	科学研究事业	0.000 142 4
房地产业	0.004 895 1	水上客运业	0.000 120 3
航空运输业	0.003 673 2		

资料来源：李江帆，李冠霖，江波. 旅游产业关联和产业波及分析[J]. 旅游学刊，2001（3）：19-25

其计算方法是依据投入产出表的数据，将各产业部门的总产品去除它所消耗的各种投入要素量。直接消耗系数的计算公式为

$$a_{ij}=\frac{x_{ij}}{X_j}\quad (i,\ j=1,\ 2,\ \cdots,\ n)$$

用矩阵形式表示则为

$$\boldsymbol{A}=\boldsymbol{Q}\hat{\boldsymbol{X}}^{-1}$$

式中：

$$\boldsymbol{A}=\begin{bmatrix} a_{11} & a_{12} & \cdots & a_{1n} \\ a_{21} & a_{22} & \cdots & a_{2n} \\ \vdots & \vdots & \vdots & \vdots \\ a_{n1} & a_{n2} & \cdots & a_{nn} \end{bmatrix};$$

$$\boldsymbol{Q}=\begin{bmatrix} x_{11} & x_{12} & \cdots & x_{1n} \\ x_{21} & x_{22} & \cdots & x_{2n} \\ \vdots & \vdots & \vdots & \vdots \\ x_{n1} & x_{n2} & \cdots & x_{nn} \end{bmatrix};$$

$$\hat{\boldsymbol{X}}^{-1}=\begin{bmatrix} \frac{1}{X_1} & 0 & \cdots & \cdots & 0 \\ 0 & \frac{1}{X_2} & 0 & \cdots & 0 \\ 0 & 0 & \frac{1}{X_3} & \cdots & \cdots \\ & & \vdots & & \\ 0 & 0 & 0 & \cdots & \frac{1}{X_n} \end{bmatrix}$$

矩阵 **A** 就是直接消耗系数矩阵，反映了投入产出表中各产业部门间技术经济联系和产品之间的技术联系。直接消耗系数是建立模型最重要、最基本的系数。

（2）直接折旧系数。直接折旧系数的经济含义是某产业部门生产单位产品所提取的直接折旧费用的数额。在旅游业中，旅游饭店、旅游景区和度假区的建设都按一定比例提取折旧。直接折旧系数的计算公式为

$$a_{Dj}=\frac{D_j}{X_j} \quad (j=1,2,\cdots,n)$$

式中：a_{Dj} 表示第 j 产业部门单位产品所提取的折旧费。

（3）国民收入系数。国民收入系数也即净产值系数，其表示某产业部门生产单位产品所创造的国民收入或净产值的数额。计算公式为

$$a_{Nj}=\frac{N_j}{X_j} \quad (j=1,2,\cdots,n)$$

式中：a_{Nj} 表示第 j 产业部门生产单位产品所创造的国民收入数量。

（4）劳动报酬系数。劳动报酬系数是指某产业部门生产单位产品需支付的劳动报酬数量。计算公式为

$$a_{Vj}=\frac{V_j}{X_j} \quad (j=1,2,\cdots,n)$$

式中：a_{Vj} 表示第 j 产业部门生产单位产品所要支付的劳动报酬。

（5）社会纯收入系数。社会纯收入系数表示某产业部门生产单位产品为社会创造的纯收入数量。计算公式为

$$a_{Mj}=\frac{M_j}{X_j} \quad (j=1,2,\cdots,n)$$

式中：a_{Mj} 表示第 j 产业部门生产单位产品为社会创造的纯收入等。

上述 a_{Dj}、a_{Nj}、a_{Vj}、a_{Mj} 四个系数可以用以下一个矩阵式表示：

$$\boldsymbol{A\sigma}=\boldsymbol{Q\sigma}\cdot\hat{\boldsymbol{X}}^{-1}$$

式中：

$$\boldsymbol{A\sigma}=\begin{bmatrix} a_{D_1} & a_{D_2} & \cdots & a_{D_n} \\ a_{V_1} & a_{V_2} & \cdots & a_{V_n} \\ a_{M_1} & a_{M_2} & \cdots & a_{M_n} \\ a_{N_1} & a_{N_2} & \cdots & a_{N_n} \end{bmatrix}, \qquad \boldsymbol{Q\sigma}=\begin{bmatrix} D_1 & D_2 & \cdots & D_n \\ V_1 & V_2 & \cdots & V_n \\ M_1 & M_2 & \cdots & M_n \\ N_1 & N_2 & \cdots & N_n \end{bmatrix}$$

$\hat{\boldsymbol{X}}^{-1}$ 与前述相同。

上述五个系数均依据价值型投入产出表计算而得。

（6）直接劳动消耗系数。该系数表示某产业部门生产单位产品所需投入的劳动力数

量，它是依据实物型投入产出表来计算的，对于大多数旅游产品而言，其价值难以通过劳动力消耗量来测得，如文物、自然风光型旅游产品。计算公式为

$$a_{Lj}=\frac{L_j}{X_j}\quad (j=1,\ 2,\ \cdots,\ n)$$

上述系数的确立，为建立一系列的投入产出模型做了准备。下述两个最基本的模型是建立在直接消耗系数基础上的。

2. 投入产出两个基本模型

（1）按行平衡关系式建立的投入产出模型。由直接消耗系数 $a_{ij}=\frac{X_{ij}}{X_j}$，得到 $X_{ij}=a_{ij}X_j$，并将其代入上文按行建立的平衡关系式，就得如下投入产出模型：

$$\begin{cases} a_{11}X_1+a_{12}X_2+\cdots+a_{1n}X_n+Y_1=X_1 \\ a_{21}X_1+a_{22}X_2+\cdots+a_{2n}X_n+Y_2=X_2 \\ \vdots \\ a_{n1}X_1+a_{n2}X_2+\cdots+a_{nn}X_n+Y_n=X_n \end{cases}$$

用矩阵变换，上述投入产出方程组模型可转换成

$$(\boldsymbol{I}-\boldsymbol{A})\ \boldsymbol{X}=\boldsymbol{Y}$$

式中：

$$(\boldsymbol{I}-\boldsymbol{A})=\begin{bmatrix} 1-a_{11} & -a_{12} & -a_{13} & \cdots & a_{1n} \\ -a_{21} & 1-a_{22} & -a_{23} & \cdots & a_{2n} \\ & & \vdots & & \\ -a_{n1} & -a_{n2} & -a_{n3} & \cdots & 1-a_{nn} \end{bmatrix};\quad \boldsymbol{X}=\begin{bmatrix} X_1 \\ X_2 \\ \vdots \\ X_n \end{bmatrix};$$

$$\boldsymbol{Y}=\begin{bmatrix} Y_1 \\ Y_2 \\ \vdots \\ Y_n \end{bmatrix};\quad \boldsymbol{I}=\begin{bmatrix} 1 & 0 & 0 & \cdots & 0 \\ 0 & 1 & 0 & \cdots & 0 \\ & & \vdots & & \\ 0 & 0 & 0 & \cdots & 1 \end{bmatrix}$$

（$\boldsymbol{I}-\boldsymbol{A}$）称为里昂惕夫矩阵，其经济含义是：矩阵中的纵列表明各种产品的投入与产出关系；每列都说明某产业为生产一个单位产品所要投入各相应产业的产品数量；负号表示投入，正号表示产出，对角线上各元素则是各产业的产品扣除自身消耗后的净产出。

（2）按列平衡关系式建立的投入产出模型。同理，将 $X_{ij}=a_{ij}X_j$ 代入按列建立的平衡关系式，可得到如下投入产出模型：

$$\begin{cases} a_{11}X_1+a_{21}X_1+\cdots+a_{n1}X_1+D_1+N_1=X_1 \\ a_{12}X_2+a_{22}X_2+\cdots+a_{n2}X_2+D_2+N_2=X_2 \\ \vdots \\ a_{1n}X_n+a_{2n}X_n+\cdots+a_{nn}X_n+D_n+N_n=X_n \end{cases}$$

用矩阵可将该模型转换成

$$(\boldsymbol{I}-\hat{\boldsymbol{C}})\ \boldsymbol{X}=\boldsymbol{N}$$

式中：

$$\hat{\boldsymbol{C}}=\begin{bmatrix} \sum_{i=1}^{n}a_{i_1}+a_{D_1} & 0 & \cdots & 0 \\ 0 & \sum_{i=1}^{n}a_{i_2}+a_{D_2} & \cdots & 0 \\ \vdots & \vdots & \vdots & \vdots \\ 0 & 0 & \cdots & \sum_{i=1}^{n}a_{i_n}+a_{D_n} \end{bmatrix}$$

$$N=\begin{bmatrix} N_1 \\ N_2 \\ \vdots \\ N_n \end{bmatrix}$$

$\hat{\boldsymbol{C}}$ 矩阵各元素描述了转移价值系数，即直接物质消耗系数加直接折旧系数；$(\boldsymbol{I}-\hat{\boldsymbol{C}})$ 矩阵中的各元素，则揭示了总产值与国民收入之间的函数关系。

3. 完全消耗系数

旅游产业是一个边缘性产业，具有“超然性”等特征，与其他产业发生着较为普遍的经济联系。而这些联系既包括直接联系，也包括间接联系，所以，要全面地理解旅游产业与相关产业的关联程度，有必要对两种联系形式进行分析。完全消耗系数在投入产出分析中起着重要的作用，能深刻地反映一个部门的生产与本部门和其他部门发生的经济数量关系，因此比直接消耗系数更本质、更全面地反映部门内部和部门之间的技术经济联系，这对正确地分析国民经济、产业结构是十分重要的。此外，它对经济预测和计划制订也有很大的作用。

完全消耗系数的经济含义是指某产业部门单位产品的生产，对各产业部门单位产品的直接消耗量和间接消耗量的总和。也就是说，完全消耗系数等于直接消耗系数、间接消耗系数之和。用公式表示：

$$b_{ij}=a_{ij}+\sum_{k=1}^{n}b_{ij}k_{ij}\quad (i,\ j=1,\ 2,\ \cdots,\ n)$$

式中：b_{ij} 表示完全消耗系数，表示生产单位 j 产品所直接消耗和间接消耗 i 产品数量之和（$i=1,\ 2,\ \cdots,\ n$）；a_{ij} 表示直接消耗系数；$\sum_{k=1}^{n}b_{ij}k_{ij}$ 表示间接消耗系数，其中 k 为中间产品部门，其经济含义是通过 k 种中间产品而形成的生产单位 j 产品对 i 产品的全部间接消耗量。

用矩阵表示：

$$\boldsymbol{B}=(\boldsymbol{I}-\boldsymbol{A})^{-1}-\boldsymbol{I}$$

式中：

$$\boldsymbol{B}=\begin{bmatrix} b_{11} & b_{12} & \cdots & b_{1n} \\ b_{21} & b_{22} & \cdots & b_{2n} \\ & & \vdots & \\ b_{n1} & b_{n2} & \cdots & b_{nn} \end{bmatrix}$$

（三）旅游投入产出分析的应用

利用这种分析工具主要能够分析出某一产业与其他产业之间的“投入”与“产出”的数量比例关系，并通过对比分析得出某一产业在特定经济体系中的地位和作用，但它仅限于一种有限变动范围内。投入产出分析的思路和操作步骤如下。

第一，合理划分产业。产业分类的方法较多，主要有三次产业分类法、标准产业分类法、农轻重产业分类法及两大部类分类法等。合理划分产业要求所采用的产业划分标准应便于数据统计与分析，且做到全面、少重叠。由于旅游产业较难与其他产业完全划分开，所以在统计分析时应做技术上的修正。

第二，编制投入产出表。在分析旅游产业与其他产业关联度时，一般需编制价值型投入产出表。这就产生了用什么价格为基准来计量各产业间实物消耗与实物产出的问题。用什么样的生产者价格、购买者价格、产品完税前的价格、产品完税后的价格，都应事先仔细考虑，否则，将影响分析的准确性。此外，对商业、运输、金融等部门应做特别处理，力争表中项目能反映实际情况。

第三，根据投入产出表中的项目及数据建立投入产出模型，并确定模型的系数，即求投入系数 a_{ij}、直接折旧系数 a_{Dj}、净产值系数 a_{Nj}、社会纯收入系数 a_{Mj} 等，据此分析其经济含义。

投入产出分析是一种应用极广泛的分析方法，能基本反映产业间的内在逻辑关系，但它不适合做整体动态分析。所以，我们有必要采用另一种动态分析工具，以分析旅游产业与其他产业的关联程度。

三、旅游产业波及效果分析

当运行中的产业经济的某一方面发生变化时，必然会因为各产业的相互作用关系传导到其他方面乃至整个国民经济体系，没有一种变化是孤立地发生的，这就是所谓的产业波及效果。产业波及效果分析，就是分析某一些产业发展变化会导致其他产业部门怎样的变化与影响。这种变化与影响主要是通过投入产出表中某些数据的变化会引起其他数据的变化来反映。产业波及效果现状分析的实质是运用逆阵系数从投入产出表提供的数据中引申出有关系数，来认识产业波及现状的有关规律。一般地，人们把一个产业影响其他产业的程度叫作影响力，把一个产业受其他产业的影响的程度叫作感应力。根据投入产出逆阵系数可以求得影响力系数和感应度系数。下文介绍其计算思路和方法。

1. 逆阵与产业的影响力系数、感应度系数的关系

逆阵（$\boldsymbol{I}-\boldsymbol{A}$）$^{-1}$内的系数与相应的产业部门对应如表 12-6 所示。

表 12-6 逆阵系数表

		农业 1	工业 2	交通 3	建筑 4	旅游 5	…	n	
产业部门	农业 1	A_{11}	A_{12}	A_{13}	A_{14}	A_{15}	…	A_{1n}	$=(\boldsymbol{I}-\boldsymbol{A})^{-1}$
	工业 2	A_{21}	A_{22}	A_{23}	A_{24}	A_{25}	…	A_{2n}	
	交通 3	A_{31}	A_{32}	A_{33}	A_{34}	A_{35}	…	A_{3n}	
	建筑 4	A_{41}	A_{42}	A_{43}	A_{44}	A_{45}	…	A_{4n}	
	旅游 5	A_{51}	A_{52}	A_{53}	A_{54}	A_{55}	…	A_{5n}	
	⋮	⋮	⋮	⋮	⋮	⋮	⋮	⋮	
	n	A_{n1}	A_{n2}	A_{n3}	A_{n4}	A_{n5}	…	A_{nn}	

在表 12-6 所示的逆阵系数表上，某产业部门横行的数值是反映该产业受到其他产业影响的程度，即感应度的系数系列，也就是反映其他产业部门的生产发生变化时使该产业的生产发生相应变化的程度的系数系列。而纵列上的数值是反映该产业影响其他产业的程度，即影响力系数系列，也就是说，是反映该产业部门的生产发生变化而导致其他产业部门的生产发生相应变化的程度的系数系列。根据横行系数和纵列系数的内涵，就可以列出计算任一产业的感应度系数和影响力系数的公式。

2. 感应度系数公式

$$S_i=\frac{\frac{1}{n}\sum_{j=1}^{n}A_{ij}}{\frac{1}{n^2}\left(\sum_{i=1}^{n}A_{ij}+\sum_{j=1}^{n}A_{ij}\right)}=\frac{\frac{1}{n}\sum_{j=1}^{n}A_{ij}}{\frac{1}{n^2}\sum_{i=1}^{n}\sum_{j=1}^{n}A_{ij}}$$

式中：S_i表示 i 产业部门受其他产业部门影响的感应度系数；A_{ij}为（$\boldsymbol{I}-\boldsymbol{A}$）$^{-1}$中第 i 行第 j 列的系数。

该公式的文字表达为

$$\text{某产业的感应度系数}=\frac{\text{该产业横行逆阵系数的平均值}}{\text{全部产业横行逆阵系数的平均值的平均}}$$

某产业的感应度系数若大于 1 或小于 1，表明该产业的感应度在全部产业中居于平均水平以上或以下。

3. 影响力系数公式

$$T_j=\frac{\frac{1}{n}\sum_{i=1}^{n}A_{ij}}{\frac{1}{n^2}\left(\sum_{i=1}^{n}A_{ij}+\sum_{j=1}^{n}A_{ij}\right)}=\frac{\frac{1}{n}\sum_{i=1}^{n}A_{ij}}{\frac{1}{n^2}\sum_{i=1}^{n}\sum_{j=1}^{n}A_{ij}}$$

式中：T_j 表示 j 产业的影响力系数。

该公式用文字表述为

$$某产业的影响力系数=\frac{该产业纵列逆阵系数的平均值}{全部产业纵列逆阵系数的平均值的平均}$$

某产业的影响力系数若大于 1 或小于 1，表明该产业的影响力在全部产业中居平均水平以上或以下（我国 2007 年与 2002 年各产业的影响力系数对比如表 12-7 所示）。

表 12-7 我国 2007 年与 2002 年各产业的影响力系数对比

部门	影响力系数	
	2007 年	2002 年
农业	0.821 0	0.855 8
工业	1.324 9	1.239 1
建筑业	1.328 9	1.294 6
金融业	0.624 6	0.741 1
住宿业	1.027 6	1.037 8
餐饮业	1.092 2	1.070 7
娱乐业	0.966 3	1.000 1
批发零售业	0.780 0	0.909 8
旅游业	1.067 8	0.882 3
运输业	0.993 9	0.997 3
其他服务业	0.972 8	0.971 3

资料来源：刘晓欣，胡晓，周弘. 中国旅游业关联度测算及宏观经济效应分析[J]. 旅游学刊，2011，26（3）：31-37

案例分析 中国旅游业改革开放 40 年的发展成就

一、市场格局均衡发展，大众旅游时代来临

中国旅游业改革开放 40 年来，最为显著的发展成就在于实现了两大突破：第一，旅游市场发展，从旅游市场格局单一转变为旅游市场格局均衡发展；第二，旅游权利，从改革开放初期，只有少部分人才能享受到旅游的乐趣转变为人人可游的局面，推动着中国正在迎来大众旅游时代，旅游成为居民的一项基本权利，初步具备了旅游社会的特征。

旅游市场格局实现均衡发展，并不是一帆风顺的，得益于国家在不同的时期，都能审时度势，根据旅游市场发展现状，实时地出台相关的政策方针。在改革开放之初，中国的发展面临着外汇储备不足的困境，旅游发展的各项接待设施和交通条件又极为有限，旅游发展以赚取紧缺的外汇为主要目标，对旅游发展采取的是优先发展入境旅游，旅游市场呈现出入境旅游“一枝独秀”的格局，国内旅游以小规模的差旅和公务活动为

主。然而，到了20世纪90年代，随着居民收入的提高与旅游业改革的推进，国内旅游市场迅猛发展，1997年，则根据旅游业发展新的趋势，提出了“大力发展入境旅游、积极发展国内旅游、适度发展出境旅游”的方针，并召开出境旅游工作会议，正式批准开展中国公民出境旅游业务，由此旅游市场开始呈现出三足鼎立发展的新格局。例如，到1999年，中国接待入境过夜旅游者及创汇排名分别由1980年的第18位和第34位跃升至第5位和第7位，国内旅游者达7.19亿人次，国内旅游收入2831.92亿元人民币，出境旅游实现了港澳游、边境游和出国游的全面发展。

进入21世纪以来，随着改革开放进一步深化和国家整体经济水平的大幅提升，旅游市场更加蓬勃发展，呈现出“国内旅游市场高速发展、入出境市场平稳发展”的态势。中国成为世界最大的国内旅游市场、世界第一大国际旅游消费国、世界第四大旅游目的地国家。据有关数据显示，2017年我国居民国内旅游人数达50.01亿人次，国内旅游收入45 661亿元；入境游客13 948万人次，国际旅游收入1234亿美元；国内居民出境14 273万人次；全年实现旅游总收入5.40万亿元。

大众旅游时代来临的标志，是普通居民都能够参与到国内旅游，而较为富裕的中产阶层能够参与出境旅游。如今，旅游的休闲观念日益深入人心，成为人们日常休闲娱乐生活的重要组成部分，是大众追求美好生活、提升幸福指数的重要途径。无论是出游规模，还是出游人次，都标志着我国已经进入大众旅游时代。从出游规模来看，中国拥有庞大的国内旅游规模，且从2012年开始成为世界上最大的出境旅游消费国；从出游人次来看，1984年中国人均国民出游仅仅有0.2次，而到2015年则首度超过3次，2017年人均国民出游达到3.7次。

二、产业定位不断提升，旅游功能日渐丰富

改革开放40年来，旅游业的定位经历了一个不断提升的过程，从外交事业到经济产业，又从经济产业到综合性产业。旅游业发展40年来，经历了从单纯注重事业定位，到转向经济产业定位；又从经济产业定位，转变为既重视经济产业，又看重事业属性。改革开放之初，按照邓小平的指示，旅游业逐渐从外交事业转变到经济产业；然而，在很长一段时间内，经济产业的定位也是不充分的，仅仅是作为增加外汇收入的一项手段，在扩大内需和刺激消费中发挥的作用极为有限。作为经济产业定位得到完全认可是在1998年，中央经济工作会议明确提出将旅游业确定为国民经济新的增长点。这才真正实现了旅游业从外交事业到经济产业定位的转变。到2001年，《国务院关于进一步加快旅游业发展的通知》中，又提出要树立大旅游的观念，这标志着旅游业从经济产业定位又上升为综合性产业。进入21世纪以来，围绕着旅游业定位，出现两个标志性的事件，即国发〔2009〕41号文将旅游业确定为国民经济战略性支柱产业和国办发〔2016〕85号文把旅游业作为幸福产业之首。2018年两会后，文化部和国家旅游局合并，组成文化和旅游部，便是新时代对旅游业定位变化推动的结果。

随着对旅游业定位的变化，旅游业承担的功能也日渐丰富。40年来，旅游业从承担经济功能，转变为承担经济功能、社会功能、政治功能、外交功能。从经济功能来看，旅游业已经成为经济增长的新引擎；到2017年，全国旅游业对GDP的综合贡献为9.13

万亿元，占 GDP 总量的 11.04%。从社会功能来看，旅游业已经成为吸纳就业和摆脱贫困的主要渠道；到 2017 年，旅游直接就业 2825 万人，旅游直接就业和旅游间接就业 7990 万人，占全国就业总人口的 10.28%；旅游业的发展已使超过 10%的国内贫困人口脱贫。从政治功能来看，旅游业已经成为爱国主义教育和践行社会主义核心价值观的重要手段，尤其是红色旅游的发展，带来了极为重要的政治效益；2016 年，红色旅游经典景区达到 123 个。从外交功能来看，旅游外交从边缘走向中心，旅游外交成为民间外交的重要载体，为国家间正式的外交夯实了交流的根基；通过旅游外交，促成了不同地区和国家之间大批普通民众在自然、社会、知识、文化、人际关系等层面上实现真实的交流，对消除分歧和偏见具有积极意义，成为发出自身声音、讲好自己故事、加强与世界联系的重要平台；中国出境旅游从 1988 年泰国成为我国出境旅游的第一个目的地国家，到 2016 年中国拥有 150 多个出境旅游目的地。

三、供给体系逐步健全，出游品质显著提升

改革开放之初，受限于低下的国民经济发展水平，国内公路、铁路、民航等基础设施以及旅行社、旅游饭店等接待设施和厕所、停车场等相关接待条件极为短缺，成为制约旅游业快速发展的瓶颈，也成为当时旅游业发展亟待逐步解决的突出矛盾。改革开放 40 年来，国家统筹各种力量和聚集各类资本，从宏观到微观、由全局到具体，全方位地完善基础设施、旅游接待设施和条件，构建起了丰富完善、品质优越和结构合理的旅游供给体系，大大提升了游客的出游品质。旅游供给体系逐步健全，满足了不同类型游客的旅游需求。

从旅游基础设施和接待设施来看，旅游交通、信息和城市公共设施建设水平都实现了质的提升，逐渐健全。截至 2017 年底，我国高铁覆盖 65%以上的百万人口城市，高速公路覆盖 97%的 20 万人口城市及地级行政中心，二级及以上公路通达 96.7%的县；民航运输机场达 229 个，服务覆盖全国 88.5%的地市、76.5%的县。2006 年以来，各类飞行起降架次持续增长，2017 年达到了 928 万架次，年均增长率约为 9.7%；总航班量达到 532 万架次，月均 443 572 班，日均 14 583 班。信息基础设施建设也已具有相当规模，至 2017 年底，全国移动电话用户普及率上升至 102.5 部/百人，互联网普及率达到 55.8%。城市基础设施中，2017 年全国公厕达到 12.6 万座，三类以上标准的公共厕所有 9.5 万座，至 2017 年底，全国共完成建设旅游厕所 7 万座。

从旅游产业结构来看，伴随着旅游接待设施和条件逐步健全，星级饭店、旅行社、A 级景区等旅游产业结构趋向合理化和高级化。通过对传统旅游业态的改造，坚持“旅游＋”融合发展战略，旅游业态和产品持续创新与丰富，推动着旅游产业结构升级，提升了游客的出游品质。特别是从党的十八大以来，我国经济进入新常态，顶层设计又提出供给侧结构性改革，推动着旅游产业转型升级，“旅游＋”得到认可，推动了旅游业与互联网、工业、农业、林业、航空、水利、交通、中医药、卫生、科技、文化、教育、装备制造业、军事等领域的深度融合，形成了满足多样化、个性化和品质化游客的旅游新业态。例如，为了推动旅游与农业融合，在 2007 年评定全国工农业旅游示范点 306 个；大力发展邮轮旅游，国内天津、上海、广州等城市目前已经开通了到日本、韩国、东南

亚的多条长短途邮轮旅游线路，国内长江三峡也开辟了邮轮旅游线路，2017 年，中国邮轮旅游发展实验区 6 个；2016 年，中国自驾游人数达 26.4 亿人次，占国内出游总人数的 59.5%，专做自驾游的约有 3200 家，旅居车销售量约 8000 辆，保有量约 45 000 辆，现有在建自驾车房车营地 514 个。

四、管理体制逐渐完善，旅游治理取得突破

管理体制逐步完善，管理理念、管理方式和管理手段、管理对象、管理范围等方面有了显著改变，从微观管理转向宏观管理，明确旅游行政管理部门的职能，让市场在旅游资源的配置过程中起决定性作用，同时又有效地发挥政府的监管职能。管理体制的完善，创造了制度红利，打破了制约旅游业发展的障碍，推动着中国旅游业实现了跨越式发展。

改革开放 40 年来，旅游管理体制从最初的企业管理，转向行业管理，当前已演变到公共管理的新阶段。从世界范围内来看，大多数旅游发达国家对旅游业进行的是公共管理。可以看到，改革开放初期，为了极大地统筹稀缺的旅游资源，大力发展入境旅游业，政企不分，政府对旅游企业采取的是直接管理的模式，尤其是旅游饭店和旅行社直接由政府管理，中国旅行游览事业管理总局局长，也会同时兼任国旅总社的社长；经过几年的发展，政企不分的体制弊端非常明显，才于 1982 年将中国旅行游览事业管理总局更名为国家旅游局，与国旅总社分开办公。这也意味着由政府逐渐退出对旅游企业的管理，而逐步过渡到行业管理阶段的开始。最有代表性的事件，就是在 1986 年 1 月 30 日，国务院批准成立了中国旅游协会，这是中国第一个旅游全行业组织，截止到目前，全国（不包含港澳台）31 个省（区、市）都成立了旅游协会。然而，一直以来中国旅游协会缺乏独立性，人事与财务，依赖于旅游行政管理等部门，没有发挥出行业协会在旅游发展过程中的重要作用。针对这个不足，2015 年，国家旅游局又出台《旅游行业协会改革发展的指导意见》，提出要推动实现各级各类旅游协会的人员和财务关系与旅游行政管理等部门脱钩的改革目标，逐步增强旅游协会的独立性。此外，在旅游管理体制改革上，从 21 世纪以来，尤为重视旅游智库建设。例如，2008 年，国家旅游局成立直属专业研究机构——中国旅游研究院，经过 10 年的发展，中国旅游研究院，已经成为推动旅游业发展、传播中国旅游声音的重要思想智库；2015 年，国家旅游局会集各领域的专家，成立了中国旅游智库，旨在对旅游业发展的重大问题开展研究，为中国旅游业发展建言献策，提供重大战略和政策咨询，提高政府和业界科学决策水平。

40 年来，旅游治理取得突破，主要在于逐步形成了现代旅游治理机制。从旅游治理主体来看，从单一的以旅游行政主管部门为中心，形成了政府、市场主体、行业协会等多元化的治理格局；从旅游治理方式来看，从人治转向了法治。2013 年，经过多方努力，终于颁发实施《中华人民共和国旅游法》，在中国旅游业的发展进程中具有革命性意义；2016 年，在全国旅游工作会议中，全域旅游的概念被提出，推动着全民参与旅游治理时代的到来。尤其是党的十八大以来，为了推动旅游供给侧结构性改革，地方加快成立旅游发展委员会、旅游警察、旅游巡回法庭和工商旅游分局等措施，也极大地推动了现代旅游治理机制的完善。

五、旅游竞争力快速提升，国际影响显著增强

中国旅游业改革开放40年来，取得的巨大成就，最直观的体现是全球旅游竞争力快速提升，国际影响力显著增强。中国全球旅游竞争力的提升，得益于旅游业改革开放40年来，在旅游公共服务体系、旅游产品体系建设、旅游信息化和旅游管理体制改革等方面做的巨大努力，尤其是近年来掀起的厕所革命，更是改善了外国游客对中国旅游形象的认知。从世界经济论坛发布的《旅游业竞争力报告》来看，中国旅游业全球竞争力快速提升。2007年，中国旅游业全球竞争力仅仅为71位；2009年，上升为47位；2011年，上升为39位；2013年出现了小幅度下滑，排名为45位；2015年，则迅猛提升，首次进入全球排名前20位，排名17位；2017年，又提升了两个名次，排名为15位。

从改革开放之初，中国只是全球旅游规则的被动跟随者，如今已经成为全球旅游规则的制定者，国际旅游组织多项重要会议纷纷在中国召开，在中国倡导下成立了国际旅游组织。从世界重要的旅游会议来看，随着中国旅游竞争力不断增强，成为全球旅游业竞争增长的引擎，大量的会议在中国召开，如2015年中国主办或参与了中国—中东欧旅游合作促进年和中日韩旅游部长会议等一系列旅游会议；2017年，联合国世界旅游组织第22届全体会议又在中国成都召开。从国际旅游组织来看，随着中国旅游国际影响力的增强，由中国倡导成立了三个国际旅游组织。2012年9月15日，世界上首个以城市为主体的全球性国际旅游组织——世界城市旅游联合会在中国北京成立；2017年8月，在贵州省成立国际山地旅游联盟，这是世界上第一个以山地旅游为主题的国际旅游组织；2017年9月，由中国发起的第一个全球性、综合性、非政府、非营利性世界旅游组织世界旅游联盟（World Tourism Alliance，WTA）正式成立。

资料来源：夏杰长，徐金海. 中国旅游业改革开放40年：回顾与展望[J]. 经济与管理研究，2018，39（6）：3-14，内容摘录

复习与思考

一、重点概念

旅游经济效益　旅游微观经济效益　旅游宏观经济效益　旅游宏观成本　旅游产业关联分析

二、简答题

1. 简述旅游微观经济效益与旅游宏观经济效益的关系。
2. 影响旅游经济效益的因素有哪些？
3. 旅游微观经济效益的主要分析方法有哪些？
4. 旅游宏观经济效益的评价指标有哪些？
5. 怎样理解旅游经济效益的评价指标体系？
6. 旅游产业联系的方式主要包括哪几种？

三、论述题

1. 试述旅游经济效益的特点。
2. 旅游微观经济效益评价指标有哪些？怎样评价其效益？
3. 世界旅游组织怎样评价旅游经济效益？
4. 论述投入产出分析的思路和操作步骤。

第十三章

旅游经济发展战略

自第二次世界大战以来的近一个世纪中，旅游业以持续的增长而发展成为世界上规模最大的产业，并在发展过程中显示出旺盛的活力和广阔的发展前景。旅游经济发展战略指在国家或地区总体发展战略指导下，对旅游发展所做出的总体性长期谋划。本章在对旅游经济增长方式、旅游经济发展模式的概念、类型和特点进行分析的基础上，阐述了中国旅游经济发展模式；在阐述了不同的旅游经济发展观之后，就旅游经济发展战略的制定和我国旅游经济发展战略的内容进行了论述；并对旅游经济发展计划的内容和方法制定进行了论述。

第一节 旅游经济增长方式

旅游经济增长方式的变化和转变直接影响旅游经济发展战略的选择与旅游发展战略目标的设定。一般来说，旅游经济由传统粗放型增长方式逐步向数量、质量、效益结合型的集约型增长方式转变。

一、数量、质量、效益结合型的集约型增长方式的特点

经济增长源于两个方面：一方面是要素投入的增长，另一方面是要素使用效率的提高。若经济增长主要靠要素投入的增长来推动，则称为粗放型经济增长方式；若经济增长主要靠要素使用效率的提高来推动，则称为集约型经济增长方式。经济增长方式与经济发展阶段存在着密切的关系，旅游经济起步阶段其经济增长方式往往是粗放型经济增长方式，实施粗放型的数量扩张发展模式是旅游经济发展自然选择的模式；随后进入粗放型向集约型增长的过渡阶段，兼具规模要素投入和要素生产率提高的特征。而当旅游产业发展到一定阶段以后，随着旅游市场的不断成熟、旅游需求的不断变化、旅游市场竞争的日益激烈、旅游产业经济效益的下降，等等，旅游产业增长方式必然要从传统数量扩张发展模式向现代数量、质量、效益结合型发展模式转变，以适应旅游市场需求的变化，促进旅游产业进一步发展。

传统数量扩张型发展模式的主要特征是以旅游产业规模扩大为主要发展目标，更多地考虑在量上满足旅游者的需求。数量、质量、效益结合型发展模式的主要特征是在有效利用旅游资源的前提下，通过旅游产业规模的适度扩张来满足社会对其数量、质量、效益等各方面的需求。当然，传统模式虽然以追求旅游规模扩大为主要特征，也不是说一点也不重视对服务质量、经济效益的追求，只是相对而言更重视量的扩大。数量、质量、效益结合型发展模式与传统发展模式相比有如下一些特点。

（一）旅游产业规模的适度扩大

与传统发展模式相比，新的发展模式是在提高旅游资源利用效益、旅游产业总体经济效益、旅游产业发展素质的前提下适度扩张旅游产业规模。新的发展模式不是简单地像传统发展模式那样，仅以旅游产业规模扩张为主要目标，进行简单的旅游资源开发，以满足旅游市场在量上的要求，而是在充分考虑旅游市场需求变化、旅游资源的持续合理利用的前提下，适度地扩大旅游产业规模，以满足日益多样化的旅游市场需求。

（二）兼顾规模扩张和旅游效益

数量、质量、效益结合型发展模式不仅要求旅游经济数量规模上不断发展，而且要求不断提高旅游效益，而不像传统数量发展型模式那样，只追求旅游经济上的扩张，而不注重旅游效益。在新的发展模式中，要求提高旅游资源开发的层次，避免那种低层次、简单重复的开发，注重旅游环境的塑造和培育，提高旅游发展的环境效益。在新的发展模式中，针对旅游市场需求的变化趋势，不断优化旅游产品结构，提高旅游产品的文化内涵和品位，增加旅游产品开发中的技术含量，提高旅游产品的个性化和档次，以适应旅游市场日益多样化、个性化的变化趋势，从而在提高旅游发展的社会效益的同时，不回避物有所值的旅游经济回报。

（三）注重旅游经济的发展素质

随着旅游产业的发展，旅游市场竞争越来越激烈，旅游经济的进一步发展要求不断提高产业素质，以增强产业竞争力，特别是增强旅游产业在国际旅游市场上的竞争力。旅游经济是一种与世界经济全面接轨的新经济，旅游市场竞争也是一种国内外市场为一体的竞争。实施数量、质量、效益结合型发展战略就是要不断优化旅游产业结构，不断提高旅游服务质量，提高旅游企业经营管理水平，改善旅游产业发展环境，提高我国旅游产业的整体素质，以增强旅游产业在国际旅游市场上的竞争力。

二、旅游经济增长方式成功转变的要素

要实现旅游产业增长方式的转变，需要从旅游产业发展战略指导思想、旅游产业结构调整、旅游管理体制改革等方面入手。

（一）旅游经济增长观念转变

现代经济增长理论表明，现代经济的增长越来越依赖单位要素产出效率的提高而不

是要素投入量的增加，即经济增长由传统的“粗放增长”为主向“集约增长”为主转变。旅游产业是在现代经济发展基础上成长起来的新型产业形式，其成长发展的轨迹也必然要遵循现代经济增长的规律。在旅游产业发展初期形成一定规模以后，旅游产业的进一步发展也必须依赖单位要素产出效率的提高，甚至是在旅游产业发展的初期就要走这样的发展道路。所以，旅游经济增长方式的转变，必须首先要转变观念，从传统的只重规模扩张中走出来，树立起质量效益观念，坚持速度与效益的统一。旅游产业的发展要充分考虑国内外旅游市场的需求的变化趋势，通过提高旅游产品质量、树立精品意识来提高旅游产业的竞争力，从而提高旅游产业的经济效益。而不是简单地通过价格的降低来增强旅游产品的竞争能力，在低效益的基础上扩大旅游市场规模。旅游产业发展规模的扩大，应建立在经济效益优良的基础之上，做到规模与效益的统一。

（二）旅游经济结构调整与优化

当旅游经济的发展仍处在发育成长的初级阶段时，不仅旅游经济的存量结构不尽合理，而且旅游经济的增量，由于旅游管理体制的不健全，同样存在不合理的现象。旅游经济结构总体上还处于低层次水平上。旅游经济结构矛盾的背后是旅游经济内部企业结构的矛盾。随着旅游市场需求的不断变化和规模的扩大，要求旅游经济规模不断扩大和旅游经济结构的不断优化。所以，仅有旅游经济规模的扩张，不利于旅游经济的可持续发展和经济效益的提高。要实现旅游经济的可持续发展，必须提高旅游经济的经济效益，调整旅游经济结构，包括旅游经济的存量结构和增量结构、旅游企业结构等。

（三）旅游管理体制健全而有效

科学的旅游管理体制是旅游经济健康发展的根本保证。旅游经济增长方式的转变要求充分发挥市场机制在旅游资源配置中的基础作用，旅游管理体制完善必须适应这一客观要求。科学的旅游管理体制一方面要体现旅游经济发展中的政府主导作用，另一方面必须要充分发挥市场的作用。政府主导作用的发挥主要体现在旅游经济发展基本方针、政策的制定和旅游产业总体发展规划的制定，以及旅游市场秩序的宏观调控管理上。而旅游企业的生产经营活动则是完全的市场行为，自主经营，公平竞争。

（四）旅游技术成为革命性力量

传统观念认为旅游产业是“低投入，高产出”“劳动密集型”产业，在旅游产业发展中不注重技术投入，造成旅游产业各系统环节的技术含量过低，科技基础薄弱。这种现象已严重影响旅游产业发展的后劲和质量。事实上，集约型增长方式特别重视科技进步，科学技术不仅物化在劳动力、物质资本等有形生产要素上，还作为经济增长的独立要素起作用。旅游经济的增长也将越来越取决于技术进步，旅游技术创新成为主导旅游经济集约型增长的革命性力量。现代旅游企业集团经营管理的信息化、旅游开发规划决策的科学化、旅游环境管理的科学化、现代网络技术在旅游市场营销中的运用等，都要求不断加大对旅游产业的科技投入，提倡旅游技术创新。

第二节 旅游经济发展模式

一、旅游经济发展模式概念

旅游经济发展模式是指一个国家或地区在某一特定时期旅游业发展的总体方式。它是对某一类型的旅游经济系统所做的理论概括和理论抽象。

不同的国家或地区，由于国情或地区情况的不同，其旅游经济发展模式可能完全不同。决定和影响旅游经济发展模式的主要因素有以下几点。

（一）社会经济发展水平

社会经济发展水平高，科技发达，一方面使得社会基础设施和公共设施比较完善，另一方面又促成了居民收入水平的提高，两者为旅游业的发展奠定了坚实的基础，从而使旅游业的发展成为社会经济发展的必然结果。相反，在经济不够发达的国家或地区，由于上述两方面的条件都不够具备，其旅游业的发展方式也必然与前者有所不同。

（二）社会经济制度和经济发展模式

从社会经济制度来说，目前世界上主要有两大类型：一是社会主义经济制度，二是资本主义经济制度。不同的经济制度，其经济发展的根本目的是不同的，它对旅游业发展模式会产生重大影响。从经济模式来说，目前世界各国除少数国家外实行的都是市场经济模式。市场经济模式有资本主义市场经济模式和社会主义市场经济模式两大类。当它们分别与资本主义经济制度和社会主义经济制度结合时，构成社会经济主体的所有制形式也不同，前者以私有制为基础，后者则以公有制为主体。它们对旅游业的发展模式也会产生重要影响。

（三）旅游业形成时期和发展阶段

如果旅游业形成时期早，其发展就具有较好的基础，它同旅游产业形成时期晚、基础薄弱的情况截然不同。这种情况的不同也会对其产业发展模式产生影响。例如，欧美一些国家的旅游业早在 19 世纪后半期便已形成，它们的发展模式同始于 20 世纪下半叶的大多数发展中国家肯定是不同的。

二、旅游经济发展模式类型

旅游经济发展模式从不同的角度可以划分为不同类型。纵观世界各国旅游业发展的历史和现实，旅游经济发展模式主要分为如下几种类型。

（一）超前型发展模式和滞后型发展模式

从旅游业的形成、发展同国民经济关系出发，旅游经济发展模式分为超前型发展模式和滞后型发展模式。

超前型发展模式是指旅游业的形成和发展超越了国民经济总体发展的一定阶段，而通过发展旅游业来带动和促进国民经济中与其相关的产业或地区发展的一种发展模式。这种发展模式多发生在经济不够发达的发展中国家，它们依靠拥有的旅游资源，在政府的支持下首先发展入境旅游，以获取国家经济建设所需要的外汇。采取这种发展模式必须具备的条件是：第一，拥有足以吸引游客的旅游资源，它是采用这种模式的内部条件；第二，在境外存在着对其旅游资源的相应需求，它是采取这种模式的外部条件；第三，政府对包括吸引境外资金投入在内的各项政策的支持和必要的启动资金的投入，是采取这种模式的有效推动力量。

滞后型发展模式又称自然型发展模式，它是在国民经济发展到一定阶段后，旅游业便顺乎自然地形成和发展起来的一种发展模式。这种发展模式多发生在经济发达的国家，如西欧、北美的一些国家。它们在 19 世纪后半叶，旅游业便已形成发展起来。因为这些国家，在产业革命之后其经济得到了迅速的发展。随着经济的发展，人们的收入水平在不断提高，一方面在居民中产生了对旅游的需求，另一方面社会也具备了适应这种需要的条件。所以，在这些国家，旅游业的形成和发展是其经济发展的必然结果。

（二）市场型发展模式和政府主导型发展模式

从旅游业发展的调节机制出发，旅游经济发展模式分为市场型发展模式和政府主导型发展模式。

市场型发展模式是指旅游业的发展主要依靠市场机制来推动的一种发展模式。市场机制对旅游业发展的调节作用，主要是通过价格、供求和竞争手段来实现的，即通过这些手段的作用，实现旅游业资源的配置，推动旅游业内部自行协调，使旅游供求在不均衡—均衡—不均衡和不适应—适应—不适应的矛盾运动中实现发展。所以，这种发展模式具有以下几个特点：第一，旅游业的发展主要依靠市场来推动，由市场上“看不见的手”自发地发挥作用；第二，政府的作用是间接的，主要是通过一定的市场参数来实现调节；第三，国家政策对旅游产业的影响主要侧重于市场需求。

政府主导型发展模式是指由政府有关部门制定各时期旅游业发展规划或通过制定产业政策来推进其发展的一种发展模式。这种模式一般发生在政府干预和控制经济具有传统的国家或地区以及需要在短期内推进旅游业快速发展的国家或地区。在这些国家或地区，政府常常通过制定旅游产业政策或旅游发展规划来规定旅游业发展目标、发展战略以及各种对策和措施，从而达到推进旅游业发展的目的。这些对策和措施既有行政的、经济的和法律的，但同时也利用市场机制的调节作用。这种模式的主要特点是：第一，旅游业的发展主要由政府来推动。在这里，政府不仅通过制定有关政策和法规对旅游业的发展进行规范，而且对旅游业的发展规模、发展速度进行计划和控制；第二，同政府的宏观调控相比，市场对旅游业发展的调节作用处于辅助地位；第三，国家产业政策对旅游业发展的影响主要侧重于旅游供给。

（三）延伸型发展模式和推进型发展模式

从旅游类别发展的先后顺序出发，旅游经济发展模式分为延伸型发展模式和推进型发展模式。

延伸型发展模式是指旅游业的发展首先主要以国内旅游的发展为基础，在此基础上实现国内旅游、入境旅游和出境旅游全方位发展的模式。这种发展模式的特点是：第一，入境旅游和出境旅游的发展是国内旅游发展的延伸，即旅游业的发展由境内延伸到境外；第二，三种旅游类型的发展都是在国家经济发展的基础上自然形成的。

推进型发展模式是指先以发展入境旅游为主，在入境旅游发展形成产业基础的条件下，伴随着国民经济的发展逐步发展国内旅游，最终实现入境旅游、国内旅游和出境旅游的全面发展的模式。这种发展模式的特点是：第一，国内旅游和出境旅游的发展是在入境旅游发展的基础上逐步推进的；第二，整个旅游业的发展虽然主要以社会经济的发展为基础，然而政府在其中则起着不可替代的作用。

总之，上述旅游经济发展模式的分类是从世界范围旅游业的全局进行的理性概括。在现实中，由于各国政治、经济、社会和文化传统的不同，即使同一发展模式也会呈现出不同的特点。

三、旅游经济发展模式比较

上述从不同角度划分的旅游经济发展模式并不仅是纯粹的理论抽象，而是以客观实际为基础的，它们是建立在不同社会经济发展水平、基础上的必然选择，这就是说，社会经济发展水平不同的国家或地区，其旅游经济发展所走的道路也不尽相同。

首先，从旅游学的角度进行比较。每一种分类的两种不同发展模式分别反映的是经济发达国家和经济发展水平相对低下的发展中国家旅游业发展所走的道路。在发达国家，由于经济发展水平高，旅游基础设施和各项公共设施完善，居民收入水平较高，因而旅游业的发展首先从国内旅游开始，并在国内旅游发展的基础上形成了旅游产业体系，其入境旅游和出境旅游只不过是地域的延伸而已。因此，无论在旅游价格上还是在旅游服务质量上，国内游客和国际游客都是一致的，旅游业的运行、旅游经济的发展主要通过市场机制来调节。相反，在大多数发展中国家，由于社会经济发展水平较低，居民生活水平低下，大量国内旅游需求的形成缺乏物质基础，因而为了获取经济发展所需要的外汇和促进相关产业的发展，往往在政府的主导下首先发展入境旅游，并借此建立起其旅游产业体系。在入境旅游的影响和带动下，一部分收入水平较高的居民开始产生了国内旅游的需求，但是国内游客在消费水平上、服务质量上，甚至在旅游价格上都同境外游客存在着较大差异。随着经济的发展和居民收入水平的提高，国内旅游逐渐成为时尚。在此基础上，部分居民开始产生了出境旅游的需求，从而逐步形成了入境旅游、国内旅游和出境旅游全面发展的格局。在这个过程中，旅游服务质量和旅游消费水平也在逐步提高。

其次，从经济学的角度进行比较。每一种分类的两种不同发展模式分别反映了经济发达国家和经济发展水平较低的发展中国家不同的社会经济基础和经济结构。在发达国家，由于经济基础比较雄厚，经济结构门类比较齐全，加上科技水平较高，因而旅游业发展所需要的基础设施和公共设施比较完善，国家或地方政府无须进行大量投资，而由私人资本根据市场需求适当增建一些旅游地面设施即可。并且政府发展旅游业的主要目的也不是从中获取特定的经济效益，而更多侧重于其社会效益。所以，这种符合经济和市场发展规律的旅游业发展具有“投资少、见效快和效益大”的特点。相反，在发展中国家，由于经济发展水平低，经济结构不甚合理，门类又不齐全，其旅游业的发展难以得到相关产业的配合与支持，因此，为获取外汇而发展的旅游业，不能不由国家来主导，由政府制定支持其发展的相关政策和进行必要的投资。并且由于国内居民生活水平较低，旅游消费需求有限，因而其旅游业的发展主要依靠境外的旅游需求，这样，为迎合境外游客的需要，势必要加大旅游业的投资。所以，在发展中国家，政府支持旅游业发展的主要目的是获取特定的经济效益。并且在其发展的初期阶段，往往具有“高投入、高速度、低质量、低效益”的特点。随着国际入境旅游和国内旅游的发展，发展中国家政府也越来越重视获取包括经济效益在内的旅游综合效益，其旅游业的发展也逐步走上遵循经济和市场发展规律的轨道。

四、我国旅游经济发展模式

我国旅游经济发展模式是在政府主导下的超前的、推进型发展模式，这是由我国的基本国情决定的。

首先，我国是一个发展中国家，在改革开放之前，虽然我国经济门类比较齐全，但经济基础比较薄弱，经济结构也不合理，重工业过重，轻工业过轻，人们生活水平普遍较低，旅游产业的形成缺乏必要的物质基础。其次，在改革开放之前，在重生产、轻消费的传统观念下，旅游被当作一种奢侈品而遭排斥，因而旅游产业的形成也缺乏思想基础。改革开放之后，随着我国经济的发展，一方面，国家经济建设需要大量资金；另一方面，由于对外开放的大门打开，境外游客和资本急于进入我国，从而为我国旅游业的形成创造了良好的内外条件和环境。再次，我国是一个历史文化悠久、幅员辽阔的文明古国，自然旅游资源和人文旅游资源都非常丰富，它为我国旅游业的形成和发展提供了取之不尽的宝藏。最后，我国是一个社会主义国家，优越的社会制度不仅能使我国旅游业的发展保持正确的发展方向，而且能集中国家的力量办大事。所有这些情况共同决定了我国旅游经济只能是政府主导的、超前的、推进型发展模式。

第三节　旅游经济发展战略

一、三种类型的旅游发展观

纵观世界旅游业的发展历程，基本上存在着三种类型的旅游发展观。第一种是从经济和产业角度出发的旅游发展观念；第二种是从经济和社会角度出发的旅游发展观念；第三种是从经济、社会、文化和环境等方面综合考虑的旅游发展观念。第一种可称为经济动力型发展观，第二种可称为经济与社会双重动力型发展观，第三种可称为经济、社会、文化、环境等多种目标型发展观或可持续发展观。

（一）经济动力型发展观

经济动力型发展观是指从经济的角度出发，国家、地区和企业将旅游发展的经济功能置于首位的发展观念。这种发展观多见于发展中国家。因为在这些国家，一方面经济不够发达，另一方面发展经济又缺乏资金，尤其是外汇资金，因而把发展入境旅游作为获取外汇的一个重要渠道，并借此带动其他相关产业的发展。事实证明，许多发展中国家通过发展旅游业，赚取了可观的外汇收入，使之成为弥补外贸逆差和平衡国际收支的重要力量；也有不少国家或地区，尤其是一些岛国，其经济结构甚为单一，通过发展旅游业带动了相关产业的兴起和发展；还有一些国家，在旅游业的发展中已取得了可观的经济效益，其旅游业产值已占到国内生产总值的30%左右。至于旅游企业，无论是公营的还是私营的都是以获取利润为主要目标。

在经济动力型发展观的指导下，旅游业发展的主要特征有以下几点。

第一，旅游业的发展以发展入境国际旅游为主。发展入境国际旅游可以为国家或地区带来所需要的外汇，因而它便成为大多数发展中国家或地区发展旅游业的首要目标。在这种发展观的指导下，旅游业的发展主要是围绕满足境外游客的需要展开的，其旅游业政策的制定、旅游设施的建造、旅游产品的设计、旅游价格的确定和旅游产业体系的建立多是以境外游客为对象的。

第二，政府主导下的超常规发展。在经济动力型发展观指导下的旅游业的发展，一般属于政府主导下的超常规发展。所谓超常规发展，就是指其旅游业的发展不是随着国民经济的发展自然而然产生的发展，而主要依靠在政府的推动下，借助国外的资金和吸引境外的旅游需求发展起来的。其中，政府的主导作用是关键。因为没有政府制定吸引外资的优惠政策，境外资金不太可能投入其旅游业中；没有政府优先配置旅游发展所需要的各种资源要素和采取吸引与招徕境外游客的种种措施，境外游客也不会大量进入。

第三，外延型的数量扩张。在经济动力型发展观指导下，旅游业的发展往往容易以旅游接待人次和旅游收入作为衡量其经济效果的主要指标，特别是在其旅游业发展的初期阶段。外延型的数量扩张的主要特点是以旅游资源要素的大量消耗为代价换取旅游业产值的数量增长，它是一种典型的外延型数量扩张。这种外延型数量扩张的好处是能使旅游业以较高的速度取得发展，国家旅游外汇收入会较快地增加，旅游企业收入也会迅速增长。但是，这种数量扩张消耗的资源甚巨，不仅容易引起对旅游业经济效益质量上的忽视，而且也易于导致由于外资和境外经营管理人员的进入所形成的大量旅游外汇收入的流失。

（二）双重动力型发展观

双重动力型发展观是指从社会和经济相结合的角度出发，既考虑旅游业发展的社会功能又考虑其经济功能的发展观念。这种发展观多见于经济发达国家。在这些国家，由于经济发达，人均收入水平高，对旅游具有强烈的需求。为适应这种需求，政府一方面给予积极支持，另一方面鼓励资本私人投资于旅游业。政府的支持主要表现在：第一，成立相应的旅游管理机构，制定旅游发展的有关政策；第二，开展旅游宣传活动，吸引境外游客前来旅游；第三，在主要客源国或地区设立旅游办事处，开展旅游宣传、调研和促销；第四，给予旅游业一定的资金补贴，支持其开展有关活动。

政府通过这些措施促进旅游业社会和经济功能的发挥。政府支持旅游业的目的是：第一，树立国家自由开放的形象，增进外国游客对其了解；第二，拓宽就业渠道，缓解国内失业的压力；第三，满足国内居民不断增加的旅游消费需求，以稳定社会秩序；第四，积极发展入境旅游，以弥补或抵减由于本国居民大量出境旅游带来的旅游逆差。当然，持这种观念的发达国家的情况也不尽相同，如西班牙是以发展入境旅游为主。

由于这些国家经济比较发达，旅游业的发展是其社会经济发展顺乎自然的结果，所以，在这种发展观指导下，其旅游业发展一般具有如下主要特征。

第一，旅游业的发展主要是由本国居民的旅游消费需求推动的。这些国家经济发展水平高，居民的支付能力强，出外旅游已成为人们生活中的一种必需，旅游产业的发展主要是建立在这种强烈消费需求基础上的。并且，国家各项基础设施和公共设施的完善、先进和发展也为这种消费需求的顺利实现提供了便利。

第二，旅游业的发展主要由市场机制调节。在这些国家，市场机制对经济的各个方面起主要的调节作用，旅游业也不例外。市场机制就像一只“看不见的手”，对旅游资源要素的配置、旅游设施的建设和游客的流动起着调节作用。这种调节在正常情况下主要通过旅游供求、旅游价格和市场竞争来实现，政府很少干预，只是在特殊情况下，政府才采取某些限制措施，如提高旅游税收、限制居民出境旅游所携外汇数额等。

第三，旅游业发展的规模较大，发展速度相对较低，但旅游服务质量高，效益好。在这些国家，由于经济发达，旅游设施完善，交通、通信手段先进，旅游活动的开展十分便利，因而无论是国内旅游，还是入境旅游和出境旅游，其旅游人次的规模都比较大，旅游市场比较繁荣。其中一些国家既是世界国际旅游的重要旅游目的地国家，又是重要的旅游客源国家。在这些国家，双向旅游十分发达。但是，由于其基数大，发展速度便相对较低，然而增长的每个百分点包含的绝对数较大。由于这些国家旅游业发展历史较长，人们受教育水平较高，因而旅游从业人员的素质较好，管理水平也比较高，经济效益也比较显著。

这种发展观虽然兼顾了旅游业发展的社会利益和经济利益，但是由于市场竞争激烈，旅游业经营者各自追求自身的利益，而政府又干预较少，因此常常会对旅游资源和环境造成破坏与污染，影响国家和地区的旅游形象与整体利益。

（三）可持续发展观

可持续发展观是指旅游业发展要从经济、社会、文化和环境等方面利益相协调的角度出发，确保旅游业发展可资利用的资源能用来“满足当代人的需要而不危及满足今后各代人需要的能力”的发展观念。

按照这种发展观，一是旅游业的发展要满足当代人的需要，无论是富国还是穷国，富人还是穷人，都有生存权和进行旅游的权利；二是旅游业的发展要与自然、文化和人类生存环境形成一个整体，必须建立在生态环境和旅游资源可承受的能力之上，符合当地经济发展状况和社会道德规范，使之与经济、社会、文化等方面的发展相协调；三是旅游业的发展既要满足当代人的需求，又要从长远观点出发，考虑今后各代人需要的满足；四是在旅游业的发展中，要同时注重维护和改善自然环境与社会环境，节约使用资源，它们应成为所有参与旅游活动的人的共同责任。总之，“地球不是我们从先辈那里继承来的，而是我们从后代那里借来的”。

在可持续发展观的指导下，旅游业发展应具有的特征包括以下几点。

第一，政府主导下的循序渐进发展。要实现旅游业的可持续发展，政府应充分发挥主导作用，制定与各时期的经济、社会、文化和环境发展相协调的旅游发展规划，在规划的指导下加强管理。同时，制定切实可行的法规和制度，对旅游投资者、旅游经营者、旅游从业人员、当地居民和游客的行为进行规范，调节国家、地方、社区、当地居民和旅游投资者、旅游经营者的利益，以确保旅游业健康、协调、有序地发展。

第二，资源得以永续利用的发展。旅游业发展需要利用的资源分为两大类：一类是能形成旅游吸引物的资源，即旅游资源；另一类是旅游发展所需要的经济资源和人力资源，如资金、原材料、能源、技术、人才等。前一类资源又分为可再生的和不可再生的两种。对于可再生的资源，应充分利用其为旅游服务，对于不可再生的资源，应坚持“保护第一”的原则，实行保护性开发，有限利用。对于后一类资源，其利用应是集约型的，使同量的资源能产生最大效益，并根据旅游业中饭店、旅行社和旅游购物品生产的资金密集、人才密集和劳动密集的不同情况，合理配置和利用资源，以保证旅游发展所需要的资源的有效利用和永续利用。

第三，经济效益、社会效益和环境效益相统一的发展。按照可持续发展观，旅游业的发展不仅要努力实现其经济效益，为国家和地方经济的发展扩大内需，增加税收，赚取外汇；而且要扩大其社会效益和环境效益，为社会创造更多的就业机会，改善居民的生活质量，更好地满足人们日益增长的物质需要和文化生活需要；还要精心地保护和管理好自然生态环境，从而实现经济发展目标、社会发展目标和环境发展目标的结合。

上述三种旅游发展观是在不同的社会经济基础上产生的，是不同社会经济发展水平的反映。

二、旅游经济发展战略的制定

（一）旅游经济发展战略的内容

旅游经济发展战略是指一个国家或地区，对其旅游业在一个较长时期的发展所做的谋划和指导原则，它是在全面分析旅游业发展的各种因素和条件的基础上，从关系旅游业发展全局的高度所制定的在较长时期内旅游业发展所要达到的目标、所要解决的重点以及实现这些要求所采取的对策的总称。因此，对于旅游业的发展来说，旅游经济发展战略具有根本性、全局性和纲领性，不仅关系到旅游业的发展方向，而且也提出了旅游业发展的总体要求。

旅游经济发展战略的主要内容有：第一，旅游业发展的战略目标。旅游业发展战略目标是旅游经济发展战略的首要问题，主要包括旅游业发展所要达到的数量指标、增长速度、产业结构的变化、技术进步，以及提高旅游经济效益和社会综合效益要求等。第二，旅游业发展的战略重点、战略布局和战略步骤等。第三，为实现上述要求所采取的对策、途径和手段，如旅游产品的发展、旅游资源的开发、旅游设施的建设、旅游市场的开拓、旅游产业结构的调整、旅游人才的培养以及发展资金的筹措等采取的主要措施。

旅游经济发展战略可分为三个层次，即全国旅游经济发展战略、地方旅游经济发展战略和企业旅游经济发展战略。三个层次的旅游经济发展战略既相互区别又相互联系，下一层次的发展战略的制定要以上一层次的发展战略为指导，并成为上一层次的发展战略的组成部分。所以，在这三个层次的发展战略体系中，全国旅游经济发展战略是最重要的、关键性的。

（二）制定旅游经济发展战略的依据

世界上不同的国家和地区，由于国情或地区情况的不同，社会经济发展水平不同，旅游资源状况和发展潜力不同，旅游业发展所处阶段不同，因而各国（地区）在各个时期的旅游经济发展战略也不一样。一般来说，影响和决定旅游经济发展战略的主要因素有以下几点。

第一，社会经济发展水平。社会经济发展水平是影响和决定一个国家与地区旅游经济发展战略的基础因素。一方面，社会经济发展水平的高低会对旅游业的发展提出不同的要求，即社会经济发展水平高，居民的收入水平也高，旅游消费需求强烈，要求旅游业快速发展；社会经济发展水平低，虽然国内居民旅游消费需求薄弱，但为了促进经济的发展、吸收外汇以积累建设资金，加速发展入境旅游便成为一种较好的选择。另一方面，社会经济发展水平又会对旅游业的发展形成制约，即国民经济中同旅游相关的其他产业能对旅游业提供多大支持。若经济发展水平高，这种支持就比较有保证，相反，经济发展水平低，这种支持就很有限，从而会制约旅游业的发展。所以，在制定旅游经济发展战略时，尤其是在考虑战略目标时，必须充分考虑不同国家在不同时期的社会经济发展会对旅游业提出什么要求和能提供多大的支持。

第二，旅游资源的丰富程度与开发潜力。一个国家或地区旅游资源状况是其旅游业发展的前提条件，对制定旅游经济发展战略有直接影响。如果旅游资源丰富，又各有特色，就可以为游客提供多种类型的旅游产品，满足各种不同的旅游需要，并且，由于其开发潜力大，旅游业发展的后劲也大。因此，在制定旅游经济发展战略时，着眼点可以放宽、放远。相反，若旅游资源比较匮乏，或比较单一，如某些岛国，除了海滨度假不能提供其他的旅游形式，其旅游业的发展便会受到一定的限制，旅游经济发展战略也会有别于前一类型的国家或地区。

第三，旅游业发展所处的不同阶段。不同的发展阶段意味着旅游业发展的基础和水平不同，进一步发展的要求也不同，这对旅游经济发展战略的制定也起重要作用。一般来说，旅游业的发展若处于初期阶段，各项旅游基础设施还不完善或配套，旅游产业体系也处于构建之中，那么旅游业的进一步发展不仅需要投资大，而且需做好旅游产业内部和外部的协调；并且，在初期发展阶段，虽然发展速度较快，但质量低，主要表现为数量的增长。在成长阶段，旅游产业体系初步建立，各方面关系也基本理顺，旅游业的发展虽然在速度上有所减缓，但在数量上仍有较大增长，需要的投资仍然较大。在这个阶段，在数量继续扩张的同时，开始注重质量和效益。在成熟阶段，各种旅游基础设施已成功配套，各种接待设施已很完善，服务质量和管理水平也较高，产业体系健全，旅游经济运行通畅，旅游业的发展主要表现为低速度、高质量和高效益，即以内涵扩大再生产为主的效益型发展。在旅游业上述各发展阶段，由于各阶段的具体情况不同，对发展战略的要求也不同。因此，旅游经济发展战略的制定必须充分考虑旅游业发展所处的不同阶段。

总之，影响和决定旅游经济发展战略的因素除以上三个主要方面之外，还有其他因素，如国家产业政策、旅游市场需求与格局、国内外政治、经济环境等。在具体制定过程中，也应对这些因素进行深入分析，通盘考虑。

三、我国旅游经济发展战略

我国旅游经济发展已初步形成一个完整的战略体系，这一旅游经济发展战略体系可概括为“四位一体”。所谓“四位”，就是这个发展战略体系主要由政府主导型战略、旅游融合战略、旅游强国战略和可持续发展战略四方面构成，以形成其综合性。所谓“一体”，就是这四个战略集中为一体，把旅游业培育成国民经济的战略性支柱产业和人民群众更加满意的现代服务业。由于这一战略体系体现了重大而艰巨的体制转变的根本性任务，所以，它的实现也需要一个较长的过程。也正因为这个道理，“四位一体”的旅游经济发展战略具有跨世纪的长远指导意义。

（一）政府主导型战略

政府主导型战略，就是按照旅游业自身的特点，在以市场为主配置资源的基础上，充分发挥政府的主导作用，争取旅游业更大的发展。

政府主导型战略的主体是政府，基础是市场，因此，在制定和实施这一战略的过程中涉及中央政府、地方政府、文化和旅游部、地方文化和旅游局以及市场和企业的多重交叉组合的相互关系。按照发展的实际情况和要求，各个层次和各个方面应有所侧重与分工，以构成完整的促进旅游业发展的体系，这也符合旅游大国的特点。

政府主导型战略的主要内容包括观念主导、政策主导、管理主导和资金主导等几个方面。参照国际经验，实施政府主导型旅游战略的主要措施有以下几条：建立和完善旅游法制体系，旅游管理部门行政地位升格，开征旅游税，增加旅游宣传促销的投入，等等。

（二）旅游融合战略

自 2009 年在《国务院关于加快发展旅游业的意见》提出推进旅游与相关产业和行业的融合发展，到 2013 年《中华人民共和国旅游法》中明确促进旅游与工农商等领域的融合，再到 2014 年《国务院关于促进旅游业改革发展的若干意见》中重申“坚持融合发展，推动旅游业发展与新型工业化、信息化、城镇化和农业现代化相结合”，旅游融合逐渐演变成一种国家意志、旅游战略，这既是对当前国际旅游发展形势的准确把握，又是未来中国迈向旅游强国的强力抓手。

概括来讲，旅游融合包含以下要求：一是旅游全域化，做到全要素（资源观）、全行业（融合点）、全员（人员）、全程（行程）、全面（时空）五个方面的理念提升；二是创新型发展，要想把旅游融合战略实施下去，需要各行各业各个层次，从国家到地方，从政府到企业，从集体到个人，创新思路，变革思维，重视现代高新科学技术运用，以全新的眼界和视角重新审视旅游的发展地位、发展条件和未来趋势，将旅游与我国经济建设、文化复兴、生态保持一体考虑；三是共建共享，若旅游融合实施下去，需要牢记“共建是路径、共享是目的”，使全体人民更有获得感，促进人的全面发展；四是综合效益，提倡把社会效益摆在首位，推进经济效益、社会效益和生态效益相统一。

（三）旅游强国战略

中国已经是一个旅游大国，但远远不是一个旅游强国。从旅游大国到旅游强国，这一发展战略的核心是质量，目标是大幅度地提高市场竞争力。

旅游发展质量和旅游服务质量构成旅游强国战略的总体框架。价格战略、品牌战略与人才战略是质量的自然延伸，是竞争深化的需要，也是旅游强国战略的有机组成部分。我国必须采取一系列的工作措施和战略对策，使得这一战略得以实现，最终形成强大的竞争力，从而参与世界旅游经济的水平分工，以新的姿态在 21 世纪的中国经济发展和世界旅游发展中创造出新的业绩。

（四）可持续发展战略

可持续发展战略已经成为世界性和世纪性的话题，引起了世界各国政府和人们的广泛关注与普遍重视。可持续发展并不是一个简单的环境保护问题，而是从人类的总体社会生活和长远发展的各个方面提出的。因此，可以从自然的、社会的、经济的、技术的各个角度分别阐述，有关的定义有近百种。大家普遍比较认可和接受的是《我们共同的未来》的主持者于 1987 年提出的定义，即可持续发展是“既满足当代人的需求，又不对后代人满足其自身需求的能力构成危害的发展”。这个定义有三个要点：一是要满足当代人的需求，即无论富国、穷国，富人、穷人，都有生存权和发展权；二是要考虑后人的满足，即达到代际公平；三是要考虑环境和资源的承受限度。换句话说，就是要达到天人之间关系的长远协调，而不能“吃祖宗饭、造子孙孽”。

旅游业可持续发展战略的基础是资源永续利用，核心是旅游业发展中的经济效益、社会效益和环境效益的统一。在实施旅游可持续发展的过程中，政府的宏观决策和管理措施是决定性的因素，这就是在可持续发展思想中制度因素的作用。可持续发展战略是旅游发展战略体系的最后一个部分，从长远看，也是最重要的一个部分。这虽然是一个新的主题，但却是一个永恒的主题。

以上所述的政府主导型战略、旅游融合战略、旅游强国战略和可持续发展战略，就其实质和重点来说，在这个旅游经济发展战略体系中，政府主导型战略居主导地位，起着决定性的作用；旅游融合战略的实质是扩大旅游产业的关联带动作用，为其他产业注入新的活力；旅游强国战略的实质是质量的提高与竞争力的增强；可持续发展战略的实质是效益，但不是单纯的经济效益，而是经济效益、社会效益和生态效益的统一。因此，简要概括，这四个战略又可称为主导战略、带动战略、质量战略和效益战略。就其内部关系来说，主导是手段，融合是动力，质量是过程，效益是目的。而这四个战略的融合和集中，就是一体化战略体系。

第四节　旅游经济发展计划

一、制订旅游经济发展计划的必要性

旅游经济发展计划是基于旅游业发展的现状和为满足游客的需要，对旅游业发展的资源进行优化配置和旅游系统的合理发展进行结构性筹划过程。它既是一个国家或地区社会经济发展计划的组成部分，也是同工业、农业等一样的产业发展计划。旅游经济的发展，要求国家通过自觉地制订旅游经济发展计划，实现综合平衡，使旅游经济发展中的一切要素处于互相适应的状态。因而，旅游经济作为社会经济的一个组成部分，制订发展计划是极其必要的。

（一）制订旅游经济发展计划是旅游产品生产的内在要求

旅游产品具有综合性的特点，因为生产旅游产品的部门与行业是众多的，不仅包括旅游部门中的各个行业，还包括旅游部门外的其他部门与行业，它们共同合作，向旅游者提供满足其多方面需要的整体旅游产品。旅游产品生产的这一特点，决定了必须实行有计划的发展。任何一方面发展上的脱节，都会影响整个旅游产品的供应和质量。

（二）制订旅游经济发展计划是国民经济协调发展的要求

国民经济协调发展是社会化大生产的客观要求。社会化大生产，使国民经济各部门联结成一个有机的整体，它们之间是互相联系、互相制约的，其中某一环节比例失调，都会导致整个国民经济的比例失调。旅游经济是国民经济链条中的一个环节，它的发展必须与其他部门的发展相协调。如果旅游经济发展比例失调，就会使整个国民经济不能协调发展。因此，只有包括旅游经济在内的各部门有计划地发展，才有可能使整个国民经济协调发展。

（三）制订旅游经济发展计划是经济合理布局的客观要求

旅游资源、旅游服务设施及交通状况的地区差异，导致旅游经济发展的地区不平衡。实行旅游经济的有计划发展，国家可以根据各地旅游资源分布情况和客源市场特征，在充分发挥各地特色的基础上，有计划地分配资金和劳动资料，合理安排旅游资源的开发，有效地进行经济的合理布局，建设相互联系、各具特色的旅游区域，从而取得综合的整体经济效益。

二、制订旅游经济发展计划的主要任务

制订旅游经济发展计划的主要任务是，在旅游经济发展战略的指导下，确定合理的宏观调控目标，制定相应的产业政策，搞好旅游经济预测和分析，规划旅游经济结构和旅游生产力布局，安排组织重点建设项目。

在大力发展社会主义市场经济的条件下，旅游经济运行要依靠市场供求关系变化加以调节，但这并不意味着计划失去了作用。因为计划和市场在旅游经济运行中作用的侧重点是不同的，计划主要从宏观上指导旅游经济发展，而市场更多的是从微观上调节利益主体的行为。这种微观调控往往带有一定的盲目性，必须由宏观计划加以指导。因此，制订旅游经济发展计划的主要任务之一是确定合理、客观的调控目标，并依据该目标的要求确定相应的产业政策，以引导微观经济主体的行为朝着符合旅游经济发展战略的方向发展。

加强对旅游经济信息的收集、研究，搞好旅游经济预测和分析，也是旅游经济发展计划的主要任务。随着科学技术的不断发展，整个社会处于激烈竞争之中。信息在经济运行中的作用越来越大，旅游业作为国际性产业，要加入国际经济大循环中，其市场竞争的激烈程度更深。要在激烈的市场竞争中取胜，关键是对旅游经济发展做出科学的预测和分析，这需要建立在对旅游经济信息的收集、整理和分析研究的基础上。通过一系列分析研究，指明旅游经济走向，使旅游经济计划的预测性、导向性和政策性作用得到进一步发挥，更好地引导市场主体行为，以符合旅游市场发展的趋势。

规划旅游经济结构和旅游生产力布局，安排组织一些重点建设项目，同样是旅游经济发展计划要解决的主要任务。旅游经济结构包括旅游产业结构、旅游产品结构、旅游组织结构、旅游所有制结构等内容，旅游生产力布局实际上反映的是旅游资源配置的问题。虽然在旅游生产力的布局上，市场也发挥着重要作用，但这种作用具有一定的盲目性和自发性，并且在形成后出了问题才会自发地调节，所以带有一定的破坏性。因此，必须加强宏观计划的调控指导，使市场在宏观调控下对旅游资源配置起基础作用，引导旅游生产要素实现合理流动，完成旅游经济结构的优化和升级，提高旅游经济效益。一些旅游重点建设项目的开发要纳入旅游经济发展计划之中，依据旅游市场发展需要及财力状况加以安排。为了提高建设项目的投资效益，要把旅游重点项目的开发推向市场。由投资主体自主决策，自负盈亏。但在项目的选择安排上，要加强计划的指导作用，严格筛选，以保证项目的准确性和效益性。

三、旅游经济发展计划体系

旅游经济发展计划，是国家和地区确定的在未来一定时期旅游经济发展的目标以及实现该目标所做的各方面安排和部署，它规定了国家和地区在未来一定时期内旅游经济的发展方向、规模和速度。为了保证旅游经济有计划、协调地向前发展，必须建立一套时间上前后衔接、内容上互相联系的计划体系。旅游经济发展计划体系具体包括以下内容。

（一）长期计划、中期计划和短期计划

这是根据计划期时间的长短而进行的划分。不同的计划，职能与作用各不相同。长期计划一般期限在 5 年以上，具有发展战略性、预见性和纲领性的特点，其主要任务是解决旅游经济有计划发展的一些重大问题，如确定旅游经济的战略目标、战略重点，调整旅游经济结构，确定旅游经济的发展速度和战略布局，确定新旅游区、路线的开发及人才培养目标等。制订旅游经济长期计划的主要依据，是国家经济发展计划中对旅游经济提出的任务和要求，旅游供求状况及国际旅游市场的发展趋势，等等。中期计划一般为 2～5 年，作为旅游经济计划的基本形式，它是长期计划的具体化。中期计划的不确定因素较少，可以比较准确地衡量计划期各种因素的变动及影响，它需要对长期计划的各项任务给予具体的数量表现，并对实现计划目标的各项措施做出具体的安排，从而为编制年度计划提供依据。短期计划一般指年度计划，也包括更短的季计划、月计划，是实现中、长期计划目标的具体执行计划。它需要具体规定本年度的具体任务和实施方案。

从旅游经济发展计划的时间序列上来看，长期计划具有决定性意义；中期计划是联结长期计划和短期计划的纽带，负有把长远的战略任务具体化和指导近期发展的使命；短期计划是具体的行动计划，是实现中、长期计划的保证。由于中、长期计划期限较长，许多因素难以预测，所以应具有适当的弹性，即在执行过程中，可以根据客观条件的改变而适当加以修正，从而保证最终目的的实现。中、长、短期计划互相联系、互相制约，缺一不可。

（二）国家计划、地区计划和地方计划

这是根据计划的范围不同而进行的划分。国家旅游经济发展计划是由文化和旅游部编制的。它是根据国家不同时期国民经济发展计划的安排，从整体利益出发，对整个国家旅游经济在一定时期发展所做的全面安排。其主要任务是确定每一个时期和每年国家旅游经济发展的规模、旅游接待人次、旅游收入及增长率；确定主要的旅游客源市场，在国外设立旅游宣传与推销机构，进行旅游市场的调查研究，选择理想的旅游代理人；计划旅游产品的生产；促进与旅游有关的行业的发展，保证全国旅游从业人员的供给、培训和教育；等等。地区旅游经济发展计划是由省、自治区、直辖市的旅游局编制的。它是根据全国旅游经济发展计划和本地区的实际情况编制的，其主要任务是确定本地区的旅游接待目标，确定本地区旅游资源的利用和开发、旅游设施的建设，计划旅游物资的供应和旅游人才的培养，等等。地方旅游经济发展计划，是指有关市、县的旅游经济发展计划。它是根据以上两种计划编制的，它主要是从本地旅游资源出发，确定旅游点的建设和有关配套设施的建设，并在人、财、物的分配使用上，做出具体的安排。

上述三级旅游经济发展计划，对一个国家来说，构成一个互相联系、互相制约的完整的计划体系。

四、旅游经济发展计划的主要比例和指标

旅游经济的发展依赖许多部门、行业组成的有机整体的协调运动，它们之间客观上

存在着一定的比例关系。要使旅游经济按比例协调发展，就必须正确计划这些比例关系。具体说，这些比例关系主要包括以下几方面。

（一）国际旅游与国内旅游的比例

现代旅游活动，一般分为国际旅游和国内旅游两大部分。对于经济发达的国家来讲，其旅游业的发展采取了先国内旅游、后国际旅游的发展模式，国内旅游在达到一定水平的基础上，自然过渡到国际旅游。因此，国际旅游与国内旅游基本上是同一个系统，无论从消费水平还是从其他方面讲，两者并无严格差别。但对一些经济不发达的国家来讲，其旅游经济的发展走的是一条先国际旅游、后国内旅游的发展模式。按照这个模式，两者之间必然会在一定时期内形成较大的差别。这种差别不仅体现在旅游消费层次上，而且体现在旅游接待设施水平及服务标准上，从而形成两个差别极大的专门系统。国际旅游与国内旅游，既互相依存、互相促进，又互相矛盾。国内旅游是国际旅游发展的基础，它的发展规模和速度制约着国际旅游的发展规模和速度，如果没有国内旅游的发展，国际旅游的发展就没有充分的依靠和保证。同时国际旅游对国内旅游也有一定的促进作用。两者在相互依存的同时也存在着相互的矛盾，在一定量资金的情况下，投在某一方面的资金多了，投在另一方面的资金就要减少；而且在旺季时国内旅游者与国际旅游者对某些共同使用的旅游基本设施与景点会形成相互争夺的局面，使供求矛盾更为尖锐。因此，在旅游经济发展计划中，要处理好两者的比例关系，以利于两者协调发展。

（二）基本旅游设施与基础设施的比例

基本旅游设施，是指直接为旅游者提供的旅行游览服务的设施，如饭店、餐厅、交通工具、娱乐游玩场所等，这是发展旅游经济的物质基础，其发展程度标志着一个国家旅游经济发展的水平。基础设施是使基本旅游设施得以运转的一切地下或地面的工程或建筑设施，如供水、电、热系统，通信系统，道路及废物处理系统，等等。它们虽然不直接为旅游者提供服务，但与旅游经济发展有着密切关系，如果基础设施不健全，旅游经济也是难以发展的。因此，基本旅游设施与基础设施之间的比例关系也是旅游经济发展计划应处理好的问题。

（三）基本旅游设施各组成部分之间的比例

基本旅游设施之间，客观上也要求保持一定的比例关系。这种比例关系一方面体现在量上要相互协调，如交通设施与住宿设施之间、住宿设施与娱乐设施之间等数量上的协调，可以保证各类设施充分发挥作用，不致出现有的闲置、有的不足的状况。另一方面在质上即设施之间和同一设施各组成部分之间在规格、等级、类型等方面也要互相保持一定的比例关系，否则便会出现结构性的失衡。因此，必须保证基本旅游设施之间在量和质两方面的比例协调，才能使旅游经济活动形成比较协调的、适应不同需求的综合接待能力。

（四）旅游设施与旅游从业人员的比例

旅游设施是进行旅游经济活动的物质保证，设施正常运转需要会管理、懂技术、能操作的旅游从业人员，两者要保持恰当的比例关系。这一比例关系同样体现在量和质上：量上要相互协调，避免设施闲置或人员冗余；质上要相互配套，要保证不同类别、不同层次的人员的需要。使不同的设施设备与不同层次的人员相互配合，提供高质量的服务。

此外，旅游经济发展需要国民经济中众多部门的协作。在计划主要比例的同时，不应忽视它与其他部门或行业的发展比例问题，特别是与交通、建筑、轻工、商业、农业等部门的比例关系问题。

旅游经济发展计划指标主要包括旅游入境人次、有组织接待人次、接待人天数、旅游外汇收入等。其中有组织接待人次是指旅游部门有组织接待的国际旅游者人数，它包括外国旅游者，也包括港澳游客和台湾游客；既包括入境过夜游客，也包括当日出入境的一日游游客。

五、旅游经济发展计划的编制与实施

（一）旅游经济发展计划的编制程序

计划工作的程序，一般包括以下内容：估量机会、制定目标、确定计划工作的前提条件、拟订可供选择的方案、评价各种备选方案、选择方案、制订辅助计划、通过预算使计划数字化。

为了保证旅游经济发展计划编制的正确性，必须按照科学的计划编制程序来编制。旅游经济发展计划的编制是一项很复杂的工作。首先，要做好编制计划的准备工作，因为旅游经济发展计划不是凭空产生的，它是建立在大量的旅游经济信息的基础上的。因此，必须进行市场调查研究，收集必要的资料，在分析旅游经济各方面资料的基础上，预测未来旅游经济发展的趋势。其次，要选择适当的计划编制方法或模型，并对这些信息进行定量分析。最后，在众多方案中选择最优方案，并确定计划指标。

旅游经济发展计划的编制应贯彻民主集中制原则，在制订计划时，要广泛吸收各界人士参加，应包括有关部门、企业、院校代表，要充分利用现代的计算手段，做好预测分析工作。列入计划的项目一定要经过可行性研究和经济技术论证。只有计划切实可行，才能保证旅游经济的稳步协调发展。

（二）旅游经济发展计划的编制方法

1. 投入产出法

这种方法最早是由美国经济学家瓦·里昂惕夫提出来的。目前，世界上已有许多国家编制了投入产出表，并利用它来研究一个国家或地区的经济结构，预测未来时期的经济情况。1968 年，该法被联合国推荐为各国统计系统的组成部分。我国从 1974 年开始，运用投入产出法编制全国的投入产出表。投入产出分析法，是利用数学方法和计算机的分析，考察国民经济各个部门之间数量依存关系的一种方法。所谓投入，就是指各部门为了从事经济活动，需要消耗的物质财富和劳务；所谓产出，就是指每个部门生产出来的产品和劳务的趋向。利用该法既有助于正确地确定各部门之间的比例关系，又有助于检查各种比例关系是否协调，也有助于在外界发生变化时，及时调整计划，以达到综合平衡的目的。

投入产出法的主要内容，是编制投入产出表和经济数学模型，并利用它来进行经济分析和计划预测。由于编制时所采用的不同计量单位，投入产出法可以分为实物形态的投入产出表和价值形态的投入产出表。但由于这种方法计算过程过于复杂，实际运行中有些因素也无法分析，所以应用起来仍具有一定的局限性。

2. 线性规划法

线性规划法是一种现代数学方法，是管理科学或运筹学中最成熟和应用最广的分支之一。一般认为，它是为解决第二次世界大战中的后勤供应问题而产生的，在 1947 年丹齐格提出解线性规划的单纯形法之后，线性规划的理论体系和计算方法日趋完善。当今，随着计算机的发展，在发达国家，线性规划几乎已成为所有商业活动、工业生产和军事行动的一部分。在我国线性规划的应用也正日益广泛。

旅游经济发展计划追求的主要目标，是在限定的客观条件下，如何使旅游经济活动最优化，即在有限的资源条件（包括人力、原材料、资金、能源、设备等）下，使企业获得最大的经济效益。要达到这样一个目标，就必须在编制旅游经济发展计划时采用线性规划法。因为它要解决的问题概括起来就是在一系列约束或限制条件下，把有限的资源在许多竞争性活动之间进行最优或合理的分配，这正是旅游经济发展计划所追求的目标。

线性规划法的实质就是一个优化问题。它研究的主要内容包括两个方面：一方面是线性极大问题，即在资源给定的情况下，如何充分利用这些资源，使产量最高或利润最大；另一方面是线性极小问题，即在任务给定的情况下，如何合理地调配资源，使消耗最小或成本最低。旅游产品与其他产品一样，其产销经营同样要受到有限的资源、旅游设施设备、旅游人才、原材料、交通工具、能源、资金等条件的限制。要最大限度地发挥它们的作用，就必须运用线性规划法，合理统筹调配这些资源。例如，通过线性规划，确定交通运输工具发展到何种规模和水平，才能保证旅游接待量最大或最优。在接待量给定的情况下，如何合理安排旅游设备设施，减少闲置，降低成本，从而达到获取最大经济效益的目的。

3. 德尔菲法

这是一种借用希腊预卜未来的古神殿的名称命名的预测方法。这种方法又称专家意见法。它是邀请来自不同领域的有关专家若干名，由他们对所预测的问题提出各自独立（背靠背）的估计和假设，以量化指标书面提交主持人，经汇总后将结果发回给每位专家，专家们再进行新一轮的预测。如此反复，直到各位专家不再修改自己的意见为止，将最后一轮预测的中位数作为预测结果。

（三）旅游经济发展计划的实施

如果制订的计划没有相应的落实措施做保障，战略目标的实现就会落空。旅游经济发展计划的实施就是将计划转化为行动的过程。为更好地保证计划的执行，必须加强对计划实施的管理工作，通过目标管理，将计划指标分解落实到执行单位和部门，各执行单位和部门依据计划的要求，安排落实具体措施，采取有效的手段检查计划落实的情况。

旅游经济发展计划实施的过程，一方面是将计划转化为现实的过程，另一方面是对计划不断修改的过程。因为计划是在一定预测基础上编制和预测的，预测由于受未来不确定因素的影响，经常会和实际发展产生一定的差距。因此，必须建立完善的计划监督机制，随时注意将实际与计划加以对比分析，找出形成差距的原因。如果是计划本身的问题，就要对计划进行修订，这就是所谓的滚动式计划编制法，即在每次制订和调整计划时，将计划期按时间顺序向前推进一个计划期，也就是滚动一次，而不是等全部计划执行后，再重新编制下一个计划期的计划。这种动态的计划编制方法，使计划更加符合旅游经济发展的实际，从而更具有权威性和指导性。

案例分析　中国旅游业进化史

中国旅游业改革开放 40 年来，取得了举世瞩目的成就，从世界旅游市场中的无名一族，成长为世界重要的旅游目的地和旅游客源国。40 年来，中国旅游业的发展成就包括市场格局均衡发展，大众旅游时代来临、产业定位不断提升，旅游功能日渐丰富、供给体系逐步健全，出游品质显著提升、管理体制逐渐完善，旅游治理取得突破、旅游竞争力快速提高，国际影响显著增强。

一、千里江山千里行：国内旅游渐兴起

改革开放之初，国内还没有旅行社，几乎没有人因私出境，国外入境旅游人数也只有 180 万人。1978 年开启的改革开放，对旅游业产业属性的认识，迈出了历史性步伐，从外交事业转变到经济性产业。旅游业定位的突破，推动着旅游业的初步改革，为了适应旅游业定位的转变，改革围绕着两大转变推动：旅游管理由行政管理向行业管理转变以及由直接管理企业向间接管理企业转变。

1978 年夏天，300 多名香港青少年经过深圳罗湖桥口岸，来到内地，迎接他们的是当时团中央旅游部的导游和鲜花，这是改革开放以后第一个以夏令营名义到内地观光的香港青少年团队。

在 1979 年 1 月到 7 月间，邓小平连续发表了多篇讲话，“旅游事业大有文章可做，要突出地搞，加快地搞。”这个话语为世界旅游者打开一扇窗。“到中国去!”成为国际上的时髦声音和世界性冲动，四海宾朋蜂拥而至。

20 世纪 80 年代，国内游逐渐兴起，但当时景点不多，北京、西安等名胜古迹多的地方成了少数几个热门的旅游城市。那时能去一次首都北京，在天安门前、长城留个影，是非常了不起的，身边的人都会很羡慕你。

中国人最早的出境游始于 1983 年，香港、澳门对内地居民开放旅游后，广东地区的“港澳探亲游”成为出境游的开始。

1983 年 11 月 15 日，第一批中国公民共 25 人从广州出发前往香港旅游探亲，香港媒体称之为“新中国第一团”（出境旅游团）。

二、万分珍重万分情：自费出国游、新马泰探亲旅游获开放

1990 年 10 月，中国国家旅游局允许公民赴新加坡、马来西亚、泰国探亲旅游。1997 年，中国又陆续批准开放 8 个中国公民自费出国旅游的目的地国家。

1990 年，中国第一次评定五星级酒店，首批五星级酒店有 3 家，分别是广州白天鹅宾馆、广州中国大酒店和广州花园酒店。

旅游业持续发展，到 1991 年，我国旅游业接待入境旅游人数达到 3 334.98 万人次，旅游创汇 28.45 亿美元，分别比 1978 年增长了 18.4 倍和 10.8 倍。

1993 年，国务院办公厅转发国家旅游局《关于积极发展国内旅游业的意见》，对国内旅游工作提出“搞活市场、正确领导、加强管理、提高质量”的指导方针，极大地促进了国内旅游发展。

1996 年 10 月，国务院发布《旅行社管理条例》，取消旅行社按一、二类划分的标准，按国际旅游市场通行的做法，只划分国际旅游和国内旅游两种旅行社；1998 年，国旅总社、国际饭店等国家旅游局直属企业与国家旅游局实施政企脱钩。

三、志求精彩中国路：旅游业定位真正实现从外交事业到经济产业的转变

旅游业作为经济产业定位得到完全认可是在 1998 年，中央经济工作会议明确提出将旅游业确定为国民经济新的增长点。这才真正实现了旅游业从外交事业到经济产业定位的转变。

随着积极发展旅游业政策的实施，到 1999 年，中国接待入境过夜旅游者及创汇排名分别由 1980 年的第 18 位和第 34 位跃升至第 5 位和第 7 位，国内旅游者达 7.19 亿人次，国内旅游收入 2 831.92 亿元人民币，出境实现了港澳游、边境游和出国游的全面发展。

2001 年，《国务院关于进一步加快旅游业发展的通知》中，又提出要树立大旅游的观念，这标志着旅游业从经济产业定位又上升为综合性产业。

2008 年，国家旅游局成立直属专业研究机构——中国旅游研究院，经过 10 年的发展，中国旅游研究院已经成为推动旅游业发展、传播中国旅游声音的重要思想智库。同年，金融危机开始，为了刺激消费，旅游业得到了很大的推动。

四、大众同游时代风：大众旅游时代到来

2015 年，国土资源部、住房和城乡建设部、国家旅游局联合出台《关于支持旅游业发展用地政策的意见》，以进一步推动旅游新业态发展，满足居民日益品质化的旅游消费需求；2015 年，国家旅游局出台《关于实施“旅游＋互联网”行动计划的通知》，推动了旅游业的创新发展；2018 年两会刚结束不久，国务院办公厅又出台了《关于促进全域旅游发展的指导意见》。

中国公安部 2018 年 4 月 18 日宣布，自 2018 年 5 月 1 日起，在海南省实施 59 国人员入境免签政策。一直以来，公安部积极支持海南省经济建设发展，出台了一系列出入

境便利政策。经国务院批准，2000年即同意海南实施21国人员团队入境旅游15天免签政策，并于2010年进行了优化，将免签入境政策适用国家增加至26个。现在，政策适用国家包括俄罗斯、英国、法国、德国、挪威等。

截至2017年9月2日，国家旅游局共确定了249家国家5A级旅游风景区①。

根据外交、领事部门发布的信息，截至2018年1月18日，持普通护照中国公民可以免签、落地签前往的国家和地区已经增加到68个②。

近年来，云计算、物联网、大数据和人工智能等新技术的出现，改变了旅游供给和旅游消费方式，也促进了旅游商业模式改变，更使得旅游者和市场对旅游信息化产生了更高的需求。

目前，中国已经成为推动世界旅游业发展的一支不可忽视的力量。

资料来源：徐娜. 激荡四十年•中国旅游业进化史[EB/OL]. 2018-08-27. http://go.huanqiu.com/news/tourism/2018-08/12842999.html?agt＝15438，有改动

复习与思考

一、重点概念

旅游经济增长方式　旅游经济发展模式　旅游经济发展战略　旅游经济发展计划

二、简答题

1. 简述旅游经济集约型增长的特点。
2. 世界各国的旅游发展模式可归结为哪些类型？
3. 不同旅游经济发展模式的比较说明了什么问题？
4. 不同旅游发展观指导下的旅游业发展呈现哪些特征？
5. 制定旅游发展战略的依据是什么？旅游经济发展战略有何内容？
6. 旅游经济发展计划有哪几种类型并包括哪些内容？
7. 旅游经济发展计划有哪些编制方法？

三、论述题

1. 试述我国旅游经济发展模式的特点。
2. 试述我国旅游经济发展战略的内容。

---

① 截至2020年11月9日，国家旅游局（现文化和旅游部）共确定了281个国家5A级旅游风景区。

② 截至2021年1月，持普通护照中国公民可以享受落地签或免签入境便利待遇的国家和地区达到72个。

参考文献

傅殷才. 1995. 当代西方经济学[M]. 北京：经济科学出版社.

高舜礼. 2004. 中国旅游业对外开放战略研究[M]. 北京：中国旅游出版社.

戈尔德耐 C R，里奇 J R B，麦金托什 R W. 2003. 旅游业教程——旅游业原理、方法和实践[M]. 第 8 版. 贾秀海，译. 大连：大连理工大学出版社.

科特勒 P. 2001. 营销管理：分析、计划、执行和控制[M]. 第 9 版.梅汝和，梅清豪，张桁，译. 上海：上海人民出版社.

李亚非. 2001. 旅游经济学[M]. 北京：中国林业出版社.

里昂惕夫 W. 1990. 投入产出经济学[M]. 崔书香，潘省初，谢鸿光，译. 北京：中国统计出版社.

林南枝，陶汉军. 1994. 旅游经济学[M]. 天津：南开大学出版社.

林南枝，陶汉军. 2001. 旅游经济学[M]. 第 3 版. 天津：南开大学出版社.

罗明义. 2002. 旅游经济学[M]. 北京：高等教育出版社.

罗明义. 2003. 旅游经济研究与探索[M]. 昆明：云南大学出版社.

罗明义. 2004. 旅游经济学原理[M]. 上海：复旦大学出版社.

萨缪尔森 P A，诺斯豪斯 W D. 1992. 经济学[M]. 第 12 版. 高鸿业，等译. 北京：中国发展出版社.

史密斯 S L J. 1991. 旅游决策与分析方法[M]. 南开大学旅游学系，译. 北京：中国旅游出版社.

孙文昌，郭伟. 2002. 现代旅游学[M]. 青岛：青岛出版社.

唐留雄. 2001. 现代旅游产业经济学[M]. 广州：广东旅游出版社.

田里. 1997. 旅游管理学[M]. 昆明：云南大学出版社.

田里. 2019. 旅游经济学[M]. 北京：高等教育出版社.

魏小安，冯宗苏. 1993. 中国旅游业：产业政策与协调发展[M]. 北京：旅游教育出版社.

翁科维奇 S. 2003. 旅游经济学[M]. 达洲，译. 北京：商务印书馆.

张辉. 2002. 旅游经济论[M]. 北京：旅游教育出版社.

张俐俐. 2000. 中外旅游业经营管理案例[M]. 北京：旅游教育出版社.

赵晓燕. 2001. 旅游经济学[M]. 北京：经济管理出版社.

中国旅游年鉴编辑委员会. 1998、1999、2000、2001、2002. 中国旅游年鉴[M]. 北京：中国旅游出版社.

邹树梅. 2001. 现代旅游经济学[M]. 青岛：青岛出版社.

Bull A. 1991. The economics of travel and tourism[M]. Melbourne：Longman Cheshire.

Mcintosh R W，Goeldner C R.1990. Tourism：principles，practices，philosophies[M]. New York：John Wiley & sons Inc.

Medlik S.1993. Dictionary of travel，tourism and hospitality[M]. Oxford：Butterworth-Heinemann Ltd.

Smith S L J. 1989. Tourism analysis：a handbook[M]. London：Longman.

Smith V L. 1977. Hosts and guests：the anthropology of tourism[M]. Philadelphia：University of Pennsylvania Press.

后　　记

对于旅游经济的研究，不仅需要研究者掌握系统的经济学、管理学等学科知识，而且需要应用诸多旅游经济分析的技术与方法，还要熟悉国内外旅游业发展的趋势和特点。《旅游经济学（第二版）》在查阅和参考大量国内外旅游经济学论著、教材和论文的基础上，以明晰、规范的表述方式阐述旅游经济的基本概念、原理和方法，并以案例分析来强化对旅游经济理论的理解，使读者能够举一反三，灵活掌握和应用旅游经济基本理论和方法。

在本书的编写过程中，始终得到了科学出版社编辑的热心支持和帮助；诸多学者和专家的论述和阐释，给了我们重要的启示和帮助；大量材料和数据的整理也得益于许多著作、教材和论文的成果。这些在参考文献中已一一列出，对此，我们表示深深的敬意和由衷的感谢。

由于编著者水平所限，书中难免有不足之处，恳请读者批评指正。

编　者

2024 年 1 月